ANNA SALTER

Schwarze Seelen

Buch

Dr. Michael Stone ist Psychologin mit Schwerpunkt Sexualstraftaten. Eigentlich ist sie mit ihrer Praxis und der Zusammenarbeit mit dem Gericht ausreichend beschäftigt. Doch als ihr alter Freund Gary Raines sie um einen Gefallen bittet, kann Michael nicht Nein sagen. Gary ist Gefängnisdirektor und erwartet in der nächsten Zeit einen äußerst schwierigen Neuzugang: den brutalen Mörder und Vergewaltiger Clarence, der schon im Vorfeld für Unruhe unter Insassen und Angestellten sorgt. Doch Gary hat noch ein weiteres Problem. Eileen Steelwater, eine der Gefängnis-Therapeutinnen, hatte sich auf eine Affäre mit einem Gefangenen eingelassen und musste entlassen werden. Nun soll Michael die Therapiegruppe von Eileen übernehmen – und sie wird das Gefühl nicht los, dass mit dieser Gruppe irgendetwas nicht stimmt. Als der verhasste Clarence trotz Sicherheitsvorkehrungen kurz nach seiner Ankunft im Gefängnis umgebracht wird, ahnt Michael, dass »ihre Männer« etwas mit der Sache zu tun haben. Auf eigene Faust beginnt sie, den Mord zu untersuchen, und gerät damit unweigerlich ins Visier des Täters ...

Autorin

Anna Salter ist in North Carolina geboren und aufgewachsen. Sie hatte zunächst Literaturwissenschaft und Psychologie studiert, bevor sie sich in Harvard der Kinderpsychologie und klinischen Psychologie zuwandte. Ihre wissenschaftlichen Publikationen gelten als Leitfaden für die Therapie von Sexualstraftätern, und Dr. Salter ist gefragte Beraterin bei Gericht und im Strafvollzug. Berühmt wurde sie mit ihren Thrillern um die Psychologin Dr. Michael Stone, die bei Goldmann erhältlich sind. Mit »Schwarze Seelen« liegt nun der vierte Titel aus dieser Serie vor.

Von Anna Salter bisher bei Goldmann erschienen:

Die Psychologin. Roman (43859)
Der Schatten am Fenster. Roman (44282)
Tödliches Vertrauen. Roman (45118)

Anna Salter

Schwarze Seelen

Roman

Aus dem Amerikanischen
von Thomas Stegers

GOLDMANN

Die Originalausgabe erschien 2002 unter dem Titel
»Prison Blues«
bei POCKET BOOKS,
a division of Simon & Schuster Inc., New York

Umwelthinweis:
Alle bedruckten Materialien dieses Taschenbuches
sind chlorfrei und umweltschonend.

Deutsche Erstausgabe Februar 2003
Copyright © der Originalausgabe 2002
by Dr. Anna Salter
Copyright © der deutschsprachigen Ausgabe 2003
by Wilhelm Goldmann Verlag, München,
in der Verlagsgruppe Random House GmbH
Umschlaggestaltung: Design Team München
Umschlagfoto: Photonica
Satz: deutsch-türkischer fotosatz, Berlin
Druck: Elsnerdruck, Berlin
Titelnummer: 45397
Redaktion: Alexander Groß
AB · Herstellung: Katharina Storz/Str
Made in Germany
ISBN 3-442-45397-6
www.goldmann-verlag.de

1 3 5 7 9 10 8 6 4 2

*Für
Jazzy wazzy wo
und
Blako dazu*

1

»Heute war wieder ein typischer Tag«, sagte ich beim Abendessen zu Adam. »Mein neuer Klient hat die Kontrolle über seinen Penis verloren. Es ist immer dasselbe.«

Adam hörte auf zu essen. »Wie bitte?«

Ich zuckte mit den Achseln und verlagerte meinen Riesenbauch auf die Seite. Nichts fiel mir mehr leicht. Es war einfach keine bequeme Sitzhaltung mehr zu finden. Hinlegen und Schlafen war auch keine Lösung, und an Herumgehen war erst recht nicht zu denken. Ich musste kurz vor der Entbindung stehen. Offiziell waren es noch ein paar Monate bis dahin, aber mein Körper war derart aus den Fugen geraten, dass ich seine Gliedmaßen, einzeln vor mir aufgereiht, nicht mehr voneinander hätte unterscheiden können. Das muss ein Zeichen sein, dachte ich.

»Nicht weiter neu«, sagte ich. »So was kriege ich andauernd zu hören.« Ich meinte es ernst. Als Gerichtspsychologin, die tagtäglich mit Sexualstraftätern zu tun hat, verfüge ich über eine ansehnliche Sammlung solcher Entschuldigungen für kriminelles Verhalten. »Eigentlich hat er gar keine Straftat begangen«, ergänzte ich. »Er hat bloß die Kontrolle über seinen Penis verloren. Nicht annähernd so fantasievoll wie der Kerl letzte Woche.«

Adam verdrehte die Augen.

»Ja, ja, eine üble Sache«, fuhr ich fort. »Ich will hier nicht die Sexistin spielen, aber von Frauen habe ich solche Ausreden noch nie gehört. Wie kommt das? Was ist das bloß mit euch Männern? Dreht ihr euch einfach um, und schwups, weg ist er? Eine Frau, die die Kontrolle über ihre Vagina verloren hat, ist mir bis jetzt noch nicht untergekommen. Man wacht morgens auf, und das Ding ist da, wo es gestern Abend auch war. Man geht zur Arbeit, und es ist immer noch da. Schon mal gehört, dass eine Frau ihre Vagina verloren hat?

Noch abenteuerlicher war die Ausrede von dem Kerl letzte Woche. Er sagte, eine Vagina wäre durchs Zimmer geflogen und auf seinem Daumen gelandet. Einfach so. Das muss eine typische Männersache sein, dass sich der Schwanz selbstständig macht, sich duckt vor frei herumfliegenden Vaginas.«

Mein innigst geliebter Polizeichef sträubte sich, nahm seinen Teller und ging damit zur Spüle. Immer wieder vergaß ich, dass Adam, so wie die meisten Männer, nicht gerne mit Sexualstraftätern in einen Topf geworfen wird, auch nicht im Scherz. »Das ist keine *typische Männersache*«, sagte er, den Kopf seitwärts gewandt. »Meiner macht sich normalerweise nicht selbstständig, und ich wüsste auch nicht, wann ich je vor einer herumfliegenden Vagina in Deckung gegangen wäre.«

Ich trat zur Spüle und schlang meine Arme um ihn. Leider war mein Bauch so dick, dass ich meinen Freund nur zur Hälfte umfassen konnte. Ich beugte mich vor, legte den Kopf auf seine Schulter und fing an, ihn zärtlich im Nacken zu liebkosen. »Und wo ist deiner jetzt gerade?«, fragte ich ihn zwischen zwei Küssen.

»Wo hättest du ihn denn gern?«, sagte er, und ich spürte an seinen Halsmuskeln, wie sich ein Lächeln auf seinem Gesicht abzeichnete.

»Meine Güte, Gary! Das ist ja eine Ewigkeit her. Wie geht es dir? Was macht das Leben da draußen in Nelson's Point? Hat es in letzter Zeit mal wieder einen richtigen Gefangenenaufstand gegeben?« Bei meinem letzten Besuch in der Strafanstalt Nelson's Point war mein Gespräch mit Gary Raines, dem Gefängnisdirektor, von einem der Wärter unterbrochen worden, der hereingerannt kam und ihm mitteilte, mehrere Spitzel unter den Häftlingen hätten das Gerücht aufgeschnappt, Block C würde abends in der Kantine meutern.

Das war Jahre her. Damals, als Gary noch normaler Vollzugsbeamter gewesen war, hatte ich mein praktisches Jahr in Nelson's Point absolviert. Nur zehn Jahre hatte Gary gebraucht, um sich bis zum Posten des Direktors hochzuarbeiten, den er nun bereits fünf Jahre innehatte. Seit meinem Weggang hatte ich nur gelegentlich Kontakt mit ihm gehabt, meist wenn ich zu ihm hinausfahren musste, um für das Gericht Sexualtäter zu begutachten, was nicht häufig vorkam.

Ich klemmte den Telefonhörer zwischen Schulter und Kinn und versuchte, tief durchzuatmen und mich auf meinem Schreibtischstuhl niederzulassen. War es möglich, dass Stühle schrumpften? Meiner schien mit jedem Tag kleiner zu werden. Ich bin Frühaufsteherin und meist vor allen anderen Mitarbeitern der psychiatrischen Abteilung des Jefferson University Hospital in meinem Sprechzimmer. In Strafanstalten jedoch fängt der Tag noch früher an, und das Telefon klingelte bereits, als ich mein Sprechzimmer betrat.

»Einen Aufstand hat es nicht gegeben«, sagte Gary, »aber das Leben ist auch so spannend. Du hörst dich ganz außer Atem an. Bist du gejoggt?«

»Nein«, sagte ich. »Nur einmal durchs Zimmer gegangen. Egal, ich erklär's dir, wenn ich bei dir bin.« Das würde natürlich nicht mehr nötig sein, wenn ich ihm erst gegenübertrat. »Was ist denn so spannend?« Ich erwartete meine Klienten und hatte folglich nicht viel Zeit zum Plaudern.

»Gerade habe ich zum Beispiel eine Psychologin entlassen, die beim Sex mit einem Insassen erwischt wurde. Jemand, den du kennst.«

»Die Psychologin oder den Insassen?«

»Die Psychologin.«

»Wer ist es?«

»Eileen Steelwater.«

»Nein!«, sagte ich völlig verblüfft. »Du hast Eileen vor die Tür gesetzt? Weil sie Sex mit einem Insassen hatte? Das kann doch nicht wahr sein. Ist das dein Ernst?« Eileen und ich hatten beide zur gleichen Zeit unser praktisches Jahr in Nelson's Point absolviert. Eileen, fuhr es mir durch den Kopf, die mit dem farblosen Haar. Das heißt, nein, Haar kann ja gar nicht farblos sein, Menschen allerdings schon. Eileen hatte brünettes Haar, aber sie war ein farbloser Mensch, der stets auf Nummer Sicher ging. Mit ihrer sturen Gläubigkeit an die albernen Regeln und Verhaltensvorschriften, die aufzustellen Strafanstalten sich genötigt sehen, konnte sie einen verrückt machen.

Eileen stellte ihren Wagen stets auf dem weiter entfernten Parkplatz für Angestellte ab. Nie versuchte sie, etwa eine Aluminiumdose in die Anstalt zu schmuggeln. Nie nahm sie ein Taschenmesser in ihrer Handtasche mit, um sich zum Beispiel zum Mittagessen einen Apfel zu schälen. Nie verlor sie ihren Personalausweis. Ihre Autoschlüssel deponierte sie stets in einem der Schließfächer für Wertsachen, wie es sich gehörte. Ich wüsste nicht, dass sie je eine Vorschrift missachtet hätte. Wahrscheinlich hätte sie Albträume bekommen, wenn sie mal vergessen hätte, sich beim Verlassen des Gefängnisses auszutragen.

Ich hatte die Stelle gewechselt, mein anarchisches Gemüt kam mit der Konformität, die in Gefängnissen verlangt wird, nicht zurande. Allerdings schied ich mit einem gewissen Bedauern – extreme Bedingungen hatten für mich immer etwas Anziehendes gehabt. Eileen hatte sich eingerichtet, froh über ihren sicheren Arbeitsplatz – Kriminalität ist eine Wachstumsbranche –, und in der geordneten Welt, die all die Regeln und Vorschriften erzeugt, fühlte sie sich wohl.

»Ich weiß«, sagte Gary. »Verrückt, nicht? Ich glaube, kein Mensch hier hätte das von ihr gedacht, wenn wir sie nicht in flagranti ertappt hätten. Sie kann es unmöglich abstreiten. Und es tut ihr auch kein bisschen Leid. Sie kriegt natürlich eine Anzeige – immerhin gibt es ein kleines, unbedeutendes Gesetz, das Mitarbeitern jeglichen sexuellen Kontakt mit Insassen untersagt. Ich weiß nicht, ob sie dagegen etwas ausrichten kann, aber ihre Zulassung ist sie auf jeden Fall los.«

»Mein Gott«, sagte ich. »Was ist los mit Eileen? Hatte sie einen psychotischen Schub?«

»Äußerlich war nichts zu erkennen«, erwiderte Gary. »Obwohl man bei Psychologen ja nie weiß.«

Da konnte ich nicht widersprechen. Als Berufsgruppe fand ich uns schon verrückter als andere – allerdings nicht so verrückt wie die Psychiater, aber das war nur ein geringer Trost.

»Jedenfalls hoffe ich, dass du uns aus der Patsche hilfst«, sagte Gary. Seine nüchterne, direkte Art konnte ich gut leiden, er vergeudete nicht so viel Zeit mit Small Talk wie ich. Er hatte sich vom Gefangenenaufseher zum Gefängnisdirektor hochgearbeitet, und er kam gleich zur Sache, was mir an Polizisten immer gefallen hatte.

»Sie hat eine Therapiegruppe für Sexualtäter geleitet. Jetzt herrscht natürlich das totale Chaos, aber ich will nicht, dass die Gruppe auseinander fällt. Das würde sich nicht gut machen. Jemand pimpert mit dem Seelendoktor, und das soll das Ende der Gruppe sein? Wie sähe das denn aus, wenn einer der Männer Antrag auf Hafturlaub stellt? ›Ich bin gut vorangekommen in der Therapie, habe mich wirklich sehr angestrengt, und dann fing die Therapeutin an, mit einem der Insassen zu vögeln, und jetzt haben sie die Gruppe einfach aufgelöst‹ ...«

»Was die Teilnehmer daraus gelernt haben, davon will ich lieber erst gar nicht reden«, bemerkte ich trocken. »Die müssen doch gesehen haben, wie er sie angesprungen hat.«

»Glaub mir«, sagte Gary, »der Kerl springt so schnell keinen an. Du wirst schon noch verstehen, was ich meine. Also, kannst du das machen? Die Gruppe übernehmen, bis wir jemand Dauerhaftes gefunden haben? Nur diese eine Gruppe, zweimal die Woche, mehr nicht.«

»Ich bin schwanger, Gary. In ein, zwei Monaten ist es so weit.«

»Schwanger?«, rief Gary überrascht. »Na, das ist doch toll! Einfach toll. In ein, zwei Monaten?«, wiederholte er nachdenklich. »Also gut, akzeptiert. Dann muss ich eben bis dahin einen neuen Ersatz finden.«

»Aber ...«, hob ich an. Eigentlich hatte ich noch gar nicht zugestimmt.

»Die Gruppe fängt morgen um zwei Uhr an. Wir beide treffen uns um zwölf. Ich lade dich zum Essen ein. Dann kriegst du die nötigen Informationen.«

»Lass mich noch mal drüber schlafen, Gary.« Ich sollte mir das wirklich gut überlegen und dann zurückrufen. Irgendwann würde mich meine Neigung zu Spontanentschlüssen noch mal in Teufels Küche bringen – wenn es nicht schon längst passiert war. Andererseits wäre das Leben ohne solche Spontanentschlüsse ziemlich dröge.

»Ach, was soll's. Ich mach's«, sagte ich. In meinem Zustand konnte ich nicht mehr auf dem Boden herumkriechen, das hieß, die Therapiesitzungen mit den Kindern unter meinen Klienten musste ich ohnehin absagen. Es gab also noch Platz in meinem Terminplan, und außerdem war ich neugierig geworden: Ich wollte unbedingt herausfinden, was diese streng vorschriftsgläubige, aber ansonsten anständige Frau mit Namen Eileen Steelwater veranlasst hatte, ihre moralischen Grundsätze als Psychologin über den Haufen zu werfen, ihren Job zu riskieren, ihre berufliche Laufbahn und ihre Zulassung, und offenbar alles ohne die geringsten Schuldgefühle.

Ich schaute an den Mauern der Strafanstalt Nelson's Point hoch, dem ältesten Zuchthaus in Vermont, errichtet zu einer Zeit, in der man beim Gefängnisbau noch keinen Wert auf ästhetische Erscheinung legte. Man hatte erst gar nicht versucht, die Konturen aufzuweichen oder den unvermeidlichen Stacheldraht zu verbergen. Die Wände stiegen senkrecht aus der Erde empor, wie bei einer Festung, in Abständen erhoben sich Wachtürme, dazwischen war Stacheldraht gespannt. Es war ein kalter Morgen – der Winter in Neuengland ergibt sich nie kampflos –, und der vereiste Stacheldraht funkelte. Stacheldraht hat für mich längst jeden Schrecken verloren. Er glitzert im Sommer wie Spiralen aus winzigen Spiegelscherben, und winterlich vereist blendet er, dass einem die Augen schmerzen. Vielleicht war ich bereits zu lange im Metier, wenn ich Stacheldraht auch eine schöne Seite abgewinnen konnte.

Es klingt seltsam, aber Gefängnisse haben mich schon immer angezogen. Es hat etwas mit der Klarheit zu tun, die das Leben erlangt, wenn es von allen Verzierungen befreit ist. Es bietet sich mir da etwas, das sich eigentlich nicht großartig von der Antarktis oder vom Mount Everest, vom Leben auf einem Güterzug oder einem Rettungsfloß unterscheidet. Bloß sind die Entbehrungen und die Gefahren hier von Menschen gemacht, das ist alles.

Aber es gibt nicht nur Entbehrungen; mit dem Bösen einher geht ein intensiveres Gespür für das Gute. Nie werde ich vergessen, wie mir mal jemand auf dem Gipfel eines Viertausenders eine Tasse Tee anbot, nachdem mir die ganze Nacht über von verdorbenem Trinkwasser übel gewesen war. Die Sonne war durchgekommen, die Außentemperatur auf ein erträgliches Maß gestiegen, und ich hatte mich zum ersten Mal wieder aufgerichtet. Jemand streckte eine Hand in mein offenes Zelt und reichte mir eine dampfende Tasse Tee. Ein Sonnenstrahl fiel auf seine Hand und die Tasse, und Tränen waren mir in die Augen gestiegen. Seitdem hatte ich in vielen Tassen Tee nach jenem Trost gesucht, den diese eine Tasse mir gespendet hatte.

Ich hörte auf, an die Wand zu starren, und ging zum Haupttor. Beim Pförtner war eine Genehmigung hinterlegt, die mir Eintritt gewährte. Der Beamte schob mir das Besucherbuch zur Unterschrift hin und griff zum Telefonhörer. »Direktor Raines kommt her und holt Sie ab«, sagte er mit einem anerkennenden Stirnrunzeln. Wenige Minuten später war das Geräusch einer zur Seite gleitenden Eisentür zu vernehmen, und Gary kam mir entgegen.

Er hatte einige Kilo zugelegt im Laufe der Jahre, was sein scharfkantiges Gesicht etwas weicher machte. Wie früher trug er schwarze, blank geputzte Schuhe, dazu ein weißes Hemd, das so stramm in die Hose gesteckt war, dass man hätte meinen können, er hätte das beim Bettenbeziehen im Krankenhaus geübt. Gary war früher beim Militär gewesen, und das war nach wie vor nicht zu übersehen.

»Michael«, sagte er und blieb wie angewurzelt stehen. Er fing an zu lachen. »Meine Güte, bist du aber rund geworden! Soll das ein Kind werden oder ein Kipper?«

»Deine Sensibilität freut mich, Gary. Es ist immer leicht, sich über Schwangere lustig zu machen. Lass dich ruhig weiter über meinen deformierten, hässlichen Körper aus.« Ich sagte das ganz ernst, aber Gary ließ sich nicht täuschen. Ich war ziemlich stolz auf meinen dicken Bauch und auf das gesunde Kind, das darin heranwuchs, und ich verhehlte es nicht.

»Früher warst du ganz klein und zierlich«, sagte er. Der Beamte sah Gary ungläubig an, sodass ich mich fragte, ob er ihn überhaupt schon mal als Privatmensch erlebt hatte. Wie bereits erwähnt, kannten Gary und ich uns seit der Zeit, als ich mein praktisches Jahr gemacht hatte und er noch einfacher Gefangenenaufseher gewesen war. Wir waren damals eine Clique, die nach Feierabend schon mal ein Bier zusammen trank – eine Clique, zu der auch Eileen Steelwater gehört hatte –, aber dann hatten wir uns aus den Augen verloren; das war fünfzehn Jahre her. Nach dem Verhalten des Beamten zu urteilen, führte sich Gary sonst eher wie ein erwachsener Mensch auf.

Zu Mittag aßen wir im Make-Shift-Café, vom Gefängnis aus nur ein Stück die Straße hinunter. Es war wärmer geworden, und Gary und ich gingen zu Fuß. Das Schild draußen kündigte den landesweit »unamerikanischsten Apfelkuchen« an, »garantiert nicht wie bei Muttern«. In Vermont wimmelte es von Althippies aus den Sechzigerjahren, die einfach nie weggezogen waren. Statt den langen Marsch durch die Institutionen anzutreten, hatten sie sich häuslich niedergelassen, aber ihr Dope und ihren Humor hatten sie behalten. Eine ihrer Bastionen zu betreten hieß, in eine Zeitmaschine zu geraten: Kellner mit Pferdeschwänzen, die gebatikte T-Shirts trugen; an den Wänden hingen Schilder, auf denen das Make Shift als »genossenschaftlich geführtes Restaurant« vorgestellt wurde, gefolgt von umständlichen Erklärungen, was das bedeutete: Das Küchen- und Reinigungspersonal bekam den gleichen Lohn, Entscheidungen wurden gemeinschaftlich gefällt.

Erstaunlicherweise funktionierte das System seit zwanzig Jahren. Wenn man sich die Besetzung allerdings so anschaute, musste man zu dem Schluss kommen, dass die Mitspieler seit meinem letzten Besuch ausgetauscht worden waren. Die augenblickliche Kellnerauswahl sah so jung aus, dass es sich unmöglich noch um echte Hippies handeln konnte. Sie wirkten eher wie Möchtegernhippies, die Platten von Pink Floyd sammelten und ihre Eltern fragen mussten, wie es damals in den Sechzigerjahren wirklich zugegangen war.

»Kommst du oft hierher?«, fragte ich Gary. »Ich war seit Jahren nicht mehr hier.«

»Nur zu besonderen Anlässen«, erwiderte er. »Es hat sich nicht viel verändert.«

»Versetzt einen in alte Zeiten«, erklärte ich.

»Das kann man wohl sagen.« Mittlerweile hatten wir einen Platz gefunden und studierten die Speisekarte, die eine Auswahl diverser Tofu- und Vollkorngerichte bereithielt, erstaunlich gutes Essen, wenn es noch so köstlich war wie früher.

Ich legte die Speisekarte beiseite und fragte Gary: »Macht dir deine Arbeit als Gefängnisdirektor immer noch Spaß?«

»Meistens ja«, sagte er. »Ich gebe es nur ungern zu, aber es gefällt mir, den Laden zu schmeißen. Das Problem ist, dass ich mich die Hälfte der Zeit mit den hohen Tieren in der Verwaltung herumschlagen muss. Von den mediengeilen Politikern, die ein saublödes Gesetz nach dem anderen verabschieden, ganz zu schweigen.

Gebetsmühlenartig wiederholen die ihren sturen Glaubenssatz, hart gegen das Verbrechen vorzugehen. Ob irgendeine ihrer neuen Regelungen in der Praxis auch funktioniert, ist denen scheißegal, Hauptsache, es macht sich gut auf dem Papier. Da werden in zwanzig Minuten Gesetze durchgepeitscht, ohne dass eine Sekunde ein Gedanke daran verschwendet wird, welche Auswirkungen die haben. Dabei sind wir noch besser dran als andere. In manchen Bundesstaaten haben sie per Gesetz die bedingte Haftentlassung abgeschafft, und jetzt wundern sie sich, dass sie acht neue Gefängnisse bauen müssen. Die sind doch nicht mehr ganz richtig im Kopf!

Das Gefängnis ist nicht halb so schlimm wie die Politiker – aber natürlich haben auch wir unsere großen Momente. Erst vergangene Woche haben wir entdeckt, dass einige Männer in der Werkstatt eine fast zehn Meter lange Leiter gebaut hatten. Eine ziemlich gute Leiter, hoch genug, um die Mauer zu überwinden. Aus Metall und sehr stabil, hätte hundertfünfzig Kilo pro Sprosse ausgehalten. Anscheinend haben sie was in der Werkstatt gelernt. Ein Spitzel hat sie verraten, an dem Abend, als neun von ihnen vorhatten abzuhauen. Das hätte uns einige hübsche Schlagzeilen eingebracht.«

»Eine zehn Meter lange Leiter?«, fragte ich. »Seit wann baut ihr Leitern in eurer Werkstatt?«

»Spinnst du, Michael? Natürlich bauen wir keine Leitern in der Werkstatt. Wir stellen Übertöpfe her, solche Sachen.«

»Wie ist so etwas möglich: eine zehn Meter lange Leiter zu bauen, ohne dass es jemand merkt?«

»Das ist hier die Frage, nicht wahr? Vermutlich hat jemand, der eigentlich Aufsicht gehabt hätte, Karten gespielt oder Däumchen gedreht.«

»Wo haben sie die Leiter versteckt?«

»Gar nicht. Sie stand mitten zwischen dem ganzen Werkzeug und den Holzleisten.«

»Wow. Hast du nicht gesagt, du führst ein strenges Regiment?«

»Das ist noch gar nichts«, erwiderte er. »Letztes Jahr hatten wir hier jemanden, der aus Zahnseide ein Seil geflochten hat. Ein ziemlich haltbares Seil.«

Ich versuchte mir vorzustellen, wie ein Seil aussah, das nur aus Zahnseide gefertigt war. »Der muss doch Unmengen von Zahnseide verbraucht haben«, stellte ich ungläubig fest.

»Allerdings«, sagte er. »Jetzt achten wir darauf, dass nur kurze Stücke Zahnseide ausgegeben werden.« Ich schaute hinüber zu dem Paar am Nachbartisch, das uns neugierig musterte.

Gary folgte meinem Blick. Er zuckte mit den Achseln und sagte, diesmal etwas leiser: »Gut, dass wir noch nicht über meinen neuen Gast geredet haben.«

»Und wer ist dein neuer Gast?«

»Er ist noch nicht da, aber er kommt demnächst. Clarence.«

Ich lehnte mich zurück und starrte Gary an. »Na, herzlichen Glückwunsch.«

»Irgendwo muss er ja hin.«

»Wieso stehen die Gaffer hier noch nicht Schlange?«

Wieder zuckte er mit den Achseln. »Es weiß keiner, dass er kommt. Ich glaube, nicht mal der Buschfunk der Insassen weiß Bescheid.«

»Erste Klasse. Wie hast du das denn hingekriegt?«

»Ich habe es dem Personal nicht gesagt. Außer mir und dem Staatssekretär weiß es niemand.«

»Das wird denen bestimmt nicht gefallen.«

»Wen meinst du damit?«, sagte er. »Keinem wird das gefallen. Das Personal will ihn nicht haben. Die Insassen werden ihn fertig machen. Und die Medien werden uns bei dem leisesten Mucks von ihm gnadenlos verfolgen.«

»Du scheinst ja ganz gelassen zu sein.«

»Ist doch eh immer die gleiche Geschichte.«

»Tut mir Leid«, entgegnete ich, »aber bei Clarence nicht.«

»Ich weiß nicht«, sagte er. »Er ist nicht der Erste. Es gibt doch mittlerweile schon einige von seiner Sorte. Bundy, Dahmer, Gacey.«

»Aber keiner ist auf Kinder losgegangen«, sagte ich. Wir flüsterten verschwörerisch. »Keiner hat ihnen den Penis abgeschnitten und in Einmachgläsern auf seinen Nachttisch gestellt. Nicht mal der Grausamste hätte seine Freude an so etwas.« Es stimmte. Im Gefängnis herrschte eine Hierarchie, was als akzeptabel galt und was nicht. Männer, die Kinder misshandelt hatten, waren im Allgemeinen nicht beliebt, aber mittlerweile gab es so viele, dass sie nicht mehr derart schikaniert wurden wie früher. Aber dass ein Täter sein kindliches Opfer verstümmelte, das war auch für Häftlinge zu abgedreht, und die Tatsache, dass es sich um Jungen handelte, machte es nur schlimmer. Die Häftlinge würden sich fragen, an wem Clarence sich wohl jetzt vergreifen würde, da er keinen Zugang zu Kindern mehr hatte.

»Jeder Mensch braucht ein Hobby.«

»Du bist krank, Gary. Nicht mal ich kann über Clarence lachen.«

»Etwas muss ich doch tun. Warum also nicht darüber lachen? Ich habe ihn nun mal am Hals. Wenigstens habe ich eine gute Psychologin an der Hand. Ich beziehe dich mit ein, wenn es allzu schlimm werden sollte.« Er schaute auf, als wollte er meine Reaktion testen.

»In was willst du mich mit einbeziehen?«, fragte ich. »Du bist derjenige, der hier einen Psychologen braucht, nicht Clarence. Umgang mit Leuten wie Clarence kann einen krank machen. Außerdem wissen wir auch nicht besser als andere, was wir mit so einem anstellen sollen. Kennst du die Redensart ›bösartiger als eine Schlange‹? Absolute Bösartigkeit ist keine seelische Krankheit. Der Mann braucht einen Exorzisten, keinen Psychologen.«

»Wenn du mich fragst, braucht der Mann was ganz anderes. Er gehört in einem Bundesstaat untergebracht, wo es die Todesstrafe gibt.«

»Das ist ein Argument«, erwiderte ich. »Selbst denjenigen unter uns Psychologen, denen nicht wohl bei dem Gedanken ist, dass der Staat Menschen tötet, kommen so ihre Zweifel, wenn jemand wie Clarence aufkreuzt. Vielleicht werden das ja die Häftlinge für dich erledigen.«

»Nicht, wenn ich aufpasse«, sagte er grimmig. »Ich würde ihn am liebsten in einen Bundesstaat verlegen, der ihn schleunigst auf dem Elektrischen Stuhl brutzelt, aber solange ich für ihn zuständig bin, kriegt ihn keiner.« Er sah dabei auf die Speisekarte herab; es sollte beiläufig klingen, aber in seiner Stimme war von Beiläufigkeit nichts zu hören.

Ich musterte ihn verblüfft. Vielleicht bin ich ja abgestumpft, aber wenn man mich damit beauftragt hätte, Clarence vor den Konsequenzen seines abartigen Charakters zu schützen, hätte ich die Aufgabe sicher ernst genommen, solche *Leidenschaft* wie Gary hätte ich allerdings bestimmt nicht entwickelt. »Besser, wenn du dich darum kümmerst als ich«, sagte ich sanft. Eigentlich wollte ich noch mehr sagen, aber der Duft des herannahenden Essens machte alles Denkvermögen meines Schwangerenhirns zunichte. Nichts, aber auch gar nichts konnte mich dieser Tage vom Essen abhalten.

Ich kam in den Gruppenraum und rief in der Vermittlung an, sie sollten die Männer jetzt herschicken. Bei der höchsten Sicherheitsstufe, die hier herrschte, durften die Männer nicht einfach so in den Gefängnisfluren herumlaufen. Solange es nicht über die Lautsprecheranlage verkündet worden war, konnten sie ihre Zellen überhaupt nicht verlassen. Wenn die Ansage erfolgte, wurde ihnen ein Passierschein mit Zeitangabe ausgehändigt, und sie durften allein zur Gruppe gehen. Ich würde die Passierscheine einsammeln und im Anschluss an die Männer zurückgeben – versehen mit der neuen Zeitangabe –, wenn sie sich wieder auf den Weg zu ihren Zellen machten.

Natürlich geschah das alles aus Sicherheitsgründen, aber für mich gab es noch einen anderen Grund, warum ich da sein wollte, bevor die anderen eintrafen. Ich wollte sehen, wie sich jeder Einzelne aufführte, wenn er hereingelassen wurde, besonders zu dieser Gruppensitzung, die meine erste war. Bei solchen Übergangssituationen lässt sich gut beobachten, wer sich wo hinsetzt, wer wen anschaut, wer wen begrüßt, all die kleinen Dinge, die einem Auskunft darüber geben, welchen Platz jeder Einzelne in der unsichtbaren Hierarchie, die in einem Gefängnis herrscht, einnimmt. Über kurz oder lang hätte ich es auch allein durch Zuhören während der Gruppensitzungen herausgefunden, aber ich war Nachzügler, und ich brauchte eine gute Starthilfe für meinen Lernprozess.

Jetzt betrat der erste Mann den Raum und grinste breit, als er mich sah. Sicher hatten sie Wetten abgeschlossen, wem es gelingen würde, die Gruppenleiterin zu verführen – wenn man bedenkt, was mit der ersten passiert war. Die Gruppenleiterin zu verführen, galt immer als ein gelungener Coup, ob sie nun schwanger war oder nicht. Der Mann sah sich um, und als er merkte, dass er ein paar Minuten allein mit mir sein würde, grinste er noch breiter. »Hallo, wen haben wir denn da?«, sagte er gedehnt. »Sind Sie Michael?«

Ich stand auf und hielt ihm die Hand hin. »Ich bin Dr. Stone«, sagte ich mit der angemessenen Reserviertheit in der Stimme. »Und Sie sind ...?«

»Leroy«, antwortete er.

»Ach ja, Leroy Warner«, sagte ich. Nach dem Mittagessen

hatte ich so viele Protokolle wie möglich gelesen, daher wusste ich, wer hier auftauchen würde. »Setzen Sie sich, Mr. Warner. Die anderen werden gleich da sein.« Er nickte, ließ sich nieder, und für einen Moment schauten wir uns schweigend an. Leroy war klein, Afroamerikaner, mit kurzen Locken und von sehniger Gestalt, und er machte einen verschlagenen Eindruck auf mich.

Wieder grinste er, und er durchbrach die Stille. »Meinen Sie, dass Sie die Gruppe bis zum Ende durchstehen werden? Aussehen tun Sie jedenfalls nicht so.«

Ich sagte keinen Ton.

Leroy warf einen Blick Richtung Tür. Es blieb ihm nicht mehr viel Zeit für sein Spiel, und die erste Eröffnung hatte nicht funktioniert. »Ich kann Ihnen gerne verraten, wer sonst noch so kommt. Ich kenne die Typen alle. Könnte Ihnen sagen, wer hier was zu melden hat.«

»Das ist nicht nötig«, erwiderte ich. »Ich mache mir lieber selbst ein Bild.« Wenn es eine Regel im Umgang mit Häftlingen gibt, dann die, dass man sich niemals von ihnen helfen lassen darf. Es schafft eine individuelle Bindung. Es bedeutet, dass man etwas schuldig bleibt, ihnen und sich selbst. Und es ist schwierig, herauszufinden, was auf lange Sicht schlimmere Konsequenzen hat – dass sie glauben, man würde ihnen etwas schulden, oder dass man es selbst glaubt.

Erneut überlegte er, aber bevor er einen zweiten Anlauf nehmen konnte, ging die Tür auf, und ein kleiner, nervöser Weißer kam herein. Kinderschänder, war mein erster Gedanke, als er mich ansah und gleich wieder wegschaute. Von der alten Schule sozusagen, die Sorte Männer, die Angst vor Frauen hat und einfach nur bemitleidenswert ist.

Kaum hatte ich ihn begrüßt und ihm gesagt, er möge sich einen Platz suchen, ging die Tür erneut auf, und ein Mann schlenderte herein, den die Football-Mannschaft der New

England Patriots mit Kusshand genommen hätte. Seine Schultern füllten den engen Türrahmen vollständig aus, und sein Oberkörper ging in schmale Hüften über. Sogar den typischen Stiernacken hatte er – den Nacken, der breiter ist als der Kopf.

Er stutzte, als er mich erblickte, und nahm dann sein jugendlich großspuriges Schlendern wieder auf, halb Tanzen, halb Gehen. Ein Gewichtheber; sein Bizeps zeichnete sich unter dem knapp sitzenden T-Shirt ab, während er den Raum durchquerte, was ihm wohl bewusst war. Sein Schädel war rasiert, und seine glatte ebenholzfarbene Haut schien zu glänzen. Die beiden Sitzenden erstarrten kurz, als er hereinkam, und schauten dann rasch woandershin. Beeindruckend, wie es ihm, wortlos, gelungen war, die beiden Mithäftlinge einzuschüchtern. Zweifellos ein Mann, der ganz oben in der Hierarchie stand.

Ich sagte nichts, und auch er schwieg, als er gemächlich zu einem Platz am Ende der in einem Halbkreis aufgestellten Stühle schritt und sich hinsetzte. Er hatte sich so weit entfernt wie möglich von mir niedergelassen, streckte die Beine aus und schlug sie übereinander, verschränkte die Arme hinterm Kopf und lehnte sich zurück. Ich schaute auf das Blatt Papier vor mir. Es gab nur einen in der Truppe, der einen bewaffneten Raubüberfall verübt hatte. Das musste er sein. »Mr. Avery?«, sagte ich.

Er erwiderte nichts, sondern sah mich bloß aufmerksam an. Draußen, außerhalb des Gefängnisses, galt es als ein Zeichen von Ehrlichkeit, jemandem in die Augen zu schauen, hier drinnen war es ein Zeichen von Verachtung. »Ich bin Dr. Stone«, fuhr ich fort, als wäre sein Verhalten vollkommen normal, was es unter den gegebenen Umständen ja auch war. »Schön, dass Sie gekommen sind. In wenigen Minuten, wenn alle eingetroffen sind, können wir anfangen.«

Ich tat so, als wäre mir seine feindselige Haltung gar nicht aufgefallen, die sicherste Methode, damit umzugehen. Ohne das dazugehörige Publikum verlor die Anmache an Schärfe.

In schneller Folge kamen noch vier weitere Teilnehmer, die alle zuerst mich ansahen, dann Avery grüßten, ihm zunickten oder ihn anderweitig zur Kenntnis nahmen, ohne allerdings eine coole Show abzuziehen wie er. Auch fiel mir auf, dass sich niemand neben ihn setzte. Vielleicht wollten sie sich nicht aufdrängen; nur der Letzte würde wohl oder übel neben ihm Platz nehmen müssen.

Der Nachzügler erstaunte mich. Es war ein Weißer, ein großer Mann, irgendwie vornehm, und er hatte strahlende, gleichmäßige Zähne, was auf eine teure Kieferbehandlung hindeutete. Schlechte Zähne sind in diesem Land ein Zeichen von Armut, und die meisten Gefängnisinsassen hatten Zähne, bei denen jeder Zahnarzt die Hände über dem Kopf zusammengeschlagen hätte. Die gleichmäßigen Zähne legten den Verdacht nahe, dass er nicht aus dem kriminellen Milieu stammte, und auch sein Verhalten war anders. Er lachte warmherzig und stellte sich mir vor. »Jim. Jim Walker.« Er hielt mir die Hand hin. War ich hier bei einem Treffen des Rotary Club?

»Dr. Stone«, erwiderte ich. Als ich seine Hand schüttelte, fiel mir auf, dass sein Lächeln nicht bis zu den Augen reichte. Die Haut um die Augen herum blieb gespannt, und die einzigen Falten waren normale Altersfalten, die jeder Mann in den Dreißigern hatte, keine Lachfalten. Das hatte etwas zu bedeuten. Mir waren die Forschungsergebnisse bekannt, die besagten, dass sich das ganze Gesicht eines Menschen erhellt und die Augenfalten sich nach oben ziehen, wenn das Lachen echt ist. Bei gekünsteltem Lachen verzieht sich nur der Mund, und um die Augen herum geschieht überhaupt nichts.

Der Blick aus den Augen, die nicht lachten, war aufmerksam und hellwach. »Schnelligkeit kann man einem nicht beibringen«, wie der Trainer der UCLA-Basketball-Mannschaft einmal gesagt hatte. Und statt vom Körper hätte er genauso gut vom Verstand sprechen können. Ich brauchte keinen Intelligenztest als Nachweis, dass dieser Mann gescheit war – ein Blick in seine Augen genügte. Klugheit konnte ihm im Gefängnis Punkte einbringen – oder auch nicht. Intelligenz war in der Hierarchie schwieriger einzuordnen als Averys physische Kraft. Als Anwalt der Häftlinge, der seine Klugheit in den Dienst seiner Mitinsassen stellte, nähme er einen hohen Rang ein. Wenn er sein Köpfchen dazu nutzte, um Leute fertig zu machen, dann sähe es gefährlich für ihn aus.

Bei ihm tippte ich auf Betrug und Gelegenheitsvergewaltigung. Wegen irgendeines sexuellen Vergehens musste er schließlich verurteilt worden sein, sonst wäre er nicht in der Gruppe. Allerdings saßen Gelegenheitsvergewaltiger nie ihre volle Strafe ab, also musste bei ihm noch etwas anderes hinzukommen. Ich wusste noch nicht, was, denn ich hatte keine Zeit gehabt, vor der Sitzung alle Akten zu studieren.

Zu meinem Erstaunen eröffnete Avery das Gespräch. »Wie geht's der Nutte?«, sagte er. Es wurde augenblicklich still, und alle sahen mich an.

Auf der Stelle überkam mich kalte Wut, aber genauso schnell schluckte ich sie wieder hinunter. Hier ging es nicht darum, ob man Eileen Steelwater eine Prostituierte nennen durfte oder nicht. Hier ging es um Macht in der Gruppe. Wenn du jetzt deinen Auftritt verbockst, wenn du ignorierst, was Avery gesagt hat, wenn du Angst zeigst, die Kontrolle über Avery verlierst, dann ist die Sache gelaufen – und zwar endgültig. Höchstwahrscheinlich wussten außer mir alle im Raum, dass Avery in die Offensive gehen würde. Bestimmt hatte er damit angegeben, wie er mit der neuen Gruppenleiterin umspringen wollte.

Ich starrte Avery einige Sekunden lang an, ohne ein Wort zu sagen, und baute gehörig Spannung auf. Es brachte etwas zum Ausdruck: Erstens würde ich so etwas nicht einfach hinnehmen, und zweitens würde ich mich nicht einschüchtern lassen. Außerdem gewann ich Zeit, um mir zu überlegen, wie ich damit umgehen sollte. Eigentlich blieben mir gar nicht viele Möglichkeiten. Erteil einen Befehl, und er riskiert eine Abspaltung von der Gruppe, um mich herauszufordern. Befehle entgegenzunehmen bedeutet schweren Gesichtsverlust. Geh einfach über die Bemerkung hinweg, und er hat die Gruppe in der Hand. Wenn du ihm dagegen die Wahl lässt, trifft er sehr wahrscheinlich eine kluge Entscheidung. Es war kein Versuch seinerseits, aus der Gruppe rausgeschmissen zu werden. Er wollte die Gruppenleiterin einfach nur testen.

Bedächtig erklärte ich: »Es ist Ihre Entscheidung, Mr. Avery, ob Sie in dieser Gruppe sein möchten oder nicht. Ich zwinge Sie nicht, hierher zu kommen. Ich zwinge niemanden. Wenn Sie sich dafür entscheiden, dann haben Sie sich an die Regeln zu halten, so wie jeder andere auch. Sie gelten für Sie genauso wie für alle anderen, mich eingeschlossen. Gehen wir sie also doch mal durch.«

Ich wandte mich an die Gruppe. »Respekt gegenüber allen Mitgliedern der Gruppe. In den Sitzungen und außerhalb der Gruppe. Keine Gewalttätigkeit. Keine Einschüchterung. Keine Drohungen. Keine Beschimpfungen. Keine Demütigungen. Wenn jemand Probleme damit hat, ist jetzt die Gelegenheit, sich dazu zu äußern. Es wäre doch sonst die reine Zeitverschwendung für Sie und mich.«

Avery schnaubte, sagte aber nichts. Das Schnauben diente der Gesichtswahrung, und ich überhörte es. Ich holte tief Luft und sah mich in der Runde um. Zwei dumme Anmachen gegen die Gruppenleiterin, und die erste Sitzung lief gerade mal eine Minute. Ich würde sagen, alles im Bereich des Normalen.

»Also gut«, fuhr ich fort. »Es ist so: Ich übernehme die Gruppe von Dr. Steelwater, die nicht mehr hier arbeitet, wie jeder von Ihnen weiß.« Hier und da ein Glucksen oder ein unterdrücktes Lachen. »Ich werde mich nicht darüber auslassen, was Dr. Steelwater getan hat oder nicht und was dazu geführt hat, dass sie das Gefängnis verlassen hat. Eigentlich ist mir nur sehr wenig darüber bekannt. Vermutlich weiß jeder hier im Raum mehr als ich oder glaubt jedenfalls, mehr zu wissen. Worauf es hier ankommt, ist jedoch nicht, was Dr. Steelwater aus ihrem Leben macht – vielmehr kommt es darauf an, was Sie aus Ihrem Leben machen. Wie Sie hoffentlich mitbekommen haben, geht es uns in der Therapie darum, Ihnen Möglichkeiten aufzuzeigen.

Ist unter Ihnen jemand, der versessen darauf ist, sein restliches Leben im Gefängnis zu verbringen?« Ich machte eine Pause und sah mich um. »Wenn ja, dann braucht er diese Gruppe nicht. Wenn Sie aber gerne rauswollen, draußen bleiben und Ihr eigenes Leben führen wollen, dann hat diese Gruppe Ihnen vielleicht etwas zu bieten.« Niemand sagte etwas, aber alle schienen mir zuzuhören, mit Ausnahme von Avery. Natürlich hörte auch er mir zu, nur wollte er nicht dabei ertappt werden.

»Also gut. Ich möchte die Runde daher noch mal eröffnen, und diesmal möchte ich von Ihnen hören, an was Sie in der Gruppe gearbeitet haben.« Alle Augen waren auf mich gerichtet, bis zu diesem Moment. Urplötzlich flogen die Blicke hin und her, auf den Boden, zur Tür, an die Wand. Mehrere Häftlinge sahen hinüber zu Mr. Zahnpastareklame, Mr. Walker. Nur Avery blieb ungerührt. Er starrte vor sich hin, seit er Platz genommen hatte.

Ich lehnte mich zurück, verärgert und leicht beunruhigt.

Wussten die Männer etwa nicht, womit sie sich in der Gruppe beschäftigt hatten? Warum wichen sie mir plötzlich aus? Ich drehte mich zu Walker um. Alle anderen erweckten den Anschein, als wüsste er die Antwort, und ich war neugierig, warum das so war. »Mr. Walker. Fangen wir mit Ihnen an.«

Für eine Sekunde hatte ich ihn verunsichert, dann rutschte das Lächeln wieder an seinen Platz. »Mit mir?«, sagte er gedehnt. »Na gut. Also, ich habe mich hauptsächlich mit meiner Depression beschäftigt. Ich bin ziemlich deprimiert, auf Grund meiner Situation.« Er musterte mich genau, schätzte ab, ob er weiterreden sollte oder nicht. »Eileen ... ich meine, Dr. Steelwater, hat mir sehr geholfen, damit umzugehen. Eine Zeit lang war ich sogar suizidgefährdet.«

Ich sah ihn ungläubig an. »In der Gruppe?«, fragte ich nach. »In einer Gruppe für Sexualtäter haben Sie sich mit Depressionen beschäftigt?«

Er sah sich, nach Unterstützung heischend, um. »Also, es war ziemlich schlimm«, sagte er. »Ich konnte die reguläre Therapie für Sexualstraftäter nicht mehr mitmachen, weil ich so deprimiert war.«

Walker zeigte keinerlei klinische Symptome einer Depression. Seine Sprechweise und seine Bewegungen waren nicht verlangsamt. Es sah nicht so aus, als hätte er in letzter Zeit an Gewicht verloren, und er wirkte auch nicht sonderlich traurig. Er war empfänglich für zwischenmenschliche Kommunikation – ich würde sogar sagen, er war dreist. Und selbst wenn er deprimiert gewesen wäre – gängige Praxis wäre es gewesen, einen Klienten mit seelischen Problemen an den psychologischen Dienst zu überweisen und ihn nicht in einer Sexualtätergruppe zu therapieren, die sich, nun ja, mit Sexualstraftaten auseinander setzen soll.

Ich fühlte mich wie matt gesetzt. Ich wollte nicht gleich am ersten Tag Eileens Arbeit kritisieren. Allerdings sah das alles nicht gut aus, was hier ablief. Ich schaute mich im Raum um. »Okay«, sagte ich. »Wer will als Nächster?« Niemand meldete sich.

2

Das Herrenhemd hing, lässig über eine Stuhllehne geworfen, in meinem Wohnzimmer. In *meinem* Wohnzimmer! Ich ließ mich auf dem Sofa gegenüber nieder und betrachtete das Hemd. »Ich weiß nicht genau, ob du hier hergehörst«, sagte ich zu dem Hemd. »Nichts für ungut, aber gewöhnlich lebe ich allein, und gewöhnlich finde ich auch keine Herrenhemden in meinem Wohnzimmer. Du bist zwar wirklich ein hübsches Exemplar, aber ich glaube nicht, dass es das Richtige für dich ist, einfach so rumzuhängen. Wochenendbesuche und so, das geht schon in Ordnung, aber du tust gerade so, als würdest du hier wohnen, hättest dich auf der Stuhllehne häuslich eingerichtet.«

Ich wartete ab, aber das Hemd hielt eine Reaktion nicht für nötig, und ich stand seufzend auf. Ich ging zu der Schiebetür aus Glas und schaute auf die Terrasse und den Bach, der dahinter verlief. Eigentlich war das Zusammenleben mit Adam gar nicht kompliziert. Ich verfügte sogar über ausreichend Realitätssinn, um mir vorstellen zu können, wen von uns beiden eine Geschworenenjury als »schwierig« bezeichnen würde. Wie auch immer, ich hatte da eine Macke: Für mich war der Gedanke, dass zwei Menschen unter einem Dach lebten, das Gleiche, als würden sie in derselben Haut stecken.

Das Geräusch eines Schlüssels, der sich im Schloss drehte, holte mich aus meiner Grübelei. Beinahe wäre ich zusammengezuckt. Meine Güte, ich hatte ganz verdrängt, dass ich ihm den Hausschlüssel gegeben hatte. Hatte ich das wirklich getan? Warum ihm nicht gleich das ganze Haus vermachen? Was hatte ich mir nur dabei gedacht?

Adam trat ein und lächelte, was alles nur noch schlimmer machte. Ich sah mich im Raum um. Es gab keinen Platz zum Ausweichen. Alles war so klein. Befand man sich hier im Raum, und war noch jemand anders anwesend, dann war man zwangsläufig zusammen, da gab es kein Umhin. Ich gab mir Mühe, ein Lächeln auf mein Gesicht zu zaubern, aber es klappte nicht. Heute Abend nicht. Eine Frau muss ihre Grenzen kennen. Ich schlenderte hinüber zu meiner Jacke und hob sie auf. »Gehst du noch weg?«, fragte er.

»Ja. Abendessen bei Carlotta.«

Er runzelte die Stirn. »Komisch. Ich habe sie heute nämlich getroffen. Davon hat sie mir gar nichts erzählt.«

»Das kommt daher, weil sie noch nichts von ihrem Glück weiß«, sagte ich, gab ihm einen flüchtigen Kuss und ging.

Beim Anblick meiner grimmigen Miene konnte sich Carlotta gegen ein gemeinsames Abendessen nicht mehr wehren. Sie hätte sich sowieso nicht gewehrt. Sie war meine älteste Freundin, wir kannten uns seit dem College. Es hatte Jahre gedauert, aber im Großen und Ganzen hatte ich ihr verziehen, dass sie ihren fast ein Meter achtzig großen Körper mit Mode ausstaffierte, statt sich dem Basketball zu widmen, wie es sich gehört hätte. Sie ihrerseits hatte aufgehört, sich über meine Neigung aufzuregen, mit Männern aufs Spielfeld zu gehen, die um etliche Pfunde schwerer waren als ich und mich um Längen überragten.

Wir beide vertreten die Ansicht, dass Männer kommen und gehen, Frauenfreundschaften dagegen von Dauer sind. Daher hatte ich allen Grund, Mitleid für mein augenblickliches Dilemma erwarten zu dürfen. Schließlich hatte es nichts mit Basketball zu tun, und es war auch nichts Gefährliches oder sonst irgendwas, das Carlotta abscheulich an mir fand. Diesmal ging es um Männer, und in der Hinsicht sprechen wir normalerweise die gleiche Sprache, also schnitt ich das Thema beim Abendessen im Sweet Tomatoes an. »Er wohnt da, Carlotta. Früher hat er nur ab und zu bei mir genächtigt, aber jetzt *wohnt* er richtig da.«

»Und?«

»Und ... ach, ich weiß nicht.«

»Nervt er?«

»Nein.«

»Wirft er seine dreckigen Klamotten auf den Boden?«

»Nein, er ist ziemlich ordentlich.«

»Magst du ihn nicht mehr?«

»Ich mag ihn noch immer sehr.«

»Macht's keinen Spaß mehr im Bett?«

»Dann wär's so weit.«

»Schnarcht er?«

»Weiß ich nicht. Ich bin viel zu müde, um das zu hören.«

»Hat er irgendeine schlimme Angewohnheit, die so peinlich ist, dass du mir nicht sagen willst, was es ist?«

»Vor dir wäre mir nichts zu peinlich.«

»Streitet ihr euch?«

»Wenig.«

»Ärgert er sich, dass du schwanger bist?«

»Er ist begeistert.«

»Und?«

»Und ... ich weiß nicht.«

Carlotta knabberte an ihren Salatblättchen, bevor sie weitersprach. »Adam ist nicht das Problem, Michael. Du bist das Problem.«

»Ich habe nie das Gegenteil behauptet«, wehrte ich ab. Irgendwie lief das hier nicht so wie gewünscht. Von seinen

Freunden erwartet man, dass sie einen aufbauen, wenn man sich wie ein Idiot benommen hat, und einen nicht in die Pfanne hauen.

»Du brauchst einen guten Psychologen.«

»Ich bin selbst ein guter.«

»Das zählt nicht.«

»Zu wem soll ich denn gehen?« Ich kenne doch alle hier. Das ist der Nachteil einer Kleinstadt.« Es war so. Das Jefferson University Hospital war eines der wenigen größeren Krankenhäuser, das in einer überschaubaren ländlichen Gegend lag. Das kam daher, dass in einem ländlich geprägten Bundesstaat wie Vermont alles klein und überschaubar war. Wir haben ja nur eine halbe Million Einwohner. Alle zusammengerechnet, würde es nicht mal für einen Vorort einer amerikanischen Großstadt reichen.

»Geh zu Marion.«

»Marion?« Ich wusste augenblicklich, wen sie meinte. Marion war eine schmächtige, zartgliedrige Frau über sechzig, die ihr grau meliertes Haar kurz trug, zu Löckchen gedreht. Gerüchten zufolge hatte sie ihre gut gehende Praxis in Boston aufgegeben und war hier in die Gegend gezogen. Scheinbar wollte sie aber in Übung bleiben und behandelte nebenher ein paar Patienten. Seit einiger Zeit kam sie regelmäßig in die psychiatrische Abteilung, um an den Ärztebesprechungen teilzunehmen, und besuchte einige Seminare. Ich war ihr nur einmal kurz begegnet, was mich nicht davon abgehalten hatte, mir sofort eine Meinung über sie zu bilden. Als ich sie das erste Mal sah, hatte ich sie in die Schublade Teetrinker gesteckt, die Sorte Mensch, bei denen zu Hause nie Unordnung herrscht, die ihre Kleider stets auf Bügel hängen und die nie in Eile sind oder konfus. Selbstverständlich beruhte das alles auf reiner Einbildung, ich kannte die Dame ja überhaupt nicht.

»Sie soll Psychoanalytikerin sein. Psychoanalytikerin aus Überzeugung. Ich bitte dich, sie war Mitglied des psychoanalytischen Instituts in Boston. Du weißt, was ich von denen halte.«

»Meine Güte, Michael«, sagte Carlotta angewidert. »Eine Ausrede nach der anderen.«

»Na gut, eine Sitzung, nicht mehr«, sagte ich.

»Du brauchst nicht mit mir zu handeln. Schließlich wohnt dein Freund nicht bei mir, sondern bei dir.«

Die Nacht über kampierte ich in Carlottas Gästezimmer. Das war weiter kein Problem; für solche Spontanbesuche hatte ich immer eine Reisetasche im Auto. Ich war sogar bekannt dafür, dass ich nach Sitzungen gelegentlich, einer Eingebung folgend, direkt zum Flughafen fuhr, um von dort an die Küste von North Carolina zu fliegen, meiner Lieblingsgegend. Für solche Kunststückchen war meine Schwangerschaft zu weit fortgeschritten, aber für Carlottas Haus reichte es.

Zeitweise hatten Carlotta und ich sogar unter einem Dach gelebt, und es hatte mich immer gewundert, dass ich mir mit einer Freundin ein Haus teilen konnte, niemals aber mit einem Lover. Vielleicht lag es daran, dass Carlottas Haus ein alter viktorianischer Kasten ist – genug Platz für eine Großfamilie. Es mag auch daran gelegen haben, dass die Beziehung zu Freunden von Natur aus anders ist, es gibt nicht dieses übertriebene Wir-Gefühl. Wie auch immer.

Carlotta hatte nichts dagegen, dass ich die Nacht über blieb, nur konnte sie sich eine Bemerkung über meine Feigheit nicht verkneifen. Eigentlich gefiel es ihr sowieso nicht, dass ich so weit draußen auf dem Land wohnte, noch dazu in meinem Zustand, weswegen sie es keineswegs missbilligt hätte, wenn ich für unbestimmte Zeit ganz zu ihr gezogen wäre.

Adam rief ich nicht an, aber jede Wette, dass Carlotta das erledigte, bestimmt, um ihm zu sagen, er brauche sich keine Sorgen zu machen. Ich fand nicht, dass Adam irgendein Recht hatte, sich Sorgen zu meiner Person zu machen, und das Gefühl, keine Bewegungsfreiheit zu haben, das dieses Sichmelden alle fünf Minuten mit sich bringt, konnte ich nicht ausstehen. Ich wusste, dass Carlotta das unvernünftig von mir fand, aber sie stritt nicht mehr mit mir über solche Kleinigkeiten. Sie machte das, was sie für richtig hielt, und dagegen konnte ich schlecht wettern, denn das war meine Rede seit jeher.

Ich wachte frohgemut auf, nachdem ich ein bisschen jugendliche Aufsässigkeit gegen meinen neuen Status als Hälfte eines Paars geübt hatte, und ertappte mich dabei, dass ich an Eileen Steelwater dachte. Ich musste sie unbedingt fragen, was es mit der Gruppe auf sich hatte, mir ihre Einschätzung der einzelnen Sexualtäter holen, aber ich brachte es einfach nicht fertig, sie anzurufen. Was ich sie *wirklich* fragen wollte, ging mich nichts an.

In der psychiatrischen Abteilung wimmelte es von Menschen, als ich das Krankenhaus betrat, und an dem vollen Wartezimmer vorbei bahnte ich mir meinen Weg durch die Doppeltür zum Schreibtisch meiner Sekretärin. Melissa hielt mit der einen Hand den Telefonhörer ein Stück vom Ohr weg, mit der anderen stützte sie den Kopf an der Stirn ab. Noch ehe ich vor ihr stand, hörte ich das Gebrüll in der Leitung.

Unsere Klienten in der Psychiatrie deckten ein breites Spektrum ab, angefangen bei den ambulanten Fällen über die wirklich Verrückten bis hin zu den total Abgedrehten. Die ambulanten Fälle waren ganz normale Leute wie du und ich, die Depressionen hatten, Eheprobleme oder Kinder, die ihre Hausaufgaben nicht machten. Die wirklich Verrückten waren davon meilenweit entfernt; sie sahen Dinge, die wir nicht sahen, und sie hörten Dinge, die niemand hören sollte, und sie litten furchtbar darunter. Sie waren jedoch nicht das Problem – für Leute wie sie waren wir schließlich da. Sie waren einfach nur krank, und sie waren eher Gequälte als Quälgeister.

Vielmehr waren es die Leute, denen man beschönigenderweise eine »Persönlichkeitsstörung« attestierte und die für Laien einfach nur »Arschlöcher« sind, die solches Gebrüll veranstalteten. Sie schrien uns an, sie schrien ihre Familien an, ihre Freunde, sie schrien jeden an, der ihnen über den Weg lief. Ihre Partner waren permanent selbstmordgefährdet, und ihre Therapeuten überlegten sich regelmäßig, ob es nicht sinnvoller wäre, sich ihr Geld als Würstchenverkäufer zu verdienen. Jemand las Melissa die Leviten, und ich unterbrach nicht. Irgendwie erschien es unhöflich, jemanden zu stören, der gerade geschlagen wurde.

Ich hatte den Flur zur Hälfte durchschritten und überflog die rosa Karteikarten, als ich den Zettel mit der Nachricht von Eileen entdeckte. Angeblich gibt es keine Telepathie – aber wie kommt es dann, dass man häufig von der betreffenden Person angerufen wird, wenn man an sie denkt? Ich ging schnurstracks in mein Büro und rief sie zurück, aber das Gespräch war kurz und unangenehm. Sie wollte nicht am Telefon reden, was ich in Ordnung fand. Ich war mir unsicher, wie schwierig das Gespräch werden würde, und ich musste die Person vor Augen haben, wenn ich auch nur den geringsten Takt, den ich ihr schuldete, walten lassen wollte. Ihr das Make-Shift-Café als Treffpunkt vorzuschlagen, ließ ich lieber gleich bleiben. In den Sechzigern hatte Eileen immer brave Mädchenblusen ohne Ausschnitt getragen und die Hymne ihrer Studentinnenvereinigung geschmettert.

Der Anblick gebatikter T-Shirts hätte sie vermutlich nervös gemacht. Die Eileen, die ich kannte, hätte sich dort jedenfalls unwohl gefühlt – was ich von der neuen zu erwarten hatte, stand noch nicht fest.

Ich schiebe Dinge nicht gerne auf die lange Bank, daher schlug ich vor, sich gleich heute zum Mittagessen zu treffen. Eileen war arbeitslos und hatte sonst nichts zu tun, deswegen ging sie auf meinen Vorschlag ein. Unterwegs überlegte ich mir, dass ich den Vorwand, ich bräuchte nur Informationen über die Gruppe, eigentlich auch fallen lassen und ihr die Wahrheit sagen könnte. Mochte es meinerseits krankhafte Neugier sein oder Sentimentalität – eingedenk alter Zeiten –, auf jeden Fall war Eileen früher mal eine Kollegin gewesen, fast schon eine Freundin, und ich verstand ihr Verhalten einfach nicht.

Sie saß bereits an einem Tisch, erhob sich aber und winkte mir, als sie mich erblickte. Mir fiel die Kinnlade herunter, und ich gab mir alle Mühe, damit sie es nicht sah. Sie musste mindestens zwanzig Kilo zugenommen haben, und ihre Fußknöchel waren genauso geschwollen wie meine. Sie sah nicht gut aus, überhaupt nicht gut, körperlich gesehen, und das konnte unmöglich nur mit Depressionen zusammenhängen.

Sie erschien ebenso überrascht wie ich. »Michael«, sagte sie nur und sah verwundert auf meinen dicken Bauch. In dem Moment, als sie meinen Namen sagte, fielen die fünfzehn Jahre schlagartig von mir ab. Das Äußere eines Menschen verändert sich, nicht jedoch der Klang seiner Stimme. Am Telefon ist es etwas anderes, aber steht die Person erst einmal vor einem, dann braucht man nur die Augen zu schließen und dem Menschen, den man jahrelang nicht gesehen hat, zuzuhören, und es ist, als würde ein vertrautes Lied eine weit zurückliegende Zeit heraufbeschwören.

Wir setzten uns. »Ich wusste gar nicht, dass du wieder geheiratet hast«, sagte Eileen.

»Habe ich auch nicht.«

»Aber ...?«

»Ich lebe mit dem Vater des Kindes zusammen, das heißt, in gewisser Weise, aber wir sind nicht verheiratet.«

»Immer noch dieselbe«, sagte sie. Sie hörte sich verbittert an.

»Tja, das stimmt«, erwiderte ich, den Stier bei den Hörnern packend. »Wahrscheinlich bin ich noch dieselbe Michael wie früher, aber du bist nicht mehr dieselbe. Ich verstehe nicht, was passiert ist, das ist die reine Wahrheit. Als wir uns kennen lernten, konntest du dich darüber ereifern, wenn jemand vergessen hatte, das Arbeitszeitblatt auszufüllen. Ich begreife es nicht. Was ist passiert?«

»Das ist unwichtig«, sagte sie. »Deswegen wollte ich dich nicht sprechen.«

»Ach ja?«, sagte ich verdutzt. »Weswegen dann?«

»Es geht um die Gruppe. Um jemanden aus der Gruppe.«

Ich lehnte mich zurück. Das war bestimmt ein besserer Einstieg als mein unverhohlener Angriff. Lass Eileen über eine Sache reden, bei der sie mir eine Hilfe sein kann. »Um wen?«

Eileen schwieg einen Moment und sagte dann: »Es ist schwierig. Ich weiß gar nicht, wo ich anfangen soll.« Ich wartete.

»Es geht um Jim«, erklärte sie schließlich.

»Ach, Jim«, erwiderte ich. »Was ist mit Jim?« Jim hatte ich als Psychopathen eingestuft, und ich erwartete, dass Eileen meinen Verdacht bestätigte. Vielleicht wollte sie mich vor ihm warnen.

»Er ist unschuldig.«

»Was redest du da?«

»Es fällt dir sicher schwer, mir zu glauben, aber er ist wirklich unschuldig.«

»Unschuldig?« Hatte ich richtig verstanden? Nach der Gruppensitzung hatte ich Aktenstudium betrieben. Jim war Rechtsanwalt, der mit seinen völlig verzweifelten Mandantinnen, die sich scheiden lassen wollten und Angst hatten, ihre Kinder zu verlieren, gevögelt hatte.

Anscheinend hatte er ein feines Gespür dafür, wer unter den Frauen so verängstigt und arm war – das heißt, sich keinen anderen Anwalt leisten konnte –, dass sie mitmachte. Wenn sich eine widersetzte, drohte er ihr. Wenn sie sagte, sie würde ihn vor den Ethikausschuss der Anwaltskammer bringen, verprügelte er sie auf brutale Art und Weise. So viel zu seinem Lächeln und dem höflichen Auftreten. »Unschuldig?«, wiederholte ich. »Er hat eine Frau bewusstlos geschlagen. Wovon redest du?«

»Das will ich dir ja gerade erklären, Michael. Du musst nur zuhören. Er wurde reingelegt. Er hat niemanden zusammengeschlagen. Seine frühere Ehefrau hat diese Mandantin von einem anderen Mann zusammenschlagen lassen. Jim hatte nichts damit zu tun. Und schon gar nicht hat er jemanden zu sexuellen Handlungen gezwungen. Glaubst du, ein Mann wie Jim hätte so etwas nötig? Diese Frauen wollten von sich aus Sex mit ihm. Sie haben ihn verführt. Ja, ja, ich weiß, dass er sich nicht darauf hätte einlassen sollen. Aber er ist nun mal ein Mann, und du weißt ja, wie Männer sind.«

Ich saß bloß da, maßlos verwundert, und überlegte, was ich sagen sollte. Eileen hatte nicht nur das Gespür für ihre Grenzen verloren, sie hatte den Verstand verloren.

»Eileen«, sagte ich mit sanfter Stimme. Es hörte sich an, als würde ich mit einem Kind reden. »Hast du Jims Vorstrafenregister gesehen? Ich finde, das ist ziemlich eindeutig. Wie kommst du bloß auf die Idee, dass er unschuldig ist?«

»Dieses Vorstrafenregister ist eine einzige Lüge. So was kommt vor, Michael, glaub mir. Unser Rechtssystem ist nicht perfekt. Solche Fehler können durchaus passieren.«

»Wie bist du dahinter gekommen, dass er unschuldig ist? Woher hast du diese Informationen?«

»Ich kann mir denken, worauf du hinauswillst, Michael. Ja, ich weiß es von Jim, aber ich habe auch mit seiner Familie gesprochen. Die Probleme, die er als Heranwachsender hatte – seine Mutter sagt, er sei stets der Sündenbock gewesen. Er habe sich nur geschlagen, weil er musste. Er habe eben zu den Kindern gehört, die von anderen Kindern gequält werden. Wahrscheinlich Neid, weil er intelligent war. Was weiß ich. Du kennst dich doch aus, du behandelst doch Kinder. Ich sage dir, er ist kein Krimineller. Er hat nichts von alldem getan, was da behauptet wird. Bald werde ich Beweise haben. Ich habe einen Privatdetektiv engagiert.«

»Du hast einen Privatdetektiv engagiert? Nimm's mir nicht übel, Eileen, aber wo bleibst du bei dem Ganzen? Du wirst bald genug Schwierigkeiten haben, deine eigenen Anwaltskosten zu bezahlen, es sei denn, du hast im Lotto gewonnen. Man wird dich verklagen wegen der Vorfälle im Gefängnis. In diesem Bundesstaat sind sexuelle Beziehungen zu Gefängnisinsassen verboten. Damit sage ich dir doch nichts Neues. Wieso verschwendest du dein Geld für einen armseligen Psychopathen, statt dich um dich selbst zu kümmern?«

Ich merkte sofort, dass ich einen Fehler begangen hatte. Eileens Blick verhärtete sich. Sie richtete sich kerzengerade auf und antwortete kühl: »Er ist kein armseliger Psychopath, Michael. Er ist ein netter, anständiger Mensch, der irrtümlich im Gefängnis sitzt. Bedeutet dir das denn überhaupt nichts?« Sie reckte das Kinn vor. »Und finanziell komme ich zurecht. Ich habe mein Haus verkauft und verfüge über genügend Mittel, so viele Privatdetektive zu engagieren, wie ich will. Aber eigentlich geht dich das gar nichts an.«

Ein Kellner unterbrach unser Gespräch mit der Frage, was wir zu essen wünschten. Ich fuhr ihn an, aber dann besann ich mich eines Besseren. Es war wohl kaum seine Schuld, dass Eileen Steelwater durchgeknallt war. Missmutig sahen wir uns die Speisekarte an. Eileen schien gegen Tränen anzukämpfen. Ich bestellte zwei Cheeseburger, Pommes und einen Milk-Shake. Nichts, was Eileen von sich geben würde, konnte meinen Appetit beeinträchtigen. Keine Ahnung, was für ein Wesen ich da in der Kugel vor mir beherbergte, aber wenn das so weiterging, sah es am Ende aus wie ein Sumoringer.

Eileen bestellte eine Tasse Tee und einen Toast. Als sie das Glas Wasser nahm und einen Schluck daraus trank, fiel mir auf, dass ihre Hand zitterte.

»Wie hast du Jim kennen gelernt?«, fragte ich. Es hatte keinen Sinn, mit ihr zu streiten.

»In der Gruppe«, antwortete sie.

»Aber was du von ihm weißt, hast du doch nicht alles in den Gruppensitzungen erfahren. Ich meine, wie hat es sich ergeben, dass du ihn außerhalb der Gruppe kennen gelernt hast?«

»Eigentlich hat alles in der Gruppe angefangen«, sagte sie. »Dieser Avery«, sie schaute zu mir auf. »Avery kennst du bestimmt schon.«

»Ja. Erzähl weiter.«

»Avery hat mir das Leben schwer gemacht, und Jim hat sich mit ihm angelegt. Das war ziemlich mutig von Jim. Avery hätte ihn ohne weiteres umbringen können. Avery hat ihm ständig gedroht, aber Jim hat nicht klein beigegeben. Ich weiß nicht, was passiert wäre, wenn Jim nicht zwischen mich und Avery gegangen wäre. Wahrscheinlich säße ich dann heute nicht hier«, sagte sie mit gehörigem Pathos in der Stimme.

Wie Recht sie hat, dachte ich. Sie würde immer noch im Gefängnis arbeiten, hätte ihre Zulassung behalten, ihr Haus und ihren guten Ruf.

»Ich will dich nicht ärgern, Eileen, aber ich will dir auch nichts vormachen. Ist dir jemals der Gedanke gekommen, dass Jim diese Tour mit Avery abgesprochen haben könnte? Es ist ein uralter Trick – schütze einen Gefängnismitarbeiter vor einem Insassen, und er ist dir auf ewig zu Dank verpflichtet.« Ich sagte es mit einer gewissen Portion Mitleid. Was da abgelaufen war, war einfach zu offensichtlich. Eileen arbeitete seit Jahren in Gefängnissen. Wieso hatte sie das nicht durchschaut?

»Ich will dich auch nicht ärgern, Michael, aber jeder weiß, dass du für Häftlinge nur Zynismus übrig hast. Du würdest selbst Jesus nicht glauben, dass er unschuldig ist, wenn er im Knast säße.«

»Wach auf, Eileen. Wir haben es hier nicht mit Jesus zu tun. Außerdem leiten wir Therapiegruppen, keine Gerichtsprozesse. Es bringt nichts, das Rechtssystem im Nachhinein zu kritisieren; du kennst nur eine Seite der Medaille. Ein Täter wird immer versuchen, die Opfer in ein falsches Licht zu rücken.«

»Was ist, wenn nun wirklich jemand unschuldig ist?«

»Dann sollte er sich einen guten Anwalt nehmen. Jemand, der sich mit dem Rechtssystem bestens auskennt und ihm in der Beziehung helfen kann. Wir können das nicht.« Das Baby im Bauch drehte sich wieder, und ich zuckte zusammen. Schweigen herrschte, während ich herumrutschte, um eine bequeme Sitzhaltung zu finden.

»Geht es dir gut?«

»An sich ja, abgesehen von den üblichen Schmerzen.« Ich

seufzte. »Ich will mich nicht mit dir streiten, Eileen. Erzähl weiter. Wie hast du ihn kennen gelernt?«

»Ich habe angefangen, Einzelberatung mit ihm zu machen. Er brauchte mehr als nur die Gruppe.«

Erneut zuckte ich zusammen, aber diesmal lag es nicht an dem Baby. »Warum die ganze Therapie, wenn er unschuldig ist?«

»Er war deprimiert. Wer wäre das nicht, wenn er irrtümlich eingesperrt wäre?«

»Und warum war er in der Gruppe für Sexualstraftäter?«

»Na ja ... es war nicht ganz klar, ob seine Verurteilung aufgehoben werden würde. Sieh mich nicht so an, Michael. Du weißt doch auch, dass die Mühlen der Gerechtigkeit langsam mahlen. Sollte seine Verurteilung nicht aufgehoben werden, brauchte er den Nachweis, dass er an einer Therapie teilgenommen hat, um wenigstens Antrag auf Strafaussetzung stellen zu können.«

»Dann hat er also in der Therapiegruppe gar nicht richtig mitgearbeitet. Er hat nur daran teilgenommen, weil es sich gut in seiner Akte macht.«

»Eigentlich war er eine große Hilfe für die anderen Häftlinge. Er ist sehr verständnisvoll.«

Ich machte den Mund auf, aber dann merkte ich, dass sich meine Stimme nicht so anhören würde, wie ich wollte. Manchmal hatte sie ein Eigenleben, und jetzt musste ich mich sehr anstrengen, Eileen nicht anzuschreien. Ich unterdrückte den Impuls, bevor ich sagte: »Verständnisvoll? Inwiefern?«

»Bitte?«

»Ist das jemals etwas Persönliches geworden?«

Eileen nahm den Toast von ihrem Teller und legte ihn dann wieder hin. Stattdessen trank sie einen Schluck Tee, schindete Zeit. »Eigentlich nicht«, sagte sie schließlich, ohne mich dabei anzusehen.

Mit einem Mal überkam mich heftige Zuneigung für Eileen. Jemanden, der so schlecht lügen kann, muss man einfach mögen. Jemand, der die erste und elementare Regel beim Lügen nicht kennt – dass man seinem Gegenüber dabei in die Augen schauen muss –, hat etwas sehr Trauriges und Unschuldiges an sich.

Die übrige Zeit plapperten wir belangloses Zeug, beide vom anderen enttäuscht. Eileen hätte wohl am liebsten jeden Moment losgeheult, weil ich ihr nicht glauben und dem Mann nicht helfen wollte, dem sie vertraute. Und ich war einfach bloß perplex, weil sie wie besessen von diesem Menschen war und blind gegenüber der Gefahr für sich selbst.

Erst sehr viel später an diesem Nachmittag wurde mir klar, dass ich mich vollkommen verrannt hatte. Die wichtigste Frage hatte ich nicht gestellt. Eileen hatte mit einem anderen Häftling geschlafen, nicht mit Jim, und diesen anderen Mann hatte sie mit keinem Wort erwähnt. Das konnte ich nun überhaupt nicht nachvollziehen.

3

Vor meiner ersten Therapiesitzung war ich genauso aufgeregt wie jeder andere Klient auch, vielleicht sogar noch aufgeregter, obwohl ich wusste, dass mir das auch nicht weiterhalf. Marion hatte sich bereit erklärt, mir am Wochenende einen Termin zu geben, also schon ziemlich bald. Sie war neu in der Gegend, und vielleicht hatte sie noch nicht viele Patienten in ihrer Kartei. Vielleicht hatte es sich bei mir auch nur dringlich angehört. Hoffentlich nicht allzu dringlich, dachte ich. Ich mochte es nicht besonders, auf der Seite der Bedürftigen zu stehen.

In einem Punkt hatte ich Recht, sie war Teetrinkerin, und als Erstes bekam ich ebenfalls eine heiße Tasse angeboten. Sie trug einen langen schwarzen Wollrock, dazu einen schwarzen Rollkragenpullover, was einen hübschen Kontrast zu ihrem kurzen silbergrauen Haar bildete. Irgendwie wirkte sie lässiger, als ich es von Psychoanalytikern gewohnt bin.

Auch ihr Sprechzimmer war eine Überraschung. Es befand sich in ihrem Wohnhaus – nicht ungewöhnlich bei Therapeuten in Vermont –, aber ich war erstaunt, wie gemütlich es eingerichtet war: ein altes Polstersofa, das auf einem dicken Teppich stand, auf dem Tisch daneben eine Vase mit frischen Blumen. Marion setzte sich in einen Sessel, der ebenfalls alt und bequem aussah; daneben stand ein zweiter, identischer Sessel. Die Klienten konnten wählen, ob sie lieber auf dem Sofa oder dem Sessel sitzen wollten.

An der Wand hing eine Fotoserie von ein und demselben Baum, zu verschiedenen Jahreszeiten und unter jeweils anderen Lichtbedingungen aufgenommen. Ich ging davon aus, dass Marion die Bilder selbst gemacht hatte. Für einen Profi sprach zu viel Geduld aus den Fotos und zu viel Liebe zu diesem einen bestimmten Baum.

Ich stand, mit der Teetasse in der Hand, vor der Wand und betrachtete die Fotos. Näher würde ich Marion wahrscheinlich nicht kommen, dachte ich. »Ich kannte mal einen Studenten auf der Kunsthochschule«, sagte ich. »Ich fragte ihn, was er so malte, und er sagte, Stillleben mit drei Eiern und einer Flasche. Ein halbes Jahr später traf ich ihn zufällig wieder und stellte ihm die gleiche Frage. Er sagte, drei Eier und eine Flasche. Das hast du das letzte Mal auch schon gemalt, sagte ich. Das macht doch nichts, antwortete er. Nur weil ich mich verändere, muss sich das Bild ja nicht ebenfalls verändern.«

Ich drehte mich um und sah, dass Marion lachte. »Setzen Sie sich«, sagte sie leise. »Wir wollen anfangen.

Also«, fuhr sie fort, nachdem ich Platz genommen hatte. »Warum sind Sie hier?«

»Mein Freund ist bei mir eingezogen.«

»Und?«

»Ich weiß nicht.«

»Gefällt es Ihnen nicht, dass er bei Ihnen wohnt?«

»Es geht gar nicht um ihn.«

»Worum dann?«

»Um das, was ich verliere.«

»Und das wäre?«

»Allein zu leben.«

»Was verbinden Sie mit ›allein leben‹?«

»Hm«, sagte ich. »Wollen Sie denn gar nicht meine Lebensgeschichte hören? Meine ersten Erinnerungen? Das ganze Zeug aus meiner frühen Kindheit?«

»Eigentlich«, erwiderte sie und trank einen Schluck Tee, »interessiert mich Ihr aktuelles Problem viel mehr.«

Ich seufzte. Das sollte Psychoanalyse sein? Ich konzentrierte mich darauf, Ordnung in meinem Kopf zu schaffen. »Ich weiß nicht, wie ich mich ausdrücken soll. Das Haus … Es hat etwas mit Häusern zu tun, wenn niemand sonst da ist. Ich habe was für leere Gebäude übrig, hatte ich schon immer. Sie haben etwas Besonderes an sich. Man kann den Geist eines Hauses nicht erahnen, wenn sich noch ein anderer Mensch darin befindet. Menschen nehmen zu viel Raum ein. Es ist so. Sie entziehen jedem Ort seinen Sinn. Man betritt ein leeres Haus – wenn ich nach Hause komme, mache ich oft gar kein Licht an –, und das Mondlicht scheint schräg durch die Glasfront der Finnhütte, und es wirft ein bestimmtes scharfkantiges Muster auf die Couch …«

Ich hielt inne, aber sie sagte nichts, also fuhr ich fort.

»Abends sitze ich auf meiner Terrasse, mit Blick in den Wald. Brennt kein Licht, kann man nach einer Weile Dinge im Wald erkennen. Der Wald wird lebendig, und sich selbst spürt man kaum noch. Wallace Stevens hat darüber Gedichte geschrieben. Er spricht über die Nacht, die zu einem Buch wird, und man selbst wird zur Nacht, so ungefähr ...«

Sie sagte immer noch nichts, und ich konnte nicht erkennen, ob sie mich verstand oder nicht. Im Grunde wusste ich selbst nicht, was ich da redete. Ich nahm einen zweiten Anlauf. »Morgens herrscht Stille, bis ich die Dachluke über meinem Bett öffne, und dann höre ich nur die Vögel draußen. Ich sitze im Bett, trinke meinen Kaffee und lausche den Vögeln. Ich brauche mich um keine anderen Menschen zu kümmern. Nicht um das, was sie wollen. Nicht um das, was sie denken. Mit Menschen um mich herum würde ich mich nicht so im Einklang mit mir selbst fühlen. Wissen Sie, was ich meine?«

»Michael«, sagte sie mit sanfter Stimme. »Es hat schon immer Frauen gegeben, die die Einsamkeit lieben. Es ist kein Vergehen, wenn Sie dazugehören. Allerdings ...«

»Was?«

»Sie sind schwanger.«

Ich sah hinunter auf meinen Bauch. »Ups«, sagte ich.

»Meine Liebe, ich glaube, was Sie da betreiben, nennt man Verleugnung. Ihre Einsamkeit ist dahin, ob dieser Mann nun bei Ihnen bleibt oder nicht. Sie sind vor einigen Monaten eine Verpflichtung auf zwanzig Jahre eingegangen – nämlich mit einem anderen Menschen zusammenzuleben. Es wird immer jemand da sein, wenn Sie morgens aufwachen und wenn Sie abends ins Bett gehen. Kinder sind keine Nebenbeschäftigung. Nicht mal die Nächte werden Ihnen gehören. Im Gegenteil, das Leben mit diesem Mann wird Ihnen dann wie die vollkommene Einsamkeit vorkommen.«

»Schreck lass nach«, entfuhr es mir, bevor ein Panikgefühl mir den Hals zuschnürte.

»Adam«, sagte ich und kletterte ins Bett, ohne mich richtig auszuziehen. »Ich überlege, ob ich nicht eine Abtreibung vornehmen lassen soll.«

Adam drehte sich zu mir um und sah mich an. »Du bist im achten Monat, Michael.«

»Was? Willst du damit andeuten, das sei nicht machbar?«

»Ich würde das Geburt nennen.«

»Hm ...«

»Wirst du langsam unruhig?«

»Mir ist nur gerade klar geworden, dass ich nicht ewig schwanger bleiben werde.«

»Und ...«

»Es wird noch jemand anders hier wohnen.«

»Außer mir?«

»Den Punkt haben wir noch nicht endgültig geklärt, oder? Ich meine, ich weiß nicht, ob ich dein Zeug zu meinen 250 Sachen hinzurechnen soll oder nicht.« Ich besaß nie mehr als 250 Dinge auf einmal. Das war so eine Regel von mir.

»Erstens: Den Punkt haben wir endgültig geklärt, und zweitens: Du brauchst mein Zeug nicht zu deinen 250 Sachen hinzurechnen.«

»Was ist mit dem Baby? Rechnen wir das Babyzeug auch zu den 250 Sachen?«

»Das Baby ist ein eigenständiger Mensch. Sie kriegt ihre eigenen 250 Sachen.«

»Du weißt doch gar nicht, ob es ein Mädchen ist.«

»Was wäre gewesen, wenn ich ›er‹ gesagt hätte?«

»Das ist ein Argument.«

»Schlaf jetzt, Michael. Morgen früh sieht alles ganz anders aus.«

»Was für ein dummer Spruch«, rief ich. »Morgen früh sieht überhaupt nichts anders aus. Das ist die typische blöde Reaktion, wenn man nicht ernst genommen wird.«

Erschöpft sah mich Adam an. »Du hast Recht«, sagte er, sich aufsetzend. »Morgen früh sieht es nicht anders aus. Es wird eine ganze Zeit lang nicht anders aussehen. Aber ich kenne dich. Das Problem ist, dass du ihr Gesicht noch nicht gesehen hast.«

Ich schluckte und schaute ihn an.

»Schlaf jetzt, Michael«, wiederholte er. Er lehnte sich zurück, legte aber eine Hand auf meinen Bauch, auf das Gesicht, das ich noch nicht gesehen hatte.

Ich sah mir seine Hand an, und meinen Bauch, dann legte ich mich ebenfalls hin. Plötzlich war ich nicht mehr besorgt wegen meiner geheiligten Einsamkeit. Ich sah lauter Gesichter, lauter verschiedene kleine Gesichter. Komisch, dass ich darauf nicht eher gekommen war. Ich stellte Nase, Kinn und Wangenknochen zusammen, dazu mal graue Augen, mal blaue, mal braune, bis sich die Gesichter in Schemen auflösten.

Am nächsten Morgen weckte mich das Telefon. Adam war weg, obwohl heute Samstag war – Polizisten haben keine festen Dienstzeiten wie der Rest der Welt. Es war taghell, und im ersten Moment, während ich versuchte, herauszufinden, wie spät es war, hatte ich überhaupt keine Orientierung. Ich streckte die Hand nach dem Wecker aus, um ihn in meine Richtung zu drehen, aber stattdessen stieß ich ihn um. Als ich es schließlich geschafft hatte, ihn vom Boden aufzuheben, schüttelte ich ungläubig den Kopf. Meine Güte, es war acht Uhr. Wäre es nicht praktischer, wenn ich die nächsten beiden Monate einfach durchschlief? Der Anrufbeantworter schaltete sich gerade ein, als ich endlich so weit war, den Hörer abzuheben.

»Michael? Hier ist Brenda.« Ich kniff die Augen zu. Das war kein schöner Tagesanfang. Meine Kusine Brenda rief mich so gut wie nie an, außer wenn es um Mama ging.

»Hallo, Brenda. Ich kann's mir schon denken. Was hat sie diesmal verbrochen?«

»Michael, ich bin ja so froh, dass du da bist. Mir geht's gut, danke der Nachfrage. Wie verläuft die Schwangerschaft?«

»Entschuldige, aber du weißt, dass Mama mich verrückt machen kann. Mir selbst geht's so weit ganz gut, wenn man mal von der Tatsache absieht, dass die Leute, wenn sie mich im Supermarkt im Gang erblicken, zurückweichen und um das Regal herumgehen. Ich habe ungefähr dreißig Kilo zugenommen, und in acht Wochen ist es so weit.«

»Nicht möglich! Alles Gute, mein Mädchen. Du warst immer so zierlich.«

»Jetzt nicht mehr. Ich komme mir vor wie im Spiegelkabinett auf dem Rummel, vor den Spiegeln, die dick machen. Wie geht es dir denn so?«

»Ganz gut. Aber was Mama betrifft, hast du leider Recht. Ich mache mir Sorgen um sie. Sie ist schon wieder nach Las Vegas gefahren.«

»Schon wieder? Was meinst du damit? Wann ist sie denn das erste Mal gefahren?«

»Ich habe sie nach den Weihnachtsfeiertagen hinkutschiert. Ich dachte, das wüsstest du.«

»Woher denn? Mama erzählt mir ja nichts. Du bist mit ihr nach Las Vegas gefahren?«

»Ja«, erwiderte Brenda. »Du weißt doch, dass meine Schwiegertochter Betty Lou in einem Reisebüro arbeitet. Sie hat uns ein echt gutes Angebot für den Urlaub herausgesucht. Mit einem Zimmer im Bellagio. Eins kann ich dir sagen, so etwas habe ich im Leben noch nicht gesehen. In die Eingangshalle hätte ganz Wilson's Pond gepasst, und es wäre immer noch Platz gewesen. Es soll über eine Milliarde Dollar gekostet haben.«

»Und Mama?«

»Sie hat sich ein paar schöne Tage gemacht. Hat sich richtig in Schale geworfen dafür. Sie sah zuvor ziemlich fertig aus, nach der letzten schweren Grippe im Herbst. Ich dachte, so eine kleine Reise würde ihr vielleicht gut tun. Aber ich schwöre dir, Michael, wenn ich gewusst hätte, was passieren würde, wäre ich nie mit ihr hingefahren.«

»Ich kann nicht ganz folgen, Brenda. Was ist denn passiert?«

»Kaum waren wir zu Hause, ist sie wieder auf und davon. Seit Weihnachten ist sie dreimal in Las Vegas gewesen, und wir haben erst Anfang März. Heute Morgen dann hat mich Clem Johnson angerufen, und da habe ich mir gedacht, ich sage dir besser Bescheid.«

»Clem wer?«

»Du kennst Clem. Er war ein paar Schulklassen unter dir. Der Sohn von Billy Johnson, der in Stevens Marina gearbeitet hat. Weißt du nicht mehr? Clem hat die Tochter von Jonathan Riley geheiratet, drüben auf Harker's Island, nachdem der Kleine von den Thompsons, dieser Nichtsnutz, sie mit zwei Jungen sitzen gelassen hat. Das ist zehn Jahre her. Clem arbeitet bei der Bank, seit, ich weiß nicht, wie lange, es kommt mir vor wie eine Ewigkeit. Er hat Eversons Posten als stellvertretender Zweigstellenleiter übernommen, als der vor vier Jahren in Pension ging. Er hat sich ganz gut gemacht –«

»Brenda –«

»Ich komme noch zum eigentlichen Punkt. Warum muss

bei dir bloß immer alles so schnell gehen, Michael? Gerade jetzt tut dir das bestimmt nicht gut, wenn immer alles schnell gehen muss. Okay. Clem durfte mir das eigentlich nicht sagen, aber er hat sich Sorgen gemacht. Er kennt deine Mutter seit Urzeiten, und er hat sich gedacht, vielleicht stimmt irgendwas nicht.«

»Warum?«

»Warum was?«

»Warum hat er sich das gedacht?«

»Das will ich dir gerade verklickern, aber du lässt mich ja nicht. Sie hat hundertzehntausend aus ihrem Pensionsfonds abgehoben, deswegen, und hat mit keinem Sterbenswörtchen erwähnt, warum. Hat gesagt, das ginge ihn nichts an. Du kennst ja deine Mutter. Ich habe ihm gesagt, sie sei in Las Vegas, und ich tippe mal, dass sie die ganze Kohle mitgenommen hat. Ich weiß nicht, was sie sich dabei gedacht hat. So kenne ich deine Mutter überhaupt nicht.«

»Was? Meine Mutter ist mit hundertzehntausend Dollar in bar nach Las Vegas gefahren? Das soll wohl ein Witz sein.«

»Ob in bar, weiß ich nicht. Das habe ich Clem nicht gefragt.«

Ich war perplex. Mama war nicht gerade leicht zu durchschauen, aber gespielt hatte sie nie, soweit ich weiß. In Las Vegas allerdings konnte ich sie mir gut vorstellen, leider. Mit sechsundsiebzig hatte sie immer noch was fürs Scheinwerferlicht übrig und behängte sich mit mehr Klunkern, als ihre in L.-L.-Bean-Klamotten vernarrte Tochter es je gewagt hätte, doch beschränkte sie ihre Auftritte auf die Wandelgänge des Grand Ole Opry. Im Stillen hegte ich immer den Verdacht, mehr als die Musik sei es die Größe des Grand Ole Opry Hotels, die Mama so anziehend fand. Im Grand Ole Opry Hotel hätte man gut und gerne das Pentagon unterbringen können, und immer noch wäre Platz für eine Kleinstadt übrig geblieben. Eigentlich mochte Mama Countrymusic überhaupt nicht – wenn sie etwas mochte, dann den großen Auftritt. Das hatte Mama schon immer gemocht.

In dieser Hinsicht besaß Las Vegas natürlich ungeheure Anziehungskraft für Mama. Aber gleich dreimal in zwei Monaten? Hundertzehntausend in bar? Vielleicht hatte sie mit sechsundsiebzig beschlossen, dass sie nichts zu verlieren hatte und mit einem Knall von der Bühne abtreten wollte. Wenn das dahinter steckte, dann lag sie grundfalsch, denn Mama würde bis in alle Ewigkeit leben. Außer einer Hämorridenoperation vor dreißig Jahren, wegen der sie heute noch in Rage geraten konnte, hatte ihr nie etwas gefehlt. Außerdem würde Gott es niemals mit meiner Mutter aufnehmen wollen.

»Weißt du, wo sie wohnt? Wieder im Bellagio?«

»Nein, ich weiß nicht, wo sie wohnt, aber im Bellagio wohl nicht. Sie probiert gerne verschiedene Hotels aus. Das letzte Mal war es das New York, New York. Sie meinte, es könne dem Bellagio niemals das Wasser reichen. Die Bleiverglasung an der Decke des Bellagio sei das Hübscheste, was sie jemals gesehen hätte.«

»Brenda ...«

»Betty Lou weiß bestimmt mehr. Sie macht die ganze Reiseplanung für sie.«

»Warum hat Betty Lou dich nicht gewarnt, dass Mama so was vorhat?«

»Betty Lou brauchte mich gar nicht vorzuwarnen. Deine Mutter hat es mir selbst erzählt. Sie hat mir gesagt, dass sie wieder hinfährt.«

»Hast du sie nach dem Grund gefragt?«

»Danach brauchte ich nicht zu fragen. Das hat sie mir auch so gesagt. Es würde ihr dort eben gut gefallen.«

»Mein Gott, Brenda, du hättest mit ihr zusammen hinfahren sollen.«

»Das ist leichter gesagt als getan, Michael. Ich kann meine Apotheke nicht alle naselang im Stich lassen. Angeboten habe ich es deiner Mutter trotzdem. Sie meinte, sie brauche niemanden, der mitfährt. Sie hätte einen Mann als Begleiter. Sie würde demnächst seine Geschäftspartnerin werden.«

»Oh, mein Gott. Wer ist dieser Mann?«

»Woher soll ich das wissen?«

»Es ist also niemand aus Wilson's Pond?«

»Davon kann man wohl ausgehen, dass es keiner aus Wilson's Pond ist. Davon hätte ich Wind bekommen, wenn sich jemand aus Wilson's Pond mit deiner Mutter in Las Vegas vergnügen würde. Das wüsste mittlerweile die ganze Stadt. Nein, ich glaube, es ist jemand, den sie dort kennen gelernt hat.«

Es herrschte Schweigen, während ich versuchte, die Informationen zu verarbeiten. »Kannst du herausfinden, wo meine Mutter abgestiegen ist, Brenda?«

»Klar kann ich das. Ich rufe gleich Betty Lou an. Es tut mir unendlich Leid, Michael. Ich habe das Gefühl, es ist alles meine Schuld.«

»Brenda! Natürlich ist es nicht deine Schuld. Wie kommst du nur darauf? Niemand trägt irgendeine Schuld, wenn es um Mama geht.«

Ich legte auf und versuchte, mir vorzustellen: Las Vegas. Drive-in-Kirchen und Milliarden-Dollar-Hotels. Restaurants, an deren Wänden zehn echte Picassos hängen, nebenan eine Kirche mit einem Elvis-Imitator, der Leute traut, ob betrunken oder nüchtern – obwohl man eigentlich nur hoffen kann, dass die meisten Ehekandidaten, die sich von Elvis trauen lassen, betrunken sind.

Wenn der Glaube ans Geld die amerikanische Religion war, dann waren diese Milliarden-Dollar-Hotels ihre Kathedralen. Und wie die Kathedralen in Europa, waren auch sie auf dem Rücken der Armen und der Mittelschicht errichtet, und auch sie verkauften Heilsversprechen. Nur bedeutete das Heil in diesem Land, reich zu werden. Der einzige Unterschied bestand darin, dass die amerikanischen Kathedralen effizienter arbeiteten. Keine Klingelbeutel mehr, die herumgereicht wurden, mit der Bitte um eine Spende. Hier hatte man die Geldklauapparate, die Melkmaschinen, zu tausenden fest am Boden installiert, und was das Erstaunliche war, die Menschen klinkten sich freiwillig ein.

Ein grandioses Geschäft. Die Maschinen liefen ununterbrochen, wie ein intravenöser Tropf, vierundzwanzig Stunden am Tag, und zogen den Menschen, die geduldig die Hebel bedienten und die Knöpfe drückten, heimtückisch ihr Geld aus der Tasche – Kreditkarten wurden natürlich akzeptiert.

Aber was hatte meine Mutter in Las Vegas verloren? War sie zu einer der vielen kleinen alten Ladys mutiert, die dort um halb acht Uhr morgens die Glücksautomaten bedienten und Vierteldollarmünzen in die Apparate warfen? Mama dachte sich laufend was Neues für sich aus, aber diese Rolle konnte man sich bei ihr kaum vorstellen. Hundertzehntausend Dollar, das war ein großer Haufen Vierteldollarmünzen. Nein, wenn Mama in Las Vegas war, dann wollte sie was erleben, dann ging es um höhere Einsätze als Vierteldollarmünzen.

4

Die Fahrt nach Nelson's Point am Montag nahm ich kaum bewusst wahr, so beschäftigt war ich mit meinen Gedanken. Es würde ein Davor und ein Danach geben: ein Leben vor der Geburt des Kindes und ein Leben danach. Marion hatte den Nagel auf den Kopf getroffen: Wenn ich schon nicht mit einem Mann im Haus zurechtkam, wie sollte ich da mit einem Kind zurechtkommen? Adam war wenigstens noch einigermaßen verständnisvoll, was meinen Spleen betraf, ich bräuchte immer viel Platz für mich, aber von einem Baby konnte man Rücksicht auf meinen kranken Geisteszustand wohl kaum erwarten.

Und dann war da noch die Sache mit Mama. Mama war auf den »Nebenstraßen meines Gedächtnisses«, wie es in einem Song so schön heißt. Eigentlich stimmte das mit den Nebenstraßen gar nicht; wenn es um Mama ging, traf eher das Bild von dem Fluss zu, aus dem Film *Beim Sterben ist jeder der Erste*, der in meinem Hinterkopf dahinrauschte. Brenda hatte das Wochenende über nicht mehr angerufen, was mich etwas beunruhigte. Man konnte nicht sagen, dass Mama und ich uns nahe standen – wir glichen eher zwei Staaten, die sich über die gemeinsame Grenze hinweg misstrauisch beäugten –, aber dass man sie über den Tisch zog, würde mir auch nicht gefallen.

Ich hatte reichlich Zeit, meinen Gedanken nachzuhängen, weil vor mir ein Traktor mit einem tauben Farmer am Steuer fuhr, der offenbar nicht die Absicht hatte, mich vorbeizulassen. Traktoren mit Tempo dreißig sind eine Landplage in Vermont, aber damit musste man bei den kurvenreichen Straßen leben.

Es war ein herrlicher Tag, und wenn ich nicht hätte befürchten müssen, zu spät zur Gruppe zu kommen, hätte ich nichts gegen eine Landpartie einzuwenden gehabt. An den Hängen waren wie hingetupft alte Farmhäuser und rot gestrichene Schuppen, und der Wind hatte einen frischen, süßlichen Geruch. Wie die Stimmung, die Kinder kurz vor Weihnachten erfasst, lag in der Luft das Versprechen eines Vermonter Sommertags. Der Himmel war ein beweglicher

Feiertag, und jedes Jahr im Sommer machte er kurz Station in Vermont.

Der Farmer war schuld, dass ich spät dran war, und außerdem verfolgten mich noch immer meine Gedanken, daher war ich abgelenkt und bemerkte erst allmählich, dass irgendetwas anders war als sonst. Die Telefone in Nelson's Point klingelten Sturm, und der Beamte an der Hauptpforte schien sie einfach zu ignorieren.

»Was ist denn los?«, fragte ich, als das Geklingel endlich durch meinen Gedankenschleier drang. Den Metalldetektor hatte ich bereits passiert, und ich hielt meine frisch gestempelte Hand unter das fluoreszierende Licht, damit der Beamte hinter dem kugelsicheren Glas sie sehen konnte. Es dauerte immer seine Zeit, bis man ein Hochsicherheitsgefängnis betreten hatte – Türen, die man einfach so aufmachen konnte, gab es nicht. Wenn man hier lange genug arbeitete, überlegte ich, würde man eines Tages nach Feierabend vor seiner eigenen Haustür stehen und darauf warten, dass sie automatisch aufsprang.

»Ach, vor zwei Tagen wurde Clarence eingeliefert«, sagte hinter mir der Beamte an der Hauptpforte. »Seitdem hört das Telefon nicht mehr auf zu klingeln. Die Medien brauchen Stoff.« Nichts war schwieriger, als mit einer außer Rand und Band geratenen Medienmeute fertig zu werden. Das heißt, vielleicht doch: in roter Kleidung gegen einen Stier zu kämpfen, oder nackt in einem Becken voller Piranhas zu schwimmen. Andererseits, vielleicht auch nicht.

Endlich öffnete sich die Stahltür, und ich eilte zur nächsten. Schließlich hatte ich es durch alle Türen geschafft, und ich lief gerade den Flur entlang zum Gruppenraum, als ich Gary erblickte, der aus einem Büro trat und dann denselben Flur entlangging. Ich wollte ihm hinterherrufen, er solle stehen bleiben und auf mich warten, als ich Avery aus der Gegenrichtung kommen sah. Die Worte blieben mir im Hals stecken. Avery starrte Gary mit einem intensiven Blick an, einem Blick, der in Averys Umfeld, soviel ich wusste, als wenig respektvoll galt. Das jedoch war nicht wirklich etwas Besonderes. Was mich umhaute, war nicht, dass er ihn so unmittelbar anschaute, sondern *wie* er ihn anschaute.

Es rief eine Erinnerung in mir wach. Eine ehemalige Freundin hatte mal einen wirklich bösartigen Hund, den sie über alles liebte, und ich war zu Besuch bei ihr, wollte den ganzen Tag bleiben, um mich mit dem Tier anzufreunden. Ich saß in einem Sessel und beugte mich ganz langsam vor, um den Hund zu streicheln. Von einer Sekunde auf die nächste veränderte sich der Blick des Hundes, und schon sprang er mir an die Kehle. Es geschah blitzschnell, sodass mir keine Zeit mehr blieb auszuweichen. Viel mehr als an die bleckenden Zähne, die meine Bluse erwischten, erinnerte ich mich an die Augen. Sie waren kalt, irgendwie reptilienhaft, ich kann es nicht anders beschreiben. Jedenfalls sah ich in diesem Bruchteil einer Sekunde das, was das Zebra vor dem tödlichen Biss eines Raubtiers sieht.

Avery wandte sich um und ging in die Bücherei. Ich merkte, dass ich die ganze Zeit den Atem angehalten hatte. Ich war mir nicht sicher gewesen, ob er Gary nicht gleich an Ort und Stelle, vor meinen Augen, angreifen würde. Ich rief Gary, und er drehte sich um und lachte mich an, irgendwie zerstreut. Er wartete, bis ich ihn eingeholt hatte.

»Was ist los zwischen Avery und dir?«, wollte ich von ihm wissen.

»Wie meinst du das?«

»Dieser Blick«, sagte ich. »Als würde er dir am liebsten den Kehlkopf mit einem Löffel aus dem Hals kratzen.«

»Ach so, das.« Gary zuckte mit den Achseln und nahm

seinen Piepser zur Hand, der soeben Töne von sich gegeben hatte. Er schaute auf das Display und seufzte. »Das ist eine lange Geschichte«, sagte er. »Irgendwann erzähle ich sie dir mal. Wir haben einen neuen Gast«, fuhr er fort. »Clarence ist angekommen. Der nimmt im Augenblick ganz schön viel Zeit in Anspruch. Bist du wegen der Gruppe hier?«
»Ja.«
»Sag mir mal Bescheid, wie es so läuft«, sagte er. »Bis später.« Und schon war er wieder auf dem Weg.

Er entschwand, und ich sah ihm eine Weile hinterher. Mir war immer noch unbehaglich zu Mute. Ich verspürte den Impuls, Gary noch einmal zu mir zu rufen, ein paar Worte mehr darüber zu verlieren, aber ich wusste eigentlich nicht, was ich hätte sagen sollen. Ein Häftling hatte den Gefängnisdirektor böse angesehen. Na und? Andererseits hatte ich auch schon vorher böse Blicke gesehen, und dieser hier war anders – garantiert.

Ich schloss den Gruppenraum auf und rief die Telefonvermittlung an, damit die Männer zur Gruppe entlassen werden konnten. Theoretisch war es kein Problem, wenn ich mal zu spät kam. Die Tür war verschlossen, und die Männer blieben in ihrem Block oder wo sie sich sonst gerade aufhielten. Allerdings ärgerte es das Personal, wenn man nicht rechtzeitig anrief, um die Häftlinge herschicken zu lassen, denn es gab manche, die herumstanden und nur auf den Anruf warteten, was bedeutete, dass auch die Aufseher herumstehen und warten mussten.

Es dauerte nur wenige Minuten, und einer nach dem anderen kam herein; einige hasteten, andere trödelten, wieder andere warfen verstohlene Blicke hierhin und dorthin. Nur Avery praktizierte dieses großspurige Auftreten. Es war unbestreitbar: Was man über Menschen in einem Gefängnis wissen musste, konnte man schon daran ablesen, wie sie sich fortbewegten. Angst zeigte sich in der Gangart schneller als in einem Rorschachtest, und auch Prahlerei und Großspurigkeit manifestierten sich in jedem Schritt.

Draußen ist es das Haus, das Wohnviertel, das Auskunft darüber gibt, wer wir sind. Im Ghetto, wo niemand ein eigenes Haus besitzt, übernimmt diese Rolle das Auto. In einem Gefängnis greift man auf grundlegendere Dinge zurück. Man hat nur sich allein, sonst nichts. Jeder wohnt in einer Zelle, und alle bewegen sich zu Fuß fort. Aber die Menschen sind nun mal unverbesserlich, und Status scheint zeitlos. Die Art, wie man sich bewegt, teilt den anderen mit, wer man ist. Schleichen und Stolzieren stehen für Kaufen und Besitzen, und die Muskeln unterm T-Shirt sind ein passender Ersatz für die Pferdestärke unter der Motorhaube.

Leroy Warner war der Letzte, der den Raum betrat; ausgefuchst und gerissen, tapste er wie ein Spürhund zu seinem Platz. Als er sich hingesetzt hatte, begannen wir mit dem »Layout«, der übliche Anfang bei einer solchen Gruppe. Wir hätten es schon das letzte Mal machen sollen, aber da war ich viel zu sehr mit dem Wechsel von Eileen zu mir als Gruppenleiterin beschäftigt gewesen. Eigentlich war also erst heute die erste richtige Sitzung, in der wir uns mit den Straftaten beschäftigen konnten.

Layout bedeutete, dass jeder Teilnehmer seinen Namen sagte, gestand, dass er ein Sexualtäter war, alle Misshandlungen und Vergewaltigungen aufzählte, die er jemals begangen hatte – was oft schon einige Zeit in Anspruch nahm –, und beschrieb, wie seine Taten eskaliert wären, wenn er nicht gefasst worden wäre. Er offenbarte der Gruppe alle abweichenden Gedanken und Fantasien, die er die vergangene Woche über gehabt hatte, und wie er damit umgegangen war, sagte, welche Hausaufgaben er gemacht hatte, und setzte etwas aus dem Bereich »sexuell abweichendes

Verhalten« auf die Tagesordnung, über das er diesmal gerne reden wollte. Nichts für schwache Nerven also.

Ich fing bewusst nicht mit Avery an, sondern am anderen Ende der Sitzreihe. Die Gruppe sollte ihren eigenen Rhythmus finden, bevor ich mich ihm widmete. Er hatte mir das letzte Mal ziemlichen Ärger gemacht, wie mir wieder einfiel, und ich rechnete mit noch mehr Ärger, von dem Konflikt mit Gary ganz abgesehen.

Ich suchte mir jemanden aus, der Kinder missbraucht hatte, Adrian Speare, ein Bild des Jammers. Er holte tief Luft und sagte: »Ich heiße Adrian. Ich bin Sexualtäter. Ich habe meine beiden Kinder missbraucht, einen Jungen und ein Mädchen. An meinem kleinen Jungen habe ich rumgespielt, und meinem kleinen Mädchen habe ich den Finger in die Vagina gesteckt. Ich habe als Teenager angefangen, andere zu missbrauchen. Ich habe das Nachbarsmädchen missbraucht, da war ich vierzehn, und sie war sechs.« Die ganze Zeit über hatte er nicht aufgeblickt.

»Ich habe ständig andere missbraucht, bis ich geschnappt wurde. Ich schätze mal, dass es achtzig bis hundert Opfer waren. Wenn ich nicht gefasst worden wäre, hätte ich einfach immer weitergemacht. Ich glaube nicht, dass es eskaliert wäre. Ich war so weit, dass ich kleine Jungs und Mädchen mit dem Finger anal vergewaltigt habe, und weiter gingen meine Fantasien auch nicht.« Er hielt inne. »Diese Woche habe ich ein Kind im Fernsehen gesehen, das große Ähnlichkeit mit einem meiner Opfer hatte, und ich habe einen Ständer gekriegt.« Er blickte kurz auf, um zu sehen, wie die Gruppe das aufnahm, dann fuhr er fort. »Ich habe den Impuls unterdrückt, indem ich das Gummiband an meinem Handgelenk spannte und wieder losließ. Aber das hat nicht viel genützt. Ich habe noch immer Fantasien.« Er sah niedergeschlagen aus. »Was gibt's noch? Als Hausaufgabe habe ich mich mit allen Faktoren auseinander gesetzt, die zu meinen Übergriffen geführt haben, und heute will ich über meine Risikofaktoren reden.«

Er sah in die Runde. Ich zuckte nicht mit der Wimper. Adrians Geschichte war mir nicht neu. Männer wie er, die Kinder missbrauchten, bevölkerten die Gefängnisse zuhauf, leider. Avery dagegen blickte angewidert, sagte aber nichts. Er gehörte zu denen, die glaubten, Männer, die Kinder missbrauchten, seien »pervers«, wohingegen er – der ja nur Frauen zusammenschlug, sie brutal vergewaltigte und gelegentlich welche auf den Strich schickte – ein »echter Kerl« war.

Diejenigen wiederum, die Kinder missbrauchten, betrachteten die Vergewaltiger als krank, weil sie *gewalttätig* waren, während sie selbst – ihrem eigenen Verständnis nach – nur übertriebener Kinderliebe schuldig waren. Egal was sie angestellt hatten, Entschuldigungen fanden sich immer.

Ich schrieb Adrians Tagesordnungspunkt an die Tafel und ging zum nächsten Kandidaten über. Layout machen wir bei jedem Gruppenmitglied, erst dann widmen wir uns der Tagesordnung.

»Mr. Terrance«, sagte ich. Mit achtzehn Jahren war Terrance der Jüngste in der Gruppe. Er wies die übliche Biografie des jugendlichen Straftäters auf: Probleme in der Schule, Auffälligkeiten in der Freizeit, erste Straftaten, schließlich Jugendknast. Er war nicht bloß Sexualstraftäter. Er gehörte zu den Jugendlichen, die nur kriminelles Verhalten kennen gelernt hatten. Er war das erste Mal in so einer Therapie, und er war neu in dieser Gruppe. Noch hatte ich nicht herausgefunden, ob er kooperativ war oder nicht. In der ersten Sitzung hatte er kaum etwas gesagt. Er war der Einzige aus der Gruppe, der nicht dabei gewesen war, als sich das Debakel mit Eileen ereignete.

»Ich kenne mich hiermit nicht aus. Ich mache nur nach, was ich jetzt so mitgekriegt habe. Also, hm, ich habe was mit meinem Bruder gemacht und mit zwei Freunden von ihm. Nicht, dass ich sie verletzt hätte oder so, ich habe ihnen nur Zigaretten verkauft.« Er machte eine Pause.

»Noch andere Opfer?«, half ich nach.

»Nö«, sagte er. »Das heißt, einmal habe ich ein kleines Mädchen angefasst, aber ich weiß nicht, ob das zählt.«

»Wieso nicht?«

»Ihre Mutter hat mir gesagt, ich dürfte, wenn ich ihr Crack besorge. Sie hatte sie schon mal für einen Kinderporno und so 'n Zeug hergegeben.« Mir drehte sich der Magen um.

»Wissen Sie, wie sie heißt oder wo man sie finden kann?«, fragte ich.

Er schüttelte den Kopf. »Ich habe sie in einem Crack-Haus getroffen. Ich selbst hab keins genommen. Ich suchte nur gerade meinen Bruder Daryl. Ich habe ihr auch kein Crack gegeben.« Als wäre es deswegen nur halb so schlimm.

Ich widerstand dem Impuls, ungläubig den Kopf zu schütteln. Das war nun mal die Welt, in der er lebte, und er wusste bereits, dass wir anderen sie nicht begriffen. »Es zählt«, sagte ich leise. »Es ist nicht in Ordnung, ein Kind zu missbrauchen, nur weil es eine schlechte Mutter hat.«

Danach ließ ich ihn in Ruhe. Er begriff das Layoutverfahren noch nicht, und ich konnte schon froh sein, dass er überhaupt etwas gestanden hatte. Es hätte mich gewundert, wenn er mit den Genannten wirklich bereits all seine Opfer aufgezählt hätte. Es war trotzdem ein guter Anfang, besser als die meisten anderen, die man in solchen Therapiegruppen erlebte.

Danach ging es zügig weiter, bis die Reihe an Avery war. Ich sah ihn kaum an, ließ bewusst alles so beiläufig wie mög-

lich erscheinen; es sollte genauso sein wie bei den anderen.
»Also, Mr. Avery, Sie sind dran«, sagte ich.

Er erwiderte meinen Blick, ungewiss, wie er die Sache angehen sollte. Am liebsten hätte er vermutlich gesagt: »Du kannst mich mal«, aber aus irgendeinem Grund wollte er an der Gruppe teilnehmen, und wenn er nicht kooperierte, würde er rausfliegen. Es herrschte also ein gewisser Druck, sich was einfallen zu lassen.

»Ich heiße Avery«, sagte er schließlich. »Und wehe, ihr Säcke merkt euch meinen Namen nicht.« Als gäbe es hier irgendjemanden, der Avery vergessen könnte. »Ich gehöre nicht hierher, zu euch Perversen. Ich hab mir nur 'ne Fotze geschnappt. Das ist gar nichts –«

»Mr. Avery«, unterbrach ich. »Bitte nur die Fakten. Wie viele Opfer?«

»Ich habe mir ab und zu mal 'ne Fotze geschnappt. Die meisten haben sich anschließend bei mir bedankt.«

»Es wartet Arbeit auf uns, Mr. Avery. Wir wollen uns daher notieren, dass Sie lernen müssen, wie ein richtiges Layout aussieht. Weiter bitte.«

Alle in der Gruppe sahen hinüber zu Avery. Wie würde er reagieren? Er funkelte mich böse an, als wollte er mich verschlingen, aber ich sagte ganz ruhig: »Der Nächste bitte.« Wir hatten tatsächlich keine Zeit für Averys grandiosen Monolog, und ich war nicht gewillt, ihm Sendezeit zur Verfügung zu stellen. Jim blickte Avery unsicher an – Jim war der Letzte in der Reihe –, aber schließlich sagte er:

»Ich heiße Jim Walker. Alle wissen, dass ich Anwalt bin. Ich gestehe, ich habe mit einigen Mandantinnen rumgemacht. Dann hat mich eine Mandantin mit einer anderen erwischt, und sie wurde eifersüchtig. Daraus hat sie den Vorwurf gestrickt, ich hätte sie geschlagen …«

»Leute, Leute«, sagte ich. »Es scheint so, als wüsste die

Hälfte der Anwesenden nicht, wie ein richtiges Layout aussieht. Ich will es Ihnen noch mal ins Gedächtnis zurückrufen: Wir sind nicht hier, um die Fälle neu zu verhandeln. Wenn Sie meinen, Sie seien unschuldig, dann wenden Sie sich ans Gericht – ein Unschuldiger kann nicht wegen eines Problems behandelt werden, das er nicht hat. Bestreiten Sie die Straftat, dann gehören Sie vor einen Richter oder in eine Gruppe für solche Häftlinge, die ihre Tat leugnen, aber nicht hierher. Können Sie mir folgen? Um in dieser Gruppe zu sein, ist es Voraussetzung, dass Sie ein Problem haben. Andernfalls verschwenden Sie hier nur Ihre Zeit. Also, Mr. Walker, haben Sie nun ein Problem oder nicht?«

Die Arbeit mit Sexualtätern, Psychopathen und Sadisten unterscheidet sich erheblich von der Arbeit mit Opfern. Die Behandlung von Opfern erfordert Beistand und einen viel sanfteren Umgang. Überträgt man dieses Prinzip auf Sexualtäter, haben sie einen in der Hand. Die Therapiegruppe würde am Ende wie eine Verbrecherbande funktionieren und übers Gefängnistelefon Kreditkartenbetrug betreiben. Oder man landet mit einem von ihnen im Bett, so wie Eileen.

»Also gut, ich habe mit Mandantinnen rumgemacht. Und es gab Leute, die meinten, das verstoße gegen die guten Sitten, weil ich ihr Anwalt war.«

»Was waren das für Mandantinnen?«

»Ich war ihr Scheidungsanwalt.«

»Wie viele davon waren Frauen, die um das Sorgerecht für ihre Kinder kämpften und die Angst hatten, ihre Kinder zu verlieren?«

»Das weiß ich nicht mehr.«

»Dann könnten Sie es sich heute ja zur Aufgabe machen, das herauszufinden«, sagte ich, »und uns das nächste Mal Bericht erstatten.« Ich wandte mich an die ganze Gruppe.

»Ich bin etwas verwirrt, Leute. Haben Sie das nicht alles schon mal durchgekaut? Bevor ich zur Gruppe kam, als Dr. Steelwater die Gruppe leitete? Wie kommt es, dass fast keiner von Ihnen ein richtiges Layout hinbekommt?«

Ein paar Männer kicherten leise, aber keiner antwortete. Ich zögerte. Früher oder später mussten wir über das Thema Eileen sprechen, aber ich war unsicher, ob jetzt der richtige Zeitpunkt dafür war. Zunächst einmal wusste ich nicht genau, was wirklich in der Gruppe vorgefallen war. Wie sollte ich bloß an die Informationen herankommen? Eileen würde es mir nicht sagen, sondern mir nur ununterbrochen von Jim vorschwärmen. Und wenn ich die Gruppe fragte, würde Avery doch nur wieder auf Eileen rumhacken und sie als Nutte beschimpfen.

Dennoch, irgendetwas war passiert, denn die Gruppe hatte vollkommen die Orientierung verloren. Die Hälfte der Männer log oder bestritt die Taten, was in diesem Stadium einer solchen Therapiegruppe nicht mehr der Fall sein sollte. Schließlich kam die Gruppe seit über einem halben Jahr zusammen! Jeder, der seine Taten bestritt, hätte längst aus der Gruppe entfernt werden müssen. Was hatte Eileen bloß die ganze Zeit gemacht?

Noch frustrierender war, dass sie fast keine Notizen hinterlassen hatte. Eigentlich hätten Berichte über Fortschritte, die bei jedem einzelnen Treffen erzielt worden waren, vorliegen müssen, aber stattdessen gab es nur Anwesenheitslisten. Ich war einiges gewohnt, was die schlampige Führung von solchen Berichten in manchen Gefängnissen anging, aber das hier übertraf wirklich alles. Und es war keinesfalls das, was ich von Eileen erwartet hätte. Aus den Unterlagen ging nicht im Geringsten hervor, wer an welchem Thema gearbeitet hatte.

Das heißt, etwas gab es schon, aber das machte es noch

seltsamer. Die Berichte der ersten beiden Monate waren noch ausführlich, nach jeder Gruppensitzung Kommentare zu jedem einzelnen Mitglied. Danach brachen sie abrupt ab. Vielleicht war Garys Theorie, dass Eileen einen psychotischen Schub erlitten hatte, doch nicht so weit hergeholt.

»Egal, Männer. Kommen wir gleich zur Tagesordnung. Wir können nicht die ganze Zeit mit Layouts verbringen. Die meisten von Ihnen müssen an Ihren Layouts arbeiten, aber darauf kommen wir später zurück. Möchten Sie noch etwas auf die Tagesordnung setzen, Mr. Walker?«

»Ja«, sagte er. »Clarence.«

Plötzlich herrschte Totenstille im Raum.

»Also gut«, sagte ich. »Was ist mit Clarence?«

»Der Mann wird sterben«, sagte Jim vergnügt.

»Was? Sie meinen, wenn er in den allgemeinen Vollzug entlassen wird?«

»Ganz egal. Es spielt keine Rolle, wo er sich befindet.«

Ich schaute in die stummen Gesichter der Anwesenden. Alle, außer Avery, sahen zu Boden, zur Tür, an die Wand, nur nicht herüber zu mir oder Jim. Avery blickte wieder stur geradeaus. Ich fand es komisch, dass Jim es war, der das gesagt hatte, und nicht Avery. Avery polterte und wütete. Jim redete einschmeichelnd, aber er war nicht der Typ, der drohte. Wollte er mich warnen? Existierte bereits ein Plan?

»Ist das ein Gerücht, Mr. Walker, oder ein Versprechen? Ich meine, was wollen Sie damit sagen? Wenn Clarence getötet wird, wird der Mörder Jahrzehnte in Isolationshaft verbringen – kein Radio, keine Besuche, immer nur in der Zelle sitzen und die Wand anstarren –, und zusätzlich kriegt er lebenslänglich aufgebrummt. Gibt es irgendjemanden, dem Clarence das wert ist? Dass er bereit wäre, den Rest seines Lebens für ihn im Gefängnis zu verbringen?«

Wieder sagte niemand etwas, außer Jim. »Vorausgesetzt, er wird gefasst.«

»Worauf Sie sich verlassen können«, entgegnete ich scharf. »Ich habe mit dem Gefängnisdirektor darüber gesprochen. Er würde Clarence' Mörder jagen, als hätte der den Papst umgebracht. Clarence ist nicht zum Abschuss freigegeben, nur weil er Clarence ist. Niemand käme damit durch. Haben mich alle verstanden?« Wieder nur Schweigen.

Es gibt verschiedene Arten von Schweigen: leeres Schweigen, das etwas Gedämpftes an sich hat, peinliches Schweigen, das etwas Gereiztes hat, und dieses Schweigen, das zum Bersten voll war mit Ungesagtem, Angedeutetem – das beredte Schweigen. Ich hatte das Gefühl, dass ich die Einzige war, die nicht wusste, was Sache war. Irgendwas ging hier vor, und alle in der Gruppe wussten Bescheid, nur ich nicht.

Nach der Gruppensitzung ging ich beklommen zurück in mein Büro. Meistens war ich mir unsicher, inwieweit ich meinem Instinkt trauen konnte; manchmal lag ich damit richtig, manchmal daneben. Diesmal sagte mir mein Instinkt, dass der Ton, in dem Jim angekündigt hatte, dass Clarence sterben würde, unangemessen war. In Jims Stimme hatte etwas mitgeschwungen, das ich nicht klar ausmachen konnte, dazu kannte ich ihn nicht gut genug. Es hatte beinahe fröhlich geklungen, und er war sich seiner Sache absolut sicher gewesen. Ich saß da und zerbrach mir den Kopf, als das Telefon klingelte. »Hallo, Michael«, sagte Julie. »Gary möchte Sie gerne sprechen – unbedingt.«

»Weswegen?«

»Sie kommt sofort«, sagte sie zu jemandem am anderen Ende.

»Ich komme sofort«, äffte ich sie nach und legte auf. Ein

wenig konsterniert eilte ich hinüber zum Verwaltungstrakt. Vor der Gruppe hatte Gary keine Sekunde Zeit gehabt, auch nur ein paar Worte mit mir zu wechseln, und jetzt wollte er mich plötzlich unbedingt sprechen.

»Gehen Sie ruhig rein«, sagte Julie, als ich schließlich – nachdem ich sechs weitere Stahltüren durchschritten hatte – vor seinem Büro stand. »Sie warten bereits.«

Das »sie« hatte ich nicht ganz registriert, deswegen stutzte ich, als ich Garys Büro betrat und außer ihm noch zwei andere Personen im Raum sitzen sah. Gary erhob sich hinter seinem Schreibtisch und winkte mich herein; er wirkte erleichtert. »Kommen Sie rein, Dr. Stone«, sagte er. Ich wunderte mich über diese Anrede und trat näher. Das ältere Paar, das auf zwei Stühlen vor dem Schreibtisch saß, wandte sich um und blickte mich erwartungsvoll an.

»Das ist Dr. Stone«, sagte er zu den beiden. »Dr. Stone, Mr. und Mrs. Clarence. Dr. Stone leitet augenblicklich die Therapiegruppe für Sexualität im Gefängnis, und sollte Ihr Sohn eine Beurteilung brauchen, dann wäre sie die Person, an die Sie sich wenden müssten.« Am liebsten hätte ich Gary einen bösen Blick zugeworfen – das mit der Beurteilung hörte ich zum ersten Mal –, aber da die beiden älteren Herrschaften mich immer noch erwartungsvoll ansahen, ließ ich es bleiben. Ich glaube, in Wahrheit brauchte mich Gary vor allem als moralische Unterstützung.

Ich streckte ihnen die Hand entgegen, stellte mich vor und musterte die beiden aufmerksam. Es bringt nichts, irgendwelche Vermutungen anzustellen, wenn man den Eltern von »Ungeheuern« gegenübersteht. Clarence mochte Kinder gequält und verstümmelt haben, aber das sagte nichts über seine Eltern aus.

Manchmal waren die Eltern solcher Killer die schlimmsten Eltern, die man sich vorstellen kann. Sie hatten ihr Kind geschlagen, es sexuell missbraucht, emotional erniedrigt und ihm eine Erziehung angedeihen lassen, über die nicht mal ein Stephen King schreiben würde. In so einem Fall ließ sich begreifen, wie jemand zu einem Killer heranwachsen konnte. In anderen Fällen dagegen – besonders, wenn es sich um Psychopathen handelte, was irgendwie angeboren scheint – waren die Eltern häufig nette, freundliche Menschen, die über die Taten ihres Kindes genauso entsetzt waren wie alle anderen auch. Mit Letzteren gestaltete sich der Umgang am schwierigsten – sie litten unsäglichen Kummer.

Clarence' Eltern waren etwa um die sechzig, aber so etwas einzuschätzen fällt mir immer schwer. Traumatisierte Menschen sehen um einiges älter aus, als sie tatsächlich sind, und schlimmer als die Erkenntnis, dass der eigene Sohn ein Serienmörder war, konnte wohl kein Trauma für Eltern sein. Mr. Clarence war schmal und zierlich, wie ein junger Windhund. Seine Hand war knochig und trocken wie Papier.

Mrs. Clarence war ebenfalls dünn, dabei etwas größer als ihr Mann, allerdings längst nicht so vital. Ihr Handschlag war absolut lasch. Ihrer beider Gesichter waren sanftmütig, aber das der Mutter war verblasst, als wäre alles Leben aus ihm gewichen. Nach ihrem Handschlag zu urteilen, hatte sie wohl nie eine Machtstellung in der Familie eingenommen, wenn überhaupt eine. Aber wer weiß? Es war, als betrachtete man ein Haus, das von einem schweren Erdbeben heimgesucht worden war, und nun galt es herauszufinden, wie es vorher ausgesehen hatte.

Vorsichtig glitt ich auf einen Stuhl und sagte leise: »Es tut mir schrecklich Leid. Es muss ein Schock für Sie gewesen sein.«

Mr. Clarence warf kurz einen Blick hinüber zu seiner Frau, aber sie gab kein Zeichen, dass sie antworten wollte, daher räusperte er sich und sagte: »Ja, es war ein Schock. Wir hatten keine Ahnung ... Er redet ja nicht mit uns.«

»Ihr Sohn redet nicht mit Ihnen?«

Er schüttelte den Kopf.

»Seit wann?«

Wieder blickte er seine Frau an. »Seit seiner Verhaftung ... Wir wissen gar nichts.«

»Was meinen Sie damit?«

»Wir wissen nicht, wie es ihm geht. Wir lieben ihn immer noch«, sagte er trotzig. Seine Stimme gewann an Kraft, als er das aussprach. »Sie werden das schwerlich verstehen.« Er sah Gary und mich an. Sein Kopf war aufrecht, das Kinn vorgestreckt, aber er blinzelte heftig mit den Augen. Ich verstand nicht, was das Blinzeln zu bedeuten hatte. Vielleicht ein Tick, vielleicht kämpfte er gegen Tränen an. »Er ist immer noch unser Sohn«, sagte er. Seine Frau streckte die Hand aus und bedeckte für einen Moment die seine. Bei dem Körperkontakt schien er in sich zusammenzusacken. Er rutschte auf seinem Stuhl nach vorn, und seine Schultern wurden rund, als wäre gerade der Brustkorb eingefallen. Er senkte den Kopf und weinte.

Sie tätschelte ihn sanft und griff dann in ihre Handtasche. Erst dachte ich, sie würde ein Taschentuch herausholen, aber sie zog ein altes Foto von einem Kind hervor. Es mochte etwa fünf Jahre alt sein, hatte ein ansteckendes Grinsen im Gesicht, einen Wust brauner Haare auf dem Kopf und vorne eine markante Tolle. Damals sah er wirklich noch nicht wie ein Killer aus.

»Schauen Sie ihn sich an«, sagte sie so leise, dass ich mich vorbeugen musste, um sie zu verstehen. Ich nahm das Foto, das sie mir hinhielt. »Schauen Sie ihn sich an«, wiederholte sie. »Wie konnte es so weit kommen?«

Ich betrachtete das Foto, dann blickte ich auf. Gary sah

gequält drein. Selbst die brutalsten Verbrecher ließen ihn kalt, aber mit den Opfern und ihrem Leid konfrontiert zu werden, war ihm ein Gräuel. Ich fragte mich, wie die Eltern es überhaupt bis in sein Büro geschafft hatten.

Normalerweise hatten Gefängnisdirektoren mit den Familien der Häftlinge keinen Kontakt, aber bei prominenten Fällen war es offenbar anders. Was mich anging, hatte ich absolut keine Idee, wie ich diesen Leuten beistehen sollte.

»Mr. und Mrs. Clarence«, sagte ich. »Ich weiß auch nicht, wie es so weit kommen konnte. Ich stimme Ihnen zu, er sieht wie ein völlig normales Kind aus. Manchmal sind solche Dinge ein Geheimnis, das niemand begreift. Da gibt man sich alle Mühe der Welt und denkt, alles ist bestens, und in Wahrheit läuft irgendwas schrecklich schief, und niemand ahnt etwas. Sie brauchen Hilfe in dieser Angelegenheit. Allein zum Überleben, um das durchzustehen.« Schon als ich es aussprach, war mir klar, dass nicht alles überleben würde, einiges bereits gestorben war. Kummer war verheerend. Er tötete vieles in einem Menschen ab; manches erholte sich wieder, manches nicht.

»Und bitte, tun Sie diese Idee nicht gleich ab. Sie brauchen jemanden, mit dem Sie über Ihren Sohn reden können, und über das, was geschehen ist. Ich kann Ihnen einige Namen und Adressen nennen, aber ich selbst kann das nicht übernehmen, weil ich möglicherweise hier im Gefängnis mit Ihrem Sohn Kontakt haben werde.«

Mr. Clarence richtete sich auf, holte ein Taschentuch aus seiner Hosentasche und schnäuzte sich die Nase. Dann sagte er: »Deswegen sind wir nicht zu Ihnen gekommen, Doktor. Wir wollen uns nur vergewissern, dass es unserem Sohn gut geht. Dass er in Sicherheit und wohlauf ist. Da er nicht selbst mit uns reden will, sind Sie die einzigen Menschen, die wir fragen können. Sein Anwalt redet auch nicht mit uns. Unser Sohn hätte seine Einwilligung dazu nicht gegeben, sagt er.«

Gary und ich sahen uns an. Wir beide kannten seinen Anwalt. Boyle war der Typ, der sich gerne in Szene setzte und gerne Schlagzeilen machte. Es war Clarence, mit dem er das große Los gezogen hatte, um in die landesweiten Fernsehnachrichten zu kommen, nicht seine Eltern. Den beiden hätte er durchaus mehr Hilfe anbieten können. »Ich habe nicht mit Ihrem Sohn gesprochen«, sagte ich.

Gary unterbrach. »Dr. Stone ist sicher gerne bereit, ein Gespräch mit Ihrem Sohn zu führen und sich zu erkundigen, wie es ihm geht. Natürlich hat er ein Recht auf Vertraulichkeit, das müssen Sie verstehen, und wenn er verfügt, dass wir Ihnen nichts sagen dürfen, dann müssen wir uns daran halten. Aber bestimmt kann Ihnen Dr. Stone zumindest mitteilen, wie er aussieht und ob es ihm einigermaßen gut geht.«

In diesem Moment wäre ich Gary am liebsten an die Gurgel gesprungen. Nur weil er die Eltern loswerden wollte, wälzte er das Ganze auf mich ab. Und ich, ich nickte auch noch dazu. Meiner Verärgerung zum Trotz – er war durchaus befugt, mich mit dieser Aufgabe zu betrauen, wenn er wollte, und irgendetwas musste man schließlich für diese armen Leute tun.

»Eins kann ich Ihnen jedenfalls versichern«, sagte Gary. »Ihren Sohn werden wir wie jeden anderen Gefangenen auch behandeln. Ich bin der Meinung, dass wir hier in Vermont hervorragende Arbeit in den Gefängnissen leisten. Das Personal ist gut ausgebildet, und man wird sich gut um Ihren Sohn kümmern.« Innerlich stöhnte ich auf. Was Gary hier von sich gab, galt vielleicht für andere Häftlinge, aber ob Clarence hier wirklich so gut aufgehoben war, wie Gary betonte, war keineswegs sicher. Niemand konnte vorhersagen, wie die Mithäftlinge mit dieser Situation umgehen würden. Aber was sollte Gary schon sagen? Dass jemand plante, Clarence zu töten?

»Würden Sie ihm etwas von mir ausrichten?«, wandte sich die Mutter an mich. »Würden Sie ihm bitte sagen, dass wir ihn lieben und dass wir ihn immer lieben werden, egal was er getan hat.«

»Ich werde es ihm ausrichten«, erwiderte ich. »Geben Sie ihm etwas Zeit. Wenn er sich eingelebt hat, will er vielleicht wieder mehr Kontakt haben.« Hoffnung, auch die winzigste, war etwas, an das man sich klammern konnte. In Wahrheit, so meine traurige Vermutung, würde Clarence vielleicht nur aus Langeweile mit ihnen reden wollen. Oder, sollte er tatsächlich psychopathisch veranlagt sein, würde er sich etwas ausdenken, wie er sie für seine Zwecke einspannen konnte – in dem Fall würde er liebend gerne mit ihnen reden. Sie jedoch sahen diese Möglichkeiten gar nicht. Sie sahen nur den kleinen Jungen auf dem Foto.

Gary stützte den Kopf auf die Hände, nachdem Clarence' Eltern gegangen waren. »Scheiße«, sagte er. »Ich hasse so was. Ich weiß nicht, wie du das aushältst. Von mir aus kannst du mir alle Clarences der Welt anvertrauen, aber halte mir diese traurigen, einsamen alten Leutchen vom Leib. Kümmere du dich um sie, Michael. Ich bringe es nicht übers Herz.« Er richtete sich auf. »Sind die echt?«

Ich seufzte. »Könnte sein«, erwiderte ich. »Bei diesen Kerlen weiß man nie. Manche scheinen sich von Beginn an auf einer bestimmten Flugbahn zu bewegen, von der sie niemand ablenken kann. Wenn Clarence allerdings Narben von ausgedrückten Zigaretten aufweist, würde ich meine Meinung ändern … Was hast du nun eigentlich vor?«, fragte ich Gary. Er wusste, was gemeint war. Es war immer die Überlegung, ob so jemand wie Clarence in den allgemeinen Vollzug kam oder in Einzelhaft gesteckt werden musste. »Jemand in der Gruppe sagte heute, Clarence würde sterben, ob in Einzelhaft oder nicht. Ich kann schlecht einschätzen, ob das lediglich Angeberei war.«

»Angeberei gibt es immer wieder«, sagte Gary. »Ich lasse ihn im allgemeinen Vollzug. Er will nicht in Einzelhaft untergebracht werden. Er weiß, welches Risiko er eingeht, und er sagt, lieber würde er sterben, als in Einzelhaft zu leben. Sein Anwalt unterstützt ihn dabei. Er sagt, wir hätten nicht das Recht, ihn gegen seinen Willen von den anderen zu isolieren. In dem Punkt hat er Unrecht. Wenn ich wollte, könnte ich ihn sehr wohl in Einzelhaft stecken – dass er überhaupt hier ist, geschieht ja schon gegen seinen Willen –, aber letztlich bin ich einverstanden. Es wäre ungewöhnlich und grausam, ihn in eine Isolationszelle zu sperren.

Vierundzwanzig Stunden am Tag mit sich allein in einer zwei mal drei Meter großen Zelle, da kriegt jeder Mensch einen Rappel. Und wir dürfen nicht vergessen, dass er uns noch die nächsten fünfzig Jahre erhalten bleiben wird.«

»Es ist deine Entscheidung«, sagte ich, aber wohl war mir bei dem Gedanken nicht. Noch kannte ich Jim überhaupt nicht, aber als Aufschneider hätte ich ihn nicht eingeschätzt, dafür war er zu raffiniert. Ich fand, er gehörte viel eher zu den Typen, die durch einen Verrat jeden nur erdenklichen Nutzen für sich herausschlagen würden. Vielleicht hatte er ja was anzubieten, das sollte ich mal überprüfen.

»Willst du, dass ich zu ihm gehe?«, fragte ich. »Herausfinde, ob er mit seinen Eltern reden will? Es kommt aber sicher nichts Gutes dabei heraus.«

»Schaden kann es auch nicht«, sagte Gary.

Damit hatte er Unrecht, aber das behielt ich für mich. Ich stellte zwar keine Bedrohung für Clarence dar – das auf keinen Fall –, aber Bösartigkeit verletzt jeden, der mit ihr in

Berührung kommt. Clarence würde einen Weg finden, mir ein Stück meiner Seele zu rauben; solche Menschen schafften das immer.

Ich trat nach draußen auf den Flur und schlug den Weg zu meinem Büro ein, aber dann hielt ich inne. Warum es hinausschieben?, überlegte ich. Ich gehöre zu denen, die mit Vollgas über Kreuzungen jagen, und ein Gespräch mit Clarence würde ohnehin nicht die reinste Freude, warum es also nicht gleich hinter sich bringen? Ich eilte zum Innenhof, hinüber zu dem Block mit den Isolationszellen.

Der Block war in einem separaten Gebäude untergebracht; hinsichtlich der Ähnlichkeit mit dem normalen Gefängnisalltag hätte man auch sagen können, dass er sich auf einem anderen Planeten befand. Bevor ich den Summer drückte, mit dem man um Einlass ersuchte, atmete ich einmal tief durch. Die Tür flog auf, und sogleich umhüllte mich der Lärm wie ein Kraftfeld.

Im Block mit den Isolationszellen war es immer höllisch laut, hier schienen ständig Wellen der Wut von den Wänden abzuprallen. Die meisten Insassen waren nicht hier, weil sie Neuzugänge waren, sie waren hier, weil sie anderen Mithäftlingen oder Bediensteten etwas Schreckliches angetan hatten. Manche waren wütend, weil sie hier untergebracht waren, andere waren wütend, weil Wut untrennbar zu ihrer Person gehörte. Wut war nicht immer ein vorübergehender Gefühlszustand – für manche Menschen gehörte sie zu ihrer allgemeinen seelischen Ausstattung.

Ich fand Isolationshaft schrecklich. Der Block war mit viel Personal besetzt, überall standen Wärter herum, und trotzdem – oder gerade deshalb – herrschte ständig eine bedrohliche Atmosphäre. Außerhalb der Zellen wurden die Häftlinge immer von zwei Bediensteten begleitet, die sie dahin brachten, wohin sie gerade zu gehen hatten, und stets hielten sie den Häftling mit der Hand fest. Allein das hätte mich verrückt gemacht.

Andererseits hatte man es hier mit Leuten zu tun, die ihren Mitmenschen gern mit einem Bleistift die Augen ausstachen, und es wäre fatal, auch nur einem von ihnen eine Gelegenheit dazu zu verschaffen. Gewalt hatte absolut nichts Menschenfreundliches an sich, und es gab keine »menschenfreundliche« Methode, wie damit umzugehen war. In der Isolationshaft reduzierte sich das Gefängnis auf seine schlimmsten Elemente: unvorhersehbare Gewalt und der ungeheure Aufwand, den es erforderte, um sie zu zügeln.

Ich wartete darauf, dass Clarence in ein Besprechungszimmer gebracht wurde. Er kannte mich nicht, und er blickte nicht mal in meine Richtung, als sie ihn vorbeiführten. Die Vollzugsbeamten, die ihn festhielten, waren extrem wachsam: Jeder wusste, wer Clarence war und was er getan hatte. Clarence war um einen Kopf kleiner als die beiden Begleiter, aber sie ließen eine Vorsicht walten, als hätten sie Mike Tyson im Schlepptau.

Er war zierlicher als erwartet. Zeitungsfotos vermitteln einem keine rechte Vorstellung von der Größe eines Menschen, und irgendwie hänge ich immer noch dem naiven Glauben nach, dass das Böse auch böse auszusehen hat. Was hatte ich erwartet? Dicke, hervortretende Muskeln und ein lüsternes Grinsen? Wahrscheinlich habe ich als Kind zu viele Zeichentrickfilme gesehen. Nein, der Kerl, der vorbeiging, teilnahmslos zu Boden stierte, war eher klein und unauffällig. Von meinem Platz aus konnte ich so gut wie nichts aus seiner Miene herauslesen. Er war dünn, und er wirkte nicht kräftig, aber seine Bewegungen waren äußerst präzise. Wo hatte ich solche Präzision in den Bewegungen schon einmal beobachtet? Mir fielen zwei denkwürdige Begegnungen mit Menschen ein, die sich auch so bewegten, und bei beiden hatte sich gezeigt, dass sie wesentlich stärker waren, als sie äußerlich wirkten.

Für einen Moment blieb ich vor der Glastür zum Besprechungszimmer stehen und sah hinein. Aus irgendeinem Grund hatte ich es plötzlich nicht mehr so eilig mit diesem Gespräch. Clarence saß da, schaute zu Boden, und ich sah die kahle Stelle oben auf seinem Kopf. Seine Haut war von einer fast schon kränklichen Blässe, die darauf hindeutete, dass der Körper nie dem Tageslicht ausgesetzt wurde. Er war an den Sitz gekettet, aber an der zierlichen Gestalt wirkten die Hand- und Beinschellen eher grotesk. Er sah nicht aus wie ein böser Mensch, sondern eher bemitleidenswert. Ich empfand keinerlei Sympathie für ihn. Er hatte kleine Kinder, Kinder im Vorschulalter, verstümmelt – aber dennoch: was für eine furchtbare Vergeudung einer menschlichen Seele.

Ich wollte gerade die Tür öffnen, als ich plötzlich merkte, wie nervös ich war. Es hatte mit der Schwangerschaft zu tun. An sich reagierte ich schnell, unter normalen Umständen, aber jetzt ... wenn ich heute eine Straße überquerte, war die Grünphase meistens längst vorbei, bevor ich den Zebrastreifen auch nur zur Hälfte geschafft hatte. Schon wenn ich ein Zimmer durchquerte, brauchte ich die halbe Länge, um Anlauf zu nehmen, und die andere zum Abbremsen. Trotz allgegenwärtiger Aufseher, trotz Hand- und Fußfesseln – besser man vertraute Menschen nicht, die aus Gewohnheit andere Menschen umbrachten und die nichts zu verlieren hatten.

Ich schüttelte den Kopf, verärgert über mein plötzliches Gefühl der Verwundbarkeit, und streckte die Hand zum Türgriff aus. Im selben Moment hob Clarence den Blick und sah mich. Mir sträubten sich die Nackenhaare. Fast wäre ich vor Schreck zurückgetreten. Ich habe schon mit etlichen seltsamen und niederträchtigen Menschen Gespräche geführt, und noch nie haben sich mir die Nackenhaare gesträubt. Was, um Himmels willen, war der Grund?

Er sah mich weiter an, und dann fiel mir auf, dass sein Gesicht vollkommen leer war. Er sah mich auf die gleiche Weise an, wie er auch einen Stuhl oder einen Tisch angesehen hätte. Niemals ist das Gesicht eines Menschen gänzlich ausdruckslos, wenn er einen anderen Menschen betrachtet. Schon jemanden zu sehen, der den Blick erwidert, ruft etwas in einem Menschen hervor, stellt etwas mit seinem Gesicht an. Aber das Gesicht dieses Mannes verriet absolut nichts. Sieht so das Böse aus?, dachte ich. Keine hervortretenden Muskeln, kein lüsternes Grinsen? Nur diese unendliche Leere? »Deswegen gibt es Leid; nichts zu haben im Grunde seines Herzens«, heißt es bei Wallace Stevens. Dieser Mann jedoch hatte etwas behalten, im Grunde seines Herzens, und es war abscheulich. Ich machte die Tür auf und trat ein.

»Mr. Clarence«, sagte ich, »ich bin Dr. Stone. Ich bin Psychologin in diesem Gefängnis, und Ihre Eltern haben mich gebeten, mit Ihnen zu sprechen.«

»Lassen Sie meine Eltern da raus«, kam die rasche Antwort. »Sie haben mit alldem nichts zu tun.«

»Von mir aus«, sagte ich. »Ich will sie nicht mit hineinziehen.« Ich setzte mich ihm gegenüber an den Tisch, blickte nach unten und war beruhigt, als ich sah, dass die Tischbeine im Boden verankert waren. »Sie haben den Gefängnisdirektor aufgesucht. Sie wollten wissen, ob es Ihnen so weit gut geht. Offenbar war es ihnen nicht möglich, direkt mit Ihnen in Kontakt zu treten.«

»Ich will nicht mit ihnen reden«, erwiderte er, zur Seite blickend. »Ich habe nichts zu sagen.« Er hielt inne und murmelte dann etwas, das wohl eher ihm selbst galt als mir. »Die werden das alles überhaupt nicht verstehen.«

»Ganz sicher nicht«, sagte ich. »Aber ich spiele hier nur den Mittler. Ich habe Ihren Eltern versprochen, Ihnen zu sagen, dass sie Sie lieben und dass sie Sie auch weiterhin lieben werden, egal was Sie getan haben. Und dass sie gerne von Ihnen hören würden, wenn Sie dazu bereit sind.«

»Herrgott noch mal«, sagte er und fuhr sich mit der Hand durch das schüttere Haar. »Warum können sie mich nicht endlich in Ruhe lassen!« Es hörte sich wütend an, aber es ging noch etwas anderes in seinem Gesicht vor, als er das sagte. Jedenfalls war es nicht so ausdruckslos wie bei unserem ersten Blickkontakt. Er mochte alles Mögliche sein, aber bestimmt war er kein Psychopath. Psychopathen binden sich an niemanden.

»So funktioniert das eben mit der Menschenliebe«, sagte ich. »Ihre Eltern lieben Sie, auch wenn es Ihnen nicht passt. Und ob es Ihnen gefällt oder nicht, sie werden sehr wahrscheinlich auch weiter zu Ihnen halten.«

»Was wollen sie bloß von mir?«, stieß er plötzlich hervor. »Was soll ich ihnen sagen?«

»Ich weiß nicht, was Sie ihnen sagen sollen. Sie haben etwas in sich, das Ihre Eltern nicht haben, und Ihre Eltern haben etwas, das Sie nicht haben, da gibt es wohl kaum eine Übereinstimmung. Die meisten Menschen würden sich beim Anblick eines gefolterten Kindes übergeben. Ihnen bringt es einen Rausch, für den Sie nicht mal Worte finden.« Er blickte auf. »Es ist besser als Crack, besser als Koks, und danach haben Sie sich eingeredet, Sie würden es nicht noch mal tun, aber Sie haben es trotzdem wieder getan, weil Sie die Fantasien nicht aus dem Kopf gekriegt haben, und jedes Mal, wenn Sie dran gedacht haben, haben Sie wieder den Rauschzustand verspürt, und nach einer bestimmten Zeit konnten Sie an nichts anderes mehr denken. Sie haben nur dafür gelebt, und ohne diese Rauschzustände war das Leben einfach öde. Aber Ihre Fantasien in die Tat umzusetzen verschaffte Ihnen natürlich einen noch viel besseren Rausch, als nur daran zu denken. Das heißt, eigentlich war es gar nicht so. Die Wirklichkeit kam nie an die Fantasien heran, andererseits brauchten Sie die Wirklichkeit, um die Fantasien weiter anzuheizen. Die Fantasien verblassten, wenn Sie nicht weitermachten. Sie waren nicht mehr so lebhaft, und der Rausch war nicht mehr so gut.«

Clarence blickte mich eindringlich an. »Sie scheinen sich ja gut damit auszukennen«, sagte er leise.

»Das kommt daher, dass ich bereits häufig mit Menschen wie Ihnen gesprochen habe«, erklärte ich. »Und ob Sie es glauben oder nicht, die erzählen einem alle das Gleiche. Aber bilden Sie sich nicht ein, Sie hätten eine Seelenverwandte in mir gefunden, Mr. Clarence. Ich gehöre zu den Leuten, die sich übergeben würden. Ich will damit nur sagen, dass Sie das Ihren Eltern nicht erklären müssen, weil Sie es gar nicht können. Sie möchten lediglich Kontakt zu Ihnen haben, mehr nicht. Die Hoffnungen, die sie in Sie gesetzt haben, und ihre Träume haben sie verloren. Das Einzige, auf das sie jetzt noch hoffen, ist Kontakt mit Ihnen. Sie wollen wissen, ob Sie in Sicherheit sind, ob es Ihnen einigermaßen gut geht.«

Clarence schwieg eine Minute, dann sagte er sehr leise: »Raus hier. Lassen Sie mich in Ruhe.« Zwar hatte er es leise gesagt, aber ich hatte ein ungutes Gefühl, was den Tonfall betraf, daher erhob ich mich umgehend und ging zur Tür. Normalerweise lasse ich mir von einem Häftling keine Befehle erteilen, doch es gibt Momente, da muss man hart bleiben, und Momente, da zahlt es sich nicht aus. Bisher habe ich diesem Gefühl, wenn es sich einstellt, immer vertraut, auch wenn mein Gegenüber klein und angekettet war.

Meine Hand lag bereits auf dem Türgriff, als mich seine

Stimme zurückhielt. »Was wird es denn?«, wollte er plötzlich wissen. »Junge oder Mädchen?« Ich blieb wie versteinert stehen, dann drehte ich mich langsam zu ihm um.

»Ein Mädchen«, sagte ich. »Laut Fruchtwasseruntersuchung wird es ein Mädchen. Definitiv.« Eigentlich hatte ich keinen blassen Schimmer, was es werden würde, abgesehen davon, dass es töricht war, überhaupt auf seine Frage einzugehen. Vielleicht bin ich abergläubisch, aber ich wollte nicht, dass er sich in Gedanken an meinem kleinen Jungen vergriff und sich dabei einen runterholte.

5

Auf der Wachstation lag eine Nachricht für mich. Geistesabwesend öffnete ich den Umschlag. Im ersten Moment stutzte ich. Dann spürte ich, wie sich von meinem tiefsten Innern her ein Lächeln nach oben arbeitete und sich auf meinem Gesicht breit machte. »Stacy?«, rief ich laut. »Stacy ist hier?

Kennen Sie Stacy James?«, fragte ich die Beamtin an ihrem Schreibtisch.

»Natürlich«, sagte sie. »Er leitet die Abteilung Sozialarbeit.«

»Und wo befindet sich die?«

Sie sah aus dem Fenster und zeigte auf ein Gebäude auf der anderen Seite des Hofes. »Gleich da drüben«, sagte sie. »Im zweiten Stock.«

Ich sprintete geradezu hinüber zur Abteilung Sozialarbeit – soweit in meinem Zustand ein Sprint möglich war, der auf glatter Oberfläche eher einem schnellen Schlurfen und treppauf einem stetigen, gemächlichen Vorankommen glich. Es dauerte einige Lichtjahre, aber schließlich hatte ich es geschafft. Der Beamte an der Pforte nannte mir die Zimmernummer, und ich war erleichtert, dass die Tür zum Raum Nummer 305 offen stand – erleichtert, weil ich schlecht bremsen konnte, wenn ich erst mal richtig in Fahrt war; ich schlitterte mehr oder weniger um die Ecke. Stacy saß an seinem Schreibtisch und unterschrieb Arbeitszeitkontrolllisten. Als er mich erblickte, schaute er hoch und lachte. »Michael«, sagte er und stand auf. »Ich hatte schon gehofft, dass du mal vorbeikommst. Meine Güte, du siehst ja verboten aus.« Er kam hinter seinem Schreibtisch hervor und umarmte mich.

Als er mich losließ, setzte ich mich keuchend auf den nächsten Stuhl und ließ die Umgebung auf mich wirken, während ich langsam wieder zu Atem kam. Der Schreibtisch und die Bücherregale – jeder nur erdenkliche Platz – waren voll gestellt mit aufziehbarem Spielzeug, das hüpfte, hin und her huschte, sich im Kreis drehte, und mit Geduldsspielen aus Metallringen, die ich ohne Metallschere wohl niemals auseinander bekommen hätte. An der Wand hingen großformatige gerahmte Bilder, die sich auf den zweiten Blick als Puzzlespiele entpuppten, mit so vielen Einzelteilen, dass man froh sein konnte, wenn man an einem Tag zwei, drei zusammenhängende Stücke fand.

»Du lieber Himmel«, sagte ich, als ich wieder zu Luft gekommen war. »Wie viele Stücke hat das?«

»Das da fünftausend«, antwortete er und zeigte auf eins. »Das andere da drüben hat siebentausendfünfhundert.«

»Ich erstarre in Ehrfurcht«, sagte ich. »So viel Geduld, das geht über meine Vorstellungskraft.«

Er zuckte mit den Achseln. »Mit irgendwas muss sich der Mensch ja beschäftigen. Übrigens, du siehst blendend aus, auch wenn dein Umfang etwas Elefantöses hat. Man hat mir gesagt, du seist schwanger, aber mit so etwas habe ich nicht gerechnet.«

»Ich bin völlig hilflos«, gestand ich wahrheitsgemäß. »Ich kann mich nicht bewegen, nicht laufen, könnte keinen lebensrettenden Sprung zur Seite machen. Morgens wache ich auf, schaue hinunter zu meinen Fußgelenken und frage mich, wem sie gehören. Ich weiß nicht, was ich machen soll.«

»Du wirst schon noch draufkommen«, sagte er mit der Zuversicht derer, die nicht selbst betroffen sind. Ich hatte mich wieder so weit gefangen, dass ich mich konzentrieren konnte, und ich sah Stacy an. Er hatte sich nicht im Geringsten verändert. Er war hoch gewachsen und schmal und hatte eine große Nase, die seinem Gesicht etwas Adlerhaftes verlieh. Es war Jahre her, dass ich ihn zuletzt gesehen hatte, aber mir fiel auf, was mir noch bei jedem Wiedersehen aufgefallen war: dass er die freundlichsten Augen der Welt hatte.

Er war auch ein »Lebenslänglicher«, wenn man so will, einer, der sein Leben lang im Strafvollzug arbeiten würde. Er war in allen Abteilungen einer Strafanstalt tätig gewesen, als Bewährungshelfer, als Vollzugsbeamter, als Sozialarbeiter. Er war die Karriereleiter mehrmals hochgeklettert, aber immer wieder zu der Arbeit mit den Häftlingen zurückgekehrt. Seine Entscheidung, im Vollzug zu bleiben, hatte nichts mit Sicherheitsdenken zu tun, so wie bei Eileen. Er hatte stets gewitzelt, dass er die Arbeit im Vollzug nur deswegen mochte, weil er eigentlich Voyeur sei, ich dagegen fand, dass er ein versteckter Humanitätsapostel war, aber einer mit Durchblick. Die meisten Humanitätsapostel wurden im Gefängnis zum Frühstück verspeist.

»Lust auf eine Tasse Kaffee?«, fragte er.

»Immer«, sagte ich achselzuckend. »Für was Härteres ist es noch zu früh. Das geht erst in zwei Monaten wieder.«

»Das wird schon noch, Michael«, sagte er, nahm sich sein

Jackett und legte beim Hinausgehen einen Arm um mich. Er drückte zärtlich meine Schulter, und es stellte sich jene natürliche Wesensverwandtschaft ein, die ich schon immer bei diesem Mann gespürt hatte.

»Du hast leicht reden – du legst Puzzlebilder mit fünftausend Teilen«, konterte ich. »Neben dir läuft eine Frau, die nicht mal fünf Minuten Schlange stehen kann, ohne hibbelig zu werden. Ich brüte seit acht Monaten. Acht Monate! Meine Güte! Ich lande noch in einem Pflegeheim, bevor das Kind auf die Welt kommt.« Selbst Jammern fiel mir in seiner Gegenwart leichter.

»Probier es doch mal mit Meditieren. Immer dieses Gehetze, das tut dir nicht gut.«

»Das rät mir meine Familie auch«, sagte ich und blieb abrupt stehen. »Kennst du etwa meine Mutter?« Für einen Moment überlegte ich ernsthaft, ob das möglich war, ein Gedanke, der eindeutig der Schwangerschaft zuzuschreiben war. Es stimmte natürlich nicht; diese Schwangerschaftssache konnte einen wirklich verrückt machen.

»Michael«, erwiderte er und schob mich sanft vorwärts. »Das sagt jeder, der dich ständig so herumrennen sieht.«

»Wohnst du allein?«, fragte ich.

»Jetzt wieder. Zwischenzeitlich hatte ich jemanden, aber die Lady ist nun weg. Seit zwei Jahren heißt es wieder, nur ich und meine Katze.«

»Gefällt es dir?«

»Ja, sehr.«

»Ich muss unbedingt mit dir reden.«

»Ist das dein Auto?« Acht Stahltüren, zwei Ausfalltore und einen Metalldetektor hatten wir überwinden müssen, bevor wir endlich draußen auf dem Parkplatz standen.

»So teuer war er gar nicht. Er ist zehn Jahre alt.«

»Aber immerhin ein Jaguar.«
»Ein alter Jaguar.«

Ich ging einmal um die elegante schwarze Limousine herum. »Ich mag Autos nicht einmal besonders, aber ich gebe zu, das hier ist wunderschön.«

»Hast du später noch irgendwelche Termine?«

»Nur die Geburt.«

»Dann bleibt uns ja noch etwas Zeit. Wie wär's mit einer Spazierfahrt nach Killington und einem schönen Essen?«

Ich seufzte erleichtert. Das passte mir gut. Das passte mir sogar sehr gut. Für Intimes war ich nicht geschaffen. Freunde dagegen – mit Freunden konnte ich umgehen.

Wir speisten in einem alten Landgasthaus hoch oben auf dem Killington Mountain. Wir hatten Glück und fanden einen Tisch am Fenster; vor uns fiel der Berg in Schichten ab, wie Falten in einem Rock. In den Falten konnte man kleine Neuenglandnester erkennen, und das nachlassende Sonnenlicht verlieh allem eine gewisse Anmut – selbst verrostete Autowracks sahen in dem Licht noch schön aus. Stahltüren und fest am Boden verschraubte Möbel waren meilenweit entfernt, und es gab wohl keinen Menschen in dem ganzen Restaurant, für den Bleistifte hübsche, kleine Waffen darstellten.

»Ich wusste gar nicht, dass du in Nelson's Point bist«, sagte ich. »Sonst wäre ich längst mal vorbeigekommen.« Er nickte, sah mich an und lächelte. Es herrschte eine Stimmung der Zufriedenheit, die uns in dem schwindenden Licht einlullte. Irgendwann in unserem Leben waren wir beide vor etwas davongelaufen, aber wir hatten es überstanden, und heute war ein herrlicher Frühlingstag, blaue Dunstschleier trieben träge den Berghang hinunter, und wir waren zwei alte Freunde, die in einem Gasthaus zusammen zu Abend aßen.

Eine Zeit lang sagte keiner von uns beiden ein Wort, dann legte ich die Gabel beiseite. »Sag mal, was ist eigentlich mit Eileen Steelwater los?«, fragte ich unvermittelt. »Fünfzehn Jahre haben wir uns nicht gesehen, und dann treffe ich sie wieder, und sie ist völlig plemplem. Vögelt mit einem Häftling und verteidigt einen anderen, einen psychopathischen Anwalt ausgerechnet.«

»Gibt es welche, die nicht psychopathisch sind?«, murmelte Stacy. Ich zuckte mit den Schultern, und er fuhr fort. »Ich kannte sie nicht so gut wie du. Aber seltsame Dinge sind da vorgegangen, so viel steht fest, und vorbei ist es auch noch nicht. Es gibt da einen Mann, dessen Akte du dir unbedingt durchlesen musst, wenn du das nächste Mal kommst.«

»Wessen Akte?«

»Des Mannes, mit dem sie gevögelt hat.«

»Und warum muss ich sie mir durchlesen?«

»Das wirst du dann schon sehen. Rätselhaft an der Sache ist – abgesehen von dem, was du beim Lesen der Akte feststellen wirst –, dass er gar nicht in ihrer Gruppe war. Sie hat nie ein Beratungsgespräch mit ihm geführt. Ich kann mir gar nicht vorstellen, wie sich die beiden kennen gelernt haben sollen.«

»Das ist allerdings rätselhaft. Hat sie sich dazu geäußert?«

»Nein. Eileen will nicht darüber reden.«

»Was meinst du damit, es sei noch nicht vorbei?«

Er zuckte mit den Schultern. »Ein Gefühl, mehr nicht. Irgendwas liegt in der Luft.«

»Hat es was mit Clarence zu tun?«

»Es hat schon vorher angefangen.«

»Mit Eileen?«

»Glaube ich nicht. Es hat nicht aufgehört, seit sie weg ist.«

»Was dann?«

»Ich weiß nicht. Das ganze Haus ist wie elektrisch aufgeladen. Irgendwas ist im Busch. Seit du hier bist, ist es noch schlimmer geworden, aber das kann auch Zufall sein.«

»Vielleicht baut gerade wieder jemand an einer Leiter«, sagte ich, aber Stacy konnte darüber nicht lachen.

»Aufstände gibt's bei euch nicht, oder?«

»Eigentlich kaum.«

»Heißt das, manchmal doch?«

»Beim letzten haben sich die Häftlinge versammelt, um dagegen zu protestieren, wie die freie Zeit berechnet wurde. Es war eine Art Sitzstreik. Hat mich an die Sechzigerjahre erinnert. Aber wer weiß, es ist alles möglich. Wir sind nur ein kleines Gefängnis, haben aber trotzdem wirklich schlimme Typen bei uns, gemischt mit Kleinkriminellen.«

»Schlimme Typen – so wie Clarence?«

»Nein, der ist eine Ausnahme. Kinder quälen und verstümmeln – an so etwas kommt keiner bei uns ran.«

»Wenigstens etwas. Hast du schon mit ihm gesprochen?«

»Noch nicht.«

»Ich schon.«

»Was hältst du von ihm?«

»Kleiner, unscheinbarer Typ. Präzise Bewegungen. Wahrscheinlich stärker, als er aussieht. Nicht, dass das bei Vierjährigen nötig wäre. Ich war ziemlich vorsichtig in seiner Gegenwart. Es ist immer besser, bei einem gemeingefährlichen Lebenslänglichen auf der Hut zu sein.« Es stimmte. In einem Bundesstaat, in dem es die Todesstrafe nicht gab, konnte man bei einem Menschen, der im Gefängnis jemanden getötet hatte und bereits achtmal zu lebenslänglich verurteilt worden war, nicht viel unternehmen.

Wir verfielen in Schweigen. Schließlich fragte ich: »Du hast gesagt, wie elektrisch aufgeladen. Was kann man da machen?«

»Gar nichts, außer abwarten«, erwiderte er. »Die Spitzel aushorchen und darauf hoffen, dass jemand anbeißt. Aber es gefällt mir nicht. Irgendwie stimmt da was nicht.«

»Hast du schon mit Gary darüber gesprochen?«

Stacy schüttelte den Kopf. »Die Anhaltspunkte sind mir etwas zu vage, um deswegen zum Gefängnisdirektor zu laufen.« Die Bemerkung erstaunte mich, aber ich sagte nichts dazu. Der Gary, den ich kannte, war jemand, zu dem man mit jedem Anliegen kommen konnte, auch wenn es sich um vage Gefühle handelte. Vielleicht hatten sich die Zeiten geändert; vielleicht hatte sich auch Gary verändert.

Wir redeten nicht viel auf der Rückfahrt. Jene Stimmung der Zufriedenheit, die beim Essen eingesetzt hatte, war noch gewachsen, bis sie alle Worte überflüssig gemacht hatte, jedenfalls aus meiner Sicht. Obwohl, eine Sache sprach ich dann doch an. Ich stellte die Frage, die mich immer beschäftigt hatte, die ich aber nie geäußert hatte. »Sag mal, Stacy, damals als wir beide Singles waren – wieso sind wir da nie zusammengekommen?«

Ich sah das Lächeln, das um seine Mundwinkel spielte, aber er schaute mich nicht an. »Ach, Schatz«, sagte er sanft, »manchmal bin ich zu meinem eigenen Vorteil viel zu geduldig.«

Zu Hause wartete eine Nachricht von Adam auf meinem Anrufbeantworter, dass es später werden würde, er arbeite noch an einem Fall, einem Einbruchsdelikt. Mir war es recht. Die Stimmung seliger Zufriedenheit hielt an, und ein leeres Haus passte perfekt dazu. Ich setzte mich auf die Terrasse und ließ das angenehme Wohlgefühl ausklingen. Ein Zweig fiel von oben herab und strandete am Rand der Terrasse, wie Wasser, das gegen ein Boot schlägt, und der Bach weiter unten dämpfte die Geräusche der hereinbrechenden

Nacht. Der Tag ging zu Ende, er lief aus wie Wasser aus einem Glas, und es brauchte nicht viel Fantasie, um das Plätschern des Baches als das Geräusch des sich leerenden und verhallenden Tages zu interpretieren.

Es gab Menschenzeit, und es gab Waldzeit. Es kam nicht häufig vor, dass ich auf Waldzeit eingepegelt war, wo die Dinge nicht in Minuten und Terminen gemessen wurden, sondern in Rhythmen. Wenn ich mich erst mal in der Waldzeit befand, konnte ich die Rückkehr kaum ertragen. Ich halte mich gerne da auf, wo es eigentlich gar keine Zeit gibt, jedenfalls keine, wie wir sie kennen, nur die Geräusche, Klopfen, Kratzen, Flattern, Zwitschern und der Fluss des Heraklit, der ewig fließt. Es sind nicht die Anforderungen des Alltags, die uns kaputtmachen, es ist der falsche Rhythmus, in dem wir leben, staccatohaft, immer nur staccatohaft und abrupt und ohne Zusammenhang. Wir Menschen haben Zeit, der Wald hat Rhythmus. Im Grunde bekam man das Gleiche fürs Geld, bloß machte man beim Wald das bessere Geschäft.

Ich ging nicht ans Telefon, als es klingelte. Es war mir egal. Selbst als Brendas Stimme in der Leitung zu hören war, erlag ich nicht der Versuchung aufzustehen. Sie würde eine Nachricht hinterlassen. Mama sei im Venetian abgestiegen, sagte die Stimme – meilenweit entfernt von der Waldzeit in Vermont.

Am nächsten Morgen wachte ich früh auf und dachte an Mama. Ich fuhr in die psychiatrische Abteilung und zwang mich, bis zum späten Vormittag mit meinem Anruf zu warten. In Las Vegas war es zwar immer noch ziemlich früh, aber eigentlich war es eine akzeptable Uhrzeit. Außerdem würde sich Mama während des Tages nicht auf ihrem Zimmer aufhalten, und abends würde sie bestimmt ausgehen – wann sonst sollte ich also anrufen? Und eine Seniorin, die ihre Rente zum Fenster hinauswarf, das war doch wohl ein Notfall, oder?

Die Telefonistin im Hotel scheute sich nicht, um sieben Uhr morgens Las-Vegas-Zeit einen Anruf durchzustellen – sie hätte sich wohl auch um vier Uhr morgens nicht gescheut, denn so etwas wie Zeit gab es in Las Vegas nicht.

»Ja?«, sagte eine schläfrige Stimme.

»Mama?«, sagte ich. »Ich bin's, Michael.«

»Michael? Was gibt's?«

»Nichts Schlimmes. Mama, du bist in Las Vegas! Was hast du da bloß verloren, um Himmels willen?« Es sollte freundlich klingen, aber es gelang mir nicht.

Erst herrschte Stille am anderen Ende, in der Mama ihre fünf Sinne zusammensuchte, dann beschleunigte sie von null auf hundert, ein Tempo, um das sie jeder Rennfahrer beneidet hätte. »Eins will ich gleich mal klarstellen. Wir haben jetzt – äh, sieben Uhr morgens, ein bisschen früh, um seine Mutter zurechtzuweisen, findest du nicht? Du hast Nerven, so viel kann ich zu deiner Entschuldigung sagen. Aber das hier schlägt dem Fass den Boden aus. Bin ich dir vielleicht irgendwelche Rechenschaft schuldig? Es geht dich einen Scheißdreck an, warum ich in Las Vegas bin.«

Ich atmete tief durch. Sie hatte nicht ganz Unrecht. Eigentlich hatte sie sogar vollkommen Recht. »Es tut mir Leid, Mama. Ich habe mich im Ton vergriffen, aber ich mache mir Sorgen um dich. Ich rufe jetzt an, weil ich nicht weiß, wann ich dich sonst erreichen kann.«

»Und deswegen weckst du mich in aller Herrgottsfrühe?«

»Sieben Uhr ist doch gar nicht so früh, Mama. Es ist morgens, na gut, und vielleicht hätte ich noch ein bisschen warten sollen, aber das habe ich nicht, also beruhige dich. Du hast uns allen einen Riesenschrecken eingejagt. Du bist mit hundertzehntausend Dollar von deiner Pension nach Las

Vegas gefahren. Darf man sich da vielleicht keine Sorgen machen? Was hast du vor?«

Schweigen am anderen Ende.

»Wer hat dir das gesagt?«

»Mein Gott, Mama. Du weißt doch, du lebst in einer Kleinstadt. Deswegen bin ich ja von dort weggezogen.«

»Ein bisschen Privatsphäre darf der Mensch ja wohl erwarten.«

»In Wilson's Pond? Ich bitte dich! Aber darum geht es gar nicht. Was hast du vor?«

»Worum geht es dann, Michael? Wegen irgendeines Gerüchts aus Wilson's Pond? Deswegen rufst du deine Mutter mitten in der Nacht an?«

Erneut atmete ich tief durch. »Mama, ich weiß, dass du es nicht magst, wenn man so ein Trara um deine Person macht –«

»Trara um meine Person? Zurechtweisung trifft es wohl eher.«

»Also gut, nenn es, wie du willst. Aber jetzt sag mir, was du vorhast.« Meine begrenzte Geduld ging zur Neige. »Du willst doch nicht etwa deine Pension verjubeln? Und wer ist der fremde Mann, mit dem du dich da rumtreibst? Wo hast du ihn kennen gelernt? Wer ist der Mann?«

Es gab Momente in meinem Leben, wo ich mich taktvoll verhalten habe. An ein bis zwei kann ich mich sogar erinnern. Mit Mama allerdings gab es diese Momente nicht. Nie. Ich weiß auch nicht, warum. Wenn es um Mama ging, kannte ich kein bisschen Taktgefühl. Ich hörte mir selbst zu, und was ich zu hören bekam, fand ich scheußlich, aber ich konnte mich nicht bremsen.

»Michael«, tönte die eiserne Stimme. »Ich bin sechsundsiebzig Jahre alt, und ich denke nicht, dass ich dir oder sonst wem irgendeine Erklärung schuldig bin für das, was ich tue.

Wenn dir das nicht passt, dann kannst du bleiben, wo der Pfeffer wächst. Ruf mich nicht noch mal in aller Herrgottsfrühe an, sonst ziehe ich den Telefonstecker aus der Dose. Hast du mich verstanden, Mädchen?« Sie legte auf.

Ich starrte das Telefon an. Ich konnte Mama die Reaktion kaum verübeln, vermutlich hätte ich ganz genauso reagiert. Hinter meiner Grobheit verbarg sich allerdings echte Sorge. In Wilson's Pond konnte Mama mit allem und jedem fertig werden, aber in Las Vegas? Mein Gott, kannte sie den Unterschied nicht? Las Vegas ist keine Kleinstadt, es ist ein Mekka für Hochstapler und Bauernfänger. Die haben Tricks drauf, mit denen sie selbst Profispielern das Geld aus der Tasche ziehen, und meine arme Mama, mochte sie auch eine noch so harte Nuss sein, war absolut kein Profi. Das sah man ihr schon von weitem an.

Aber was noch schlimmer war: Ich hatte das Gefühl, dass Mama meine Fragen ohnehin nicht beantwortet hätte, ganz egal wie ich sie formuliert hätte. Sie konnte es nicht leiden, wenn man sich um sie sorgte. Was sollte ich also tun? Was sollte man mit einer so reizbaren und dickköpfigen Person wie meiner Mutter machen? Ich zuckte mit den Achseln und ging raus ins Wartezimmer, um den nächsten Patienten hereinzubitten.

6

In der folgenden Woche bekam ich Adam kaum zu sehen. Zweimal kam er vorbei und verschwand abends wieder, hinterließ eine Nachricht, er sei mit einem Fall beschäftigt und käme zurück, sobald er Zeit hätte. Ich fragte mich, wieso ich mir Gedanken machte. Er war sowieso nie zu Hause, warum also die Aufregung?

Zweimal die Woche ging ich zu meiner Gruppe und kehrte anschließend nach Hause zurück. Irgendwie lief es nicht gut. Die Mitglieder verhielten sich so, als nähmen sie zum ersten Mal an einer Therapie teil. Was hatte Eileen in den sechs Monaten zuvor bloß mit denen gemacht, wenn sie sich in der Zeit nicht mit ihren Sexualdelikten auseinander gesetzt hatten, mit ihren Denkmustern, mit all den anderen Dingen, die mit ihren Straftaten zusammenhingen? Man hatte das Gefühl, als würden sie zum ersten Mal von ihren Verbrechen sprechen.

Am Freitag wachte ich mit Rückenschmerzen auf. Graupel prasselte gegen die Fenster, ein letzter Prankenhieb des Winters, wenn auch nur halbherzig, verglichen mit den Eisstürmen im Januar. Wenige Minuten später hörte der Graupelschauer abrupt auf, und die Sonne schüttelte die Wolken ab, die wie Fusseln an ihr hingen. Sie sah aus wie jemand nach einer versoffenen Nacht – vielleicht auch nur wie eine Schwangere, die versuchte aufzustehen.

Meine Laune war alles andere als düster, trotz des Wetters. Ich wachte mit einem Gefühl der Hochstimmung auf. Von Zeit zu Zeit befiel mich dieses Gefühl, und stets wusste ich schon beim Aufwachen, woran ich war. Tagsüber stellte sich dieses Gefühl nie ein, und es hatte auch nichts damit zu tun, was sonst in meinem Leben passierte. Es war egal, ob mein Rücken schmerzte oder das Baby auf einem Nerv lag; was da in Abständen über mich kam, war eine seltsame stürmische Freude, die ich mir nicht erklären konnte.

Ich schwebte förmlich in die psychiatrische Abteilung und tippte gerade vergnügt einige Abschlussberichte – für gewöhnlich die stupideste aller Pflichten –, als mein Freund Marv hereingeschlendert kam und sich hinsetzte. »Was sagst du zu den Neuigkeiten aus Nelson's Point?«, fragte er gedämpft.

Ich hörte sofort mit dem Tippen auf und sah ihn an. »Was für Neuigkeiten?« Die Stimmung des Tages stand auf der Kippe.

»Ich dachte, du wüsstest Bescheid. Es kam gestern Abend im Fernsehen. Ich hätte dich angerufen ...«

»Was für Neuigkeiten?«, fragte ich etwas gefasster. Ich hielt den Atem nicht mehr an. Ich dachte mir, dass Gary oder seine Sekretärin mich sicher angerufen hätte, wenn es jemanden betraf, den ich gut kannte.

»In Nelson's Point ist ein Mord geschehen«, sagte Marv. Mein Herz schlug schneller, und Marv fügte rasch hinzu: »Keiner von der Belegschaft. Clarence.«

»Clarence?«, sagte ich wie benommen. »Clarence? Der ist doch gerade erst eingeliefert worden. Vor zwei Wochen, höchstens.« Als würde das irgendwas ändern. »Meine Güte. Er kann noch nicht lange aus der Einzelhaft raus sein ...«

Marv zuckte mit den Schultern. »Es ist eine böse Geschichte, Michael. Sein Anwalt wirft der Gefängnisverwaltung vor, sie habe zugelassen, dass die Mithäftlinge ihn töten. Er behauptet, sein Mandant hätte in Sicherheitsverwahrung genommen werden müssen.«

»Arschloch«, sagte ich. »Er selbst hat Gary in den Ohren gelegen, dass er ihn rauslässt.«

»Dazu hat er sich nicht geäußert«, erklärte Marv.

»Meine Güte«, sagte ich erneut und versuchte, die Nachricht zu verdauen. Ich muss gestehen, dass sich mein Mitgefühl, was Clarence betraf, in Grenzen hielt, aber es waren ja noch andere Menschen betroffen. »Er hatte Eltern«, sagte ich zu Marv. »Die haben ihn geliebt. Und ich frage mich, wie Gary damit umgeht.« Ich dachte nur laut nach.

Marv schüttelte den Kopf. »Die Reaktion der Öffentlichkeit scheint zu sein: Gott sei Dank, einer weniger«, sagte er. »Aber in der Anstalt denkt man nicht so darüber. Abgesehen davon können sie die Mordwaffe nicht finden, von dem Mörder ganz zu schweigen.«

»Sie können die Mordwaffe nicht finden? Was meinst du damit?«

»Er wurde mit einem schweren, vermutlich metallischen Gegenstand erschlagen, aber man hat das gesamte Gefängnis auf den Kopf gestellt und nichts Entsprechendes gefunden. Du kannst dir vorstellen, dass sie nicht gerade begeistert sind.«

»Sollten sie auch nicht«, erwiderte ich. »Es war ihre Aufgabe, ihn sicher zu verwahren, und das haben sie vermasselt. Nicht mal die Mordwaffe haben sie gefunden? Lieber Himmel. Das begreife ich nicht. In einem Hochsicherheitstrakt lässt sich so leicht nichts verstecken, ein schwerer metallischer Gegenstand schon gar nicht. So gut wie alles ist am Boden fixiert, und wenn nicht, wird es alle naselang überprüft.« Gary würde an den Pranger gestellt werden, und mit ihm die Hauptverwaltung. Sicherheit wurde ganz groß geschrieben im Vollzug. Wenn man die Gefängnisinsassen nicht am Ausbruch hindern kann oder daran, dass sie sich gegenseitig umbringen, dann hat man in jener Welt auf der ganzen Linie versagt.

Nachdem Marv sich verabschiedet hatte, griff ich zum Telefonhörer und versuchte, Nelson's Point zu erreichen. Die Zentrale war besetzt, dabei gab es Unmengen von Anschlüssen im Gefängnis. Ich stand auf, ging unruhig hin und her, überlegte, ob ich irgendwas für Gary tun könnte, wenn ich rausfuhr. Aber was konnte ich schon machen? Wahrscheinlich hatte er sowieso keine Zeit, mit mir zu sprechen. Ich schickte ihm eine E-Mail. E-Mails sind heute zwar kaum noch vertraulich, aber ich hatte nichts zu sagen, was nicht auch in der Zeitung hätte stehen können. Dass es mir Leid täte, und ob ich ihm irgendwie helfen könnte.

Spontan zog ich die Schreibtischschublade auf und kramte nach einem alten Adressbuch. Garys Privatnummer war geheim. Gefängnisdirektoren standen nicht im Telefonbuch, weil sie ständig Drohanrufe bekamen, was sowohl für die Kinder als auch für die Erwachsenen zermürbend war. Irgendwann hatte ich mir Garys Nummer aber mal notiert – wenn ich nur dieses blöde Buch wiederfand ... Schließlich tauchte doch noch ein zerfleddertes Adressbuch aus den Tiefen meiner Schreibtischschublade auf, und ich blätterte es durch. Ich fand die Nummer und wählte sie. Erst ging keiner ran, aber als ich anfing, eine Nachricht auf den Anrufbeantworter zu sprechen, hob Garys Frau Susan ab.

»Entschuldige, Michael«, sagte sie. »Das Telefon steht einfach nicht mehr still.« So viel zum Thema Geheimnummern.

»Wie geht es dir?«, fragte ich. »Wir haben uns eine Ewigkeit nicht gesehen.«

»Mir geht's jedenfalls besser als Gary«, sagte sie. »Er war bis zwei Uhr morgens im Gefängnis, und um fünf ist er wieder hingefahren. Ich kann das alles gar nicht fassen, wo wir im Augenblick schon genug andere Sorgen haben.«

Es folgte eine Verlegenheitspause, in der ich überlegte, was sie meinte, und ob ich nachfragen sollte. »Was für andere Sorgen?«, sagte ich. »Ich weiß nicht, wovon du sprichst.«

»Hat Gary dir nichts erzählt? Er hat mir gesagt, du seist wieder da, und er hätte mit dir geredet.«

»Darüber jedenfalls nicht – was immer es ist.«

Ein Seufzer am anderen Ende. »Ich will mich jetzt nicht dazu äußern«, sagte sie. »Nicht am Telefon. Ich kann dir nur eins sagen: Es ist mehr, als ich verkraften kann.«

Ich wusste nicht, wie ich unser Gespräch weiterführen sollte, deshalb wollte ich es möglichst schnell beenden. »Ich habe mich gefragt, ob ich raus nach Nelson's Point fahren soll. Soll ich ihm meine Hilfe anbieten?«

»Willst du meinen Rat?«, sagte sie. »Fahr hin.«

»Meinst du wirklich?«, fragte ich, erstaunt über die Entschiedenheit in ihrer Stimme.

»Ja«, sagte sie. »Er würde nicht zugeben, dass er Unterstützung brauchen kann, aber er braucht sie, er braucht sie unbedingt.«

So einfach konnte ich mich nicht frei machen. Erst musste ich noch den ganzen Tag Patienten empfangen, sodass es bereits später Nachmittag war, als ich nach Nelson's Point fuhr. Mir war es recht, erst nach Feierabend dort aufzukreuzen; wahrscheinlich würde es dann normaler zugehen als während des Tages, und da man mitten in den Ermittlungen zu einem Mord steckte, konnte man davon ausgehen, dass Gary noch anwesend war.

Der Wärter an der Pforte rief in Garys Büro an, und er hob selbst ab. Seine Sekretärin hielt sich an ihre Arbeitszeiten und war längst nach Hause gegangen. Gary sagte, man solle mich zu ihm schicken. Ein Vollzugsbeamter in der Zentrale, hinter kugelsicherem Glas, drückte die Türsummer für mehrere Stahltüren und winkte mich durch. Das Büro des Gefängnisdirektors war eine Festung innerhalb der Festung. Gefängnisdirektoren waren für die Häftlinge ein Symbol für alles, was ihnen am Rechtssystem verhasst war: Gerichte, Ankläger, Wärter, Zeugen. Alle diese Leute hatten es auf sie abgesehen. Aber der Gefängnisdirektor war ihr Hassobjekt Nummer eins, und in ihrem Verständnis repräsentierte er alle diese Leute.

Gary hockte allein in seinem Büro und schaute sich ein Video an. Der Raum war dunkel bis auf das flackernde Licht des Bildschirms. Er sah mich nicht gleich, dafür konnte ich ihn sehen. Er wirkte erschöpft und um einiges älter als noch vor wenigen Tagen. Und noch etwas: Ich konnte es nicht gleich ausmachen, aber es war etwas in seinem Gesicht, das nicht stimmig war. Wenn es vorher auch schon da gewesen war, dann war es mir jedenfalls nicht aufgefallen. Der Mordfall und der damit verbundene Stress hatten sein Gesicht entblößt, wie ein heftiger Wind, der die schützenden Blätter von den Bäumen wehte. Er blickte auf und sah mich in der Tür stehen. Seine Miene hellte sich auf, und ich war froh, dass ich gekommen war.

»Komm rein«, sagte er und deutete auf einen Stuhl neben sich.

»Es wird zwar nichts nützen«, sagte ich, »aber ich habe beschlossen, trotzdem zu kommen.«

Ich setzte mich und sah auf den Bildschirm, offenbar eine Videoaufzeichnung vom Innenhof des Gefängnisses, aufgenommen von einem der Türme. »Wurde er im Hof getötet?«

»Nein«, sagte Gary. »Er war Putzkraft. Er hat im Gewerbehaus gearbeitet und dort den Boden im Flur gewischt.« Er starrte weiter auf den Bildschirm.

»Warum schaust du dir dann ein Video von dem Geschehen auf dem Hof an?«

»Glaubst du an Zufälle?«

»In Gefängnissen gibt es keine Zufälle.«

»Das finde ich auch. Im Hof gab es eine Störung, und der Beamte im Gewerbehaus hat reagiert, wie es Vorschrift ist. In dem Moment, als er nach draußen ging, wurde Clarence getötet.«

»Ah«, sagte ich. »Hört sich nicht gut an. Stimmt es, dass ihr die Mordwaffe noch nicht gefunden habt?«

»Ja. Man hält's nicht für möglich. Sie muss schwer genug sein, um damit den Kopf eines erwachsenen Mannes mit einem Schlag zu zerschmettern. Ich will diesen Scheißkerl haben – hier geht es nicht um einen Bleistift oder eine Schachtel Zigaretten. Im Flur gab es absolut nichts, auch in den Klassenräumen haben wir nichts gefunden, und die Geräte in den Werkstätten waren alle weggeschlossen.«

»Was ist mit den Zellen? In den Zellen verstecken die Häftlinge alles Mögliche. Da gibt's doch sicher die seltsamsten Dinge zu entdecken.«

»Stimmt. Irgendwas findet sich immer in den Zellen. Das kommt daher, weil sie jede Menge Zeit haben, eine Tischplatte auszuhöhlen oder so. Aber in den Seminarräumen und den Werkstätten haben sie dazu weder Zeit noch Gelegenheit, und die Zellen befinden sich auf der anderen Seite des Baus. Diese Störung hat höchstens zehn Minuten gedauert. Der betreffende Bereich wurde sofort abgesperrt. Keiner hatte auch nur die geringste Chance, in seine Zelle zurückzukehren. Und als Clarence entdeckt wurde, haben wir umgehend alles abgeriegelt, und wir haben jeden, der nicht in seiner Zelle war, gründlich gefilzt. Keiner hatte irgendwas dabei. Nichts. Gar nichts. Hinzu kommt, dass wir Blut nur an den Wänden gefunden haben. Eigentlich macht das einen schweinischen Dreck, einen Menschen totzuschlagen, aber keiner der Häftlinge hatte auch nur einen einzigen Spritzer Blut an der Kleidung. Wir haben jeden, der zu dem Zeitpunkt nicht eingeschlossen war, überprüft.«

»Mein Gott, Gary, willst du damit sagen, dass es einer vom Personal war?«

»Auf deren Kleidung war auch kein Blut zu entdecken«, murmelte Gary, als hätte ich mit meiner Frage einen ernst zu nehmenden Verdacht geäußert. Wer weiß, vielleicht war es ja einer. Vor zehn Jahren war schon einmal ein Serienmörder zu Tode gekommen, und es ging das Gerücht, dass die Familie des Mörders seitdem mit teuren Autos durch die Gegend kutschierte. Es gab so manche Familien von Opfern, die auf Rache sannen, weil ihre Angehörigen – aus keinem ersichtlichen Grund außer dem, weil es einem anderen Menschen einen Kick verschaffte – abgeschlachtet worden waren. In diesem Fall hatte es geheißen, ein Verwandter des Opfers habe sich die Durchsetzung seiner Vorstellung von Gerechtigkeit eine Menge Geld kosten lassen. Wenn ein Häftling bei so etwas reich werden konnte, warum dann nicht auch jemand anders?

»Er könnte ein Pult aus dem Seminarraum hochgehoben haben«, sagte ich. »Es auf den Flur geschleppt und Clarence damit auf den Kopf gehauen haben.«

»Die Pulte sind am Boden festgeschraubt«, erwiderte Gary. Ich fragte mich, ob es irgendetwas so Abwegiges gab, dass er es nicht als Möglichkeit in Erwägung gezogen hätte. »Von den Schraubenbolzen wurde keiner angerührt, und an den Pulten findet sich auch kein Blut, nicht mal mikroskopische Spuren. Wir sind mit Lichtlupen rangegangen. Außerdem hätte sich auch der dümmste Häftling denken können, dass etwas im Busch ist, wenn jemand mit einem hochgestemmten Pult auf ihn zukommt. Aber es sieht so aus, als hätte Clarence keinen Verdacht geschöpft«, ergänzte er. »Er hat nicht geschrien, und es gibt keine Spuren eines Kampfes. Jemand muss eine Waffe gehabt haben, die klein genug ist, dass sie sich verstecken lässt.«

»Dann kann es doch nur etwas aus der Werkstatt sein«, sagte ich. »Aus der Tischlerei, der Schweißerei. Da gibt es doch Hämmer, Schraubenzieher und Sägen. Wo soll er sie sonst herhaben?«

»Das sagt sich so leicht«, meinte Gary und rieb sich die Augen. »Die Tür zur Werkstatt war knapp fünfzehn Meter entfernt. Wir haben eine vollständige Inventur aller vorhandenen Werkzeuge vorgenommen, und nicht ein einziges fehlt. Sie lagen alle in einem verschlossenen Schrank.«

»Vielleicht besaß er einen Schlüssel zu dem Schrank.«

»Möglich. Aber auch hier gab es kein Blut, keinen noch so winzigen Tropfen.«

»Der Mann kann offenbar gut sauber machen«, erwiderte ich lahm.

»Es passt nicht zusammen.«

»Was passt nicht zusammen?«

»Der Pathologe sagt, die Waffe hätte eine seltsame Form. Auf keinen Fall wäre es ein Hammer oder eine glatte Stange oder etwas Ähnliches. Sie hätte so etwas wie Zinken oder eine Reihe kurzer gezackter Klingen. Wir haben ja nicht einmal ein Werkzeug entdeckt, mit dem die Tat hätte verübt werden können.«

»Oje«, sagte ich. »Das ist wirklich ein Problem.« Ich verfiel in Schweigen und sah mir den Film an. Mir waren die Ideen ausgegangen, auch die abstrusesten.

Gary beugte sich vor und spulte den Film ein Stück zurück.

»Was genau siehst du?«, fragte er.

Schweigend sah ich zu. Die Kamera war so postiert, dass sie den gesamten Hof erfasste, Details waren also nur schlecht zu erkennen. Groß geworden in einer Zeit, in der Fernsehkameras so perfekt waren, dass bei Footballübertragungen selbst die Schweißtropfen auf den Augenbrauen eines Quarterback zu sehen waren, fand ich den Film amateurhaft, und in gewisser Hinsicht war er das ja auch.

»Wenn man sie braucht, sind die Profis von NBC nie da«, murmelte ich, doch Gary lachte nicht.

Gruppen von Häftlingen hielten sich im Innenhof auf, und plötzlich brach in einer der Gruppen eine Rauferei aus.

»Spul das mal zurück«, sagte ich.

Gehorsam spulte Gary das Band zurück. Ich beugte mich weiter vor und sah genau hin. Einer der Häftlinge hatte einen anderen geschubst, mehr nicht, und mit einem Mal war der Teufel los. Innerhalb weniger Sekunden waren Wärter zur Stelle, um den Kampf zu beenden. Aber sie mussten sich erst einen Weg durch die Menge bahnen, die sich sofort eingefunden hatte, und das nahm einige Minuten in Anspruch. Nach zehn Minuten war das Ganze vorbei, wie Gary gesagt hatte. Meiner Ansicht nach wirkte es nicht gespielt. Jemand sagt etwas Falsches, ein anderer fühlt sich beleidigt, und schon bricht ein Streit aus.

»Sieht echt aus«, erklärte ich. »Ich wäre niemals draufgekommen, dass es ein Ablenkungsmanöver sein soll.«

Gary schnaubte. »Alles fauler Zauber«, sagte er.

»Das wissen wir jetzt, aber wie hätten wir das erkennen sollen, wenn nicht jemand getötet worden wäre?«

Gary beugte sich vor und spulte das Band erneut zurück. »Worauf achtest du, wenn du dir ein Basketballspiel ansiehst?«, fragte er. »Auf den Spieler, der den Ball hat?«

Diesmal war ich diejenige, die schnaubte. »Nie«, erwiderte ich. »Man achtet auf das Spielmuster, was sich auf dem Feld sonst noch so tut. Wer einen Wurf vorbereitet, wer sich auf welche Position begibt. Wer auf den Korb zuläuft. Der Ball ist das Letzte, worauf man achtet.« Jäh hielt ich inne.

»Und jetzt«, sagte Gary, »achte mal nicht auf die Rauferei. Guck dir die einzelnen Gruppen an.« Er zeigte auf den Schirm.

Ich sah genau hin, während das Band lief, aber ich konnte nichts erkennen. Ich schüttelte den Kopf.

Wieder spulte Gary das Band zurück. »Wohin schauen die Männer, Michael?«

Und dann sah ich es. Einige Häftlinge wandten den Kopf zu der Gruppe, in der die Schlägerei ausbrach. Bevor sie losging! Rasche, verstohlene Bewegungen mit dem Kopf. Nur ein kurzer Blick, der kaum auffiel. Und noch etwas: Dieselben Männer blickten anschließend hinauf zu den Wachtürmen. Blicke zu den Gruppen, dann zu den Türmen. Wo die Waffen waren.

»Jemand wusste im Voraus, dass es passieren würde«, sagte ich. »Und was die Türme betrifft – normalerweise schauen die Leute nicht andauernd dorthin, oder?«, fragte ich. »Jedenfalls nicht an gewöhnlichen Tagen. Nicht vor einem Kampf.«

»Ganz genau«, sagte Gary.

»Mann, oh, Mann. Es hat also jemand gewusst, dass es passieren würde, jedenfalls dass es einen Kampf geben würde«, sagte ich. »Was bedeutet, dass sie wahrscheinlich auch wissen, wer Clarence umgebracht hat.«

»Bestimmt wissen sie, wer die Schlägerei inszeniert hat«, sagte Gary. »Und wer die Schlägerei inszeniert hat, ist auch in den Mord verwickelt.«

»Und?«, fragte ich. »Wo bleiben die Spitzel?«

Gary lehnte sich zurück. »Das wüsste ich auch gerne. Sonst wimmelt es hier von Spitzeln. Die Leute stehen Schlange, um sich gegenseitig eins reinzuwürgen. Diesmal nicht. Keiner hat was gesehen, keiner weiß was. Die Situation hier ist sehr angespannt.«

Mir fiel ein, was Stacy geäußert hatte. Er musste es auch gespürt haben. »Stacy hat das Gleiche gesagt«, erklärte ich. »Glaubst du, dass es an den Ermittlungen liegt?«

Gary schaltete das Fernsehgerät aus. »Muss wohl«, sagte er; es klang halbherzig. Wir saßen jetzt, ohne das Flimmern des Bildschirms, in völliger Dunkelheit, aber Gary schaltete das Licht nicht an.

»Ein großer Mist, das Ganze«, sagte ich. »Tut mir Leid.«

»Ich habe seinen Eltern gesagt, dass wir uns um ihn kümmern würden«, murmelte Gary. »Praktisch habe ich ihnen versprochen, dass er hier bei uns in Sicherheit ist.«

»So weit bist du nicht gegangen. Du hast gesagt, das Personal sei gut ausgebildet, und ihr würdet euch darum kümmern.«

»Zeugt das etwa von guter Ausbildung, wenn man zulässt, dass er ermordet wird?«

»Jetzt mach mal halblang, Gary. Niemand kann absolute Sicherheit garantieren – weder im Gefängnis noch draußen.«

Gary überhörte meine lahme Bemerkung. »Im Nachhinein erscheint es natürlich als eine ziemliche Dummheit, dass wir ihn aus der Einzelhaft genommen haben. Aber diese Feststellung bringt uns auch nicht weiter. Jemand hat hier jedenfalls eine unglaubliche Kontrolle über die Häftlinge, denn normalerweise ließe sich diese Information äußerst gewinnbringend verhökern. Aber soll ich dir mal was Komisches sagen? Das einzig Gute an der Sache ist, dass es mich von dem ganzen anderen Mist in meinem Leben ablenkt.«

Ich überlegte, ob ich nachfragen sollte. Ich weiß nicht, warum ich es nicht tat. Wahrscheinlich dachte ich, wenn er darüber reden wollte, hätte er von sich aus damit angefangen. Irgendwie kam es mir nicht fair vor, ihn nach etwas zu fragen, das er mir in einem Moment der Schwäche, wenn er dazu bereit gewesen wäre, bewusst nicht erzählte. Manchmal denke ich einfach zu viel. In Wahrheit wollte ich ihn fragen, und ich hätte es tun sollen. Aber das wurde mir erst später klar.

Erst als ich an der Straße, die zu meinem Haus führte, nicht abbog, merkte ich, dass ich mich nicht auf dem Heimweg befand. Manchmal hatte ich das Gefühl, dass mein Auto seinen eigenen Kopf hatte und meine Hände nur zum Schein das Lenkrad hielten. Eigentlich überraschte es mich nicht sonderlich, wo wir hinfuhren. Es gibt die unterschiedlichsten Orte, an denen der Mensch Trost sucht, wenn er aufgewühlt ist. Mein Ort war nicht die Kirche, auch kein Casino, aber es war ein Ort, an dem ich besonderen Trost fand.

Clarence war tot – für die Menschheit kein großer Verlust –, aber mit seinem Abgang war es ihm gelungen, ein gehöriges Chaos zu veranstalten. Die Eltern würde sein gewaltsamer Tod vermutlich zu Grunde richten, und Gary verursachte er erhebliche Probleme. In seinem Gefängnis gab es einen Killer, der ungestraft davongekommen war und der sich wahrscheinlich noch im Besitz der Mordwaffe befand, die er jederzeit wieder hervorholen konnte. Kein besonders schöner Gedanke.

Hinzu kam, dass meine Gruppe vollkommen aus dem Ruder gelaufen war und die Mitglieder während der ganzen Therapie nicht gelernt hatten, wie sie für sich das Risiko einer Wiederholungstat verringern konnten. Dann war da meine ehemalige Kollegin Eileen, die eine Dummheit begangen hatte und es einfach nicht einsehen wollte. Und zu allem Übel kam noch meine Mutter, die versuchte, auf große Lady zu machen, verführt durch mundgeblasene Glasdecken, Hotels ohne Uhren und den unvermeidlichen, schmeichlerischen fremden Mann.

Vor der Sporthalle hielt ich an. Es gab genügend Universitätssporthallen, in die ich hätte gehen können, aber die waren so gut wie immer voll, und leere Sporthallen gehörten schon immer zu meinen absoluten Lieblingsorten. Die Halle befand sich in einem ehemaligen Freizeitzentrum, das vor einigen Jahren durch ein neues ein paar Straßen weiter ersetzt worden war. Kaum jemand benutzte das alte Gebäude noch, und die Halle schon gar nicht. In einer Zeit, in der ein Jugendlicher wegen der neuesten Nike-Schuhe umgebracht werden konnte, waren alte, marode Sporthallen nicht beliebt.

Außer bei mir. Ich fuhr immer noch auf die alten, hoch

geschnürten Basketballschuhe von Converse ab, auf Sporthallen, wo der Boden so uneben war, dass Heimvorteil ein schwerwiegender Nachteil war. Diese alte Halle mochte ich besonders gern. Jahrelang hatte ich hier Korbwürfe trainiert, wenn wir in der neuen Halle keinen Platz mehr kriegen konnten.

War nur die Frage, ob die Halle offen war oder nicht. An mehreren Abenden in der Woche veranstaltete eine Kirchengemeinde ein Bingospiel im Keller, und ich glaube, heute war so ein Abend.

Ich ging zum Hintereingang, weil ich vermeiden wollte, dass mir jemand begegnete. Ich wollte keine Fragen, warum ich hier war, und ich hatte keine Lust auf ein Gespräch. Die Halle war geöffnet, und ich stieg die staubige Treppe bis zum ersten Absatz hoch. Von weitem war Lärm zu hören; es klang nach einer größeren Versammlung, aber im ersten Stock war niemand zu sehen. Ich wandte mich nach rechts und ging auf die Stahltür zu, die in die Halle führte. Ich ließ sie hinter mir ins Schloss fallen und blieb einen Moment stehen, um den Anblick der Ballkörbe und des Mondlichts in mich aufzunehmen, das schräg durch die hohen Fenster auf den alten Parkettboden fiel.

Leere Gebäude sind nie ganz leer; es weht bloß ein anderer Geist in ihnen, ein menschenfremder. Jedes Gebäude vermittelt einem ein anderes Gefühl, und große Gebäude haben meistens eine gewisse Würde, die sich in kleineren nicht findet. Diese alte Sporthalle strahlte zugleich Würde und Freundlichkeit aus, jedenfalls empfand ich es so. Sie war alt, mehr nicht, und sie hatte viele Ballwürfe gesehen, gute wie schlechte. Beide tolerierte sie, und freundlich verhielt sie sich sowohl gegenüber den Ballrüpeln als auch gegenüber den Tricksern, die bewusst foulten und es auch noch abstritten. Hier hatte ich nie das Gefühl, dass allein der Sieg zählt. Neue Hallen geben einem oft dieses Gefühl: Sieg oder Niederlage. Hier dagegen zählte das Spiel.

Ich durchquere die Halle. Zielstrebig ging ich zum Geräteraum am anderen Ende des Feldes; die Tür stand offen. Die Bälle lagen ordentlich aufgereiht in Metallregalen, und ich probierte ein paar aus, suchte mir einen heraus, der genau richtig aufgepumpt war, nicht zu schlaff, aber auch nicht so stark, dass er einem bis unters Kinn sprang. Ich ging damit zur Mitte des Feldes, um zu dribbeln und das Echo in der leeren Halle zu genießen.

Ich streifte den Tag ab wie eine alte Haut, schüttelte ihn von mir. Ich war wie ein pawlowscher Hund. Ballspiele hatten meine Nervenzellen schon immer durchgepustet, und jetzt reichte bereits das Geräusch des springenden Balls in einer leeren Halle, um die gleiche Wirkung zu erzielen.

Beim Ballspielen verlor ich jede Verbindung zum Alltag. Irgendwie beruhigte es meine Nerven, auszuloten, ob mein Gegner versuchte, von rechts oder von links anzugreifen. Das heißt, eigentlich stimmte das nicht. Nicht das, was ich dabei dachte, beruhigte mich. Es war so, dass ein anderer Teil meines Gehirns die Arbeit machte, ein Teil, der überhaupt nicht bewusst dachte. Irgendetwas in den hinteren Regionen meines Gehirns übernahm das, was sonst in meinen hyperaktiven Stirnlappen geschah.

Larry Bird hat einmal gesagt, er wüsste erst dann, dass er werfen wird, wenn der Ball sich von den Fingerspitzen löst. Das erklärt, warum der ungeschickte, langsame Kerl mit der Krankheit des weißen Mannes – er konnte keine anständigen Sprünge machen – die begabteren Sportler, gegen die er antrat, um Längen schlug. Der Vorteil war auf seiner Seite, weil er über das, was er tat, nicht nachdenken musste. Sein Kleinhirn stimmte die Entscheidung nie mit dem bewusst denkenden Teil des Gehirns ab, und dieser Bruchteil einer

Sekunde brachte ihm den Vorteil, den er zum Wurf brauchte. Ich konnte meinen Stirnlappen nie dazu bringen, sich dermaßen stark zurückzuhalten, andererseits plante ich meine Aktionen auf dem Spielfeld auch nicht genau. Wie auch immer, irgendwie gelang es mir, meinen Denkapparat hinter mir zu lassen, und wenn ich vom Feld schritt, war ich ein neuer Mensch.

Vorsichtig lief ich ein paar Schritte, aber meine unbeholfenen Bewegungen ließen mich fast sofort wieder anhalten. Wo war bloß mein Schwerpunkt? Ungefähr einen halben Meter vor meiner Wirbelsäule, wo sonst gar nichts war. Konnte ich schon im Stillstand mit diesem neuen Körper nicht gut umgehen, war es in der Bewegung noch viel schlimmer.

Ich versuchte ein paar Würfe, fing an der Freiwurflinie an. Die Anstrengung, die das kostete, haute mich fast um. Aus Neugier dribbelte ich nach rechts und probierte einen Wurf aus dem Sprung heraus. Meine Füße hoben fünf Millimeter vom Boden ab, und wie kurz meine Zeit in der Luft war, ließ sich messtechnisch vermutlich nicht mehr nachweisen. Von meiner Erschöpfung ganz zu schweigen. Na ja, kein Wunder. Schwangerschaft war nicht dazu gedacht, seine Wurftechnik zu verbessern. Ich gab auf und setzte mich im Schneidersitz in der Mitte des Spielfeldes auf den Boden, schlang die Arme um den Ball, sah mich um und lauschte.

Wieder überkam mich tiefer innerer Friede. Stille türmte sich um mich herum auf – in größeren Räumen scheint sie immer gewaltiger als in kleinen. Wie empfanden das wohl die Leute, die spät nachts die Stadien sauber machten?, fragte ich mich. Ob sie auch, so wie ich, dablieben, nachdem alle gegangen waren, nur um ein Gefühl für die unendliche Ruhe zu bekommen, die die Arenen erfüllte?

Ich war zu Hause. In meiner Jugend fühlte ich mich in

Sporthallen viel eher aufgehoben als zu Hause bei meinen Eltern. Im Sommer spielte ich jeden Tag, acht Stunden, und brach, wenn die Halle abgeschlossen war, durch ein Fenster auf der Rückseite ein. Wer weiß, wovor ich weglief? Vor allem Möglichen, denke ich: vor Jungen, einer Umwelt, die ich nicht verstand und in der ich mich nicht zurechtfand, einer Mutter, die nicht sonderlich viel Wärme vermittelte, vor dem Süden Amerikas, dem ich in Hassliebe verbunden war. Das Basketballfeld war der einzige Ort, an dem ich ganz ich selbst war.

Die Jungs fingen an, mich zu behandeln, als sei ich »anders«, gaben vor mir an und machten Witze, aber ein blockierter Wurf, und die Sache war erledigt. Plötzlich war man kein Mädchen mehr, man war ein Ballspieler. Anders, vollkommen anders. Besser, meiner Meinung nach jedenfalls.

In all den Jahren hatte ich nur ein schlimmes Erlebnis in einer Sporthalle – und es geschah, als ich bereits erwachsen war. Ein Killer hatte mich in eine Sporthalle verfolgt und versucht, mich umzubringen. Nicht nur die Tatsache, dass er mich töten wollte, hatte mich so aufgeregt, sondern auch dass er es in einer Turnhalle versucht hatte! Eine Frechheit. »Haben Sie keinen Anstand im Leib?«, hätte ich am liebsten gebrüllt.

Ich weiß nicht, wie lange ich blieb. Ich tat mich immer schwer damit, einer Turnhalle den Rücken zu kehren. Obwohl ich nichts Besonderes empfand, wusste ich beim Verlassen, dass mir einiges klar geworden war. Der Mord an Clarence war nicht mein Problem. Ich konnte in dieser Hinsicht nichts tun. Und Gary? Er hatte vermutlich schon Schlimmeres überstanden. Die Gruppe war ebenfalls kein Thema. Sie waren eben Sexualtäter. Einige würden weiterhin bei jeder sich bietenden Gelegenheit Menschen betrügen, manipulieren und einschüchtern, so waren sie nun mal. Ich war daran gewöhnt, und ich stand in dem Ruf, ziemlich gut damit fertig zu werden. Eileen? Nun ja, so gerne ich die Welt retten würde, aber gegen die Entscheidung, die Eileen getroffen hatte, konnte ich nicht viel ausrichten. Die Menschen machen ohnehin, was sie wollen.

Mein Problem saß in meinem Bauch. Und das andere, das ließ sein Hemd in meinem Wohnzimmer hängen. Mein Leben veränderte sich. Der ganze Raum, den ich um mich herum geschaffen hatte, um mir selbst Sicherheit zu geben, war verschwunden. In meinem Bauch war ein hübsches Wesen, das von mir abhängig war, dem ich »Wärme geben« musste. Und die Wahrheit war: Ich wusste nicht, wie.

7

SIE HABEN DAS ERSTE MAL NICHT AUF MICH GEHÖRT. WOLLEN SIE NOCH EINEN ZWEITEN IN KAUF NEHMEN?

Er wusste, wie er mich ködern konnte. Der Zettel lag auf meinem Schreibtisch, als ich zur Gruppensitzung ins Gefängnis kam. Wie war er dort hingelangt? Er war nicht unterschrieben, aber ich wusste, wer ihn verfasst hatte.

Ich stellte meine Tasche ab und lief gleich zu Gary ins Büro. Eins war mir klar; solange ich den Zettel nicht abgegeben hatte, hatte Jim mich in der Hand. Würde ich diesen Zettel nicht abgeben, bedeutete das die Verletzung einer wichtigen Regel, nämlich wie zu verfahren war, wenn man etwas von einem Häftling annahm oder ihm etwas gab. Der ganze Sinn und Zweck dieses Zettels konnte womöglich genau darin bestehen: etwas in der Hand zu haben, mit dem er mir drohen konnte. Ein zweiter Zettel würde sich auf den ersten beziehen, das heißt, hatte man den ersten nicht abgegeben, konnte man schlecht den zweiten abgeben, und so würde es weitergehen, bis man sich heillos in eine geheime Korrespondenz mit einem der Gefängnisinsassen verstrickt hatte. Selbst wenn man schriftlich auf den ersten Zettel antwortete, er solle damit aufhören, würde er dem Waffenarsenal hinzugefügt werden. Das Gefängnispersonal war schon mit viel weniger erpresst worden.

»Reine Angstmache«, stellte Gary fest, als er den Zettel las.

Ich zuckte mit den Schultern. »Kann sein«, sagte ich.

Gary sah den Zweifel in meiner Miene. »Hier werden nicht jeden Tag Leute umgebracht, Michael. Vielleicht drängt sich momentan der Eindruck auf, aber so ist es nicht. Hier ist seit über zehn Jahren keiner mehr umgebracht worden.«

»Na gut«, sagte ich, aber wohl war mir dabei nicht. Vielleicht bluffte Jim ja wirklich, aber ich konnte ihn noch nicht einschätzen, und ich war mir nicht so sicher wie Gary.

»Ich will mit ihm reden«, sagte ich.

»Nur zu«, erwiderte Gary. Das Telefon klingelte, und er starrte es an, als wäre es eine Schlange. Er schüttelte den Kopf. »Du kannst dir nicht vorstellen, wie viel Scheiße hier mit dem Mord über uns hereinbricht«, sagte er und hob schließlich ab.

»Da könntest du Recht haben«, murmelte ich, während ich hinausging.

»Also, was ist los?«, fragte ich. Vor ihm auf dem Tisch lag eine Kopie des Zettels. Jim war in Begleitung eines Beamten in mein Büro gebracht worden und saß mir jetzt gegenüber.

»Sie haben Eileens Büro übernommen«, stellte er fest.

»Ich habe Dr. Steelwaters Büro übernommen«, entgegnete ich.

»Hören Sie«, sagte er und beugte sich vertraulich vor. »Kommen Sie mir nicht so. Ich will Ihnen nur helfen. Eigentlich dürfte ich gar nicht hier sein. Allein ein Gespräch mit Ihnen über das Thema könnte meinen Tod bedeuten.«

»Nun bleiben Sie mal auf dem Teppich, Mr. Walker«, erwiderte ich. »Wenn auch nur die geringste Gefahr bestünde, dass Sie deswegen Ihr Leben verlieren, wären Sie nicht hier.« Es hörte sich gut an, traf aber nicht unbedingt zu. Psychopathen gehen liebend gern Risiken ein. Es ist ein ganz besonderer Reiz für sie, bis zum Äußersten zu gehen, bis hin zur eigenen Vernichtung. »Irgendwo, irgendwie haben Sie sich abgesichert für dieses Gespräch, zum Beispiel mit einer Wette, Sie würden mich genauso rumkriegen, wie Sie Dr. Steelwater rumgekriegt haben.« Ich lehnte mich zurück und verschränkte die Arme. »Die Frage ist nur, haben Sie mir wirklich etwas zu sagen, oder bluffen Sie nur. Der Direktor meint, Sie bluffen.«

Jims Augen verengten sich, aber er wusste bereits, dass ich den Zettel übergeben hatte; nichts anderes besagte die Kopie. »Das wird er schon früh genug merken.«

»Wirklich?«

»Er sollte sich lieber vorsehen«, sagte er düster und beobachtete mich dabei.

Mir blieb fast das Herz stehen. »Hören Sie auf«, sagte ich, eine halbe Sekunde zu spät. »Der Direktor? Das glauben Sie doch selbst nicht.«

»Ich gebe hier nur ein Gerücht weiter, mehr nicht«, stellte er klar. »Ich weiß nur, dass einer bei den Gangs war und sich die Erlaubnis abgeholt hat, den Direktor kaltzumachen.«

»Bleiben Sie auf dem Teppich«, sagte ich erneut. Ich

konnte allerdings schwer einschätzen, was möglich war und was nicht. Er registrierte meine Unsicherheit.

»Man kann jedem Menschen etwas antun«, sagte er. »Jedem – ob im Gefängnis oder draußen. Und das wissen Sie auch.« Der Blick, mit dem Avery Gary angesehen hatte, schoss mir durch den Kopf. Wenn Avery einen solchen Hass auf den Direktor hatte, musste man sich fragen: Wer noch? Avery wäre allein durchaus in der Lage, jemanden umzubringen – hatte es im Laufe seines Lebens wahrscheinlich schon getan –, aber es gab ja Insassen in diesem Gefängnis, die noch viel schlimmer waren als Avery. Wie kam ich also dazu, einen Häftling zu verspotten, der mich warnte, auf den Direktor sei ein Anschlag geplant?

»In Wahrheit können die Angestellten abends nur nach Hause, weil wir es ihnen erlauben«, fuhr Jim fort. »Weil wir es zulassen, dass sie nach Hause gehen. Wollte man einem von ihnen etwas Schlimmes antun, wäre das jederzeit möglich. Das würden die Angestellten natürlich niemals zugeben. Die Mordwaffe hat man noch nicht gefunden, oder?« Es gab keinen Grund, das zu verleugnen. Vermutlich war er über den Stand der Ermittlungen besser informiert als ich.

»Na und?«

»So eine Waffe, das ist, als hätte man eine Pistole in seiner Zelle.«

»Was wissen Sie darüber?«

»Nicht viel«, sagte er lässig. »Es heißt, Clarence sei mit einem einzigen Schlag getötet worden. Ich bin Anwalt«, sagte er, »und ich bin nicht blöd. Die Waffe muss so klein sein, dass sie unauffällig am Körper getragen werden kann; gleichzeitig muss sie schwer genug sein, dass man einen Menschen mit einem Schlag töten kann. Und irgendwo an diesem gottverlassenen Ort ist sie versteckt. Keine schlechte Ausgangslage – aus einer bestimmten Sicht natürlich.«

»Und welche Sicht wäre das?«

»Die eines Menschen, der eine Waffe griffbereit haben möchte.«

»Wollen Sie damit sagen, dass derselbe Mann auch einen Anschlag auf den Direktor verüben wird?«

»Nein, das will ich damit nicht gesagt haben. Woher soll ich das wissen? Vielleicht ist es jemand ganz anderes, und der hat auch eine Waffe, kann ja alles sein. Das Gerücht um den Direktor kursierte nämlich schon, lange bevor jemand Clarence auf dem Kieker hatte.« Jim lehnte sich zurück, verschränkte die Hände hinterm Kopf und grinste. Anscheinend hatte er Lust auf ein Spielchen, warf mir hier und da ein paar Bröckchen hin, gerade so viel, um mein Interesse zu wecken. Die Schwierigkeit bestand darin, sich die richtigen Bröckchen herauszupicken.

»Erzählen Sie mehr darüber.«

»Worüber?«

»Wer hatte Clarence auf dem Kieker?«

Er zuckte mit den Schultern. »Darüber weiß ich nichts.«

»Ich habe Sie nicht gebeten, mir zu sagen, wer Clarence umgebracht hat, weil Sie das natürlich gar nicht wissen können – sonst wären Sie ja Ihrer staatsbürgerlichen Pflicht nachgekommen. Ich habe Sie gebeten, mir zu sagen, warum er umgebracht wurde – weil ich mir nämlich vorstellen kann, wohlgemerkt, nur vorstellen, dass so jemand wie Sie sich seine Gedanken macht. Wie Sie schon selbst sagten, Sie sind nicht blöd, und Sie kriegen sicher so einiges mit. Was Sie wissen, ist mir egal, mich interessiert, was Sie glauben.«

Jim lehnte sich erneut zurück. Psychopathen können nur schwer der Versuchung widerstehen, sich zu brüsten.

»Man hört gar nicht so viel«, sagte er knapp. »Irgendjemand schweigt sich da aus. Das ist interessant, weil es den meisten Häftlingen vollkommen schnuppe ist, dass Clarence getötet wurde. Erstaunlich, dass nicht mehr Gerüchte kursieren. Die meisten wissen sowieso kein bisschen Bescheid, aber sonst legt sich immer jeder eine Theorie zurecht.«

»Und wie lautet Ihre?«

»Schwer zu sagen. Kann sein, dass Clarence bloß ein Spielball war. Vielleicht wollte sich jemand damit ins Spiel bringen. Ich glaube, derjenige, der ihn umgebracht hat, hatte nicht wirklich etwas gegen ihn. Clarence war ohnehin noch nicht lange genug hier, um sich Feinde zu machen.«

»Ins Spiel bringen? Was heißt das?«

»Ich meine, der Betreffende wollte sich einen Namen machen.«

»Indem er jemanden tötet?«

»Kennen Sie eine bessere Möglichkeit, um sich an einem Ort wie diesem einen Namen zu machen?«

Ich zuckte mit den Achseln. Ich kannte keine. »Einen Namen zu machen? Als was? Für wen?«

»Tja, das ist die spannende Frage, nicht? Woher soll ich das wissen? Ich weiß nur, dass es nicht leicht ist, an so einem Ort für voll genommen zu werden. Draußen, ja, da kann man Geld verdienen, kann sich einem exklusiven Club anschließen. Aber hier ...« Er hob die Hände. »Hier zählt Geld nicht.«

»Wenn keiner weiß, wer es war, wie kann sich derjenige dann einen Namen machen?«

Jim lachte. »Irgendjemand wird es schon wissen. Wer es seiner Meinung nach wissen soll, der weiß es auch.«

»Und der Direktor?«

»Bei dem liegt die Sache anders. Der Direktor ist bei vielen Häftlingen verhasst.«

»Und da haben Sie eben entschieden, uns mitzuteilen, dass gemunkelt wird, jemand habe es auf den Direktor abgesehen.«

»Ich habe es nicht ernst genommen, erst als das mit Clarence passierte. Die Leute haben schon immer großkotzig dahergeredet, und nie ist was passiert, bis jetzt. Wer weiß, was noch kommt.«

Aus welchem Grund erzählte er mir das? Wenn es eine Lüge war, wenn nichts weiter passierte, dann hätte er am Ende nichts davon gehabt, er würde blöd dastehen, und das Gefühl konnten Psychopathen nicht ertragen. Wenn es aber stimmte, und die Mithäftlinge würden herausfinden, dass er geplaudert hatte, würde ihn jemand umbringen. Ich musste darüber nachdenken.

»Haben Sie mir sonst noch etwas zu sagen?«

»Nö.« Er sah mich an und grinste. »Schicken Sie mir jetzt bloß nicht den Sicherheitsdienst auf den Hals, dass er mich deswegen ausquetscht. Sie wissen so gut wie ich: In dem Fall wird jemand dahinter kommen, dass ich mit Ihnen gesprochen habe, und dann wird man mich töten. Das wird Ihnen vielleicht nicht sonderlich wehtun, aber auf dieses Gefängnis wirft das kein gutes Licht. Zum einen möchte ich bezweifeln, dass ein Gefängnisdirektor zwei Morde innerhalb einer Woche beruflich überlebt. Zum anderen würde es zeigen, dass ich Ihnen die Wahrheit sage. Ich glaube nicht, dass sich noch jemand freiwillig für Spitzeldienste hergibt, wenn man mich deswegen tötet.«

»Ich habe hier nicht zu entscheiden«, sagte ich, »aber ich glaube nicht, dass jemand etwas unternehmen würde, das Sie in Gefahr bringen könnte.«

Diese Auskunft stimmte ihn seltsamerweise zufrieden, und zum tausendsten Mal fragte ich mich, was in solchen Menschen wie Jim vorging. Wäre ich in seiner Situation und hätte ich einen bevorstehenden Anschlag auf den Direktor ausgeplaudert, ich hätte nachts kein Auge mehr zugetan, wäre nicht mehr allein unter die Dusche gegangen. Und bei dieser ständigen Verfolgungsangst hätte ich auch nicht so zufrieden geguckt.

»Wie geht es Eileen, entschuldigen Sie, ich meine Dr. Steelwater?«, fragte er.

»Warum wollen Sie das wissen?«

»Meine Güte, warum sind Sie bloß immer so misstrauisch?«, sagte er. »Ich mochte sie gern. Deswegen. In Ihren Ohren hört sich das vielleicht komisch an, aber ich fand es traurig, was ihr zugestoßen ist. Sie war ein wirklich netter Mensch.«

»Sie wissen nicht zufällig, was ihr zugestoßen ist, oder?«, fragte ich. »Oder wie es dazu gekommen ist? Sie waren ja nicht daran beteiligt.«

Es folgte eine Pause. »Wovon reden Sie überhaupt? Ich weiß nur, was die Gerüchteküche des Gefängnisses besagt. Dass sie mit irgendeinem Typen aus Haus fünf gevögelt hat und deswegen entlassen wurde. Was haben Sie eigentlich gegen mich?«, wollte er plötzlich wissen. »Ich habe Ihnen doch gar nichts getan.«

»Was ist mit Dr. Steelwater? Sie haben ihr diverse Lügenmärchen aufgetischt, dass Sie unschuldig seien und dergleichen.«

»Oh, ist sie eine Freundin von Ihnen?«, sagte er scheinbar gleichgültig. Ich antwortete nicht. »Jedenfalls habe ich ihr überhaupt nichts aufgetischt«, erklärte er streng.

»Dass Sie unschuldig sind und so?«, sagte ich. »Ich bitte Sie.«

»Woher wollen Sie wissen, dass ich nicht wirklich unschuldig bin?«, fragte er. »Es sind schon ungewöhnlichere Dinge geschehen.«

»In letzter Zeit jedenfalls nicht«, erwiderte ich ungerührt. »Mir scheint, Sie haben auf sie eingewirkt, und dann hat jemand anders das Rennen gemacht. Sie haben verloren.«

Er lächelte, und allein sein Blick verriet mir, dass ich Unrecht hatte. »Das glaube ich nicht«, sagte er leise, und dann wiederholte er es, noch leiser. Es war das erste Mal, das allererste Mal, dass ich mir sicher war, dass er die Wahrheit sagte. Ich behielt es im Hinterkopf. Es war, als würde man einen Radiosender einstellen. Sobald man den Sender einmal gefunden hat, weiß man beim nächsten Mal meistens, ob man ihn wieder drinhat oder nicht.

»Wollen Sie mehr darüber erzählen?«, fragte ich.

»Irgendwann einmal«, sagte er lächelnd. »Wenn Sie brav sind.«

»Sparen Sie sich die Worte, Mr. Walker. Unser Gespräch ist beendet.«

Ich schickte ihn wieder in seine Zelle. Seine Zeit mit Menschen wie ihm zu verbringen war, als würde man einen Telefonanruf zurückverfolgen. Gibt man ihnen genügend Zeit, haben sie einen über kurz oder lang durchschaut und können einen manipulieren. Bereits jetzt hatte er herausgefunden, dass mir an Eileen etwas lag. Und kein Zweifel, eines Tages würde mich die Tatsache, dass er das wusste, wieder einholen.

Es war jedoch nicht Jim, der mich an jenem Abend zu Eileen führte. Es war Calvin, der Häftling, mit dem Eileen gevögelt hatte. Nach meinem Gespräch mit Jim las ich mir Calvins Akte durch. Das Foto zeigte einen jämmerlichen Vertreter der Gattung Mensch, mit einem dumpfen Blick und schlechten Zähnen. Seine Augen standen dicht nebeneinander, und im Profil wirkte sein Gesicht fast platt. Wenn man ihn sich so ansah, drängte sich der Verdacht auf, es sei irgendwie genetisch bedingt, als hätte er ein zusätzliches Chromosom oder so.

Er war gewalttätig, hatte einmal sieben Beamte in einem Aufzug angegriffen, und anscheinend verschaffte es ihm einen Kick, Frauen zusammenzuschlagen. Er raubte gerne Läden aus, und er wurde verdächtigt, in mehrere Geschäfte in seinem Viertel eingebrochen zu sein. Bei seiner letzten Straftat war er in ein Motel marschiert, dort auf eine Putzfrau gestoßen, die ein Zimmer sauber machte, hatte sie vergewaltigt und ihr anschließend die Kehle durchgeschnitten. Das völlig Sinnlose dieses Verbrechens war es, wodurch es sich von den anderen abhob, nicht die Gewalt. Die Gewaltexzesse waren seit seinem vierzehnten Lebensjahr eskaliert.

Kein Wunder, dass Stacy nicht nachvollziehen konnte, warum Eileen sich mit Calvin eingelassen hatte. Aus der Akte ging deutlich hervor, dass Calvin sie nicht bezirzt oder hereingelegt haben konnte, dazu war er nicht der Typ. Wenn er sie bedroht oder gezwungen hatte, warum hatte sie dann den Sicherheitsbeamten nicht um Hilfe gebeten, als der hereingekommen war? Schließlich blieb noch die Frage, die Stacy gestellt hatte: Wie hatte Eileen Calvin überhaupt kennen gelernt? Ich blickte einfach nicht durch.

Eileen wohnte in einem alten Farmhaus, neben einer Milchwirtschaft. Das Haus war klein, und die Wände hätten einen neuen Anstrich vertragen können, dafür besaß es aber den Charme aller alten Dinge, und es sah gemütlich aus. Winterharte Pflanzen bedeckten fast jeden Quadratzentimeter des Rasens, und auf den ersten Blick sah man, dass der Garten Eileens ganze Leidenschaft war. Allein die Pflege beanspruchte sicher ein bis zwei Tage die Woche. Ich hielt inne und betrachtete ihn. Wie viele Jahre hatte es gedauert, um so ein Reich zu schaffen? War das das Haus, das Eileen verkauft hatte, um einen Privatdetektiv bezahlen zu können, der Jims Fall nachging? Aus jedem Stein, jeder Staude sprach Liebe. Was um alles in der Welt hatte Eileen bewogen, dieses Reich aufzugeben?

Ich klopfte an die Tür, und Eileen machte auf, verständlicherweise überrascht, mich zu sehen. Ich hatte vorher nicht angerufen; ich wollte ihr keine Gelegenheit geben, sich auf dieses Gespräch vorzubereiten. Vermutlich war das nicht fair, aber es stand viel auf dem Spiel, wie mir schien, und mit jeder Minute wurde es mehr. Das letzte Mal, als Eileen auf ein Gespräch mit mir vorbereitet gewesen war, hatte ich versagt. Ich hoffte, dass mir mehr Glück beschieden war, wenn sie nicht darauf gefasst war.

Es war später Nachmittag, aber Eileen lief immer noch im Bademantel herum, was einiges aussagte, ebenso wie die Ringe unter ihren Augen. »Michael?«, sagte sie. »Was ist los? Ist irgendwas im Gefängnis passiert?«

»Ähm, ja«, erwiderte ich. »Aber das hast du bestimmt schon gehört. Clarence wurde umgebracht.«

»Oh«, sagte sie. »Sonst noch was?«

»Was denn, zum Beispiel?«

»Ach, nichts. Ich dachte nur ... Komm rein.«

»Entschuldige, dass ich so hereinplatze, Eileen, aber ich muss mit dir reden.«

»Ist schon okay. Ich habe nur keinen Besuch erwartet.« Das war nicht zu übersehen. Das Wohnzimmer war ein einziges Durcheinander; verstreut lagen Anwalts- und Gerichtskorrespondenz, Kleider und schmutziges Geschirr herum.

Sie blickte sich um und zuckte mit den Schultern, entschied sich klugerweise dagegen, jetzt in aller Eile aufzuräumen. Ich folgte ihr ins Zimmer und setzte mich in einen Schaukelstuhl, nachdem ich vorher eine Zeitung heruntergenommen hatte. Eileen ließ sich mir gegenüber auf dem Sofa nieder. »Wie geht's dem Baby?«, fragte sie.

»Gestern hat sie ein Glas Wasser umgestoßen«, antwortete ich. »Im Ernst. Sie hat so fest zugetreten, dass ein Glas

Wasser auf dem Tisch umgefallen ist. Kommt ganz nach mir, findest du nicht?«

Eileen lachte, und ich war erleichtert. Es war ein tiefes, musikalisches Lachen, und mir fiel ein, dass ich mich schon früher, wenn ich sie so lachen hörte, stets gefragt hatte, ob sie wohl singt.

»Singst du?«, fragte ich spontan.

»Früher mal«, sagte sie. »Meine Mutter glaubte fest, ich hätte Karriere als Sängerin machen können. Habe ich dir je erzählt, dass sie selbst ein bisschen Jazz gesungen hat, bevor sie heiratete?« Sie verstummte, und ihr Blick wurde glasig.

»Was ist daraus geworden?«, fragte ich.

»Nichts«, erwiderte sie. »Sie starb, als ich zwölf war. Brustkrebs. Danach habe ich das Singen aufgegeben.«

»Warum?«, fragte ich.

»Warum was?«

»Warum hast du mit dem Singen aufgehört?«

Sie sah mich eindringlich an. »Weil es mich an sie erinnert hat, jedes Mal wenn ich gesungen habe. Meine Stimme klang wie ihre. aber das ist alles lange her. Aus und vorbei. Ich weiß gar nicht, warum wir darüber reden.«

Ich zuckte mit den Schultern. »Reine Neugier, Eileen. Dein Lachen hört sich an wie von jemandem, der singen kann. Das ist alles.«

»Du warst schon immer neugierig.«

Es schwang ein gereizter Unterton mit, und ohne zu überlegen, platzte ich heraus: »Was ist los, Eileen? Irgendetwas steht zwischen uns. Das war schon immer so.«

»Meinst du, außer dass du über mich richtest?«, sagte sie kalt. »Außer dass du mich für doof hältst, weil ich bei meiner Arbeit im Gefängnis geblieben bin, während du losgezogen bist, um die Welt zu erobern? Außer dass du mich für dumm und naiv und regelversessen hältst? Meinst du das?«

»Was?« Ich war wie erschlagen und starrte sie ungläubig an. »Ich habe dich nie ... Was redest du da?«

»Meinst du etwa, ich merke nicht, dass du auf mich herabblickst?« Sie beugte sich vor, und ihre Lippen wurden schmaler, typisch für jemanden, der wirklich zornig ist. »Ich bin alles Mögliche, nur nicht dumm«, sagte sie und stieß beim letzten Wort zur Verdeutlichung den Finger in meine Richtung.

Es war wie ein sommerlicher Regenschauer, der aus dem Nichts kam. Wahrscheinlich war Eileen in letzter Zeit angespannt und labil, sodass solche Ausbrüche keine Seltenheit waren. Ich jedenfalls wollte keinen Streit mit ihr vom Zaun brechen. Trotzdem, es steckte natürlich etwas Wahres in ihrer Anschuldigung.

»Das habe ich nie behauptet«, sagte ich. »Ich habe es nie als so schwerwiegend empfunden wie du, aber du hast Recht, es gab Unterschiede zwischen uns. Ich wollte diese vielen Regeln nicht hinnehmen, und du warst ganz vernarrt in sie. Was hast du gedacht, würde passieren, wenn du mal eine brichst? Was sollten die allmächtigen Vorgesetzten schon machen – dich erschießen? Ich habe dich einfach nicht verstanden, Eileen. Du hast immer alles nach dem gleichen Schema gemacht. Du mochtest die Routine. Ich finde es langweilig, zweimal hintereinander das Gleiche zum Frühstück zu essen.«

»Ich möchte mal wissen«, sagte Eileen, »wie du damit durchgekommen bist, jede Scheißregel zu brechen, die sich dir in den Weg gestellt hat, wie ein Hindernisläufer, der jede Hürde nimmt. Und ich? Zum ersten Mal in meinem Leben handle ich selbstständig, und schon bricht die Welt um mich herum wie ein Kartenhaus zusammen.«

»Eileen«, sagte ich verblüfft. »Regel ist nicht gleich Regel. Die Autoschlüssel, statt sie draußen ins Schließfach zu legen, ins Portemonnaie zu stecken und das Gefängnis zu betreten ist eine Sache. Mit einem Häftling zu vögeln ist etwas ganz anderes. Das war keine nebensächliche, unbedeutende Regel, die du gebrochen hast. Du tust so, als hätte ich irgendwelche Kassiber ins Gefängnis geschmuggelt und sie den Gefangenen gegeben. So was habe ich nie getan.«

»Hast du jemals etwas aus Liebe getan?«

»Natürlich. Aber genau das ist der Punkt, den ich nicht verstehe. Du hast es nicht aus Liebe getan. Ich habe Calvins Akte gelesen. Calvin ist ein höchst unattraktiver Mensch, und du warst nicht verliebt in ihn. Du hast nie ein Wort über ihn verloren, du redest ständig nur von Jim. Was hat Jim mit dem Ganzen zu tun?«

»Du hast ja keine Ahnung.«

»Stimmt. Ich habe nicht die geringste Ahnung.«

»Warum bist du hier, Michael? Hat dich deine unersättliche Neugier übermannt?«

»Einerseits«, gestand ich. »Andererseits will ich mir ein Bild machen. Es kursiert das Gerücht, dass im Gefängnis ein zweiter Anschlag bevorsteht, und das Gerücht kommt aus deiner Gruppe. Irgendwie habe ich das Gefühl, dass es alles mit dir zusammenhängt, mit dem, was vorgefallen ist, aber ich verstehe es nicht.«

»Ein zweiter Mord? Das glaube ich dir nicht. In Neuengland bringen sich die Insassen von Gefängnissen nicht gegenseitig um! Wir sind hier nicht in Miami. Ich war fünfzehn Jahre in Nelson's Point. So was ist noch nie vorgekommen.« Sie tat es mit einer Handbewegung ab, und ihr Zorn verrauchte, als würde jemand die Luft aus einem Ballon lassen. Stille trat ein. Eileen sah aus dem Fenster in ihren Garten, und ich hatte den Eindruck, dass sie mir gar nicht richtig zuhörte. Ich glaube, sie war überhaupt nicht mehr anwesend, sie war in der Vergangenheit, focht alte Kämpfe mit mir und vielleicht mit der Sängerin, die aus ihr hätte werden können.

Ich saß da und fühlte mich wie in einer Zeitverschiebung gefangen. Wir führten das Gespräch, das wir eigentlich vor fünfzehn Jahren hätten führen sollen. Ich wusste nicht, wie ich damit umgehen sollte. Ich machte den Mund auf, aber Eileen sagte als Erste etwas. »Ich hatte einfach immer nur Angst.« Sie sah mich dabei nicht an. »Und dich habe ich nie verstanden. Dir hat doch nie irgendetwas was ausgemacht. Ich machte mir ständig Sorgen. Die ersten fünf Jahre war ich total angespannt, aus Angst, man würde mir kündigen. Ich habe mir sogar fast zehn Jahre lang kein Haus gekauft, weil ich es ja nicht hätte abbezahlen können, wenn ich meinen Job verloren hätte.

Die Jahre zogen ins Land, und dann irgendwann ging das Gefühl der Angst in ein Gefühl der Langeweile über, dazwischen gab es nichts. Ich wollte ... etwas ... etwas, das mir Sicherheit gab. Ich wollte mich fühlen, als wäre ich ... ich weiß nicht. Irgendetwas zwischen Angst und Langeweile hätte es doch geben müssen, aber es gab nichts.

Auf einmal war ich vierzig und hatte Übergewicht und Asthma und Gicht, und die Männer sahen mich überhaupt nicht mehr an. Für die war ich so eine Art Inventar. Häftlinge, Wärter, sie nahmen mich überhaupt nicht wahr. Du hast ja keine Ahnung, wie das ist, Michael. Es ist, als wärst du keine Frau mehr.« Sie schwieg einen Moment. »Schlimmer noch. Ich war allen Menschen egal.«

Ich sagte nichts. Auch ich wurde älter, aber mit einem gesunden Baby im Bauch und einem guten Mann an meiner Seite hatte ich damit eigentlich keine Probleme. Und übersehen wurde ich ebenfalls selten, ob das nun gut war oder nicht. Entweder mochten mich meine Mitmenschen, oder sie lehnten mich ab, aber eine Wirkung hinterließ ich allemal.

Es gab noch etwas, aber ich sprach es nicht aus. Erst jetzt

wurde es mir klar. Wenn man häufig Risiken eingeht, dann weiß man, welche man sich zutrauen kann und welche nicht. Wenn man sich regelmäßig auf Eis bewegt, dann lernt man schnell, woran man dünnes Eis erkennt: Man bricht ein paar Mal ein, und anschließend hat man einen Blick für die gefährlichen Stellen. Aber kümmern muss man sich darum schon selbst.

Verharrte man nun sein ganzes Leben an einer Stelle und war nie aufs Eis getreten – was dann? Man erkannte nicht den Unterschied zwischen einer dünnen und einer zwei Meter dicken Eisschicht. Eileen hatte sich ihr Leben lang nicht gerührt, bis sie das Gefühl hatte zu versteinern, und dann war sie in Panik geraten. Sie hatte wild ausgeholt und einen Riesenschritt gemacht, und sie war auf Eis getreten, das nicht mal ein Mäuschen tragen würde.

Sie verstand die Welt nicht mehr – alle anderen Menschen spazierten andauernd auf dünnem Eis, Menschen wie ich, die Autoschlüssel mit ins Gefängnis nahmen, die vergaßen, sich im Besucherbuch einzutragen, und andere schreckliche Fehler begingen. Dann verstößt sie selbst zum ersten Mal gegen eine Regel, und prompt stürzt der Himmel über ihr ein, wie sie immer befürchtet hat.

Sie erinnerte mich an Eltern, die meinen, es sei ein und dasselbe, ob ihre heranwachsenden Kinder nun Ohrringe tragen oder Koks nehmen. Sie sind nicht davon zu überzeugen, dass man ihnen den Ohrring durchgehen lassen sollte, weil die Drogen erheblich schwerwiegender sind, und dass man nicht jeden Kampf mit dem Kind an allen Fronten gewinnen muss, weil es einem sonst für immer entgleitet. Ungläubig sehen einen die Eltern an, als würde man Kokain zum Frühstück propagieren. »Sie sagen also, wir sollen ihn verwahrlosen lassen?«, ist noch das Harmloseste, was man zu hören kriegt.

Es gibt eine besondere Form von Sturheit, die keine Tiefenschärfe zulässt, nur richtig oder falsch. Ein Knöllchen aufgebrummt zu bekommen oder einen Fremden zu töten – für manche Menschen besteht da kein so gewaltiger Unterschied.

Als mir das klar wurde, sah ich auch, wie sehr Eileen mich hassen musste. Was sie getan hatte und was ich getan hatte, das unterschied sich in ihren Augen nicht erheblich, nur dass ich mich ständig aufs Glatteis begab und davonkam und sie alles verloren hatte.

»Eileen«, sagte ich. »Ich weiß nicht, wo ich anfangen soll. Unterschiede zwischen uns hat es immer gegeben. Ich bin, wie ich bin, und auch wenn es nicht so aussieht: Dafür habe ich einiges einstecken müssen. Aber hier soll es nicht um dich oder mich gehen. Es besteht wirklich die Gefahr, dass es im Gefängnis zu einem zweiten Mord kommt, deswegen versuche ich, mir Klarheit zu verschaffen. Ich weiß, dass du in Jim verliebt bist. Das ist so deutlich zu sehen, als würde es auf deiner Stirn stehen. Erzähl mir von ihm. Ich will verstehen, was in ihm vorgeht.«

»Er hat mit dem Tod von Clarence nichts zu tun«, wehrte sie ab. »Jetzt sag nicht, dass du ihm die Sache anhängen willst.«

»Ich hänge niemandem etwas an«, erwiderte ich. »Außerdem habe ich keinerlei Beweise, dass Jim an dem Tod von Clarence oder irgendeinem anderen Menschen eine Mitschuld trifft.« In Wahrheit wusste ich es besser. Ich glaubte zwar nicht, dass Jim Clarence eigenhändig umgebracht hatte oder dass er so dreist war, einen Anschlag auf Gary anzukündigen und ihn dann selbst auszuführen, aber die Formulierung »keine Mitschuld«, das war charmant untertrieben. Ganz bestimmt wusste er etwas über den Mord.

»Ich will nur seine Beziehung zu dir verstehen.« Ich hielt

beide Hände hoch, als wollte ich mich ergeben. »Ehrlich, es geschieht nicht nur aus reiner Neugier. Er ist in meiner Gruppe, vergiss das nicht, und ich muss wissen, mit wem ich es zu tun habe.«

Das schien sie zufrieden zu stellen. »Er ist nicht so, wie du denkst«, sagte sie.

»Also gut, was ist er für ein Mensch?«

Sie öffnete den Mund, um etwas zu sagen, aber dann schloss sie ihn wieder. Sie rang um Worte. Wie beschreibt man einen Menschen, damit ein anderer ihn genauso sieht wie man selbst?

»Er ist freundlich«, sagte sie. Sie sah mich durchdringend an, aber ich verzog keine Miene, und Eileen fuhr fort. »Du wirst es kaum glauben, aber er ist wirklich freundlich. Und er ist scharfsichtig. Weißt du, was er zu mir gesagt hat? Gleich am ersten Tag, als wir miteinander ins Gespräch kamen? Er sah mir in die Augen und sagte: ›Die Leute, die hier arbeiten, sind auch im Gefängnis, so wie wir. Ihr seht die gleichen Dinge wie wir, ihr esst das gleiche Essen wie wir. Ihr seid auch im Gefängnis.‹

›Mit dem Unterschied, dass ich jederzeit gehen kann‹, sagte ich, ›und Sie nicht.‹ Aber was er gesagt hatte, hatte mich bis ins Mark getroffen.

›Ja, schon, aber was machen Sie abends?‹, gab er mir zur Antwort. ›Ich sitze allein in meinem Zimmer. Und Sie? Machen Sie etwas anderes?‹«

Heilige Scheiße, dachte ich angewidert, der Mann hatte was drauf.

»Eines Tages«, fuhr Eileen fort, »sagte er mir – ich weiß es noch wie heute –: ›Es gibt etwas in Ihrem Innern, das nie die Möglichkeit hatte, sich frei zu entfalten. Finden Sie nicht, dass Sie es einmal in Ihrem Leben, nur ein einziges Mal, zur Entfaltung bringen sollten?‹«

Es fiel mir schwer, den Mund zu halten, aber ich verkniff mir jede Bemerkung.

»Er hatte Recht«, sagte sie. »Ich konnte nicht mehr schlafen, weil ich immer daran denken musste. Er sah etwas in mir, das nie zuvor jemand gesehen hatte. Als wäre ich für alle Menschen schwarzweiß, außer für ihn – für ihn war ich bunt.

Eins sollst du wissen, Michael. Ich kann nicht sagen, warum, aber es ist mir wichtig. Das mit Calvin. Ich schwöre dir, wenn du es anderen weitersagst, werde ich es abstreiten, weil es Jim in Schwierigkeiten bringen könnte. Also, das mit Calvin, das habe ich für Jim getan. Er schuldete Calvin Geld, so viel Geld, Spielschulden, und Calvin wollte ihn umbringen, wenn er es nicht zurückzahlte, aber Jim konnte nicht. Eines Abends, als er draußen auf dem Flur zu tun hatte, sah er Jim aus meinem Büro kommen, und er dachte sich gleich, dass wir was miteinander hatten. Er meinte, Sex als Gegenleistung würde er auch akzeptieren. Ich konnte doch nicht zulassen, dass er Jim tötet. Und er hätte ihn bestimmt getötet. Sieh mich nicht so an, Michael. Jim wollte nicht, dass ich es tue. Er hat versucht, es mir auszureden. Es war schrecklich für ihn. Aber nach allem, was er mir gegeben hat, konnte ich nicht dulden, dass ihm etwas zustößt.«

Mittlerweile tat mir schon der Kiefer weh, so sehr war ich damit beschäftigt, den Mund zu halten.

8

Ich hatte den Anblick von Gefängnissen satt. Von Linoleum und Stahl, von Backsteinwänden und nicht abschließbaren Toilettenkabinen. Von glatten Oberflächen ohne Teppich oder Polster, von Möbeln, die eine Behandlung mit Desinfektionsmitteln aushalten mussten.

Über den Wandschmuck will ich mich nicht weiter auslassen, jeden Tag verschmierte irgendjemand seinen Kot. Es befand sich eine stattliche Anzahl von psychisch schwer Gestörten im Gefängnis, solchen, die zu gewalttätig waren, um draußen leben zu können und sich aus Mülleimern zu ernähren, so wie die Gesellschaft es von ihren Brüdern und Schwestern erwartete. Aber die wirklich Verrückten verschmierten vermutlich viel weniger Kot als die Simulanten und die durchschnittlichen hasserfüllten Typen.

Das Gemenge von Menschen, das die nach Desinfektionsmitteln stinkenden Zellen bewohnte, war in erster Linie jung, arm und ungebildet. Nicht wenige waren in dem Glauben aufgewachsen, der Drogenhandel sei eine kluge Berufswahl. Manche steckten voller Wut, jener chronischen, verbissenen Form von Wut, die Alkohol und Drogen nach sich zieht. Gelegentlich ließen sie sie an den Menschen aus, die die Ursache ihrer Wut waren, in den meisten Fällen jedoch nicht. In den meisten Fällen traf es dich oder mich oder irgendein achtjähriges Kind, das zur falschen Zeit am falschen Ort war.

Wenn sie die vierzig erreichten, war die gewalttätige Wut bei den meisten verraucht, und sie wurden mehr oder weniger gesetzestreue Bürger. Deswegen waren die Gefängnisinsassen fast alle noch sehr jung. Jahrein, jahraus wurden die Jungen an den Strand aus Linoleum und Stahl gespült, von den Stürmen ihrer Kindheit ausgespien und den jeweils aktuellen politischen Strömungen in der Justiz erfasst.

Hunderte Kilometer entfernt schwangen sorgfältig gepflegte Herren mittleren Alters in knitterfreien Anzügen Reden, die Kameralinse dabei fest im Blick, und mit ihren Reden – schneller als Harry Potter mit seinem Zauberstab – schafften sie die Bewährung ab oder führten sie wieder ein, verdoppelten die Länge einer Haftstrafe oder verkürzten sie, verlegten Gefangene oder holten sie zurück in ihren Bundesstaat. Im Gefängnis lasen dann besorgte Männer, die die Legislative nie erlebt hatten, gespannt die Zeitung – oder ließen sie sich vorlesen.

Unter den »Gezeichneten, Gestrandeten und Gestrauchelten«, wie Richard Selzer sich ausdrücken würde, fanden sich aber auch die wirklich Grausamen und Bösartigen: scharfsichtig, wachsam, bereit, über jeden herzufallen, egal ob im Gefängnis oder draußen. Für diese Leute war das Gefängnis lediglich ein anderes Spielfeld; das Ziel des Spiels war das Gleiche, und die Regeln, nun, die Regeln galten nur für die anderen.

Ich war in dieser Woche zweimal im Gefängnis gewesen und wurde erst in der kommenden Woche zurückerwartet. Ich freute mich auf ein paar Tage Arbeit im Krankenhaus. Hier rochen die Zimmer zwar auch nach Desinfektionsmitteln, und die Böden waren mit Linoleum ausgelegt, aber man konnte jede Tür selbst öffnen, und kein einziges Gitter war zu sehen. Außerdem kreuzte früher oder später jeder Mensch mal im Krankenhaus auf. Es war ein durch und durch demokratischer Ort, wo der erfolgreiche Geschäftsmann, der für eine Operation an der Wirbelsäule eingeliefert wurde, das gleiche rückenfreie Krankenhemd trug wie die Mutter, die Sozialhilfe bezog und zum Röntgen im gleichen Wartezimmer saß.

Und wie viele Menschen, die das Krankenhaus überstanden hatten, erholten sich wieder. Es ging ihnen besser, und draußen nahmen sie wieder ihr normales Leben auf. Von Menschen, die das Krankenhaus zu ihrem Lebensmittelpunkt machten, hatte man bislang noch nichts gehört: Niemand geriet in Panik, wenn er nach Hause entlassen wurde, und niemand lieferte sich freiwillig selbst wieder ein.

Wie oft hatte ich dagegen erlebt, dass Gefangene zwei Wochen vor ihrer Entlassung einen Ausbruchversuch unternahmen! Das Gefängnis war für sie das kleinere Übel. Die Welt draußen mit ihren Anforderungen, sich den Lebensunterhalt selbst zu verdienen, eine Wohnung zu finden, Wäsche zu waschen, einzukaufen, diese Welt machte ihnen Angst.

Ich besprach mich mit den Assistenzärzten der psychiatrischen Abteilung, die der Pädiatrie beratend zur Seite standen, und wir gingen gerade die neu überwiesenen Patienten durch, als mich ein Name aufhorchen ließ. »Wie lautet der noch mal?«, fragte ich.

Der dunkelhaarige junge Mann, der im ersten Jahr seiner praktischen Ausbildung war, sah stirnrunzelnd in seinen Unterlagen nach. »Aphasia? Vielleicht auch Aspasia«, murmelte er.

Ich überlegte. Dieser Name war mir erst einmal untergekommen, von Geschichtsbüchern mal abgesehen. Konnte es sein, dass es zwei Mädchen mit diesem ungewöhnlichen Namen in dieser Gegend gab? »Familienname?«, fragte ich. Er schaute auf den Überweisungsschein.

»Raines«, sagte er.

»Aspasia Raines?«, sagte ich. »Was ist mit ihr?«

»Zuckerkoma«, antwortete er. »Man könnte es auch Suizidversuch nennen. Das Mädchen überprüft nie ihre Zuckerwerte, und das Insulin nimmt sie nur sporadisch. Sie isst, was sie will, und sie tut, was sie will. Diabetes lässt sich in den Griff kriegen, das Mädchen nicht. Das Personal hegt schon Mordgedanken. Sie ist jetzt das dritte Mal innerhalb von zwei Monaten eingeliefert worden. Sie hat mehr Diabetesschulungen hinter sich als das Personal, aber es nützt nichts.«

»Wo ist sie jetzt?«

»Auf der Intensivstation. Warum? Kennen Sie sie?«

»Ich kenne ihre Eltern.« Warum hatte Gary mir nichts davon erzählt? »Ist jemand bei ihr?«

»Ihre Mutter, nehme ich an. Sie war gestern den ganzen Tag hier.«

»Was dagegen, wenn ich das vorerst übernehme? Wenn mich ihre Eltern nicht wollen, gebe ich den Fall an Sie zurück.«

Er wirkte erleichtert. »Kein Problem«, sagte er achselzuckend. »Lassen Sie sich ruhig Zeit«, fügte er noch hinzu.

Susan lag zusammengerollt auf dem Sofa im Wartezimmer der Intensivstation. Auf der Intensiv war die Besuchszeit streng geregelt; für jeden Familienangehörigen blieben nur wenige Minuten, Freunde hatten überhaupt keinen Zutritt. Zwischendurch hielten sich die Familien im Wartezimmer auf, das häufig genug von mehr Elend erfüllt war, als erlaubt sein sollte; ein Wunder, dass die Wandfarbe nicht weinte.

»Susan«, sagte ich leise. Ihre Augen waren geschlossen, und ich war mir nicht sicher, ob sie wach war oder nicht.

»Michael«, erwiderte sie, die Augen öffnend und sich aufrichtend. »Danke, dass du gekommen bist.«

»Purer Zufall«, sagte ich. »Ich wusste nicht, dass Aspasia hier ist, bis ich über ihren Namen gestolpert bin.« Ich setzte mich neben sie. »Es tut mir Leid, Susan. Es tut mir unendlich Leid. Wie kommst du damit zurecht?«

»Wenn ich dir die Wahrheit sagen soll: überhaupt nicht gut.«

»Wie lange geht das schon so?«

»Seit einem Jahr«, sagte sie, reckte die Arme in die Höhe und blinzelte mit den Augen. »Es war die reinste Hölle.« Sie lehnte den Kopf nach hinten und schloss die Augen wieder. »Vor einem Jahr wurde bei ihr Diabetes festgestellt, und sie tut nicht das, was man ihr sagt. Sie hält sich an keine Vorschrift. Sie will einfach nicht. Ich habe mit ihr geschimpft und mir die Seele aus dem Leib geschrien. Und Gary, der ist noch schlimmer.« Sie weinte nicht, aber im Licht fielen mir getrocknete Tränenspuren auf ihren Wangen auf. Es war immer ein schlechtes Zeichen, wenn die Tränen versiegt waren.

»Wo ist Gary jetzt?«, fragte ich sie.

»Er war die ganze Nacht über hier«, sagte sie. »Er ist erst vor ein paar Minuten gegangen, direkt zur Arbeit.«

Nachts im Krankenhaus, tagsüber arbeiten, das musste ganz schön schlauchen. »Susan«, sagte ich. »Ich habe gerade Dienst in der psychologischen Beratung. Ich kann Aspasia nachher zu uns holen und mit ihr reden. Ich kann keine Wunder versprechen, aber wenn du willst, können wir das Problem gemeinsam angehen. Ich selbst darf keine Therapie mit ihr machen, weil ich ein Freund der Familie bin, aber ich kann beraten und versuchen, sie auf den richtigen Weg zu bringen. Und ich kann einen Therapeuten für sie suchen, wenn sie so weit ist. Es ist nur so, dass Gary mir kein Wort davon gesagt hat, und ich weiß nicht, ob du überhaupt willst, dass ich mich einmische.«

»Hol sie zu euch, Michael«, sagte sie mit fester Stimme. »Vielleicht bewirkt es ja was. Es ist mir egal, was Gary dazu sagt.«

»Will er nicht, dass ich mich einmische?«

»Das will er tatsächlich nicht. Auch etwas, worüber wir uns gestritten haben.«

»Warum?«

»Er meint, du behandelst Erwachsene, du seist Spezialistin für Traumapatienten. Bla bla bla, alles Blödsinn.«

»Was ist der wahre Grund?«

»Er schämt sich.«

»Für Aspasia?«

»Für sie, für uns, weil wir sie nicht unter Kontrolle haben. Eigentlich weiß ich gar nicht mehr, wo sein Problem liegt. Es ist mir auch egal. Ich bin Aspasias Mutter, und ich sage dir, wenn auch nur die geringste Chance besteht, dass du ihr helfen kannst, dann musst du dich einmischen. Wenn sie so weitermacht wie bisher, wird etwas Schreckliches passieren.« Geistesabwesend rieb sie sich die Stirn, was ich so deutete, dass ihr das Blut in den Schläfen pochte. »Ich hätte dich längst anrufen sollen«, murmelte sie. »Es war reine Feigheit meinerseits. Ich wollte Gary nicht vor den Kopf stoßen.«

Eine alte Lady kam in Begleitung einer Krankenschwester herein und setzte sich. Das Wartezimmer war meist eher von älteren Menschen als von Eltern schulpflichtiger Kinder bevölkert, und so sollte es auch sein. Die Schwester redete sanft, aber die alte Lady blickte verwirrt, als würde sie nichts begreifen. Susan sah zu ihr hinüber und schloss dann wieder die Augen. »Du kannst dir nicht vorstellen, was für furchtbare Geschichten man hier im Raum mitbekommt«, sagte sie.

»O doch, das kann ich sehr wohl«, entgegnete ich. »Komm jetzt. Wir holen dir einen Kaffee und etwas zu essen, und dann kannst du in meinem Büro warten, wenn du willst. Ich habe einige Besprechungen und werde also nicht da sein. Weißt du, wo die Cafeteria ist?«

Susan nickte.

»Geh schon mal vor, wir treffen uns dann da. Ich will mir erst noch Aspasias Krankenakte ansehen.«

»Du kannst sie auch selbst sehen«, sagte Susan und stand auf. Offenbar hatte sie gegen das Essen und einen Ortswechsel nichts einzuwenden. »Ich war heute Morgen bei ihr. Sie ist aus dem Koma erwacht, und heute wird sie auf die normale Station verlegt. Nach diesen Rückfällen steigt sie immer wie ein Phönix aus der Asche hervor. Ich weiß auch nicht, wie sie das macht. Ich wäre wahrscheinlich längst tot.«

»Das liegt an ihrem Alter«, erklärte ich. »Wie alt ist sie jetzt genau?«

»Zehn kurze Jahre und ein langes«, erwiderte Susan.

Die Krankenakte war ein einziger Albtraum der Verweigerung. Aspasia gehörte zu der Sorte Kinder, die beim Krankenhauspersonal am wenigsten beliebt war. Sie lebte, und sie hätte gut leben können, denn eigentlich war die Zuckerkrankheit nur lästig, mehr nicht – wenn man all die viel schlimmeren Krankheiten bedachte, die Kinder kriegen konnten. Aber Aspasia wollte davon nichts wissen. Sie weigerte sich beharrlich, irgendetwas anders zu machen als ihre Spielgefährten. Wie der Assistenzarzt schon gesagt hatte, sie überprüfte ihre Zuckerwerte nicht und aß, was sie wollte. Das war auch schon die ganze Geschichte. Das gesamte Arsenal der medizinischen Mittel versagte vor der Willensstärke einer Elfjährigen.

Zwischen den Zeilen konnte man herauslesen, dass das Krankenhauspersonal mit seiner Geduld am Ende war. Immerhin lag Aspasia neben Kindern mit zystischer Fibrose, die nicht die Wahl hatten wie sie. Sie gingen schleichend an einer unheilbaren Krankheit zu Grunde, die ihnen irgendwann den Hals zuschnüren würde, und auf der anderen Seite war da dieses Kind, das ein relativ normales Leben hätte führen können, das es aber einfach wegwarf.

Wäre Dad ein Trinker und Mom eine Prostituierte gewesen, hätten die Mitarbeiter des Krankenhauses mehr Sympathie für das Kind aufgebracht. Aber da sie es mit einer normalen Familie zu tun hatten, die sich selbst verrückt machte vor Angst, konnten sie die Schuld nur auf das Kind schieben. Mittlerweile hatten sie Aspasia mehr oder weniger aufgegeben.

Halb versteckt unter der Bettdecke, sah Aspasia nicht aus wie eine Elfjährige. Ein schmales weißes Gesicht und zwei dünne Ärmchen, mehr konnte ich von ihr nicht erkennen. In beiden Armen steckten intravenöse Schläuche. Sie sah schmächtig aus und sehr jung, aber auf der Intensivstation hatte ich noch nie ein Kind gesehen, dessen Äußeres seinem Alter entsprochen hätte. Alle sahen sie klein und blass und tödlich krank aus – und das waren sie ja auch.

Aspasia döste vor sich hin; als sie mich jedoch kommen hörte, schlug sie die Augen auf, und es traf mich wie ein Blitz. Alle anderen Menschen um sie herum mochten Geschlagene sein, sie war es nicht. Ihre Augen waren hellblau, und ihr Blick war einzigartig und intensiv. Diese Augen gehörten zu einer Kämpfernatur, wenn sie aus Überzeugung auch auf der falschen Seite focht. Ich seufzte. Mit solchen Menschen hatte ich Erfahrung. Einige meiner Vorfahren hatten für die Südstaaten gekämpft, wofür sich meine Familie in Grund und Boden schämen sollte, aber sie schämte sich keineswegs. Etwas im Gesicht dieses Kindes erinnerte an römische Despoten oder irregeleiteten Südstaatenstolz.

»Du trägst einen passenden Namen«, sagte ich.

Sie antwortete nicht. »Ich bin Michael. Ich habe dich kennen gelernt, als du noch klein warst. Ich arbeite zusammen mit deinem Dad. Dein Name ist toll.«

Diesmal konnte sie nicht widerstehen.

»Mein Name ist Scheiße«, sagte sie. »Hört sich an wie Asphalt.«

»Na und? Was soll ich erst sagen? Ich habe einen Jungennamen. Wie würde dir das gefallen? Schlimmer noch, Michael ist ein Allerweltsname. Aspasia nicht. Sie war eine meiner Lieblingsfiguren.«

»Mir egal.«

»Das hätte sie wahrscheinlich auch gesagt«, erwiderte ich. »Du wirst heute nach oben verlegt.«

»Kann sein.«

»Wenigstens hast du einen Fernseher.«

»Die Sender hier sind für 'n Arsch.«

»Hast du eine Lieblingssendung?«

»Das geht Sie nichts an.«

»Auch das hätte sie wahrscheinlich geantwortet. Ihr beide seid euch ziemlich ähnlich, wirklich, obwohl ich mir kaum vorstellen kann, dass deine Eltern sie akzeptiert hätten. Eigentlich«, sagte ich kühl, »bin ich mir sicher, dass sie sie nicht akzeptiert hätten.«

»Wovon reden Sie überhaupt? Ich habe keine Ahnung, wovon Sie reden.«

»Ich rede über eine Frau, die auch deinen Namen trägt. Sie hat vor langer Zeit gelebt. Deine Eltern hätten sie nicht akzeptiert.«

»Warum nicht? Hat sie auch verschissen, so wie ich?« Mit wohl überlegter Beiläufigkeit sagte sie ›verschissen‹, so wie sie auch ›für 'n Arsch‹ gesagt hatte, um eine Reaktion zu provozieren.

»Das hängt ganz vom Standpunkt ab«, erwiderte ich. »Dein Dad wäre sicher dieser Ansicht. Er ist manchmal ein bisschen streng. Bei deiner Mom weiß ich es nicht so genau. Eher nicht. So jemanden wie Aspasia sieht jeder Mensch anders.«

Sie war zu stolz, um nachzufragen. »Trotzdem ein blöder Name.«

»Warum änderst du ihn nicht? In Marie oder Joan oder Schneewittchen. Jeder Mensch hat das Recht, seinen Namen zu ändern. Wusstest du das nicht? Was sollen die anderen schon machen, wenn du auf deinen Rufnamen Aspasia einfach nicht mehr reagierst? Allerdings würde es schwer fallen, diesen Namen abzulegen. Bestimmt gibt es an deiner Schule keine zweite Aspasia.«

Sie schnaubte. »Keiner hat so einen albernen Namen.«

»Ich frage mich, ob sie wohl auch gehänselt wurde. Obwohl der Name früher wahrscheinlich verbreiteter war als heute.«

»Das haben Sie doch alles nur erfunden. Ich habe noch nie von einer Aspasia gehört.«

»Hat dir noch nie jemand die Geschichte von Aspasia erzählt? Na ja, vielleicht deswegen nicht, weil sie ein schwarzes Schaf war. Jedenfalls denken viele so über sie. Hast du einen Computer? Im Internet findest du bestimmt etwas über sie.« Heutzutage geht man für so etwas nicht mehr in die Bibliothek. Heute ist das Internet für Jugendliche das, was für ihre Eltern Bücher waren. »Oder vielleicht auch nicht. Es gibt nämlich nicht viel Literatur über sie.«

»Ist mir schnuppe, wer sie war.«

»Vielleicht besser so. Eigentlich müsste ich erst deine Eltern um Erlaubnis fragen, ob ich dir überhaupt was über sie erzählen darf.«

»Warum? Was hat sie gemacht?«

»Als Film wäre es jedenfalls einer nur für Erwachsene, so viel steht fest. Wie dem auch sei – was hast du heute vor? Wird dir nicht langweilig hier? Ich finde Krankenhäuser entsetzlich langweilig.«

Sie zuckte mit den Schultern. »Es geht.«

»Mir sind Krankenhäuser ein Gräuel. Den ganzen Tag im Bett bleiben müssen, dazu bin ich viel zu quirlig. Kannst du hier irgendwas machen?«

»Fernsehen.«

»Ah, ja, das ist gut. Talkshows für Erwachsene und dann die ganzen blöden Spieleshows. Muss lustig sein. Ich rede mal mit deinen Eltern, vielleicht können wir dir einen Videorekorder besorgen. Hast du bei deinen Aufenthalten hier jemanden vom Personal näher kennen gelernt?«

»Ein paar.«

»Jemand darunter, den du magst?«

Sie schnaubte erneut. »Die sind alle doof.«

»Doof können sie auch sein, das stimmt. Ziemlich beknackt sogar.«

Sie schmunzelte. »Beknackt?«, sagte sie. »Was bedeutet das denn?«

»Du weißt doch, dass Erwachsene nicht richtig reden können. Na komm. Übersetz schon.«

Sie sah mich nur an.

»Alles klar so weit?«

Sie zuckte mit den Achseln.

»Ich melde mich wieder«, sagte ich und ging.

Warum gibt es in Krankenhäusern eigentlich nie ruhige kleine Ecken, in denen Familienangehörige bei Kaffee oder Tee zusammensitzen können? Stattdessen finden sich überall nur Cafeterias, die so groß sind wie Kaufhausetagen und den Charme eines Operationssaals verbreiten. Sie sind immer sauber, praktisch und seelenlos. Allmählich frage ich mich, ob es Architekturbüros gibt, die sich auf »seelenloses Bauen« spezialisiert haben. Sieht man sich manche Gebäude an, die so in der Landschaft stehen, dann muss es ganz schön viel Arbeit gemacht haben, sie zu entwerfen, denn ihnen geht jede Eleganz ab. Wahrscheinlich existiert irgendwo ein Spähtrupp mit Namen »Seelenlos«, Menschen, die speziell dafür ausgebildet sind, Baupläne zu lesen, nach dem Motto: »Halt! Da ist eine kleine Nische, in die sich jemand zurückziehen könnte. Schnell, weg damit!«

»Erzähl mir mehr über sie«, sagte ich und ließ mich Susan gegenüber nieder. Ihr Teller hätte jeder Magersüchtigen zur Ehre gereicht: eine Scheibe Toast und ein Teelöffel Marmelade. Es war egal, sie aß ohnehin nichts. Wahrscheinlich ernährte sie sich von Kaffee. »Womit beschäftigt sie sich gerne? Wer sind ihre Freunde? Wie kommt sie in der Schule zurecht? Wie verbringt sie ihre Freizeit? Hat sie darüber hinaus noch Hobbys? Was für ein Mensch ist sie, wenn sie mal keine Diabetespatientin ist?«

»Darüber hinaus? Das gibt es nicht«, stellte Susan klar. »Wir haben eins nach dem anderen gestrichen. Gary meint, ihre Gesundheit stehe an erster Stelle, und wenn sie sich darum nicht kümmert, dürfte sie auch nichts anderes machen: kein Spielen, kein Sport und so weiter. Sie geht zur Schule und muss gleich anschließend nach Hause kommen. Es funktioniert nicht, aber er lässt sich nicht davon abbringen.«

»O doch«, sagte ich entschieden. »Er wird sich davon abbringen lassen. Wenn nicht, wird seine Tochter möglicherweise sterben. Vielleicht stirbt sie auch so, aber wenn, dann wollt ihr doch nicht das Gefühl haben, ihr hättet nicht alles für sie getan. Gary ist stur, aber er ist nicht blöd. Er wird sich in dieser Sache bewegen.«

»Na dann, viel Glück«, sagte sie. »Mir war es nicht vergönnt.«

»Wann kommt er wieder?«

»Gleich nach der Arbeit.«

»Gut, ich werde hier sein. Aber jetzt erzähl: Was ist sie für ein Mensch?«

»Ich weiß nicht, was sie für ein Mensch ist, ich kann dir nur sagen, wie sie früher war. Bis vor einem Jahr. Sie war Daddys Liebling. Sie war klug und witzig. Gary fand, mit ihr ginge die Sonne auf und unter. Früher war ich eifersüchtig darauf, dass die beiden sich so prima verstanden. Sie ist eine glänzende Sportlerin. Was sie auch anfasst, es gelingt ihr. In den ersten beiden Schuljahren spielte sie in einer gemischten Fußballmannschaft mit, und als die Mannschaften nach Jungen und Mädchen getrennt wurden, waren die Jungen ganz schön erleichtert, das kann ich dir sagen. Sie war ihnen haushoch überlegen. Sie hatte keine Angst auf dem Spielfeld, vor nichts und niemandem. Ich weiß nicht, was mit ihr passiert ist. Sie bekam Zucker, und auf einen Schlag ging alles den Bach runter. Sie hat ihre Krankheit nie akzeptiert. Das hat Gary verrückt gemacht. Er macht sich wahnsinnig Sorgen, und dann gerät er in Wut – das ist seine Art, damit umzugehen. Er versteht einfach nicht, warum sie sich um nichts kümmert, nicht mal um sich selbst.«

»Das kommt daher, weil er logisch vorgeht, aber mit Logik hat das alles nichts zu tun.«

»Womit dann, verdammt noch mal? Ich verstehe es ja auch nicht!«

»Ich weiß es nicht, Susan. Ich habe sie gerade erst kennen gelernt. Aber ich glaube, es hat etwas damit zu tun, für wen sie sich selbst hält und was die Krankheit für sie bedeutet. Mehr kann ich im Moment nicht sagen.«

»Wir haben uns Bücher über Diabetes besorgt. Wir haben sie zu Beratungen für Zuckerkranke geschickt. Wir haben alles Mögliche unternommen.«

»Die Bücher kannst du wegwerfen. Sie weiß schon alles. Mangelnde Kenntnis ist nicht das Problem. Sag mal – etwas ganz anderes. Woher hat sie ihren Namen?«

»Ihren Namen?«

»Ja, er ist ungewöhnlich.«

»Ich habe sie nach meiner Tante benannt. Die starb, als ich noch ein Kind war. Sie war meine Lieblingstante.«

»Weißt du zufällig, woher der Name ursprünglich kommt?«

»Michael, was soll das Gerede über ihren Namen? Was hat das damit zu tun? Meinst du, das alles wäre nicht passiert, wenn wir sie ›Joan‹ genannt hätten?«

»Nein, nein. Ich suche nach etwas, wo ich sie packen kann. Ich hatte mich nur über ihren Namen gewundert.«

»So hieß meine Tante eben.«
Ich ließ das Thema fallen.
»Sag mir, was ihr alles versucht habt.«
»Das habe ich schon. Wir haben ihre Freizeitaktivitäten davon abhängig gemacht, wie gut sie sich um ihre Gesundheit kümmert. Wir haben es mit einem Punktesystem versucht, mit Sternchen und so. Wir haben es mit Reden versucht. Wir haben es mit Schreien versucht. Gary nimmt es persönlich, als nähme sie diese ablehnende Haltung nur ein, um ihn zu verletzen. Natürlich ist das nicht der Grund. Zumindest glaube ich das. Ich weiß bald überhaupt nichts mehr.« Sie hielt inne und starrte einen Moment vor sich hin. »In meinem ganzen Leben bin ich mir noch nie so verloren vorgekommen.«

»Es hört sich aber auch wirklich schrecklich an. Sie entgleitet dir, und du bist außer dir. Das wäre ich auch.«

Plötzlich standen Tränen in ihren Augen, aber sie schien sie nicht zu bemerken. Jedenfalls nicht im ersten Moment. Sie blieb still sitzen, dann legte sie auf einmal den Kopf auf die Tischplatte und fing an zu weinen. Kein Mensch in der Cafeteria sah sie auch nur an. Das hier war eben eine Spezialklinik für stationäre Behandlung; die leichteren Fälle wurden in die kleineren städtischen Krankenhäuser eingeliefert. Tränen waren hier nichts Ungewöhnliches.

»Das ist alles furchtbar, Susan«, sagte ich leise, »und ich würde auch weinen, aber es ist noch nicht alles verloren. Es geht ihr einigermaßen gut, und wenn es gelingt, das Steuerrad herumzureißen, wird ihre Kämpfernatur hervorkommen. Und glaube ja nicht, die ersten zehn Jahre wären vergebens gewesen. Sie wird geliebt, sie wird versorgt, und sie hat in ihrem Leben erfahren, was Erfolg bedeutet. Wenn etwas das Ruder herumreißen kann, dann ist es diese Erfahrung – und ihre Kämpfernatur.«

»Michael. Wenn die Diabetes sie nicht umbringt, dann werde ich es tun.«

»Das kann ich dir nicht verdenken«, sagte ich.

Gary erschien um zwanzig vor sechs. Das heißt, er musste das Gefängnis um kurz nach fünf verlassen haben – keine leichte Sache, wenn man sich mitten in den Ermittlungen zu einem Mordfall befand und die Medienmeute einem auf den Fersen war. Ich saß noch mit Susan im Wartezimmer der Intensivstation.

Er hielt inne, als er mich erblickte, dann sah er hinüber zu Susan. Sie schüttelte nur den Kopf. Die widersprüchlichsten Gefühle spiegelten sich in seiner Miene, und ich war froh, dass eines davon Erleichterung war. Jedenfalls schien er mich nicht auf der Stelle rauswerfen zu wollen.

Ich stand auf, ging zu ihm und nahm ihn in die Arme. Eine ganze Weile ließ er es geschehen. Schließlich sagte er: »Michael, ich wusste nicht –«

»Hör zu«, unterbrach ich ihn, »ich habe es zufällig erfahren und bin von allein hergekommen. Du kannst mich wegschicken, wenn du willst, aber was hätte das für einen Sinn? Vielleicht kann ich helfen.«

Er löste sich aus der Umarmung und kramte nach einem Taschentuch. Umständlich putzte er sich die Nase und sah sich dann lange nach einem Papierkorb um. »Ich weiß nicht, wer oder was da noch helfen soll.«

Es war ein vorsichtiges Entgegenkommen. Susan schien überrascht, aber sie sagte nichts. Mich überraschte seine Antwort nicht. Gary hatte sich in eine Zwangslage manövriert, aber er war nicht so dumm, einen Ausweg nicht zu akzeptieren, wenn ihm einer angeboten wurde.

»Gehen wir in mein Büro. Da können wir weiterreden«, schlug ich vor.

»Erst will ich zu Aspasia«, sagte Gary.

Ich packte ihn an den Schultern und brachte mein Gesicht dicht vor seines. »Nur wenn du mir versprichst, dass du nichts Negatives zu ihr sagst. Kein negatives Wort, Gary«, ermahnte ich ihn.

Er sah mich erstaunt an. »Was soll ich denn zu ihr sagen? Sie hätte sich beinahe umgebracht.«

»Gary, das ist mein Fachgebiet, also hör mir gefälligst zu. Sag ihr, dass du sie lieb hast und dass du froh bist, dass es ihr besser geht, und dass du wiederkommst, aber erst müsstest du noch jemanden treffen. Sag ihr bitte nicht, dass ich das bin. Ich will nicht, dass Aspasia dich und mich zusammen sieht. Und sollte sie mich je erwähnen, dann sag bloß nichts Gutes über mich. Kapiert? Bleib neutral, oder sei von mir aus ablehnend, aber nichts Positives über mich. Versprich mir das.«

Gary und Susan sahen sich an. »Versprochen?«, fragte ich nach.

Gary schien unsicher. »Gary«, sagte ich, »hat bisher irgendwas funktioniert, das du probiert hast?«

Er schnaubte.

»Warum versuchst du dann nicht mal was anderes? Auch wenn es nicht funktioniert, wenigstens hast du es dann versucht. Wenn du ein Auto in den Graben gesetzt hast, würdest du ja auch nicht drin sitzen bleiben und immer nur Gas geben, dass die Räder durchdrehen. Das Einzige, was sich mit Sicherheit sagen lässt, ist, dass alles, was du bisher ausprobiert hast, nicht funktioniert hat. Warum dann also so weitermachen?«

»Na gut«, sagte er schließlich resigniert, aber ohne Hoffnung.

»Denk dran«, sagte ich. »Kein negatives Wort.«

Gary nickte.

Als die beiden durch die Tür gingen, sah ich, dass Susan seine Hand ergriff.

Die pädiatrische Abteilung hielt ihren allwöchentlichen Diabetikertag ab, und nachdem ich mit Susan und Gary geredet hatte, schaute ich auf der Station vorbei. Aus der Unterredung mit den beiden hatte ich auch nicht mehr erfahren als das, was Susan mir bereits mitgeteilt hatte. Gary war ganz krank vor Sorgen, aber es äußerte sich als Wut. Hätte jemand Aspasia verletzt, er hätte ihn umbringen können. Es spielte keine Rolle, dass Aspasia sich selbst verletzte.

Ich ging ins Stationszimmer, in dem die Ärzte ihre Berichte schrieben, und suchte nach dem Kinderarzt Gene Brooks. Er war Aspasias behandelnder Arzt, wenn sie auf der Ambulanz war, aber offenbar hatte er sie gar nicht so häufig gesehen. Sie neigte dazu, sich nur dann blicken zu lassen, wenn ein Notfall vorlag, und dann geriet sie natürlich an den Arzt, der gerade die Notaufnahme betreute, und anschließend an den, der in dem Monat gerade Dienst auf der Station hatte. Trotzdem, Gene wusste bestimmt mehr über sie. In Wahrheit wollte ich sowieso etwas ganz anderes von ihm.

Ich erwischte ihn zwischen zwei Terminen; er las gerade eine Akte. »Gene«, sagte ich mit aufrichtiger Freude. Gene hatte ich schon immer besonders geschätzt. Ein Mensch mit sanftem Gebaren, der durch kaum etwas aus der Fassung zu bringen war und der im Umgang mit Kindern eine Engelsgeduld bewies. Nur wenige wussten, dass er seine Aggressionen an den Wochenenden ausließ, auf dem Rücken eines nicht zu bändigenden Vollbluts, über meterhohe Hürden springend.

Das Pferd hieß »Patience«, aber es tat seinem Namen keine Ehre – es besaß nicht die geringste Geduld. Patience war äußerst temperamentvoll. Wer ihm zu nahe kam, wurde gebissen, aber schlimmer war, dass er vor Hürden gelegentlich launisch reagierte. Manchmal sprang Patience, manchmal bremste er unmittelbar davor ab und beförderte seinen Reiter ins Reich der Träume. Was die Sache noch komplizierter machte, war, dass er kein »Signal« gab, jenes charakteristische Zeichen – ein Zittern, eine Verlangsamung des Tempos, eine bestimmte Kopfbewegung –, das dem Reiter ankündigte, dass das Pferd nicht springen wird. Ich wäre längst der Versuchung erlegen, das Pferd zu erschießen. Dennoch, ich musste gestehen, dass Patience wunderbar springen konnte – wenn er wollte. Gene liebte das Pferd leidenschaftlich, trotz seiner hohen Arztrechnungen aus der Notaufnahme.

Als Reiter besaß Gene mehr Nerven als Talent, und wenn man bedachte, dass sein Können sich nicht mehr dramatisch verbessern und das Pferd sich ganz bestimmt nicht mehr verändern würde, dann konnte man für die Zukunft mehr Prellungen voraussagen, als er bereits erlitten hatte. Einen Menschen, der so vernarrt in sein Pferd war, musste man einfach gern haben.

»Michael«, sagte er, schaute auf und lächelte. Ich setzte mich.

»Was macht Patience?«

»Der sieht fabelhaft aus«, antwortete er und rieb sich geistesabwesend die Schulter.

»Hast du dich verletzt?«, fragte ich.

»Ach, das?«, sagte er, meinem Blick auf die Schulter folgend. Er nahm die Hand weg. »Das ist nichts. Ich habe nur Probleme mit dem Arm. Aber es ist schon besser geworden. Wenigstens kann ich ihn jetzt bis zur Höhe der Schulter heben.«

Ich schüttelte den Kopf. »Dieses Pferd ist eine Gefahr für Leib und Seele, Gene.«

Er lachte. »Eigentlich nicht«, erwiderte er. »Es ist schließlich mein Fehler, wenn ich nicht lerne, im Sattel zu bleiben.«

Erneut schüttelte ich den Kopf. »Das will ich lieber nicht vertiefen«, sagte ich. »Das Pferd wird dich noch umbringen, wenn vorher nicht einer deiner Freunde den Gaul zur Strecke bringt, aber das ist, als würde man jemandem raten, sich von seiner Frau scheiden zu lassen. So einen lässt man lieber in Ruhe. Ich bin wegen Aspasia Raines hier.«

»Ah, ja«, erwiderte er. »Das Mädchen außer Rand und Band. Ich komme einfach nicht an sie ran. Die Eltern sind ziemlich nett und geben sich Mühe. Hast du mit dem Fall zu tun?«

»Die Station hat sie zur psychologischen Beratung überwiesen«, sagte ich. »Gibt es etwas, das ich über sie wissen sollte?«

»Allerliebst, das Mädchen«, sagte er. »Sie marschiert geradewegs auf ihren Untergang zu.«

»Hast du heute noch einen Patienten, der ungefähr so alt ist wie sie und einigermaßen einsichtig«, fragte ich ihn. »Das heißt, sagen wir nicht einsichtig, sagen wir lieber cool. Ich meine so einen echt coolen Typen, der beliebt ist bei seinen Altersgenossen, elf bis dreizehn Jahre alt, und der gut mit seiner Diabetes umgehen kann.«

Er überlegte. »Eine Vierzehnjährige kommt heute noch vorbei. Kimberley Dent. Seit vier Jahren zuckerkrank. Nicht weiter schlimm.«

»Sportlerin?«, fragte ich.

»Weiß ich nicht genau«, erwiderte er. Er stand auf, ging zu einem Stapel Krankenakten und stöberte darin herum; schließlich hob er eine hoch und blätterte. »Softball«, sagte er. »Spielt als Catcher.«

»Klingt doch gut«, sagte ich. »Wann ist ihr Termin?«

»Um drei.«

»Kommt sie in Begleitung der Eltern?«
»Nein. Sie kommt immer direkt nach der Schule hierher.«
»Gib mir ihre Telefonnummer. Ich will ihre Mutter anrufen.«

9

Allmählich entwickelte sich die Arbeit im Gefängnis zu einem Full-Time-Job. Bei zwei Gruppensitzungen pro Woche war man ganz schön beschäftigt – man musste sich mit den Häftlingen auseinander setzen, man musste ihre Akten studieren und die jeweiligen Sitzungen nachbereiten; von der Hin- und Rückfahrt mal ganz abgesehen. Da blieb wenig Zeit für Gespräche mit Stacy.

Nach der Gruppe saß ich in seinem Büro und spielte lustlos mit einem u-förmigen Metallstab, an dem mehrere miteinander verbundene Metallringe auf und ab glitten. Wenn man sie auf eine bestimmte Weise drehte, sollten sie sich angeblich voneinander lösen. Es musste ein Scherzartikel sein. Es sah Stacy ähnlich, so etwas zu basteln. Ohne Metallschneider ließen sich die Ringe unmöglich voneinander trennen. »Deine Gruppe hat urplötzlich einen ungewöhnlichen Arbeitseifer entwickelt«, bemerkte er, während er seine Post sortierte.

»Meine Gruppe? Das müssen die Falschen sein«, verneinte ich kategorisch. »Ist das ein Scherz?«, fragte ich und hielt die Metallringe hoch.

Stacy runzelte die Stirn, ohne aufzuschauen. »Ein Scherz?«, sagte er. »Nein. Das ist ernst gemeint. Sie haben Arbeit in der Druckerei bekommen, jedenfalls drei von ihnen, und ein Vierter versucht es noch. Ich sitze in dem Ausschuss, der über die Bewerbungen für die Jobs entscheidet.«

»Davon rede ich nicht«, sagte ich. »Ich meine das hier.«

Stacy warf einen Blick in meine Richtung. »Soll das ein Witz sein?«

Ich zuckte mit den Schultern. »Ich habe eben nur auf einer Seite meines Gehirns Neuronen. Na und? Ist das vielleicht ein Verbrechen? Mein armes Hirn hat noch nie von räumlichen Beziehungen gehört. Weißt du, welche Leute mir wirklich verhasst sind? Solche, die von der Nord- oder Ostseite von Gebäuden sprechen, wenn man sie nach dem Weg fragt. Das sind für mich Sadisten. Passiert das zweimal, gibt's lebenslänglich ohne Bewährung.

Also«, fügte ich dann hinzu, »was hat das zu bedeuten, das mit den Jobs in der Druckerei?«

»Eins bedeutet es ganz sicher, nämlich dass einer bei dem Aufseher einen Stein im Brett hat und versucht, seine Kumpel unterzubringen«, sagte er. »Der Aufseher spricht die Empfehlungen aus, und der empfiehlt doch nicht zufällig ausgerechnet alle diese Leute.«

»Soll ich raten?«, sagte ich. »Jim Walker arbeitet in der Druckerei.«

»Du hast es erfasst«, erwiderte Stacy.

»Was hat das sonst noch zu bedeuten?«, fragte ich.

»Vielleicht gar nichts«, antwortete er. »Vielleicht ist es bloß ein leichter Job, und die Leute können den ganzen Tag rumsitzen und schwatzen, und deswegen wollen alle dort arbeiten.«

»Oder?«

»Oder sie führen irgendwas im Schilde«, sagte er.

»Und was zum Beispiel?«

»Was weiß ich?«, erwiderte Stacy. »Hast du das mit der Leiter gehört?«

»Ja.«

»Menschen im Gefängnis können sehr erfinderisch sein.«

»Es handelt sich um eine Druckerei, also haben wir es diesmal wahrscheinlich nicht mit einer Leiter zu tun ...«

»Vielleicht drucken sie ihren eigenen Gefangenenrundbrief«, sagte er und lehnte sich zurück. »Ich sehe schon die Schlagzeilen vor mir: ›Stacheldraht: Eine üble Sache, wie man sie auch dreht und wendet‹ oder ›Berufung bis in alle Ewigkeit: Leitfaden für Gitterbau mit Drehkern‹. Vielleicht lieber etwas nicht ganz so Technisches: ›Bundy: Ein All-Star zum Anfassen‹.«

»Jetzt bist du aber wirklich in der falschen Gruppe gelandet«, sagte ich. »Schon vergessen? Ich leite eine Gruppe für Sexualtäter. Wie wäre es mit: ›Wie ergattere ich einen Job in einem Schuhgeschäft: Leitfaden für Fußfetischisten‹ oder ›Die Wahl des richtigen und sicheren Staubsaugers‹.«

»Wieso Staubsauger?«, fragte Stacy.

»Das willst du gar nicht wissen«, antwortete ich. Ich überlegte. »Würde sich das alles draußen abspielen, würde ich mich an ihre Arbeitgeber wenden.«

»Wieso?«

»Weil Sexualtäter immer was im Schilde führen. Ich würde überprüfen, ob sie ihrem Arbeitgeber offenbart haben, dass sie Sexualtäter sind, und ich würde dafür sorgen, dass sie keinen Zugang zu Pornografie oder zu potenziellen Opfern erhalten.«

»Nein, nein«, sagte Stacy. »Wir sind hier im Gefängnis, nicht draußen. Hier greifen solche Entlassungsgründe nicht, und wenn irgendwas im Busch wäre – die Sicherheitsleute sehen es nicht gern, wenn herumgegammelt wird. Überlass ihnen die Sache.« Er sah mich forschend an; aus dem Nichts zauberte ich eine Unschuldsmiene hervor und setzte sie wie eine Maske vors Gesicht. Die Arbeit bei Gericht hat mich so manches gelehrt; wie man lügt, ohne den Mund aufzumachen, ist nur ein Beispiel.

»Ich meine es ernst, Michael«, sagte er. »Du weißt doch, diese Sicherheitsleute haben die Unterscheidung ›wir‹ und ›die da‹ verinnerlicht. Du und ich, wir beide sind in deren Augen nur ›Zivilisten‹. Ich bin seit zwanzig Jahren hier, und für die bin ich immer noch ein Zivilist. Und du? Du bist nur Teilzeitkraft auf Honorarbasis. Du spielst nicht mal in der Liga.«

»Ich habe ja nicht gesagt, dass ich etwas unternehmen werde«, erwiderte ich treuherzig.

»Dass du *nichts* unternehmen wirst, hast du aber auch nicht gesagt«, entgegnete Stacy.

»Bin ich blöd oder was?«, sagte ich. Stacy verdrehte die Augen und widmete sich wieder den Papieren auf seinem Schreibtisch. Eine Zeit lang herrschte Schweigen. Plötzlich schien etwas Stacys Aufmerksamkeit zu erregen.

»Oh«, sagte er, »das wird Gary gar nicht gefallen.« Aus seiner Stimme klang fast so etwas wie Furcht. »Die Gewerkschaft der Gefängniswärter ist der Ansicht, er habe eine zu schwere Disziplinarstrafe gegen einen Beamten verhängt. Es ist von einer Demonstration die Rede.«

»Wie hält er den Druck aus, wegen der Sache mit Clarence, meine ich?«, fragte ich beiläufig. Ich wusste, dass Gary auch zu Hause unter Druck stand, was Stacy nicht bekannt war, aber es lasteten schon genug Probleme im Gefängnis auf ihm, sodass die Frage gerechtfertigt schien.

»Willst du die Wahrheit wissen?«, sagte Stacy. »Ich glaube, er zeigt erste Anzeichen eines Burn-out-Syndroms. Dieser Mord ist die erste Sache seit Ewigkeiten, die er wirklich ernst nimmt. Er lässt Dinge einfach laufen, die er nicht laufen lassen dürfte, und wenn er dann doch mal interveniert, dann gleich wie ein Berserker. Ehrlich gesagt, hat die Gewerkschaft in dem Punkt Recht. Und es macht meistens wirklich keinen Spaß, mit ihm zusammenzuarbeiten. Er ist der reinste Wadenbeißer. Tut mir Leid, ich weiß, dass du ihn magst, aber hier im Haus tut das fast keiner mehr.«

Ich machte den Mund auf und schloss ihn gleich wieder. Averys Gesichtsausdruck, als er Gary neulich im Flur erblickte, stand mir plötzlich wieder vor Augen. »Was hat Avery eigentlich gegen ihn?«, fragte ich.

»Nichts Besonderes«, antwortete Stacy. »Nur dass Gary ihm nicht erlaubt hat, zur Beerdigung seines Bruders zu fahren, dem Bruder, der ihn nach dem Tod seines Vaters aufgezogen hat. Averys Mutter hatte sich schon lange vorher aus dem Staub gemacht.«

»Kriegen Häftlinge wegen solcher Anlässe sonst Hafturlaub?«

»Immer«, antwortete Stacy.

»Wieso hat Gary ihm dann keinen gewährt? Wusste er, dass der Bruder ihn aufgezogen hat?«

»Natürlich hat er das gewusst«, sagte Stacy. »Aber er hat auch gewusst, dass der Mord von einer rivalisierenden Gang verübt worden war, und er war sich nicht sicher, ob Avery die Gelegenheit nicht nutzen würde, um die Rechnung zu begleichen. Das hätte durchaus passieren können.«

Ich merkte, dass ich die ganze Zeit die Luft angehalten hatte. »Dann war es also richtig«, stellte ich fest.

»Es war vernünftig. Glaub mir, die meisten Gefängnisleiter hätten so entschieden. Aber es wäre sicher sehr viel geschickter gewesen, wenn er einen von uns zu Avery geschickt hätte, um ihm das mitzuteilen, statt ihm einen Brief zu schicken. Schließlich hatte der Mann seinen Bruder verloren. Gary hätte taktvoller sein können. Aber so geht es nun mal zu in Gefängnissen. Wir sind kein Kurhotel, wie die da oben sich gerne ausdrücken.«

Dem hatte ich nichts hinzuzufügen. In der Hälfte der Fälle verärgerte die Menschen nicht das, *was* man machte, sondern *wie* man es machte. Ich erinnerte mich an eine Untersuchung, bei der herauskam, dass die Chirurgen, die verklagt wurden, nicht diejenigen mit mangelnden chirurgischen, sondern diejenigen mit mangelnden kommunikativen Fähigkeiten waren. Aber was Stacy sagte, stimmte. Es wäre eine freundliche Geste gewesen, ein Mitglied des Personals zu Avery zu schicken, aber es war kein Muss.

Nur lag es in diesem speziellen Fall nicht an mangelnder kommunikativer Fähigkeit: Es lag an einem kleinen Mädchen mit Namen Aspasia, das Gary in den Wahnsinn trieb. Er hatte es mit Vernunft versucht, und er hatte es mit Erziehungsmaßnahmen versucht, und als beides nichts fruchtete, hatte er Aspasia quasi in Einzelhaft genommen. Danach war sein Repertoire erschöpft gewesen. So hatte sich diese Wut in ihm aufgebaut, und er ließ sie – wie man hörte – an den Mitmenschen in seiner Umgebung aus. Wütende Menschen waren weder taktvoll noch gerecht, und es machte auch keinen Spaß, sich in ihrer Nähe aufzuhalten – und sie begingen Fehler.

»Was willst du nun wegen der Sache mit der Druckerei unternehmen?«, fragte ich.

»Nicht das, was du denkst«, sagte Stacy. »Ich werde den Flur entlangspazieren und meinen Freund, den Chef, daraufhin ansprechen. Mal sehen, was er dazu meint.«

Nicht, dass ich es zugegeben hätte, aber Stacy hatte mich durchschaut. Ich wartete so lange, bis er gegangen war, dann machte ich mich selbst auf den Weg, weil ich etwas zu erledigen hatte.

»Ich bin seit dreiundzwanzig Jahren hier«, sagte der stattliche Mann und baute sich vor mir auf. »War mein ganzes Leben lang Drucker. Hatte meinen eigenen Betrieb, bevor ich hierher kam.« Rudolph war in den Sechzigern, hatte eine

Knollennase und einen mächtigen Bierbauch. Er mochte seine Arbeit und, wenn mich nicht alles täuschte, auch sein Bierchen nach Feierabend. Wir schlenderten durch den sporthallengroßen Raum, der jetzt leer war, und schlängelten uns zwischen den riesigen Maschinen hindurch, die wie stählerne Kohlköpfe aus dem Boden sprossen.

»Wir kriegen hier auch viele Aufträge von draußen rein«, sagte er. »Nicht nur von Haftanstalten. Und unsere Produkte sind genauso gut wie das, was sonst so üblich ist. Dabei haben wir nicht mal die beste Ausstattung. Manche unserer Maschinen sind so betagt wie ich.« Er lachte und tätschelte seinen Bauch. Diese Geste – Männer, die den eigenen Bauch tätscheln oder streicheln, als wäre er ein Schoßhündchen – hat mich schon immer verblüfft. Es war eine reine Männerangelegenheit. Frauen tun so etwas nie, egal wie dick sie sind.

»Wir flicken sie mit Seilen und Klebeband wieder zusammen. Wir behelfen uns eben, wie man sieht«, sagte er und tätschelte erneut seine Wampe.

Schweren Herzens riss ich mich vom Anblick dieser innigen Beziehung zu seinem Bauch los. »Was hat Sie hierher geführt?«, fragte ich. »Ich meine, wenn Sie früher einen eigenen Betrieb hatten. Ich frage aus purer Neugier.«

»Ich kenne mich aus im Druckereigewerbe«, sagte er. »Aber einen Druckereibetrieb zu leiten, dazu gehört heutzutage mehr als nur das Drucken. Allein die Scheißbuchführung hat mich schier umgebracht. Meine Frau ist mit eingestiegen, und das hätte uns beinahe entzweit. Wäre alles halb so schlimm, wenn der Staat nicht wäre. Heutzutage hat der Staat überall seine Finger mit drin.

Ich war mit meiner Weisheit am Ende, wachte nachts vor lauter Sorge auf, aber dann sah ich eine Anzeige in der Zeitung. Man suchte jemanden, der die Druckerei hier leiten sollte. Ich habe mir gedacht, da ich ja sowieso fast nur noch für den Staat arbeite, kann ich auch gleich ganz für ihn arbeiten. Soll sich doch der Staat den Kopf zerbrechen. Hier ist alles geregelt. Wenn die Arbeit getan ist, ist sie getan, wenn nicht, komme ich trotzdem rechtzeitig zum Abendessen nach Hause und kriege am Monatsende immer noch mein Gehalt.« Dann fügte er hinzu: »Aber wir schaffen die Arbeit. Besonders jetzt.«

»Warum besonders jetzt?«, fragte ich beiläufig. Ich hatte mich aus einem besonderen Grund mit Rudolph verabredet. Ich hatte ihm gesagt, dass ich als Honorarkraft im Gefängnis arbeitete und gerne mehr über die Jobmöglichkeiten für die Häftlinge erfahren würde.

»Ich habe eine gute Mannschaft«, sagte er. »Die beste seit Jahren. Vielleicht die beste, die ich je hatte. Und ich habe einen dabei, der bringt die Maschinen zum Laufen, was bei so überaltetem Gerät kein geringes Problem ist. Drückt man dem Mann Klebeband und einen Schraubenzieher in die Hand, ich wette, der könnte jeden Spaceshuttle reparieren.«

»Wer ist dieser Mann?«, fragte ich, obwohl ich es mir längst denken konnte.

»Der Bursche heißt Jim Walker«, antwortete er lächelnd. »Sein Vater war Maschinenschlosser. Der Junge ist praktisch in einer Maschinenhalle groß geworden. Er sagt, er sei schon immer vernarrt in Maschinen gewesen. Er wäre auch in die Fußstapfen seines Vaters getreten, aber der wollte, dass sein Junge Jura studiert. Jim meint, er hätte nie gern als Anwalt gearbeitet. Hier fühle er sich wie zu Hause, mehr als sonst wo in den letzten fünfzehn Jahren. Ich will Ihnen was sagen: Seine Arbeit, die hat dem Staat einen Haufen Geld gespart. Interessiert sowieso keine Sau, aber wenn er Prozente von dem kriegen würde, was er dem Staat eingespart hat, dann würde er mit einem hübschen Sümmchen hier rausgehen.«

Ich schluckte schwer, aber ich verkniff mir eine direkte Erwiderung. »Vielleicht sehen Sie sich gelegentlich mal seine Gerichtsakte an«, sagte ich kühl. »Dann wissen Sie zu würdigen, was er durchgemacht hat.«

»Er hat mir viel erzählt«, sagte er und senkte dabei die Stimme, obwohl ich nicht nachvollziehen konnte, warum. Wir befanden uns in einem Raum von der Größe eines Footballstadions, und es schien kein Mensch in Hörweite zu sein. »Über seinen Vater, der starb, als der Junge zwölf Jahre alt war. Eine schwere Last für einen Jungen, für seine Geschwister sorgen zu müssen.«

Ich nahm mir vor, Jims Herkunft zu überprüfen – um zu sehen, ob etwas dran war an dem, was er Rudolph erzählt hatte. Abgesehen davon, dass er mal zwölf Jahre alt gewesen war.

Ich schaute auf die Uhr und unterbrach abrupt. Ich hatte Stacy erzählt, dass ich heute früher zur Gruppe gehen würde, um meinen Wissensrückstand bezüglich der Gerichtsakten aufzuholen. Das war nicht gelogen, nur ein ganz klein bisschen. Ich hatte mir wirklich vorgenommen, die Akten zu lesen; vorher aber hatte ich diesen kleinen Umweg gemacht. Die Druckerei befand sich ohnehin im selben Gebäude wie der Gruppenraum. Jetzt aber lief mir die Zeit davon, und ich musste mich rasch entschuldigen und losrennen – nun ja, losrennen war wohl nicht ganz das richtige Wort.

Ich hatte das Gefühl, dass ich mehr hätte fragen sollen – irgendwas ratterte in meinem hyperaktiven Unterbewusstsein und versuchte, an die Oberfläche zu gelangen –, aber deswegen zu spät zur Gruppe zu kommen, war die Mühe nicht wert. Die Männer würden in ihren Zellenblöcken herumstehen, bereit loszugehen, würden hin und her laufen und sich aufregen. Die Beamten durften sie erst zur Gruppe schicken, wenn die Lautsprecheransage erfolgt war, also standen auch sie nur herum und warteten. An einem Ort, wo zahlreiche Leute ohnehin die meiste Zeit genervt sind, würde das den Stressfaktor nur unnötig erhöhen.

Ich schlurfte an der Schweißerei und der Holzwerkstatt vorbei, kam zu den Seminarräumen und gelangte schließlich zu dem Besprechungszimmer, das wir als Gruppenraum benutzten. Es befand sich am anderen Ende des Gangs, und normalerweise brauchte man für die Entfernung keine Ewigkeit, aber angesichts meiner langsamen Bewegungen kam es mir beinahe so vor.

Ich bat um die Durchsage, und nur wenige Minuten später trudelten die Häftlinge ein – alle außer Jim. Wir warteten noch ein paar Minuten, fingen dann aber mit der Sitzung an; die Regel besagte, dass die Teilnehmer sofort zu erscheinen hatten und man nicht abwartete, bis sich alle eingefunden hatten. Wir befanden uns in einem Gefängnis, da brauchte man sich keine Gedanken um Verkehrsstaus zu machen.

Kaum hatten wir mit den Layouts angefangen, hörten wir draußen auf dem Gang Schritte. Terrance, der jüngste Sexualtäter in der Gruppe, wurde nervös, unterbrach mitten in seinem Layout und sah zur Tür. Ich musste unbedingt mit Stacy über Terrance reden. Er war von Woche zu Woche unruhiger geworden, was sehr seltsam war. Menschen, die neu in die Therapie kamen, waren meist nur anfangs verängstigt und stabilisierten sich im Laufe der Zeit. Bei Terrance war es genau umgekehrt. Seine Miene war angespannt, und er fummelte an seinem Ohrring herum. Verglichen mit dem Jungen, der vor ein paar Wochen in den Raum geschlendert war, schien er jetzt ein vollkommen anderer Mensch zu sein.

Die Tür öffnete sich, und Jim trat ein. Statt sich auf seinen Platz zu setzen, kam er schnurstracks auf mich zu, ohne die anderen auch nur anzusehen. Er beugte sich vor und raunte mir ins Ohr: »Könnte ich Sie einen Moment sprechen, Michael? Es ist wichtig.«

Ich sah Jim an und dann die anderen Gruppenteilnehmer. Erst hatte Avery Eileen eine Nutte genannt, und jetzt das hier. Für mein Empfinden steckte die gleiche Absicht dahinter, nur waren es zwei verschiedene Methoden, die Gruppenleiterin anzumachen.

»Nein«, sagte ich in normaler Lautstärke, auch wenn die Gruppe jedes Flüstern verstanden hätte; alle hatten die Ohren gespitzt. »Wir befinden uns mitten in einer Gruppensitzung, Mr. Walker. Wenn es sich um einen Notfall handelt, bei dem es um Leben und Tod geht, würde ich die Sitzung kurz unterbrechen. Aber es müsste schon etwas sein, das absolut keinen Aufschub duldet und nicht bis nach der Gruppe warten kann. Und außerdem sollte es etwas sein, das nur *ich* erledigen kann. Andernfalls wenden Sie sich an den Sicherheitsdienst ein paar Türen weiter, die können einen Arzt rufen oder was auch immer. Falls es also nicht derart wichtig ist, nehmen Sie bitte Platz.«

Jim zögerte, zuckte dann mit den Achseln. »Ich dachte nur ...« Er sah meinen Gesichtsausdruck und unterbrach sich. »Schon gut«, sagte er und ging zu seinem Platz. Ich warf einen Blick in die Runde und sah zu meinem Erstaunen Bestürzung in fast allen Gesichtern. Terrance dagegen wirkte geradezu erleichtert. Avery verzog überhaupt keine Miene. Er blickte stur geradeaus, ohne irgendeine Regung zu zeigen.

Die Bestürzung in den Gesichtern verblüffte mich. Warum waren die Männer so betroffen darüber, dass ich nicht mit Jim sprechen wollte? Wusste er tatsächlich etwas, und wenn ja, wie hatten sie dann davon erfahren und warum sollte sie das etwas angehen? Diese Gruppe wurde mir von Minute zu Minute unheimlicher.

Für eine Meinungsänderung war es zu spät, und eine private Unterredung mit einem Sexualtäter, während gleichzeitig die Gruppensitzung lief, war viel zu riskant. Ich ließ es dabei bewenden, aber mir war bewusst, dass ich hier in etwas hineingeraten war, das ich nicht begriff. Diese Gruppe war einfach nicht so wie andere Gruppen, die ich geleitet hatte. Oberflächlich betrachtet lief alles glatt, aber ich hatte immer den Eindruck, dass keiner der Anwesenden die Therapie ernst nahm, außer der arme Terrance. Anfangs schien er wirklich interessiert gewesen zu sein, aber jetzt verhielt er sich wie ein einbeiniges Kaninchen in einem Raum voller Krododile.

Die Layouts waren beendet, und wir wollten gerade zum nächsten Punkt der Tagesordnung übergehen, als sich Jim plötzlich einmischte. »Ist doch alles nur dummes Gequatsche«, sagte er.

»Setzen Sie sich, Mr. Walker«, erwiderte ich ruhig.

»Sie merken doch auch, dass das alles nur dummes Gequatsche ist«, sagte er zu mir. »Tut nicht so, Männer. Ihr nehmt das nicht ernst.« Im ersten Moment war ich baff, und ich konnte nicht antworten. Er sprach genau das aus, was ich eben gedacht hatte. »Ich weiß nicht mal, warum ich überhaupt hier bin. Gut, sagen wir, ich hätte getan, was man mir vorwirft. Zumindest waren es erwachsene Frauen, keine kleinen Kinder.« Jim hatte angefangen, auf und ab zu gehen. »Ich bin nicht so ein Perverser wie manche von euch. Und ich habe auch niemanden mit einem Messer bedroht. Was kann daran schlimm sein: ein bisschen Sex im Tausch für die Arbeit an einem Fall? Was wäre passiert, wenn ich die Fälle nicht angenommen hätte?« Alle starrten ihn an, aber keiner antwortete.

»Sie besaßen nicht genug Geld. Sie konnten mein Honorar nicht in voller Höhe bezahlen. Glaubt ihr vielleicht, andere Anwälte hätten diese blöden, verworrenen Sorgerechtsfälle umsonst übernommen? Da macht ihr euch was vor.« Er ging jetzt hinter der Stuhlreihe entlang und bewegte sich auf das Ende zu, wo Avery saß. Die anderen Häftlinge drehten sich alle zu ihm um, außer Avery, der nie den Kopf wandte. Vielleicht fasste er das als einen Affront auf, denn als Jim an Avery vorbeikam, sagte er: »Welcher echte Kerl muss schon ein Messer benutzen, um eine Frau rumzukriegen? Für mich ist der ein echter Kerl, den die Frauen drum bitten!«

»Mr. Walker«, sagte ich streng, wurde aber von Averys Stimme übertönt.

»Sprichst du von mir, Jim, mein Junge?« Mein Herz raste. Es war schon vorgekommen, dass die Teilnehmer einer Gruppe aufeinander losgingen. »Schreiten Sie ein«, sagte Avery zu mir, »sonst muss ich es tun.«

Ich fing an, auf Jim einzureden; ausnahmsweise musste ich Avery mal Recht geben. Jim ging immer noch durch den Raum und befand sich, als Avery sprach, fast hinter meinem Stuhl. Ich wollte mich gerade ganz umdrehen, um ihn im Auge zu behalten, als mir etwas auffiel: Jims Lippen waren nicht schmaler geworden. Seine Miene war wütend, das ja, er fuchtelte mit den Armen und stampfte mit den Füßen, aber seine Lippen waren nicht schmaler geworden. Wenn Menschen wütend sind, werden ihre Lippen schmal – man weiß nicht, warum, aber es ist so. Es hat etwas mit Muskelkontraktion und dem Kapillareffekt zu tun. Der Rest lässt sich vortäuschen: der wütende Gesichtsausdruck, das Auf- und abgehen, das Armgefuchtel, die Schimpfwörter. Alles lässt sich vortäuschen, nur nicht die Lippenveränderung.

Für den Bruchteil einer Sekunde hatte ich die Wahl: entweder zuzulassen, dass Jim hinter mich trat, oder der Gruppe den Rücken zuzukehren. Beides auf einmal ging nicht.

Ich entschied, dass alles, wozu Jim mich nötigen wollte, auf jeden Fall das Falsche war, und Jim wollte, dass ich der Gruppe den Rücken zukehrte. Sofort wandte ich mich wieder an die Gruppe und sagte mit fester Stimme: »Setzen Sie sich, Mr. Walker. Auf der Stelle. Oder Sie fliegen raus.«

Jim stand unmittelbar hinter mir; ich spürte, wie sich meine Nackenhaare sträubten. Der Impuls, sich umzudrehen, war geradezu überwältigend. »Sie kommen hier jede Woche her«, sagte er, »und glauben, hier würde was abgehen. Gar nichts geht hier ab, was auch nur im Geringsten etwas mit Therapie zu tun hätte.« In seiner Stimme lauerte wieder jener Unterton, der Unterton, den ich schon einmal vernommen hatte, vor einigen Tagen, als ich genau wusste, dass Jim die Wahrheit sagte.

»Irgendwas geht hier vor«, sagte ich leise. »Und ich bin mir ziemlich sicher, dass es nichts mit Therapie zu tun hat.«

Im ersten Moment herrschte Schweigen, dann ging Jim weiter, strebte zielsicher seinem Platz zu. Innerlich stieß ich einen Seufzer der Erleichterung aus, als Jim wieder in mein Blickfeld geriet. Das Fuchteln mit den Armen und das Rumgezeter setzten sich fort, aber die Luft war raus. Er ließ sich geräuschvoll nieder und verschränkte die Arme vor der Brust. »Alles nur Gequatsche«, lautete sein abschließender Kommentar.

»Noch jemand, der hier was Ähnliches abziehen will?«, fragte ich. Erneutes Schweigen.

»Äh«, meldete sich Leroy Warner, »was meinen Sie, besteht die Möglichkeit, dass Eileen wieder zu uns kommt?« Alle lachten, sogar Jim und Avery. Alle außer mir – und Terrance.

10

Den ganzen Tag über musste ich an die Gruppe denken. Auch am nächsten Tag spukte sie noch in meinem Kopf herum, ich wurde sie einfach nicht los, und schlau wurde ich schon gar nicht aus ihr. Einigermaßen abgelenkt machte ich mich auf den Weg zu Aspasias Zimmer; sie hatte gerade Besuch von der vierzehnjährigen Kimberley Dent. Den Kontakt zwischen den beiden verbuchte ich als den Start eines neuen Programms – »Von Kind zu Kind« –, in dem Kinder mit chronischen Krankheiten sich gegenseitig kennen lernen konnten. Ich verschwieg den beiden allerdings, dass nur ein einziges Paar an diesem Programm teilnahm.

Kimberley gegenüber verschwieg ich auch, dass Aspasia ihre Diabeteserkrankung nicht akzeptieren wollte. Kimberley sollte ihr keine Strafpredigt halten, wozu selbst Vierzehnjährige neigen, wenn sich die Gelegenheit bietet. In dem Alter wissen Kinder ohnehin alles besser, und Toleranz ist ihnen fremd. Ich hatte eher eine Art Rollenvorbild im Sinn, keine Belehrung mit erhobenem Zeigefinger nach Art der Erwachsenen. Während ich also Kimberleys Mutter die ganze Geschichte erzählte, sagte ich Kimberley und Aspasia bloß, dass sie beide Sport trieben und vielleicht noch andere Gemeinsamkeiten entdecken würden. Kimberley gegenüber erwähnte ich wahrheitsgemäß, dass das Thema Diabetes noch neu für Aspasia sei und dass der Kontakt zu jemandem, der die Krankheit schon länger hatte und entspannter damit umging, ihr vielleicht ganz gut tun würde.

Dem äußeren Anschein nach verstanden sich die beiden einigermaßen. »Hier ist meine E-Mail-Adresse«, sagte Kimberley und gab Aspasia einen Zettel. »Sag Bescheid, wenn du entlassen wirst.« Ah, ja, die erste Generation, die mit der elektronischen Post groß geworden ist. Ein beängstigender Gedanke.

Als sie gegangen war, ließ ich mein mitgebrachtes Buch auf Aspasias Bett fallen. »Ein Geschenk«, sagte ich.

Sie nahm es. »Was ist das?« Aspasia hatte ihre normale Gesichtsfarbe wiedergewonnen. Sie war sogar aufgestanden und lief herum und war fast so weit, dass sie nach Hause gehen konnte. Ein Erwachsener hätte gerade mal im Bett sitzen können.

»Es ist über Griechenland«, antwortete ich. »Um die Zeit, als Aspasia lebte.« Sie betrachtete das Foto des Parthenon auf dem Umschlag. »Den hat ihr Geliebter errichtet, genauer gesagt, errichten lassen. Den Tempel und fast alles andere, was man heute am alten Griechenland so großartig findet.«

»Und?«, fragte sie.

»Nichts und«, sagte ich. »Ich finde es nur interessant.«

»Was soll daran interessant sein?«

»Ich meine Aspasia«, erklärte ich. »Sie war ein interessanter Mensch. Das verstehst du nicht.« Ich setzte mich auf die Bettkante. »Zu ihren Lebzeiten blieben die Frauen zu Hause, jedenfalls die verheirateten Frauen. Sie durften nicht an den olympischen Wettkämpfen teilnehmen, durften sich die Spiele nicht einmal ansehen. Es war bei Todesstrafe verboten. Sie hatten kein Stimmrecht. Sie durften nicht zu Freunden zum Essen gehen. Sie durften nicht nach draußen. Sie konnten nicht lesen und nicht schreiben. Wenn es damals schon das Kino gegeben hätte, hätten sie sich keine Filme ansehen dürfen. Und wenn es damals schon Computer gegeben hätte, hätten sie auch die nicht benutzen dürfen. Sie blieben zu Hause. So war das.

Das heißt, zu Hause blieben die angesehenen Frauen. Die einzigen, die irgendwelche Freiheiten besaßen, waren die

Kurtisanen. Die anstößigen Frauen, die nicht heirateten und die mit Männern zusammenlebten. Manche wurden dafür bezahlt, dass sie mit Männern schliefen. Manche waren sehr gebildet.«

»Sie meinen Prostituierte«, sagte Aspasia ungläubig. »Sie war eine Prostituierte.«

»Das nicht gerade«, erwiderte ich. »Sie war eine Freigeborene aus Milet, und sie war die Mätresse von Perikles, der Athen praktisch vierzig Jahre lang regierte. Sie war lustig und klug, und Sokrates, einer der größten Philosophen der Weltgeschichte, suchte sie auf und hörte sich an, was sie über Politik und die Kunst der öffentlichen Rede zu sagen hatte. Männer, die der Ansicht waren, Frauen seien strohdumm, kamen und wollten von Aspasia lernen. Es war nicht gerade leicht damals, jemanden davon zu überzeugen, dass man eine Frau auch ernst nehmen kann.«

Aspasia hatte das Buch aufgeschlagen und blätterte gelangweilt darin herum. »So was Blödes«, sagte sie. Ich wusste nicht, was genau sie meinte. »Ich wurde nicht nach ihr benannt. Von dieser Aspasia habe ich noch nie gehört.«

»Du bist nach deiner Tante benannt worden«, sagte ich. »Aber irgendjemand in der Vergangenheit – deine Tante oder jemand aus noch früherer Zeit – wurde nach dieser Frau benannt, denn dieser Name fiel ja nicht einfach so vom Himmel. Und du trägst also ihren Namen, und in einem Namen steckt auch Magie.«

»Das ist doch Blödsinn«, sagte sie. »Ein Name bedeutet überhaupt nichts.«

»O doch, er bedeutet sehr wohl etwas«, erwiderte ich. »Ein Name appelliert an den Geist der Person, die ihn ursprünglich getragen hat. Und du hättest dir keinen besseren Begleiter aussuchen können.« Aspasia blickte nicht auf. Ich holte tief Luft. »Das Besondere an ihr war«, sagte ich leise,

»dass sie die Karten ausspielte, die man ihr gab. Sie machte etwas daraus. Dabei hatte sie wirklich schlechte Karten erwischt. Sie jammerte nicht rum oder verplemperte ihre Zeit und beschimpfte die Götter. Sie nahm die Karten, die man ihr reichte, und spielte damit.«

Aspasia klappte das Buch zu. »Sie kapieren gar nichts«, sagte sie.

»Dann erklär's mir«, erwiderte ich. »Wo ist das Problem?«

»Sie kapieren kein bisschen.« Sie hielt inne. »Die Diabetes kriegt mich nicht unter«, sagte sie. »Dafür bin ich zu stark. Die wird mich nicht besiegen.« Schweigen.

»Gut«, sagte ich. »Willst du raus?«

»Was?«

»Deine Eltern und die Ärzte haben erlaubt, dass ich mit dir nach draußen gehe. Hast du Lust, einmal um den See zu spazieren?«

Sie sah mich verunsichert an. »Muss ich dann darüber reden?«

»Was gibt's da groß zu bereden?«, sagte ich. »Es ist deine Sache, was du machst. Ich biete dir nur an, aus dem Krankenhaus rauszukommen.«

»Gut«, sagte sie und stand auf. »Ich muss mich nur noch anziehen.«

»Ich melde uns schon mal ab«, erklärte ich und ging.

Der See lag ein paar Kilometer entfernt, deswegen gingen wir zuerst zum Parkplatz, wo mein Wagen stand. Aspasia sagte kein Wort beim Hinausgehen, ich dagegen plapperte munter weiter, damit die Verlegenheit nicht zu groß wurde. Als wir beide im Auto saßen, schnallte ich mich an, verschränkte die Arme vor der Brust und sagte: »Spring an, Auto.«

Aspasia sah mich verblüfft von der Seite an; dann blickte

sie auf das Armaturenbrett, als wäre sie sich nicht sicher, ob das Auto nicht tatsächlich anspringen würde. Ich wiederholte: »Spring an, Auto. Ich habe dir gesagt, du sollst anspringen.«

»Was soll das?«, fragte sie.

»Das Auto soll anspringen«, sagte ich. »Ich habe ihm gesagt, es soll anspringen.«

»Sie müssen den Zündschlüssel herumdrehen«, sagte sie. »Was ist los mit Ihnen?«

»Dazu bin ich zu stark«, antwortete ich. »Das Auto kriegt mich nicht unter.« Ich stieg aus und trat gegen die Reifen. »Spring an, verdammt noch mal!«, schrie ich. Ein Mann, der zu seinem eigenen Auto ging, blieb stehen und starrte mich an.

Aspasia stieg aus, sah, dass der Mann guckte, und sagte: »Michael, hören Sie auf.«

Ich trat nur noch heftiger gegen die Reifen. »Das Auto soll tun, was ich sage.« Ich schlug mit der flachen Hand auf die Karosserie, dann schüttelte ich die Hand aus. »Aua!«, sagte ich. »Scheiß-Karre.«

»Michael«, sagte Aspasia. »Wenn Sie nicht aufhören damit, gehe ich zurück ins Krankenhaus.«

»Steig ein«, sagte ich, stieg ruhig ins Auto und ließ den Motor an. Ich sagte kein Wort und fuhr vom Parkplatz herunter, Richtung Straße.

Aspasia drehte sich um. Der Mann war in unsere Parklücke getreten und sah uns hinterher. Aspasia wandte sich wieder nach vorn. »Sie sind komisch, Michael«, sagte sie.

»Ja. Wer so was macht, der muss komisch sein«, erwiderte ich.

Danach versank Aspasia in Schweigen, und ich nahm wieder mein Geplapper auf, nur damit sie Gelegenheit zum Nachdenken hatte. Ich brabbelte und brabbelte während der ganzen Fahrt zum See über und tat so, als würde mir ihr Schweigen nicht auffallen.

Wir hatten den See zur Hälfte umrundet, als das Gehen zu einem Martyrium wurde. Das Baby beschloss ausgerechnet jetzt, sich auf seinen Lieblingsnerv zu legen, und jedes Mal gab es dabei einen so stechenden Schmerz, dass mir der Schweiß ausbrach. Ich konnte nichts machen, nur warten, dass der Schmerz nachließ. Das ständige Losgehen und Stehenbleiben konnte einen ganz schön frustrieren.

»Sollen wir uns nicht hinsetzen?«, fragte Aspasia. »Oder müssen Sie schnell zurück?«

Ich lachte. Sie hörte sich wie eine vernünftige erwachsene Frau an, während ich mich wie ein ungeduldiges Kind benahm. Wir setzten uns, und ich stieß einen Seufzer der Erleichterung aus.

»Also«, fragte ich, »wie kommst du mit deinem Vater zurecht?«

»Ganz gut«, sagte Aspasia vorsichtig, hob einen Zweig auf und zeichnete damit im Dreck herum.

»Von wegen«, erwiderte ich. »Jetzt sag mir, was du wirklich von ihm hältst.«

»Ich hasse ihn«, sagte sie ernst. Sie hielt inne. »Werden Sie ihm das sagen?«

»Nein«, antwortete ich. »Ich würde ihm niemals weitersagen, was du mir erzählt hast, außer wenn Gefahr für sein Leben bestehen würde. Außerdem weiß er es längst selbst. So wie sich dein Vater aufführt, kann es kaum ausbleiben, dass du ihn hasst.«

»Er meint, er würde mir helfen«, sagte Aspasia. Wenn ich ihn schon nicht verteidigte, musste sie es selbst übernehmen. »Ich weiß, dass er mich liebt.«

»Das auch«, pflichtete ich ihr bei. »Aber es hilft dir nicht weiter, wenn er dir ins Gesicht brüllt.«

»Er steht in der Arbeit unter großem Druck«, erklärte sie.
»Stimmt«, sagte ich. »Er weiß nicht, wie er sich zu Hause verhalten soll, und in der Arbeit weiß er im Moment auch nicht weiter. Aber dann sollte er sich wenigstens zu Hause geschlagen geben und eingestehen, dass er mit seinem Latein am Ende ist. Aber das ist vielleicht zu viel verlangt von deinem Vater. Er ist ein Dickkopf – nicht, dass er der einzige in eurer Familie wäre«, fügte ich trocken hinzu.

Aspasia schwieg. Das Licht auf dem See vor uns erzeugte einen strahlenden, fast blendenden Glanz. »Was Aspasia wohl dazu gesagt hätte?«, überlegte ich und wies auf den See. »Wie kann etwas so Wunderschönes gleichzeitig so unbekümmert sein? Dem See ist es egal, ob wir beide leben oder tot sind.«

Aspasia blickte auf, dann sah sie mich an. Sie schien verwirrt, aber sie sagte nichts. Nicht viele Elfjährige machen sich Gedanken über Seen.

»Redest du manchmal mit ihr?«, fragte ich. Der Schmerz und das weiße Licht auf dem See hatten eine starke Wirkung auf mich, und ich muss gestehen, ich hob ein bisschen ab.

»Mit wem?«

»Mit Aspasia«, antwortete ich. »Es würde mich interessieren, was sie zu all dem zu sagen hätte.«

»Sie sind ja total abgedreht, Michael. Man kann doch nicht mit Geistern reden. Außerdem gibt es so was gar nicht.«

»Wirklich nicht?«, sagte ich. »Jung hat mit Geistern gesprochen, und er war einer der bedeutendsten Psychologen. Die Menschen suchten seinen Rat.«

Ich wandte mich ihr zu, um zu sehen, wie sie das alles aufnahm, und für einen Augenblick sah ich, wie in einer Blitzlichtaufnahme, das Bild einer älteren Frau, mit denselben Augen, das Gesicht schmaler und der Körper ohne die leichte Geschmeidigkeit, die uns Jugend signalisiert. Unmittelbar danach sah ich sie viel jünger, als Kind im Vorschulalter, mit einem Leuchten im Gesicht, wie es nur Kinder haben können.

So etwas passiert mir manchmal. Ich sehe eine Person in allen ihren Lebensphasen auf einmal, nicht nur in einer einzigen. Aspasia war nicht mehr nur die Elfjährige, die neben mir saß, sie war auch die Fünfundvierzigjährige, die sie einst sein würde. Sie war alles zusammengenommen, und manchmal verlor ich aus den Augen, wie jemand zum gegenwärtigen Zeitpunkt aussah. Ich hatte noch nie jemandem davon erzählt. Dem gegenüber aufgeschlossen zu sein, war selbst von einem Kind zu viel verlangt, und Kinder haben einen weiteren Horizont als die meisten Erwachsenen.

»Außerdem«, sagte ich, »braucht man jemanden in seinem Kopf, mit dem man das ganze Zeug bespricht. Wie soll man sich sonst über alles klar werden?«

Wieder trat Schweigen ein. Aspasia hatte bisher nur gehandelt und nicht überlegt. Sie hatte mit niemandem irgendwas besprochen und war sich über nichts im Klaren, das war eindeutig.

»Michael«, sagte sie leise, »ich hasse Diabetes.«

»Das ist verständlich«, sagte ich. »Es nervt.«

»Es ist zum Kotzen«, ergänzte sie.

»Zugegeben«, sagte ich. »Deswegen stößt du die Leute so vor den Kopf. Keiner versteht, warum du der Diabetes so viel Macht über dich gibst.« Ich zuckte zusammen. »Ich kann es nicht ausstehen, wenn etwas Macht über mich hat. Du sagst, ich sei abgedreht. Sieh dich doch selbst an. Du machst aus einer Mücke einen Elefanten, das ist doch wohl noch viel abgedrehter.«

»Was meinen Sie damit?«, sagte sie. »Ich gebe ihr überhaupt keine Macht.«

»Du gibst ihr die Macht, dass sie dich ins Krankenhaus bringt«, erklärte ich. »Normalerweise schafft das Diabetes nicht allein. Für so etwas Aufwändiges braucht sie viel Unterstützung von deiner Seite.«

Wieder trat Schwiegen ein. »Ich tue doch gar nichts«, sagte Aspasia trotzig. Und dann, etwas leiser: »Ich werde nichts tun.«

»Und niemand kann dich dazu zwingen«, sagte ich. »Mach dir also deswegen keine Sorgen. Wenn du meinst, sie würden dich dazu zwingen, dann tu's nicht. Niemand kann einen anderen Menschen zwingen, etwas zu tun. Es liegt allein bei dir.« Ich stand auf. »Wird langsam Zeit, dass sich dieser Zweitonner in Bewegung setzt. Komm, wir fahren zurück.«

Aspasia runzelte die Stirn; sie wirkte verunsichert, so als wäre unser Gespräch nicht wirklich zu Ende geführt worden – und genau an dem Punkt wollte ich es fürs Erste belassen.

Gemütlich zockelte ich zu meinem Büro in der psychiatrischen Abteilung, nachdem ich Aspasia abgesetzt hatte. Geschwindigkeit jeder Art war nur noch als blasse Erinnerung vorhanden. Warum gab es eigentlich noch keinen Bluessong darüber? *Du hast einen Waschbrettbauch, Honey, meiner ist die reinste Waschwanne.* Ich kam an einer Ecke vorbei, die ich sonst immer im Laufschritt genommen hatte, und ging vorsichtig die Treppe hinunter. *Du bist ein Häschen, Baby, und ich ein alter, klappriger Lastwagen.*

Der Song half nur wenig. Ganz unerwartet liefen mir Tränen über die Wangen. Zu blöd. Mein Zustand war doch nur vorübergehend. Erfasste mich eine hormonelle Flutwelle, dass ich mich wie ein Schwachkopf benahm? Eins stand fest: Meine Reaktion auf die Schwangerschaft versprach fürs Älterwerden nichts Gutes.

Die Tür zu meinem Büro stand offen, und zu meiner Überraschung saß Carlotta im Schneidersitz auf meinem Sofa und las. Sie trug eine dreiviertellange Sporthose und ein gestreiftes ärmelloses Seidenhemd. Ich hatte gedacht, diese Hosen wären seit zwanzig Jahren aus der Mode, aber wenn Carlotta sie anhatte, mussten sie wieder »in« sein. Ich lächelte und schleppte mich ins Zimmer. Mit einer alten Freundin zu ratschen war sehr viel unterhaltsamer, als über ein paar zusätzliche Pfunde zu stöhnen und zu jammern.

»Adam hat mir gesagt, dass du noch hier bist«, erklärte sie und schaute auf. »Es gibt schon reichlich komische Frauen auf dieser Welt«, fuhr sie fort und hielt mir *Mörderische Liebesbeziehungen* entgegen, ein Buch über Frauen, die sich in Psychopathen verliebt hatten. Ihre Stimme klang vergnügt, aber ihre Augen sagten etwas anderes. Es lag etwas in ihnen, das keineswegs Vergnügtheit war.

»Kranke Seelchen, wo man auch hinschaut«, entgegnete ich. »Nicht nur Frauen. Die Männer, mit denen sie sich einlassen, sind auch nicht gerade die Harmlosesten unter den Spinnern.

Das ist doch sonst nicht deine Lektüre«, fügte ich hinzu, ließ mich in meinen Schreibtischstuhl plumpsen und legte die Füße aufs Sofa. Als Rechtsanwältin hatte Carlotta gelegentlich mit Fällen von Kindesmissbrauch und Vergewaltigung zu tun, aber die regten sie immer furchtbar auf. Angesichts ihrer Ruhe und ihres wirkungsvollen Auftretens im Gerichtssaal hätte man das nie gedacht, aber in Wirklichkeit hatte sie Albträume deswegen. Normalerweise las sie keine Bücher über abweichendes Sexualverhalten, wenn es nicht unbedingt sein musste.

»Ich versuche nur, mir über Hank klar zu werden«, sagte sie, stand auf und schloss die Tür. »Zum Glück ist er wenigstens kein Psychopath. Es könnte schlimmer sein.«

Ich war sofort aufs Höchste alarmiert, und die kalte Wut packte mich. Wenn dieser Mann meiner ältesten Freundin auch nur ein Haar gekrümmt hatte ...

»Darum geht es nicht«, sagte Carlotta, die mein Gesicht sah, als sie sich umdrehte. »Hör mir zu. Ich muss mit jemandem reden.«

Wieder setzte sie sich im Schneidersitz aufs Sofa. »Hank ist Transvestit«, platzte sie heraus.

»Wow«, entfuhr es mir. »Das kann nicht dein Ernst sein.« Ich schwieg für einen Moment und versuchte es zu begreifen. Hank war Richter und seit ungefähr einem Jahr Carlottas fester Freund. Er war beinahe zwei Meter groß und vom Typ her der Marlboro-Mann. Im Damenslip und mit Büstenhaltern konnte man ihn sich kaum vorstellen. Ob er wohl schwarze Spitze unter seiner Richterrobe trug?, fragte ich mich, aber ich beschloss, lieber keine Witze zu reißen. Carlotta war nicht nach Witzen zu Mute, das konnte ich sehen.

»Wie hast du es herausgefunden?«

»Ich habe ihn erwischt.« Carlotta trank einen Schluck von ihrem Kaffee und stierte in die Tasse, als wollte sie den Kaffeesatz lesen. »Er hatte irgend so ein rosa Glitzerzeugs von mir an. Ich prustete sofort los, ohne zu überlegen. Im ersten Moment dachte ich, es sei ein Scherz.«

»Wohl kaum«, sagte ich.

»Ich komme mir ziemlich mies vor.«

»Wieso kommst du dir mies vor? Was hast du gemacht?«

»Eigentlich sollte es egal sein, was er anhat ... aber es ist nicht egal.« Sie stöhnte und lehnte sich zurück. »Seitdem habe ich keinen Orgasmus mehr mit ihm erlebt. Eigentlich möchte ich von ihm nicht mal mehr angefasst werden. Jedes Mal, wenn er es versucht, habe ich diesen rosa Fummel vor Augen. Er sah einfach nur lächerlich darin aus. Eigentlich darf man so was gar nicht sagen. Nicht mal denken darf man so was.«

»Warum nicht?«

»Es kommt mir ein bisschen oberflächlich vor.«

»Bricht jetzt wieder deine politisch korrekte Ader durch? Nicht zu fassen. Ich bitte dich, Carlotta. Du weißt doch genauso gut wie ich: Man kann sich aussuchen, mit wem man schläft, aber mit wem man gerne schlafen würde, das kann man sich nicht aussuchen. Keiner kann sich das aussuchen.« Ich hörte die Leidenschaft in meiner eigenen Stimme. Carlotta gegenüber war ich immer grundehrlich gewesen, und ich konnte es nicht leiden, wenn sie sich selbst runtermachte.

»Er behauptet, wenn ich ihn nur richtig lieben würde, dürfte es mir nichts ausmachen. Er hat Recht. Es dürfte mir nichts ausmachen.«

»Wenn ich das schon höre! Du kannst dir ja zur Probe mal hundert Pfund anfressen – wollen wir doch mal sehen, ob er dann immer noch mit dir ins Bett will.«

Carlotta antwortete nicht, aber beruhigt hatte sie mein Argument auch nicht. »Vielleicht bin ich zu verkrampft.«

»Jetzt ist aber Schluss, Carlotta. Diese Leute mit ihren speziellen Vorlieben – Pissetrinker, Gummifetischisten, Männer in Strapsen und so weiter – erheben immer schnell den Vorwurf, es ginge nicht um richtig oder falsch, es ginge nur darum, was einer für Vorlieben hat. Stimmt, aber das Problem ist, dass sie das nur auf sich selbst beziehen, nie auf andere. Wenn sie das Tragen von rosa Reizwäsche aufgeilt und das legitim sein soll, warum soll es dann nicht auch legitim sein, wenn dich ein Mann in rosa Damenunterwäsche *nicht* aufgeilt? Ich verstehe das nicht. Sie verlangen immer, dass man keine Vorurteile gegen sie haben soll, aber sie selbst sind im Gegenzug genauso vorurteilsgeladen.«

»Ist dir so etwas schon mal untergekommen?«

»Bei Adam zum Glück nicht. Adam hat gerne Sex, den guten alten Blümchensex. Aber der Dichter aus New York, erinnerst du dich noch an den? Es war vor einigen Jahren. Ich weiß nicht, ob ich dir das je erzählt habe. Für den sollte ich einen Hüftgürtel aus Gummi anziehen – das blödeste und unbequemste Kleidungsstück, das ich je getragen habe. Ich dachte, ich sterbe an einem Herzinfarkt. Irgendwie hat mich das total abgetörnt, dieser Gummischlauch und der Hitzestau. Er hat einen Wutanfall gekriegt, weil mir das nicht gefiel. Hat mir meine puritanischen Vorfahren vorgehalten. Das hat wirklich wehgetan. Meine Vorfahren waren Landpiraten, die sich ihren Lebensunterhalt damit verdient haben, an der Küste von North Carolina Schiffe zum Auflaufen zu bringen und dann die Wracks zu plündern. Keine besondere Leistung, aber wenigstens waren sie keine Puritaner, die andere Leute auf dem Scheiterhaufen verbrannt haben.«

»Ich rede hier über rosa Damenunterwäsche, Michael, nicht über diese alten Nord/Südstaaten-Geschichten, die ihr aus dem Süden immer noch austragt.«

»Die Südstaaten haben nicht gewonnen«, sagte ich, »und du weißt ja, wie Südstaatler sind, wenn sie verlieren. Sie geben nicht auf. Macht nichts, dass es um die allerschändlichste Sache der Welt ging, die je –«

»Michael.«

»Was ist? Müssen wir ab jetzt immer bei einem Thema bleiben? Seit wann? Ein Freund ist jemand, mit dem man rumalbern kann, ohne dass es Sinn ergeben muss. Das steht schon in *Love Story*.«

Carlotta lachte. »Nein. Liebe heißt, sich für nichts entschuldigen zu müssen.«

»Das ist das Dümmste, was ich je gehört habe. Wenn man sich bei einem Menschen, den man liebt, für nichts entschuldigen muss – bei welchen Menschen muss man sich dann entschuldigen? Bei solchen, die einem scheißegal sind? Warum?«

Carlotta schüttelte den Kopf, aber ihre düstere Stimmung hatte sich aufgehellt. »Ich weiß nicht, was ich machen soll«, sagte sie.

»Weißt du wohl«, erwiderte ich. Und dann, endlich, hielt ich die Klappe. Sie wusste sehr wohl, was sie machen musste. Meiner Meinung nach gibt es einen einfachen Lackmustest der Liebe. Irgendwann, früher oder später, mitten in der Nacht, man liegt nackt nebeneinander unter der Bettdecke – und entweder ist das der Platz, an dem man liegen will, oder es ist nicht der Platz. So einfach ist das.

Carlotta wollte das nicht. Und sosehr sie sich auch anstrengte, sie konnte daran nichts ändern.

»Was passiert jetzt?«, fragte ich.

»Ich treffe mich zum Essen mit ihm. Dann wollen wir darüber reden.«

»Soll ich mitkommen?«, fragte ich. »Ich werde ihm sagen, dass du dir zum Freund nehmen kannst, wen du willst, und dass er dir gefälligst keine Schuldkomplexe einreden und nicht rumjammern soll.«

Wieder lachte Carlotta. »Mist«, sagte sie. »Das wäre zu schön. Ich könnte mich dem Essen widmen, und du würdest ihm zusetzen, und dann wäre umgekehrt ich mal die Vernünftige.«

»Meistens funktioniert es so«, erwiderte ich. »Ich habe schon alle möglichen Menschen zur Vernunft gebracht. Ich glaube, dieser Aspekt meiner Person wird nicht genügend gewürdigt. Leider, leider habe ich jetzt einen Termin mit den Eltern eines Kindes, das auf der pädiatrischen Abteilung liegt. Danach habe ich einen Arzttermin und anschließend Therapie. Marion meint, es gäbe Arbeit.«

»Wer hätte das gedacht?«, lautete Carlottas Kommentar.

Nach Feierabend wartete ich noch auf Gary und Susan, die Aspasia abholen wollten. Als sie kamen, bat die Schwester sie, einen Moment zu warten, bevor sie reingingen; dann rief sie mich an. Ich wollte nicht, dass Aspasia mich zusammen mit ihnen sah, deswegen trafen wir uns im Flur und gingen dann in eines der kleinen Besprechungszimmer auf der Kinderabteilung.

Nachdem wir uns begrüßt hatten, setzten wir uns hin, und ich wandte mich an Gary. »Hast du irgendwelche Laster, von denen ich nichts weiß?«, fragte ich ihn. »Jemals geraucht oder so was Ähnliches?«

Er und Susan sahen sich verständnislos an. »Was redest du da?«, sagte Gary.

»Lässt du deine Strümpfe auf dem Boden liegen oder so?«

»Na ja, der Ordentlichste ist er nicht gerade«, sagte Susan zögernd. Gary blickte sie böse an.

»Okay«, sagte ich und erhob mich. Ich beugte mich dicht vor Garys Gesicht und sagte mit lauter Stimme: »Du lässt deine Strümpfe nicht mehr auf dem Boden liegen! Hast du mich verstanden? Wenn du deine Strümpfe noch einmal auf dem Boden liegen lässt, kriegst du den dicksten Ärger, den du je erlebt hast. Davon wirst du noch träumen, das verspreche ich dir. Nicht zu fassen, dass man einen großgezogen hat, der zu blöd ist, seine eigenen Strümpfe aufzuheben. Nur dumme Arschlöcher werfen ihre Strümpfe auf den Boden. Glaubst du vielleicht, ich bin dein Diener? Soll ich mein Leben lang hinter dir herlaufen und deine Strümpfe vom Boden aufheben? Was willst du damit erreichen? Willst du mich in den Wahnsinn treiben? Macht es dir Spaß, mich grundlos zu ärgern? Bei den Sachen, die du dir leistest, habe ich manchmal den Eindruck, dass du keinen Funken Grips in deinem Hirn hast. Eine Mücke hat mehr Verstand. Wenn du deine Strümpfe nicht aufhebst, darfst du nicht mehr aus dem Haus. Du bleibst hier und kannst versauern, bis du gelernt hast, deine Strümpfe allein aufzuheben.« Ich hätte noch lange so weitermachen können, aber in Garys Augen flackerte etwas auf, und ich hielt inne.

Ich setzte mich wieder hin. »Also?«, sagte ich. »Willst du ab jetzt deine Strümpfe aufheben?«

»Du kannst mich mal«, sagte er mit gehörigem Nachdruck in der Stimme.

»Genau«, sagte ich.

»Was willst du mir damit sagen, Michael?«, explodierte er. »Dass wir ihr alles erlauben sollen, wozu sie Lust hat? Weißt du, worauf sie Lust hat, verdammt noch mal? Jede Limo zu trinken und jeden Schokoriegel zu essen, den sie sich erbetteln oder klauen kann.« Die nackte Wut brach aus ihm hervor. Ich beschloss, ihm nicht noch mal zu nahe zu treten, auch nicht zu Demonstrationszwecken. Im Moment hatte er sich einfach nicht im Griff.

»Ich bitte dich, Gary«, sagte ich leise. »Ich bin auf eurer Seite. Ich biete ihr keine Süßigkeiten an.«

»Das will ich auch schwer hoffen«, schnaubte er.

»Gary«, sagte ich eindringlich. »Willst du, dass sie lebt, oder willst du, dass du Recht behältst? Es könnte nämlich sein, dass du dich entscheiden musst. Ich will dir nur sagen, dass einem irgendwann der Kragen platzt, wenn man andauernd rumkommandiert wird. Auch Kindern. Vor allem Kindern. Und Aspasia ganz sicher. Kein menschliches Gen produziert ein so passives Kind, dass es einem ständig gehorcht. Ist man ambivalent in einer Sache, und jemand unterdrückt die eine Seite, gewinnt natürlicherweise die andere Seite die Oberhand. Mit anderen Worten, wenn du die Verantwortung für Aspasias Diabetes übernimmst, braucht sie es nicht selbst zu tun.«

»Michael«, mischte Susan sich ein. »Wir können doch

nicht einfach alles zulassen. Sie bringt sich noch um.«
Schweigen trat ein.

»Ich sage ja nicht, dass ihr sie aufgeben sollt«, erwiderte ich. »Ich sage nur, dass ihr entspannter damit umgehen sollt. Ein Mädchen, Kimberley Dent, wird sie zu sich nach Hause einladen, und sie wird dort übernachten«, kündigte ich an. »Ihr müsst ihr das erlauben.«

»Kommt gar nicht in Frage«, erklärte Gary. »Sonst landet sie hinterher wieder im Krankenhaus.«

»Kimberley hat Zucker«, sagte ich. »Und sie hat ihre Krankheit wunderbar im Griff. Außerdem ist sie ziemlich cool, sie treibt Sport, und sie ist jemand, zu dem Aspasia aufblicken kann. Ihre Mutter kennt sich bestens mit Diabetes aus, und ich habe ihr gesagt, Aspasia würde sich konstant weigern, ihre Krankheit zu akzeptieren. Wir werden einen Plan erstellen. Und der Plan wird sein, dass die beiden etwas Gemeinsames teilen werden, das sie cool finden. So etwas würde Aspasia wegen eines Krankenhausaufenthalts auf keinen Fall versäumen wollen. Die beiden setzen sich die Spritzen zusammen.«

Gary und Susan blickten bestürzt drein. Sie hatten keine Kontrolle mehr über Aspasia, aber immer noch gaben sie sich der Fantasie hin, sie hätten diese Kontrolle, und ihre Tochter für eine Nacht außer Haus zu geben, woandershin als in ein Krankenhaus, das war ein fast zu beängstigender Gedanke für sie. Bestimmt erwarteten sie einen Anruf am nächsten Morgen, dass sie auf der Intensivstation lag oder Schlimmeres passiert war.

»Und noch etwas. Wenn sie zurückkommt, dann bitte kein: Siehst du, ich hab's dir doch gesagt. Ihr fragt nicht einmal nach, wie es denn war. Ihr tut so, als wäre es das Normalste der Welt, dass sie auch alleine zurechtkommt.« Ich holte tief Luft. Was jetzt kam, würde noch schwieriger für sie werden.

»Noch etwas. Ihr müsst dieses Verbot aller Freizeitaktivitäten aufheben«, sagte ich. »Sie muss wieder Sport treiben dürfen, sie muss sich wieder selbst erfahren.«

»Warum?«, fragte Gary. »Sollen wir ihre Dummheit auch noch belohnen?«

»Warum? Weil man nicht gut spielen kann, wenn man sich nicht um seine Gesundheit kümmert. Deswegen«, sagte ich. »Weil sie ein paar Mal auf die Nase fallen wird und nicht mit den anderen Kindern mithalten kann, und das wird sie nicht ertragen. Deswegen. Sie wird sehen, wie gut Kimberley spielt, und dann wird sie sich nicht mehr einreden können, dass sie selbst wegen ihrer Zuckerkrankheit nicht mehr so gut spielen kann, denn Kimberley kann es ja auch. Glaubt ihr vielleicht, sie würde lieber verlieren, als ihr Insulin zu nehmen? Sie wird es nicht zurückweisen, es sei denn, sie ist in einen Machtkampf verwickelt, den sie unbedingt gewinnen muss. Mit der Diabetes trägt sie ohnehin einen Machtkampf aus, sie soll nicht auch noch zusätzlich einen mit euch ausfechten.«

Ich sah die beiden abwechselnd an, und ich sah die Angst und die Verunsicherung in ihren Gesichtern, den falschen Stolz und den Trotz bei Gary. Es war der Moment der Wahrheit. Der Moment, in dem die Eltern sich am Riemen reißen, zurückstecken und ihren Stolz herunterschlucken mussten und für das Wohl ihres Kindes den Machtkampf aufgeben und damit verlieren mussten. Auch wenn sie eigentlich Recht hatten. Das können nicht alle Eltern, selbst wenn so viel auf dem Spiel steht. »Gary«, sagte ich leise. »Der Ausdruck in deinem Gesicht – du siehst genauso aus wie Aspasia.«

Ich kam zu spät zu meiner Therapiesitzung, aber das schien Marion nicht aus dem Konzept zu bringen. Zum Glück interpretierte sie meine Unpünktlichkeit nicht in psychoanalytischer Hinsicht. Manchmal bedeutete ein Zuspätkommen eben nur, dass der vorangegangene Termin länger als vorgesehen gedauert hatte, aber die psychoanalytische Theorie schien die Wirklichkeit nie in Betracht zu ziehen. Marion war die Ausnahme. Sie musste eine besondere Form der Psychoanalyse betreiben, eine neofreudianische Adaption, eine, die sich auf das konkrete Problem bezog, die Kindheit in weiten Teilen außen vor ließ und einen nicht als resistent aburteilte, wenn man mal im Stau stecken geblieben war. Freud würde sich vermutlich im Grabe umdrehen.

Sie saß vollkommen ruhig da, aufrecht, mit einer Miene heiterer Gelassenheit. Das lange blaue Kleid fiel an den übereinander geschlagenen Beinen locker herab, mit einer geradezu natürlichen Eleganz, die darauf hindeutete, dass es kostspieliger gewesen sein musste als mein Auto – was wiederum nicht allzu viel gewesen war. Ich musterte ihr friedvolles Gesicht und fragte mich, was wohl passieren würde, wenn ich ihr gestand, dass ich eine Mörderin wäre, die ihre Opfer mit einer Axt umbrächte. Vermutlich würde sie mich fragen, was ich dabei empfand. War eine solche Gelassenheit das Resultat langjährigen Meditierens? Oder doch nur eines gesünderen Lebenswandels?

Am Abend war es warm geworden, ich zog mir die verschwitzte Bluse aus und nahm mir einen Moment Zeit, um meine Atmung wieder in einen normalen Rhythmus zu bringen. Der Arzt musste sich geirrt haben, ich konnte während dieser Schwangerschaft unmöglich dreißig Kilo zugenommen haben, und es war absolut ausgeschlossen, dass die Waage bei fünfundachtzig und mehr anschlug. Wenn das so weiterging, würde ich noch die Schallmauer von neunzig durchbrechen. Das durfte auf keinen Fall passieren. Ich spreizte leicht die Beine, damit die Oberschenkel nicht so aneinander klebten, und sah hinüber zu Marion. Warum schwitzte sie nicht? War die Seite des Zimmers, in der sie saß, klimatisiert, und meine nicht?

»Marion«, sagte ich. »Wissen Sie, was das Schöne am Basketball ist?«

Sie hob fragend die Augenbrauen, sagte aber nichts.

»Man weiß immer, ob man gewinnt oder verliert. Wirklich. Es steht schwarz auf weiß an der Anzeigetafel. Man kann jederzeit hingucken und sich vergewissern. Beim Football ist es noch einfacher. Beim Football weiß man nach jedem Spiel, ob man eine Yardlinie erobert hat oder nicht. Im wirklichen Leben gibt es nichts Vergleichbares. Im wirklichen Leben weiß man nie, was los ist und ob man gewinnt oder verliert. Im Sport, na ja, im Sport kann man sich darüber streiten, warum man gewonnen oder verloren hat, aber die meisten Argumente sind sowieso unsinnig. Man verliert, wenn der Gegner mehr Punkte kassiert hat. Das ist alles. Aber wann gibt das ein Trainer schon mal zu, wenn man ihm ein Mikro vor die Nase hält? ›Warum haben Sie verloren, Coach?‹

›Der Gegner hat mehr Punkte kassiert als wir.‹ Wer so ehrlich ist, den würde ich glatt zum Präsidenten wählen. Wunderbar, wenn Sportkommentatoren sagen: ›Die müssen mehr Punkte machen.‹ Was denken die denn? Dass die Verlierer da nicht von allein draufkommen würden? Dass sie's nicht versucht hätten? Kennen Sie diese Anstecknadeln: ›Basketball ist Leben‹?«

»Ja.«

»Stimmt nicht. Basketball ist besser als das Leben.«

Marion hatte sich mein Geseire ohne viel Worte angehört. Jetzt griff sie ein. »Mit wem, Michael?« Als ich nicht gleich antwortete, sagte sie leise: »Sie wissen nicht, woran Sie sind. Mit wem nicht? Mit dem Kind? Mit Adam?«

»Ein paar Dinge weiß ich schon«, sagte ich missmutig. »Der Freund meiner Freundin Carlotta ist Transvestit, die Geschichte wäre also eigentlich gegessen. Sie hat es durchexerziert, aber das ist eine Sache, die kann ein reguläres Spiel urplötzlich in eine tödliche Verlängerung treiben.« Ich blickte zu ihr auf. »Sehen Sie mich nicht so an. Es geht hier nicht um richtig oder falsch. Bestimmt gibt es hunderte von Frauen, die sich nach einem Mann in rosa Damenunterwäsche verzehren, aber ich sage Ihnen, Carlotta gehört nicht dazu. Und noch etwas. Es ist nicht so, als würde man hier nur jemandem raten, den Korb nicht immer bloß von rechts anzuspielen, er solle es auch mal von links probieren. Nein. Es ist, als würde man Reaktionszeiten trainieren. Man kriegt nur, was man hat. Die eigenen Vorlieben und Abneigungen ändern sich nicht so schnell. Carlotta möchte lieber, dass nur ein Mensch in der Familie rosa Unterwäsche trägt, aber ihr Freund soll es auf keinen Fall sein.«

Marion blickte nachdenklich, ließ sich aber nicht zu einem Kommentar hinreißen. »Dann habe ich da noch eine kleine elfjährige Patientin. Die zielt immer auf den falschen Korb. So was kommt im Eifer des Gefechts schon mal vor. Jemand kriegt den Ball nach einem Rebound und wirft ihn, ohne nachzudenken, wieder hoch. Aber dieses Mädchen wirft immer wieder ganz schnelle Breaks vom anderen Ende des Spielfelds aus. Was noch schlimmer ist, sie spielt in der Oberliga. Carlotta nicht. Mal ehrlich, Marion. Männer kommen und gehen. Carlotta spielt nur in der Freizeitliga. Aber das Mädchen setzt alles aufs Spiel.«

»Können Sie sie nicht davon abbringen?«

»Haben Sie je versucht, eine Elfjährige von etwas abzubringen? Leichter ließe sich der arabisch-israelische Konflikt lösen. Zu guter Letzt gibt es da noch meine Sexualtätergruppe. Haben Sie schon mal jemanden mitten in einem

Footballspiel Federball spielen sehen? Kein schöner Anblick. So war die Therapeutin, die vor mir die Gruppe geleitet hat. Und alle wussten, dass sie nur Federball spielt. Ich weiß, in welchem Spiel ich spiele, aber ich durchschaue die Spielchen nicht.«

»Ist das wirklich der Grund, warum Sie sich verloren vorkommen, Michael?«, fragte sie sanft. »Was ist mit Adam und dem Kind?«

»Das wird schon kein Problem sein, denn die Schwangerschaft wird niemals enden. Ich bin in so einer Art Dämmerzustand gefangen. Ich dehne mich immer weiter aus, bis ich so groß wie ein Haus bin, dann kommen die Leute und bestaunen mich in einem Zirkus. Es hat mir keiner gesagt, aber irgendwo unter meinen Vorfahren hat es einen Elefanten gegeben, und meine Schwangerschaft dauert zweieinhalb Jahre. Kein Wunder, dass meine Mutter mich nicht mag. Sie hat sich übrigens nach Las Vegas abgesetzt, ein Himmelfahrtskommando.«

»Was haben Sie früher gemacht, wenn Sie sich so elend fühlten?«

»Ein bisschen Basketball gespielt. Versucht, jemanden in einem Spontanspiel in die Pfanne zu hauen. Das Übliche eben.« Frustriert schüttelte ich den Kopf. »Sehen Sie mich doch an.«

»Hier ist ein Päckchen für dich«, sagte Adam, als ich ins Bett kroch. Er langte zum Nachttisch und reichte mir eine kleine Schachtel.

Ich musterte sie neugierig. »Von meiner Mutter. Soll ich das Bombenentschärfungskommando benachrichtigen?«

»Vielleicht will sie was wieder gutmachen«, entgegnete Adam.

Ich sah ihn an. Da kannte er meine Mutter schlecht. Das

Wort »Entschuldigung« habe ich aus ihrem Mund nie gehört. Wieder gutmachen? Wofür? Wenn man nie etwas falsch gemacht hatte, brauchte man nichts wieder gutzumachen.

Ich riss die Verpackung auf und zog ein kleines Schmuckkästchen hervor. Ich öffnete den Verschluss und hielt einen großen diamantbesetzten Rubinring in der Hand. Auf der beigefügten Karte stand: »Wenn du ihn nicht haben willst, heb ihn für deine Tochter auf. Vielleicht kann sie eher etwas mit den schönen Dingen des Lebens anfangen.«

»Meine Güte«, entfuhr es Adam. »Ist der echt?«

»O ja«, antwortete ich. »Und ob der echt ist. Gefälschtes kommt Mama nicht ins Haus.«

»Hat deine Mutter für so etwas Geld übrig?«

»Offenbar verplempert sie gerade ihre Pension. Ich weiß nicht, was ich dagegen machen soll, Adam. Mama ist mit hundertzehntausend Dollar aus ihrem Rentenfonds nach Las Vegas gefahren, und ich weiß nicht, wie ich sie aufhalten soll. Aber ich kann doch nicht einfach daneben stehen und zusehen, wie aus meiner Mutter eine Pennerin wird. Und dann hat sie sich auch noch mit irgend so einem Hochstapler eingelassen.«

»Warum versuchst du nicht, mehr über ihn herauszufinden?«

»Was?«

»Zu den Opfern kann man manchmal nicht vordringen. Die Erfahrung hast du doch selbst auch schon gemacht. Der Täter hat sie unter Kontrolle. Besorg dir stattdessen ein paar Informationen über ihn. Jag dem Kerl ein bisschen Angst ein. Vielleicht weiß er nicht, was für eine *Tochter* er sich eingehandelt hat. Das würde viele Menschen vergraulen.«

Ich dachte darüber nach. Wie sollte ich ihn ausfindig machen? Brenda. Ich würde Brenda anrufen. Über irgendeinen

Kanal würde ich seinen Namen schon herausfinden. Und was dann?

»Keine schlechte Idee«, sagte ich. Ich legte den Ring zurück in die Schachtel und drehte mich auf die Seite, Adam gegenüber. Sanft berührte ich mit der Hand die weichen Brusthaare, die aus dem Ausschnitt seines Hemdes hervorlugten. Er legte das Buch beiseite, das er gerade las, und wandte sich mir mit fragendem Blick zu. Ich fing an, auf die Weise zu antworten, die er am liebsten mochte, als mir aus irgendeinem Grund Carlotta in den Sinn kam.

»Adam«, sagte ich. »Hast du dir je auch nur vorstellen können, rosa Damenunterwäsche zu tragen?«

»Wie bitte?«, sagte er. »Ich soll rosa Damenunterwäsche tragen? Habe ich mich da auch nicht verhört?«

»Nein, nein, nein. Ich will nicht, dass du rosa Damenunterwäsche trägst.«

»Ich habe genau gehört, was du gesagt hast.« Er sah mich belustigt an. »Warum so schüchtern?«

»Adam«, sagte ich ernst. »Ich plädiere nicht für rosa Damenunterwäsche, das schwöre ich dir. Ich will nur dahinter kommen, warum Männer Gefallen daran finden könnten, in rosa Damenunterwäsche herumzulaufen. Ich meine, was denken die sich dabei? Stellen sie sich vor, sie seien Frauen – und wenn ja, sie hätten dann Sex mit einer anderen Frau? So 'ne Art Lesbenkiste? Ein bisschen weit hergeholt, finde ich. In Wirklichkeit läuft dabei doch etwas zwischen einem Mann und einer Frau ab; es kann sich also alles nur in der Fantasie abspielen. Oder vielleicht geben sie gar nicht vor, Frauen zu sein, vielleicht glauben sie nur, rosa Unterwäsche sei dem falschen Geschlecht zugesprochen worden. Vielleicht liegt es an der menschlichen Entwicklung, vielleicht haben früher alle Männer rosa Unterwäsche getragen. Wenn man sich die Natur so anschaut, dann sind bei den meisten Arten die Männchen mit Farben und Halsfedern geschmückt. Vielleicht ist die Travestie eine Form des Protests gegen die Evolution. Glaubst du, das ist der Grund?«

»Hat man euch so was nicht auf der Oberschule beigebracht?«

»Als hätte jemand auch nur die leiseste Ahnung, warum ein Mann rosa Damenunterwäsche tragen will.«

»Beschäftigen dich solche Fragen?«

»Ja, manchmal schon.«

»Setzt du deine Therapie fort?«

»Schon gut«, sagte ich kühl. »Ich werde das Thema rosa Damenunterwäsche nie wieder anschneiden.«

»O nein«, sagte er, schlang die Arme um meinen voluminösen Bauch und schmiegte seinen Kopf an meinen Hals. »Red ruhig weiter über rosa Damenunterwäsche. Das macht dich so sexy.«

»Nie nimmst du mich ernst, Adam. Wenn ich todernst bin, findest du das lustig.«

»Gerade dann«, stimmte er zu.

11

»Dr. Stone«, sagte er, erhob sich, beugte sich über den Schreibtisch und schüttelte mir die Hand. An der Wand hinter ihm sah ich ein Paar gerahmte Handschellen. Was um Himmels willen bringt einen Menschen dazu, sich gerahmte Handschellen an die Wand zu hängen? Eine Erinnerung an das erste Mal, als er jemandem Handschellen anlegte? An einen berühmten Verbrecher, den er in Handschellen abführte? Ein Zeichen für ein bisschen Sadomaso in der Freizeit? Ich schüttelte den Gedanken ab.

»Michael«, sagte ich.

»Arnie Watkins«, sagte er und setzte sich wieder. Nach einer erneuten unproduktiven Gruppensitzung hatte ich die Nachricht von Captain Watkins auf meinem Schreibtisch vorgefunden. Pflichtbewusst hatte ich mich auf der Stelle in sein Büro begeben.

Es folgte eine Pause, während der der Captain mich musterte. Nichts dagegen, ich tat das Gleiche. Er war groß, fast zwei Meter, und eine Augenweide, wie Wyonna sich ausdrücken würde. Er hatte einen Topfschnitt und darunter einen hübsch geformten Kopf. Er sah aus wie ein Marine, ein sehr junger Marine. Achtzehn, schon wegen seiner Stellung, aber er hätte auch noch für sechzehn durchgehen können. Warum wurden heutzutage alle immer jünger? Ein Captain im Strafvollzug, der nicht mal mit vorgelegtem Führerschein ein Bier bestellen durfte. Wenn man sich heute unters Messer begibt, kann man von Glück sagen, wenn der Chirurg schon Flaum an den Wangen hat.

Im Sitzen verschränkte er die Arme, und mir fielen die hervortretenden Muskeln unter seinem Hemd auf. Warum Polizisten und Kriminelle diese Vorliebe fürs Gewichtheben teilten, war mir immer ein Rätsel gewesen, aber im Gespräch über Hanteln und dergleichen ließ sich zu beiden gleich ein guter Kontakt herstellen.

»Sie wollten mich sprechen?«, sagte ich, als Arnie nach einer Weile immer noch nichts von sich gab.

»Stacy meint, Sie seien ein feiner Kerl.« Er hielt inne, zwinkerte mit den Augen. »Wenn das politisch nicht korrekt ist ... Ich habe keine Ahnung, was man heute sagt.«

»Sie brauchen sich nicht zu verrenken«, erwiderte ich. »Es ist mir egal. Ich habe den Eindruck, dass Sie mich vor etwas warnen wollen. Wahrscheinlich bin ich zu neugierig.«

Er lachte. »Wir führen Ermittlungen durch, Michael. Wir haben keine Zeit zu vertrödeln.«

»Was für Ermittlungen?«

»Hat Stacy Ihnen das nicht gesagt?«, fragte er. »Es geht um Drogen. Die Rate hat sich verdoppelt. Normalerweise sind vier Prozent der getesteten Urinproben positiv, jetzt nähern wir uns der Zehn-Prozent-Marke.«

»Meine Leute?«, fragte ich entgeistert.

»Wie kommen Sie darauf?«, sagte er und sah mich neugierig an.

Ich zuckte mit den Achseln. »Meiner Mannschaft traue ich alles zu.«

Wieder lachte Arnie. »Nicht, dass ich wüsste. Aber das ist genau der Punkt: Wir wissen gar nichts. Es findet sich ums Verrecken kein Spitzel.«

»Läuft da irgendwas in der Druckerei?«

»Wieso?«

»Es ist eigentlich nichts, aber Stacy sagt, plötzlich würden sich alle um einen Job als Drucker reißen.«

»Das glaube ich eher nicht. Wir haben alle Werkstätten und Seminarräume mit Spürhunden abgesucht und nichts gefunden. Vielleicht lässt sich in der Druckerei bloß eine ruhige Kugel schieben.«

»Und wenn die Drogen ausgerechnet an dem einen Tag woanders versteckt waren?«

»Das spielt keine Rolle. Die Hunde würden Rückstände aufspüren, selbst wenn das Versteck wie abgeleckt wäre.«

»Wie lange geht das schon?«

»Mehrere Monate«, antwortete er. »Ich hoffe, ich muss Ihnen nicht ausdrücklich sagen, dass Sie niemandem davon erzählen dürfen.«

Ich schüttelte den Kopf.

»Wir dachten, wir hätten das Problem gelöst«, erklärte er. »Wir dachten, es wäre ein Mitarbeiter gewesen, der entlassen wurde«, ergänzte er.

»Eileen?«, fragte ich ungläubig.

»Das haben Sie gesagt, nicht ich«, erwiderte er.

»Eileen? Das kann ich mir nicht vorstellen«, sagte ich mit Nachdruck. Dann hielt ich inne. »Ich hätte es mir nicht vorstellen können. Aber jetzt ...« Ich hob die Hände. »Was weiß ich? Wer hätte sich vorstellen können, dass sie zu dem fähig wäre, was dann zu ihrer Entlassung geführt hat?«

»Unsere Theorie war, dass die Drogen verschwinden würden, wenn sie erst mal weg wäre. Das hat sich nicht bestätigt. Also war es Eileen wahrscheinlich nicht.«

»Wieso soll das ein Problem sein, wenn ich mal mit dem Mann rede, der die Druckerei leitet?«

»Es ist nicht weiter schlimm, wenn Sie es bei dem einen Mal bewenden lassen. Stacy meint aber, Sie würden das eher nicht tun, weil Ihre Männer da zusammenkommen. Sie dürfen nicht vergessen, dass hier im Moment alle hypersensibel sind, und man wird sich fragen, ob Sie an den Ermittlungen beteiligt sind – beide Seiten werden sich das fragen. In dem Mordfall wird ja schließlich auch noch ermittelt.«

»Meinen Sie die Häftlinge? Die wussten nicht, dass ich mit ihm geredet habe. Ich bin hingegangen, als keiner da war.«

Er sah mich an, als käme ich vom Mars. »Machen Sie sich nichts vor«, sagte er. »Die wissen über alles Bescheid, was in so einem Gefängnis passiert. Wie heißt es doch: Die Mitarbeiter leben, und für die Häftlinge sind die Mitarbeiter ihr Leben.«

Dazu fiel mir nichts mehr ein. Er hatte Recht.

»Seien Sie vorsichtig, Michael. Denken Sie immer daran, dass einer von denen im Besitz einer Waffe ist und dass diese Waffe bereits einmal benutzt wurde. Sie könnten sich am Ende in eine Gefahr begeben, von der Sie keine Ahnung hatten, und jemanden zu einer Panikreaktion treiben.«

Es war kein schöner Gedanke. Das musste ich erst mal verdauen. »Arnie«, sagte ich langsam, »warum möchten Häftlinge, dass man ihnen in der Gruppe den Rücken zukehrt? Welchen Grund könnte das haben?«

»War das so in Ihrer Gruppe?«, fragte er. »Ihrer Sexualtätergruppe?«

»Ja.«

»Wirklich?«

»Ja. Ich bin mir absolut sicher. Ein Mann fing an, mit den Armen zu wedeln, mit den Füßen zu trampeln, plusterte sich auf, ging hinter meinen Stuhl. Ich war kurz davor, mich nach ihm umzudrehen. Ich merkte, dass irgendwas nicht stimmte, und ich ließ es bleiben. Alle sahen mich verärgert an, außer einem, Terrance, der ganz Junge. Er wirkte erleichtert, aber ich weiß nicht, später ...« Ich unterbrach mich. Ich wollte ihm gerade erzählen, dass sie mich anschließend auf Eileen angesprochen hatten, aber dann ließ ich es doch bleiben.

»Terrance«, wiederholte Arnie schnell und nahm einen Stift. »Kennen Sie auch seinen Familiennamen?«

Im Nachhinein kamen mir Bedenken, weil er sich Terrance' Namen so eifrig notiert hatte, und ich entschied, mich gleich mit Stacy zu treffen. Gemächlich schlenderte ich hinüber zur Abteilung Sozialarbeit und kam unterwegs an der Druckerei vorbei. Ich warf einen Blick durch die Tür, die offen stand, und sah Jim und Rudolph neben einer riesigen Maschine; zahlreiche Einzelteile lagen verstreut auf dem Boden.

Jim hatte nicht gelogen, was seine mechanischen Kenntnisse betraf. Ich hätte nicht die geringste Ahnung gehabt, wie man so eine Maschine repariert, aber wenn Jim es nicht wusste, hätte Rudolph das längst herausgefunden. Es war jedoch nicht der Anblick der Maschine, der mich fesselte. Es war die lockere Geste, mit der Jim seine Hand auf Rudolphs Schulter gelegt hatte. Mein Magen zog sich zusammen. Einen Häftling zu berühren oder sich von einem Häftling berühren zu lassen, das sprengte alle möglichen Grenzen. Man legte nicht wie beiläufig eine Hand auf die Schulter seines Zahnarztes oder zog den Krawattenknoten seines Chirurgen fester. Sich in einem Gefängnis leisten zu können, einen Mitarbeiter beiläufig zu berühren, war der krönende Abschluss der Taktik, wie man jemanden um den Finger wickelte. Es bedeutete, dass Jim den Leiter der Druckerei völlig in der Tasche hatte.

»Seit neuestem weiß man immer, wo du dich aufhältst«, sagte ich zu Stacy, den ich hinter einem Stapel Akten an seinem Schreibtisch fand.

»Nicht erst seit neuestem«, sagte er in gereiztem Tonfall. »Es muss ja einen Grund haben, warum meine Arbeit als reiner Schreibtischjob bezeichnet wird. Genau das ist damit gemeint. Und dann wundern sich die Leute, dass ich alle paar Jahre die Brocken hinschmeiße und wieder an die Basis gehe. Sie behandeln mich, als wäre ich verrückt. Alle rackern sich ab, um sich hochzuarbeiten, und ich, ich stufe mich freiwillig runter. Aber ich frage dich, Michael: Wie lange würde es dich an so einem Schreibtisch halten, wenn du nur noch Arbeitszeitblätter ausfüllen darfst?«

»Zwei Minuten«, sagte ich. »Das Hocharbeiten und Abstufen inbegriffen. Mich hat das noch nie erstaunt, wenn du mal wieder alles hinwirfst. Mich erstaunt vielmehr, dass du wieder zurückkommst.«

»Soll ich dir die Wahrheit sagen? Ich habe die Inkompetenz bei denen da oben satt«, sagte er, schob die Papiere von sich und lehnte sich zurück. »Über kurz oder lang habe ich genug Dienstjahre auf dem Buckel, dass ich befördert werde, und dann kann ich mir über all die dummen Entscheidungen, die von oben kommen, den Kopf zerbrechen. Dann denke ich wieder, dass mein Jaguar unbedingt überholt werden muss, was mich praktisch dazu zwingt, einen Verwaltungsjob anzunehmen, wenn man bedenkt, was ein Fließbandarbeiter heute kriegt. Na, komm«, sagte er, »ich schlage vor, wir gehen in die Kantine und trinken Kaffee. Lieber würde ich draußen einen Spaziergang machen, aber es ist immer so ein Umstand, hier raus- und wieder reinzukommen, und heute Abend habe ich Dienst.«

Ich folgte ihm nach draußen auf den Flur. »Wenn du dir so einen Wagen leistest, muss man sich ja fast wundern, dass du noch nicht ins Drogengeschäft eingestiegen bist. Ach, übrigens, eigentlich bin ich stocksauer auf dich«, sagte ich. »Ein Captain, den ich nicht kenne, vertraut mir an, es gäbe eine wahre Drogenlawine im Gefängnis, und mein guter alter Freund Stacy hat kein Vertrauen zu mir.«

»Es gehört zu den Pflichten des Captains, dir das zu sagen«, stellte Stacy klar. »Außerdem traue ich dir wirklich nicht ganz. Du würdest dich nur unnötig einmischen, Michael, und das kann sehr leichtsinnig sein. Drogengeschäfte im Gefängnis sind eine lukrative Angelegenheit. Es gibt sonst nicht viel Abwechslung hier.«

»Jetzt hör aber auf. Du hast mir doch selbst gesagt, dass es hier in zehn Jahren nur einen Mord gegeben hat. Außerdem redest du, als wäre ich der letzte Volltrottel. Zugegeben, manchmal bin ich das, aber dann nur für kurze Zeit. Meistens bin ich ganz vernünftig.«

»Meistens«, sagte er.

»Das ist mehr, als man von anderen behaupten kann«, erwiderte ich.

»Da hast du auch wieder Recht«, ergänzte er.

Schweigend verließen wir das Gebäude. Als wir den Hof

überqueren, fing ich wieder an zu sprechen. »Ich habe Arnie von einem Vorfall in der Gruppe erzählt. Nichts Weltbewegendes, aber jemand ist hinter mich getreten, redete wie ein Wasserfall und fuchtelte herum. Alle Teilnehmer wollten unbedingt, dass ich mich nach ihm umdrehe, was bedeutet hätte, dass ich der Gruppe den Rücken zugewandt hätte. Das habe ich natürlich nicht getan.«

»Das war gut«, sagte Stacy.

»Nachher schienen alle reichlich verärgert, dass ich mich nicht umgedreht hatte, außer einem. Er ist neu in der Gruppe, der Junge heißt Terrance. Er wirkte erleichtert, jedenfalls hatte ich den Eindruck. Das habe ich dem Captain heute erzählt – wie hieß der doch gleich? –, und auf einmal war er ganz aufgeregt. Hat sich Terrance' Namen notiert. Was hat er vor?«

Wir näherten uns der Kantine, und Stacy blieb stehen. Wir verfügten über zu viel internes Wissen, als dass wir in Anwesenheit der in der Kantine arbeitenden Häftlinge frei hätten reden können. Die Mundpropaganda des Gefängnisses funktionierte einwandfrei. Stacy zuckte mit den Achseln. »Er wird ihn zu sich bestellen«, sagte er. »Mit ihm reden.«

»Ja, schon, aber wieso sollte umgekehrt Terrance mit *ihm* reden wollen?«, fragte ich. »Terrance ist kein Spitzeltyp. Ich halte ihn auch nicht für einen Psychopathen, und er ist in einer kriminellen Subkultur aufgewachsen. Bullen sind die natürlichen Feinde, Verrat ist das Letzte. Denunzieren geht gegen seine Ehre. Weiß Arnie das nicht?«

»Natürlich weiß er das«, sagte Stacy. »Aber das spielt keine Rolle. Terrance wird schon mit ihm reden.«

»Wieso?«

»Arnie wird ihm ein Angebot unterbreiten, das er nicht ablehnen kann«, erklärte er. »Das machen sie immer so.«

»Was für ein Angebot?«

»Das Übliche. Ihm sagen, dass er in zehn Minuten draußen sein kann, wenn er redet, und dass das Gerücht ausgestreut würde, er hätte diesen Arschlöchern kein Sterbenswörtchen gesagt. Redet er nicht, halten sie ihn anderthalb Stunden fest und streuen das Gerücht, er hätte geplaudert. Schwer, so ein Angebot abzulehnen.«

»Das kann doch nicht wahr sein«, sagte ich. Stacy sah mich grimmig an. Es war die Wahrheit. »Eine Schweinerei, so was. Ist das nicht ein bisschen gefährlich für den Häftling?«

»Kann schon sein«, sagte Stacy, »aber es funktioniert. Dabei steht hier eine Menge auf dem Spiel, falls dir das noch nicht aufgefallen sein sollte.« Er setzte sich wieder in Bewegung.

»Es funktioniert, außer man ist noch jung«, murmelte ich. »Jung und noch ohne Durchblick.« Ich holte Stacy ein. »Ich weiß nicht, wie sich Terrance bei so einem Angebot verhalten würde.«

»Er wird es akzeptieren«, sagte Stacy zuversichtlich. »Er wäre schön blöd, wenn er es nicht täte. Glaub mir, ganz egal wie viel Terrance weiß oder nicht weiß, Arnie hat es in …«, er schaute auf seine Uhr, »… zwanzig Minuten aus ihm herausgequetscht. Arnie ist ganz in Ordnung, nur ein bisschen hitzköpfig vielleicht. Er ist längst drüben bei Terrance.«

Ich sagte nichts, aber das Ganze gefiel mir nicht. Soeben hatte ich das einzige Mitglied meiner Gruppe, das nichts Böses im Schilde führte, in etwas hineingeritten. Sollte das für niemanden außer mir ein Problem sein?

Ich wollte das Gefängnis gerade verlassen, als ich Rudolph durch das Ausfalltor gehen sah. Ich rannte ebenfalls durch – so schnell ich konnte, da sich die beiden riesigen Stahlplatten mit der Geschwindigkeit von Gletschern zentimeterweise aufeinander zubewegten – und holte ihn draußen ein. Ich hatte Glück, dass ich ihm außerhalb der Gefängnismauern über den Weg lief; mir war wieder eingefallen, was ich ihn hatte fragen wollen, und Arnie hatte Recht; alles, was in einem Gefängnis geschieht, wird irgendwo von einem Häftling beobachtet.

»Rudolph«, rief ich. Er ging die Straße hinunter, aber jetzt drehte er sich um, und als er mich erkannte, blickte er misstrauisch drein.

»Warten Sie«, sagte ich und lächelte. Er schien verunsichert und trat nervös von einem Fuß auf den anderen, während er auf mich wartete. »Erinnern Sie sich noch an mich?«, fragte ich.

Er nickte, aber er wirkte zerstreut und längst nicht so gut gelaunt wie bei unserem ersten Zusammentreffen. Konnte es sein, dass Jim ihn vor mir gewarnt hatte? Er machte eine Miene, als ob sich auf dem Gehsteig gerade eine Kobra auf ihn zuschlängelte.

»Ich habe mir gestern Ihre Druckerei angesehen. Ich leite eine Gruppe für Sexualtäter, und ich wollte mal überprüfen, wie die Arbeitsvermittlung der Männer so klappt.« Er hatte mich längst wiedererkannt, aber der Trick, als dumme Blondine aufzutreten – was manchmal ganz nützlich ist –, besteht darin, aufgeregt zu plappern, ohne viel zu sagen. Im Grunde halten die meisten Männer Frauen sowieso für vergessliche Schwachköpfe, selbst in diesen aufgeklärten Zeiten. Rudolph schaute sich nervös um, während ich sprach, als hätte er Angst, jemand könnte beobachten, dass wir beide uns unterhielten, aber ich tat natürlich so, als würde ich das nicht merken.

»Haben wir den gleichen Weg? Mein Wagen steht da drüben. Ich begleite Sie.« Ich schlug die Richtung ein, in die er gegangen war, und widerwillig folgte er mir. Er hatte sich bereits für diese Richtung entschieden und konnte jetzt schlecht sagen, er müsse woandershin.

»Ich hätte da noch eine Frage, die ich Ihnen gerne stellen würde«, sagte ich. »Haben Sie je nachgeprüft, wie viele Männer nach ihrer Entlassung im Druckereigewerbe arbeiten?«

Er schüttelte den Kopf.

»Ich glaube nämlich, dass eine feste Anstellung das A und O ist. Es verhindert, dass die Leute zurück ins Gefängnis wandern. Wenn man sich die Lebensgeschichte dieser Männer ansieht, stößt man immer wieder auf unregelmäßige Beschäftigungsverhältnisse. Sie werden arbeitslos, brauchen Geld, dann kommt noch irgendein Drogenproblem hinzu, eins führt zum anderen, und ehe man sich's versieht, überfallen sie einen Laden. Das wäre vielleicht gar nicht passiert, wenn sich mal jemand die Zeit genommen hätte, ihnen unter die Arme zu greifen, ihnen die richtige Arbeitsmoral zu vermitteln. Der Job müsste ja nicht unbedingt im Druckereigewerbe sein. Haben Sie eine Ahnung, wie viele von den Männern nach ihrer Entlassung dranbleiben und sich einen Job suchen? Ich finde, die können in Ihrer Werkstatt viel über die richtige Einstellung zur Arbeit lernen.«

Mittlerweile waren wir einen halben Häuserblock vom Gefängnis entfernt, und die Anspannung wich ein wenig aus Rudolphs Schultern. Er sah mich von der Seite an. »Ich habe ihren Lebensweg nie weiterverfolgt, aber ich war schon immer der Meinung, dass regelmäßige Arbeit ein entscheidender Faktor ist. Das Problem sind die Sozialhilfeempfänger, die immer nur auf ihre Almosen warten. Wenn die jeden Tag aufstehen und zur Arbeit gehen würden, hätten sie gar keine Zeit, Unsinn anzustellen. Dazu wären sie viel zu müde.«

»Da stimme ich Ihnen voll und ganz zu«, sagte ich. »Und verhindert man auch nur ein einziges Mal, dass jemand wieder einfährt ... nun, man denke nur an die dreißigtausend Dollar, die es kostet, einen Häftling für ein Jahr ins Gefängnis zu sperren. Bei fünf Jahren macht das schon hundertfünfzigtausend pro Häftling. Das ist eine hübsche Stange Geld. Das verstehe ich eben nicht: Nie will der Staat mal ein bisschen Geld ausgeben, wenn er damit sehr viel mehr Geld sparen kann. Der Staat kürzt bei den Wiedereingliederungsprogrammen, die ihm auf lange Sicht viel Geld sparen könnten. Bestimmt mussten Sie Ihre alten Maschinen schon etliche Male selbst reparieren. Haben Sie mir nicht erzählt, einer Ihrer Gefangenen hätte einen Weg gefunden, wie der Staat Geld sparen könnte? Wie heißt der Mann? War der nicht Anwalt? Ich kann mir vorstellen, dass man Ihnen endlos Steine in den Weg gelegt hat, als Sie versucht haben, das durchzukriegen. Hat es trotzdem geklappt?«

»Ja, nach langem Hin und Her«, schnaubte er. »Ich musste selbst anrufen, um mir die Angebote einzuholen. Er hatte Recht. Der Händler, den er kannte, war tatsächlich sehr viel preiswerter als unserer.«

»Das ist schon erstaunlich. Woher hat er das gewusst, da er doch im Gefängnis sitzt?«

»Sein Vater ist Maschinenschlosser, der hat alle möglichen Geschäftsverbindungen.«

Ich kicherte leise. »Schade, dass Sie keine Prozente kriegen für das Geld, das Sie dem Staat schenken.«

»Die sind so verbohrt«, sagte er. »Was das allein für ein Problem war, sie dazu zu bewegen, mal zu wechseln! Obwohl der Händler weit weniger verlangte als das, was sie bei dem alten zahlten. Der Staat will immer alles so haben, wie er es will. Sinn und Zweck bleiben im Verborgenen.«

»Da haben Sie Recht«, sagte ich. »Ein Freund von mir

bringt eine kleine Zeitung für einen gemeinnützigen Verein in Nashua heraus. Verkauft Ihr neuer Händler zufällig auch Papier? Mein Freund klagt nämlich über die hohen Papierpreise, besonders seit einige Papiermühlen dichtgemacht haben.«

»Papier, Toner, Farbpatronen. Der hat alle möglichen Einwegartikel und Zubehör, alles außer Hardware.«

»Wie heißt der Händler? Ist der Laden in der Nähe von Nashua?«

»Armand Brothers«, sagte er. »Die sitzen in Berlin, New Hampshire. Wahrscheinlich ist das nicht viel weiter als bis zu dem Händler, von dem Ihr Freund jetzt beliefert wird. Es ist nur ein kleiner Betrieb, aber wir sind zufrieden. Die Lieferungen erfolgen pünktlich, und kosten tut es auch viel weniger. Ehrlich gesagt hoffe ich, dass sie sich halten können. Wie die bei dem, was sie uns in Rechnung stellen, noch auf einen Gewinn kommen, ist mir ein Rätsel.«

Mit einem ungutem Gefühl grübelte ich auf der Rückfahrt über Rudolphs Worte nach. Nie und nimmer würde Jim Walker dem Staat helfen, Geld zu sparen. Das war eine Tatsache. Was also führte er im Schilde? Ich überlegte gerade, ob ich mir den Händler mal vorknöpfen sollte, als aus meinem Autotelefon Beethovens Neunte ertönte. Irgendwie war mein Autotelefon bei diesen musikalischen Themen hängen geblieben. Ich konnte es ums Verrecken nicht dazu bringen, einen ganz normalen mechanischen Klingelton zu erzeugen. Ein deutliches Anzeichen, dass Maschinen böswillig sind.

Erst sah ich das Telefon nur an, wie immer, wenn es klingelte. Der Gedanke, dass mich einfach jemand so erreichen konnte, ganz egal wo ich gerade steckte, gefiel mir nicht. Es war, als würde einem beim Tanzen ständig jemand auf die Schulter tippen. Ich war beschäftigt, verdammt noch mal;

mich beschäftigte der Gedanke, wieso Jim versuchte, dem Staat Geld zu sparen. Und außerdem: Wann hatte mein Autotelefon mir jemals eine gute Nachricht überbracht? Ich gab die Nummer so gut wie nie heraus, und keiner rief mich an, es sei denn, es war wirklich sehr, sehr wichtig. Und sehr, sehr wichtig, das war zum Beispiel eine Krankheit, die einen zu einem interessanten Fall in der Medizin machte, was nie etwas Gutes verhieß.

Beim dritten Klingeln gab ich auf. Meine unnachgiebige Neugier siegte. »Michael«, sagte eine Stimme am anderen Ende. »Wiederhol noch mal, was du mir in der Kantine erzählt hast.«

Stacys Stimme hatte stets etwas Schnarrendes an sich. Er sprach langsam, in einem bluesigen Tonfall, mit einem an die Südstaaten erinnernden Rhythmus. Schon beim Hören musste ich gewöhnlich schmunzeln. Eins muss man dem Telefon lassen: Wenn man das Gesicht seines Gegenübers nicht sieht, schenkt man dem Klang sehr viel mehr Aufmerksamkeit. Heute klang Stacys Stimme anders, staccatohaft und in einer etwas höheren Tonlage angesiedelt. Unterschwellig hörte ich eine gewisse Aufregung und Nervosität heraus.

»Was soll ich wiederholen?«

»Was du mir in der Kantine gesagt hast. Dass du Jim und Rudolph zusammen gesehen hast. Was haben die beiden gemacht?«

»Eine Maschine repariert.«

»Jetzt komm schon, Michael«, sagte er ungeduldig. »Erzähl mir genau, was du gesehen hast.«

»Jim hatte eine Hand auf Rudolphs Schulter gelegt«, sagte ich gedehnt. Worauf wollte Stacy hinaus? »Sie sahen sich eine Maschine an, und auf dem Boden lagen überall Teile herum. Es war eine von den ganz großen Maschinen, ich weiß nicht genau, welche. Es sah aus, als hätten sie das Ding auseinander genommen. Jim stand ganz dicht neben Rudolph und redete auf ihn ein.«

»Sah Rudolph dabei die Maschine an?«

»Irgendwie schon ... ich weiß nicht. Ich glaube, er schaute zu Boden. So wie man das manchmal macht, wenn einem jemand zu dicht auf die Pelle rückt und man ihm nicht in die Augen blicken möchte. Ich kann mich nur noch an seinen Gesichtsausdruck erinnern – ein Reh, das im Scheinwerferlicht wie angewurzelt stehen bleibt. Es war der Ausdruck, den Menschen bekommen, wenn irgendein Psychopath seinen ganzen Charme versprüht, und sie gehen ihm total auf den Leim.«

»Ach du Scheiße«, sagte Stacy. »Ach, du liebe Scheiße. Fügt sich alles zusammen wie Puzzlestücke.«

»Was ist los?«, fragte ich. »Wovon redest du überhaupt?«

»Ich muss Schluss machen«, sagte er. Es kam so unvermittelt, dass ich erst gar nicht wusste, was er meinte, unser Gespräch oder etwas anderes. Als wäre gerade jemand in sein Zimmer getreten. »Ich muss Schluss machen«, wiederholte er.

»Ist jemand im Zimmer?«, fragte ich. Schweigen. »Stacy«, sagte ich. »Was ist los?«

»Ich rufe dich an«, erwiderte er, und die Leitung wurde unterbrochen.

Ich kam mir ausgelaugt vor, aus dem Gleichgewicht gebracht, und ich war beunruhigt. Erst hatte ich nicht ans Telefon gehen wollen, jetzt wollte ich mich gleich wieder dranhängen. Stacy hatte irgendwas herausgefunden, aber ich wusste nicht genau, was. Was konnten das für Neuigkeiten sein, die es Jim erlaubten, Rudolph eine Hand auf die Schulter zu legen, und warum war es so wichtig, wo Rudolph dabei hingesehen hatte? Je länger ich darüber nachdachte, desto verärgerter war ich über Stacy, mich einfach so hängen zu lassen. Andererseits: Was, wenn tatsächlich jemand ins Zimmer gekommen war? Nach dem zu urteilen, wie es sich angehört hatte, konnte es nichts Gutes bedeuten. Ich nahm den Hörer und wählte die Nummer des Gefängnisses. Der Beamte an der Pforte stellte mich sofort durch, aber ich erwischte nur Stacys Telefonansage. Widerstrebend legte ich auf. Später würde ich Stacy noch mal zu Hause anrufen und herausfinden, was Sache war. Das nahm ich mir jedenfalls vor.

Eileen wartete vor meinem Haus. »Woher weißt du, wo ich wohne?«, fragte ich sie, kaum dass ich aus dem Wagen gestiegen war.

Die Telefonnummer meiner kleinen Hütte hatte ich nicht ins öffentliche Telefonverzeichnis aufnehmen lassen, und die Adresse rückte ich sowieso nie heraus. Es hatte nicht allein mit meinem obsessiven Verlangen nach Privatsphäre zu tun, es war auch eine Sicherheitsfrage. Eileen war ein kluges Kind, besaß aber wohl kaum detektivische Fähigkeiten. Wenn schon sie die Adresse herausfinden konnte, dann konnten es auch noch sehr viele andere Leute. Allein ihr Anblick genügte, um zu wissen, dass ich ihr nicht traute. Sie war total auf jemanden hereingefallen, und ich zweifelte nicht daran, dass sie Jim noch immer aus der Hand fraß.

Sie zog die Augenbrauen hoch wie Groucho Marx und sagte leichthin: »Wir haben da so unsere Methoden.«

Ich starrte sie einen Moment lang an. Vielleicht lag es an dem Anruf von Stacy und an meiner inneren Unruhe, jedenfalls fand ich es alles andere als witzig.

»Und die wären?«, fragte ich schließlich.

Nach kurzem Zögern sagte sie: »Jim hat es mir erzählt.«

»Na toll«, erwiderte ich. »Großartig. Lieber Himmel.«

Ich atmete tief ein und wieder aus. »Scheiße, Eileen. Wirklich, was hast du dir dabei gedacht? Was soll's, komm rein.«

Ich geleitete sie durchs Haus nach hinten auf die Veranda. »Eistee?«, fragte ich. »Ein Glas Wein?«

»Hast du nicht was Härteres da?«, fragte Eileen.

»Klar. Ertränkst du deine Probleme neuerdings in Alkohol?«

»Manchmal«, erwiderte sie, setzte sich auf die Terrasse und legte die Füße auf einen Stuhl. Dabei fielen mir ihre Knöchel auf. Sie waren so geschwollen wie meine. Eileen lebte nicht gesund; angeblich hatte sie Gicht. Nach ihren Fußknöcheln zu urteilen, stand es nicht gut um sie.

»Reicht dir ein Gin Tonic?«

»Ja«, sagte sie, nahm das Glas, das ich ihr hinhielt, und trank einen großen Schluck. Ich stellte meinen Eistee ab und ging zurück ins Haus. Geistesabwesend wählte ich Stacys Nummer. Keine Antwort. Mit dem Telefon in der Hand trat ich wieder nach draußen. »Entschuldige«, sagte ich. »Ich muss unbedingt jemanden erreichen.«

Eileen zuckte mit den Schultern. »Kein Problem«, sagte sie. Ich setzte mich hin, und wir sahen uns abschätzend an.

»Also«, sagte ich. »Was führt dich zu mir?«

Sie trank erneut einen Schluck. »Ich möchte ein paar Dinge wissen, Michael. Aber wenn ich dich danach frage, wirst du im Gegenzug mir einige Fragen stellen, und ich muss sicher sein, dass du das, was ich dir sage, vertraulich behandelst.«

»Da bist du mir anscheinend weit voraus«, sagte ich. »Es hängt natürlich davon ab, was es ist. Ist es etwas Illegales?«

»Vielleicht«, sagte sie. »Irgendwie ja.«

»Irgendwie ja«, wiederholte ich. »Da gibt es nicht viel, was ›irgendwie‹ illegal ist.«

»Manche Regeln im Gefängnis sind eben nur Regeln«, erwiderte sie. »Bricht man sie, kann man zwar entlassen werden, aber man wird nicht vor Gericht gestellt. Deswegen weiß ich nicht, ob man das, was ich dir sagen will, als illegal bezeichnen kann oder nicht.«

»Es geht also auf jeden Fall darum, dass Vorschriften gebrochen werden, oder nicht?«

»Vielleicht«, sagte sie.

»Aber du bist dir nicht sicher, ob es tatsächlich illegal ist.«

»Ich bin mir nicht sicher.«

Ich trank einen Schluck Eistee. »Ich weiß nicht«, sagte ich. »Es hängt davon ab.«

»Das reicht mir nicht.«

»Hör mal, ich weiß nicht einmal, wovon wir überhaupt reden. Ich kann dir also keine allgemeine Garantie geben. Und ich weiß auch nicht, ob du überhaupt durchschaust, was da wirklich vor sich geht, Eileen. Entschuldige, aber ich glaube, du steckst bis zum Hals in irgendwas drin, wovon du absolut keine Ahnung hast.«

»Vielleicht«, sagte sie. »Vielleicht bin ich deswegen hier.«

»Eins nach dem anderen«, sagte ich. »Was willst du mich fragen?«

»Was für eine Beziehung hast du zu Jim?«

Ich lachte ungläubig. »Wie bitte? Das sollte doch wohl eher ich fragen.«

Sie schaute auf das Glas in ihrer Hand; es war bereits beinahe leer. Schon fragte ich mich, ob ich heute Nacht einen Gast haben würde. Wenn sie so weitermachte, war sie später nicht mehr in der Verfassung, Auto zu fahren. »Ich meine es ernst, Michael.«

»Willst du die Wahrheit wissen?«

Sie nickte.

»Es wird dir nicht gefallen.«

»Sag mir die Wahrheit.«

»Ich halte ihn für einen eiskalten Psychopathen, und er ist in irgendwas Illegales im Gefängnis verwickelt. Ich glaube, er hat dich nach Strich und Faden übers Ohr gehauen, und er hat dir fast alles genommen. Ob er auch mit dem Mord an Clarence zu tun hat, weiß ich nicht, aber ich gehe jede Wette ein, dass er weiß, wer es war.«

Sie starrte immer noch auf ihr Glas. »Ich habe dich nicht gefragt, was du von ihm hältst. Ich habe dich gefragt, was für eine Beziehung du zu ihm hast.«

»Er ist in meiner Gruppe.«

»Du hast nichts mit ihm angefangen?«

»Angefangen? Ich mit ihm? Wie kommst du denn darauf? Warum fragst du mich das?«

Sie seufzte erleichtert. »Weil er nur noch von dir spricht. Über nichts anderes mehr. Und er versucht, alles über dich herauszukriegen.«

Ich schluckte. Es überraschte mich, einerseits, andererseits wiederum nicht.

»Wann sprichst du mit ihm?«

Sie schaute in ihr Glas. »Siehst du, jetzt ist es so weit.«

»War das die Frage, die du befürchtet hast?«

Sie nickte.

»Du stehst nämlich nicht auf seiner Besucherliste«, sagte ich und dachte weiter laut nach. »Das Gefängnis würde es dir als ehemaliger Mitarbeiterin auch nicht erlauben. Normalerweise dürfen ehemalige Mitarbeiter keine Insassen besuchen, weil sie sich zu gut mit den Sicherheitsvorkehrungen auskennen. Aus dem gleichen Grund würde auch seine Post überwacht werden, und die Telefonanrufe werden ohnehin aufgezeichnet. Das bedeutet, dass er schön blöd wäre, wenn er dir diese Fragen am Telefon stellen würde. Stimmt's? Also, wie nimmst du Verbindung mit ihm auf?«

Sie zuckte mit den Schultern. »Spielt das eine Rolle?«

»Vielleicht«, sagte ich nach einer Weile. Ich nahm den Hörer in die Hand und rief noch mal an. »Vielleicht auch nicht. Woher soll ich das wissen?« Ich ließ es klingeln. Ein Blick auf die Uhr sagte mir, dass Stacy längst da sein müsste, wenn er nach der Arbeit im Gefängnis auf direktem Weg nach Hause gefahren wäre. Ich wählte noch mal die Nummer des Gefängnisses und bat den Beamten, Stacy über Funk anzupiepsen. Er stellte mich in die Warteschleife.

»Also«, fuhr ich fort, während ich auf Antwort wartete. »Besuche im Gefängnis können es nicht sein. Kommen nur das Telefon oder Briefe in Frage. Das Telefon zu benutzen, dazu ist Jim zu schlau, weil er weiß, dass die Gespräche abgehört werden. Bleiben also Briefe oder Notizzettel. Stimmt's?«

»Was wäre wenn?«

»Wie schmuggelt er sie an der Postschleuse vorbei? Er braucht noch ein Mitglied des Personals als Helfershelfer. Warum erzählst du mir das alles, Eileen? Du weißt, ich könnte es denen im Gefängnis weitererzählen. Die finden heraus, wer der Entsprechende ist, unterbinden den Kontakt mit Jim, und der Mitarbeiter wird entlassen. Und du würdest ausrasten, weil du doch völlig abhängig von Jim bist.«

Es hörte sich ungeduldiger an als beabsichtigt. Hauptsächlich war ich frustriert, weil meine ständigen Versuche, Stacy zu erreichen, ins Leere liefen. Ich hing immer noch in der Warteschleife, weil Stacy nicht antwortete, und der Beamte meldete sich auch nicht zurück. Schließlich gab ich auf und unterbrach die Verbindung. Ich musste mich auf das Gespräch mit Eileen konzentrieren.

»Warum erkundigt er sich dauernd nach dir?«, wollte sie im Gegenzug wissen.

Ich sah sie an. »Gute Frage«, sagte ich nur. Sie hielt mir

ihr Glas hin. Schweigend stand ich auf und ging zurück in die Küche, um es nachzufüllen. Ein klein wenig fühlte ich mich schuldig. Ich war stocknüchtern und Eileen nicht, das war kein faires Match. Andererseits hatte Eileen sich bewusst entschieden, sich zu betrinken, und ich hatte das Gefühl, dass sie das, was sie mir mitteilen wollte, ohne ein gewisses Quantum an Alkohol nicht loswerden konnte. Warum sollte ich sie also davon abhalten?

Ich kehrte mit dem gefüllten Glas zurück auf die Veranda und widerstand dem Impuls, den Telefonhörer in die Hand zu nehmen. Gerade mal zwei Minuten waren vergangen, höchstens. Ich musste mich zusammenreißen.

»Hier«, sagte Eileen und griff in ihre Handtasche. »Ich will die Wahrheit wissen. Was hältst du hiervon?«

Ich nahm ihr den Briefumschlag ab, den sie mir hinhielt, und öffnete ihn. Er war in Burlington aufgegeben, weit entfernt vom Gefängnis. Bestimmt hatte ihn jemand herausgeschmuggelt und dort eingeworfen. Ich las ihn mir langsam durch. Dann las ich ihn ein zweites Mal. Er fing an mit »Meine Liebste«, aber schon beim dritten Satz war der verliebte Ton nicht mehr herauszuhören. Anscheinend hatte sie Jim bereits ziemlich viel über mich erzählt, denn er erkundigte sich nach Details bei bestimmten Dingen, die sie ihm schon genannt hatte. Wann genau sie mich kennen gelernt habe. Was sie damit meinte, ich würde mich einen Dreck um die Regeln scheren. Wie mein Leben außerhalb der Gefängnismauern aussähe. Wer der Vater des Kindes sei. Und so weiter. Wenn mein Lover mir all diese Fragen über eine andere Frau gestellt hätte, ich wäre auch ausgeflippt.

Ich faltete den Brief zusammen und steckte ihn zurück in den Umschlag; dann sah ich auf meine Finger, die leicht verschmiert waren. Ich hielt den Umschlag gegen das Licht, um besser sehen zu können. Irgendein dunkles, staubiges Zeug klebte am Umschlag. Ich rieb die Finger aneinander und roch an dem Staub. Was war das bloß?

»Weisen die alle diese Schmierspuren auf?«, fragte ich.

»Ja«, sagte Eileen. »Ich weiß auch nicht, was das ist.«

»Und, was fängst du nun mit diesem Brief an?«, fragte ich sie.

»Ich weiß nicht«, erwiderte sie. »Entweder hat er Interesse an dir als Freundin, oder er versucht, dich aufs Kreuz zu legen. So oder so, es wirft kein gutes Licht auf den, für den ich ihn gehalten habe.« Sie hielt inne. »Vielleicht sollte ich dir lieber was über die Gruppe erzählen.«

Ich nickte, und im selben Moment klingelte das Telefon.

Ich sprang auf und riss den Hörer hoch. »Michael«, sagte Gary. »Schlechte Nachrichten. Stacy James ist verletzt.«

»Oh, mein Gott«, sagte ich, und mein Magen verkrampfte sich so heftig, dass ich eine Hand auflegte. »Ist es sehr schlimm?«

»Er ist bewusstlos«, antwortete Gary. »Er wurde überfallen und geschlagen.«

»Lebt er?«

»Er lebt, aber er ist schwer verletzt. Ich weiß nicht, Michael. Es sieht schlimm aus. Er hatte schon viel Blut verloren, als wir ihn fanden.«

Auf schlechte Nachrichten ist man nie wirklich gefasst, mag man auch noch so sehr damit rechnen. Man sieht dunkle Wolken aufziehen, und man denkt an Regen, aber das wappnet einen nicht für den Sturm, der schneller anrollt, als man weglaufen kann. Ich war wie betäubt. »Was ist passiert?«

»Keine Ahnung«, sagte Gary. »Man hat ihn woanders hingeschafft. Er lag in einem der Seminarräume, aber ich glaube, der Überfall fand draußen auf dem Flur statt. Ein Wärter hat ihn gefunden. Es sieht nicht gut aus, Michael.«

»Welches Krankenhaus?«, fragte ich.

Eileen saß still neben mir, was mir ganz recht war, denn plötzlich sprudelte es nur so aus mir heraus. »Dieser Blödmann. Dieser Blödmann. Er hat mich aufgefordert, mich nicht einzumischen. Und was macht er?«

»Michael«, sagte sie mit fester Stimme. »Ich muss dir über meine Erfahrungen mit der Gruppe erzählen.«

»Das geht jetzt nicht«, erwiderte ich. »Es geht nicht, weil ich kein einziges Wort behalten würde. Ich kann einfach nicht glauben, dass jemand wie Stacy in so etwas hineingerät. Er kannte sich doch aus.« Ich plapperte weiter, während Eileen zusammengesunken auf dem Beifahrersitz hockte. »War jemand in seinem Büro? Es hörte sich so an, als wäre jemand reingekommen.« Ich sah sie von der Seite an. »Später, Eileen«, sagte ich, etwas sanfter. »Ich kann mich im Augenblick nicht konzentrieren.«

In einer Kurve geriet der Wagen leicht ins Schleudern, und sie schloss die Augen. »Es hilft uns auch nicht weiter, wenn wir auf dem Weg dorthin einen Unfall bauen, Michael.«

»Das ist noch gar nichts. Keine Sorge. Als junges Mädchen bin ich wie eine Wahnsinnige gerast.«

»Gut möglich, dass du neun Leben hast«, sagte sie feierlich. »Ich ganz bestimmt nicht. Was hast du mal zu mir gesagt? ›Wenn du den Ball verlierst, dann sei nicht auch noch so blöd und versuch, ihn wiederzukriegen.‹«

Ich sah sie verwundert an. »Erstaunlich, dass du so etwas behältst.« Es war doch wirklich seltsam. Warum hatte Eileen etwas behalten, das ich vor fünfzehn Jahren eher beiläufig von mir gegeben hatte?

»Ich erinnere mich gut daran«, sagte sie leise. »Du hast es an dem Tag gesagt, als ich das Messer mit ins Gefängnis genommen habe.«

Wieder sah ich sie an. Wovon redete sie bloß? »Was für ein Messer?«

»Ist das nicht komisch?«, sagte sie. »Du kannst dich nicht mal daran erinnern. Es war in unserem praktischen Jahr. Wir hatten gerade das Sicherheitstraining absolviert, für die Mitarbeiter, die nicht beim Sicherheitsdienst tätig waren. Uns wurde alles über Gebote und Verbote eingebläut. Sie hatten ein irres Tamtam gemacht um eingeschmuggelte Sachen, und ein Messer war so ungefähr das Schlimmste, das kam gleich nach einer Knarre. Und dann machte ich eines Mittags meine Brotschachtel auf, und ich hatte mein Obstmesser dringelassen.« Sie versank in Schweigen.

»Und?«, fragte ich. »Es war doch nur ein Obstmesser, oder?«

»Michael«, sagte sie. »Es war ein Messer.«

»Na gut«, erwiderte ich. »Was ist dann passiert?«

»Ich wollte es natürlich abgeben, mich selbst anschwärzen sozusagen, aber ich war furchtbar aufgeregt. Ich wusste ja nicht, was passieren würde. Ich stand auf, und in dem Moment hast du das gesagt. Du hast gesagt: ›Wenn du den Ball verlierst, dann sei nicht auch noch so blöd und versuch, ihn wiederzukriegen.‹ Ich hatte keinen blassen Schimmer, was du damit meintest. Das hast du wohl gespürt, denn du hast nur den Kopf geschüttelt, mir das Messer aus der Hand genommen und es in deine Tasche gesteckt.«

Ich konnte mich an all das nicht erinnern. »Du musst mir schon auf die Sprünge helfen, Eileen«, sagte ich. »Warum war das so wichtig für dich?«

»Weil mir klar war«, antwortete sie, »dass man dich deswegen hätte entlassen können. Und weil du denen nicht erzählt hättest, wem das Messer eigentlich gehörte. Bitte, Michael, fahr langsamer. Es hilft Stacy auch nicht weiter, wenn du uns umbringst.«

Ich nahm den Fuß vom Gas und schwieg, während ich mich in den Verkehr auf der Interstate einfädelte. Es erschien mir irgendwie traurig, dass etwas, das mir völlig entfallen war, für Eileen eine solche Bedeutung gehabt hatte. Was für Ängste musste sie in all den Jahren ausgestanden haben, wenn schon eine so geringfügige Geste – ich hatte schließlich nur ihr Messer in meine Tasche gesteckt – in ihren Augen immer noch Sicherheit symbolisierte? Aber wo war der Unterschied zu der Tasse Tee auf dem Berggipfel, die in meinen Augen menschlichen Trost symbolisierte?

Ich sah hinaus in die vorbeifliegende Finsternis. Zu beiden Seiten erhoben sich Granitfelsen, und mir fiel ein, dass sich hier in der Nähe ein Steinbruch befand, in dem ich früher geklettert war. In Neuengland gab es viel Granit, ein harter, unnachgiebiger Stein, der so stark war, dass eine nur wenige Millimeter dicke Platte mühelos das Gewicht eines Menschen getragen hätte. Der Granit versprach Sicherheit. In Colorado hatte ich Berge erklommen, wo der Stein unter jedem Tritt zerbröselte und man befürchten musste, unter jeder kleinen Steinlawine begraben zu werden. Ganz egal, wo man sich an dem alten Felsgestein in Neuengland abstützte, es gab zumindest nicht unter den Füßen nach. Mehr wollte Eileen vielleicht gar nicht damit ausdrücken.

Aber es gab noch etwas hier, eine Schroffheit in der Landschaft, die ich nirgendwo sonst in diesem Land je wieder gefunden habe. Mount Washington nebenan war gerade mal tausendfünfhundert Meter hoch, aber an ihm waren mehr Bergwanderer umgekommen als an den Viertausendern in Colorado. In Neuengland konnte das Wetter von einer Sekunde auf die andere umschlagen, und dreihundert Stundenkilometer schnelle Winde auf der Bergspitze waren keine Seltenheit. Häufig bildeten sich Whiteouts – Nebel, der so dick ist, dass man die Hand unmittelbar vor die Augen halten muss, um sie zu sehen –, und auf dem Gipfel hatte man schon erfrorene Wanderer in Shorts und T-Shirt gefunden. Sie waren auf einen Berg gestiegen – an einem sonnigen Frühlingstag, Krokusse blühten – und auf einem ganz anderen Berg umgekommen, gefangen in einem eisigen Sturm, der ihnen keine Sicht gewährte.

Es war mehr als nur das, musste ich mir beim Anblick des über die Felsen gleitenden Mondlichts eingestehen. Die Schroffheit hatte auch etwas Spirituelles. Solche Schroffheit hatte ich bisher nur an einem anderen Ort erlebt: Elsass-Lothringen, die Strecke von Brüssel zur französischen Grenze, wo der Boden jahrhundertelang von Blut getränkt wurde und wo niemand – mochte der Glaube an spirituelle Dinge auch noch so wenig ausgeprägt sein – von der düsteren Atmosphäre unberührt blieb.

Diese blöden Puritaner sind schuld, dachte ich auf unserer Fahrt zwischen Felsen und Farmen. Sogar die Silos sahen vor dem Himmel als Hintergrund abschreckend aus. Puritanerland. Was konnte man da schon anderes erwarten? Auch das hatte Eileen damit ausdrücken wollen, dass sie die Schroffheit hier spürte, dass hier jemand wegen eines Obstmessers in einer Brotschachtel entlassen werden konnte.

Wir fuhren auf den Parkplatz der Intensivstation des Conway Regional Hospital, ein kleines Krankenhaus zwischen Jefferson und der Grenze. Auf dem Parkplatz standen mehrere Krankenwagen, und es gab eine Laderampe, wie man sie von Fabriken kennt. Nur bestand die Ladung hier meist aus Menschen, den Gestrandeten der Highways, den wahren Schlachtfeldern in diesem Land. »Wie konnte das passieren?«, fragte Eileen leise. Sie hörte sich an wie ein verwirrtes Kind.

»Das kann ich dir auch nicht sagen«, antwortete ich und glitt in eine Parkbucht. »Aber eins sage ich dir, Eileen. Wenn wir Zeit haben und es Stacy wieder gut geht, dann wirst du mir alles erzählen, was in der Gruppe vorgefallen ist und was Jim dir erzählt hat. Du wirst mir alles erzählen, denn ich bin mir ziemlich sicher, dass Gary als Nächster drankommt.«

Ich stieg aus dem Wagen, aber Eileen packte meinen Arm.

»Glaubst du, dass Jim so etwas tun könnte?«, fragte sie mich eindringlich. »Dazu wäre er nicht in der Lage, Michael. Zu anderem vielleicht, aber dazu nicht. Er mag mich betrogen haben, er mag mich belogen haben. Aber so etwas würde er nicht tun. Niemals.«

»Ohne mit der Wimper zu zucken«, sagte ich und riss mich los.

12

Gary stand im Wartezimmer. Er sah abgehärmt und niedergeschlagen aus, fast ein bisschen verwahrlost. Er erkannte Eileen in meinem Schlepptau und stutzte. »Was hat die denn hier zu suchen?«, fragte er, als ich auf ihn zukam. Mitarbeiter, die sich mit Häftlingen verbünden, werden von den anderen Mitarbeitern als Verräter betrachtet, als Abtrünnige, die die Sicherheit aller untergraben.

»Wir waren mitten in einem Gespräch, als du anriefst«, sagte ich. »Sie hat mir von der Arbeit in der Gruppe berichtet.« Das schien ihn nicht zu beschwichtigen. »Meine Güte, Gary. Warum gleich jemanden ausgrenzen, wenn er mal Mist baut? Es reicht, wenn wir sie entlassen. Sie ist immer noch ein Mensch. Immerhin kennst du sie seit fünfzehn Jahren. Außerdem ist es doch jetzt eh egal. Wie geht es Stacy?«

»Er wird operiert«, sagte er und riss sich widerstrebend von Eileens Anblick los. »Sie bohren gerade ein Loch in seinen Schädel, um den Druck auf sein Gehirn zu mildern.« Er hielt inne. »Er ist in einem schlimmen Zustand. Sein Kopf war überall eingedrückt, als wir ihn fanden. Auf dem Boden war so viel Blut, dass einer der Aufseher ausgerutscht ist.«

In seinem Auftreten als ganzer Kerl, dem man nichts anhaben konnte, spürte man unterschwellig die Angst, als würden Dinge außer Kontrolle geraten, was ja auch tatsächlich der Fall war. Ich legte meine Arme um ihn und drückte ihn an mich, und für einen Moment sagten wir beide kein Wort. Eileen rührte sich nicht, klugerweise. So standen wir da wie angewurzelt, als plötzlich Aspasia vom Parkplatz draußen hereinkam.

»Ich habe dir gesagt, du sollst im Auto warten«, schnauzte Gary sie an.

»Ich muss aufs Klo«, entgegnete sie. Er wies auf die Toilettentür, und sie lief schmollend darauf zu.

»Was macht sie hier?«, fragte ich.

»Susan hatte einen Termin, und wir beide waren zu Hause. Ich konnte sie nicht allein lassen.«

Gefängnisdirektoren ließen ihre Kinder nie allein zu Hause. Es kursierten zu viele Geschichten.

»Sie braucht doch nicht die ganze Zeit im Auto zu warten«, sagte ich zögernd. »Vielleicht gibt es hier einen –«

»Ich will nicht, dass sie hiervon etwas mitkriegt«, erklärte Gary. »Es bringt sie nicht um, mal ein paar Minuten im Auto zu warten. Das ist im Augenblick das geringste Problem.«

Aspasia kam zurück, und Gary sagte: »Geh zurück ins Auto.«

»Es ist langweilig da draußen«, erwiderte Aspasia. »Wenn ich schon rumgammeln muss, will ich mir wenigstens ein paar Zeitschriften ansehen.«

»Gary«, sagte ich sanft, »hier hast du sie zumindest im Auge.«

Im ersten Moment verdüsterte sich seine Miene, aber dann zuckte er mit den Achseln, und Aspasia setzte sich auf einen Stuhl im Gang.

»Was ist passiert?«, fragte ich.

»Ein Beamter machte gerade seine Runde. Er fand ihn versteckt hinter einem Pult in einem Seminarraum. Er sah Blutflecken und ist der Spur gefolgt. Jemand hatte versucht, die Flecken wegzuwischen, aber er war nicht gründlich genug. Wir haben Blut draußen auf dem Flur und auf dem Boden im Seminarraum gefunden. Mehr weiß ich auch nicht, Michael. In dem ganzen Bereich haben sich keine Häftlinge aufgehalten. Es war nach Feierabend, und die Seminarräume und Werkstätten waren abgeschlossen. Ich weiß nicht einmal, warum er überhaupt noch im Büro war.«

»Ich schon«, sagte ich. »Jedenfalls weiß ich, warum er sich in dem Gebäudeteil aufgehalten hat.« Ich erzählte ihm von dem Anruf und was Stacy mir gesagt hatte. »Irgendwie hatte ich das Gefühl, als wäre jemand ins Zimmer getreten, aber mit Sicherheit kann ich das nicht sagen. Jetzt denke ich eher, dass er wegen irgendwas aufgeregt war und einer Vermutung nachgehen wollte. Später habe ich noch mal versucht, ihn anzurufen, aber ich bin nicht durchgekommen.«

In diesem Moment wurde die Tür zum Wartezimmer aufgestoßen, und eine Frau in Operationskleidung kam herein. Sie war groß, über einen Meter achtzig, schlank und kräftig, und sie hatte giftgrünes Haar. Bei dem Anblick schnappte Gary hörbar nach Luft. Die Frau blitzte ihn an. »Kein Wort über mein Haar. Ich habe mir geschworen, wenn ich dieses blöde praktische Jahr überstehe, kann ich tun und lassen, was ich will. Und niemanden geht das etwas an.«

Gary blieb wie angewurzelt stehen, als hätte es ihm die

Sprache verschlagen. Auf keinen Fall wollte er sich davon überzeugen lassen, dass jemand mit grünen Haaren ein kompetenter Chirurg sein konnte. Aus dem Augenwinkel sah ich Aspasia interessiert aufblicken. »Lassen Sie mal das Haar«, sagte ich. »Wie geht es Stacy?«

Sie sah Gary mit einem Blick an, als wollte sie sagen: »Sonst noch was?«, aber dann beantwortete sie meine Frage. »Sein Zustand ist stabil. Er wird mit dem Leben davonkommen, aber was die Körperfunktionen betrifft, kann ich im Moment keine Aussage machen. In achtundvierzig Stunden wissen wir mehr.«

Ich wollte etwas erwidern, aber sie hob abwehrend die Hand. »Ich würde es Ihnen sagen, wenn ich mehr wüsste. Aber ich weiß nicht mehr.«

»Und Ihre persönliche Einschätzung? Ganz unverbindlich?«

Sie beäugte mich misstrauisch. »Er hat gute Chancen, wieder auf die Beine zu kommen, das heißt, falls er nicht erblindet. Er wurde am Hinterhauptsbein getroffen, aber er hatte nach dem ersten Schlag noch so viel Geistesgegenwart, den Kopf mit den Händen zu schützen. Beide Unterarme sind gebrochen«, sagte sie beiläufig, »ein mehrfacher Bruch. Aber die Arme haben die Wucht der Schläge abgefangen. Jemand muss wirklich äußerst brutal auf ihn eingeschlagen haben.«

Gary fand schließlich doch seine Stimme wieder. »Womit?«, fragte er.

»Kann ich nicht genau sagen«, erwiderte sie.

»Könnte es ein ungewöhnlich geformter metallischer Gegenstand mit Zacken gewesen sein?« Ich konnte mir denken, warum Gary das fragte. Wenn Clarence mit diesem Gegenstand umgebracht worden war, man ihn nie entdeckt hatte und jetzt Stacy fast erschlagen worden wäre, dann lag es nahe, dass es sich um ein und dieselbe Waffe handelte.

»Nein«, sagte sie. »Wie kommen Sie darauf?« Sie blickte Gary merkwürdig an. »Was veranlasst Sie zu dieser Frage?«, sagte sie noch einmal.

»Nur eine vage Vermutung«, erwiderte er. »Aber was kann es dann gewesen sein?«

»Hat der Mann mit einem Überfall gerechnet?«

Gary und ich sahen uns an. »Nein«, sagte Gary. »Es gab keine Anzeichen eines Kampfes, und er hat auch nicht um Hilfe gerufen. Er wurde am Hinterkopf getroffen, deswegen glauben wir nicht, dass er den Angriff kommen sah. Warum fragen Sie?«

»Weil er die Waffe gezeichnet hat«, sagte sie. »Die Waffe und den anderen Gegenstand, den Sie gerade beschrieben haben.« Sie fasste in ihre Tasche und holte ein gefaltetes Blatt Papier hervor. Drei Stangen waren darauf gemalt, eine mit Zacken, eine mit einer ballähnlichen Rundung an einem Ende, mit Einkerbungen darauf, und eine dritte, gerade Stange mit einem Haken.

»Diese hier«, sagte sie, auf die in der Mitte mit den Einkerbungen deutend. »Diese hier passt zu den Verletzungen.« Gary und ich sahen uns ungläubig an.

»Und das soll er gezeichnet haben, nachdem auf ihn eingeschlagen worden ist?«, fragte Gary verwirrt.

»Nein, nein«, sagte sie. »Das hat er nicht nach den Schlägen gezeichnet. Nach den Schlägen hat er erst mal gar nichts gemacht, außer sich zusammenzurollen. Ich bin sicher, dass er ziemlich schnell das Bewusstsein verloren hat. Jedenfalls war hier auf dem Papier kein Blut, er selbst allerdings war blutüberströmt. Der Zettel steckte in seiner Hosentasche. Er muss es vor dem Überfall gezeichnet haben.«

Aspasia hatte sich herangeschlichen, um sich das Bild anzusehen. »Die sehen aus wie Autoteile«, meldete sie sich zu Wort.

»In einem Gefängnis gibt es keine Autos«, sagte Gary ungeduldig.

»Das ist aber eine Maschine«, erwiderte sie trotzig. »Das sind Teile von einer Maschine, auch wenn sie nicht von einem Auto stammen.«

Wenn sich im Film alles zusammenfügt, setzt immer eine dröhnende Musik ein. Im wirklichen Leben fällt einem nur die Kinnlade herunter, und man kommt sich vor wie der letzte Idiot. Ich weiß nicht mehr, ob ich überhaupt noch geatmet habe, doch dann drehte ich mich zu Aspasia um und sah sie voller Bewunderung an.

»Ja, ganz bestimmt«, sagte sie. »Was soll es sonst sein? Ich habe Werkunterricht gehabt.«

Ich hockte mich im Schneidersitz auf den Boden; mir war leicht schwindelig. »Wie Puzzlestücke«, so hatte sich Stacy ausgedrückt. »Mein Gott, ich muss blind gewesen sein«, sagte ich. »Ich bin unmittelbar daran vorbeigelaufen.«

»Ist dir nicht gut?«, erkundigte sich Gary und schaute auf mich herab.

»Oh, doch«, sagte ich. »Ich komme mir nur vor wie der letzte Blödmann. Sonst geht's mir gut.«

»Kein Wunder, dass wir die Waffe nicht gefunden haben«, sagte Gary.

Ein Moment lang herrschte Schweigen, dann schaute er wieder zu mir herab.

»Lass dir das ja nicht einfallen«, sagte er.

»Was?«

»Noch heute Abend hinzufahren und die Maschine zu überprüfen.«

»Das ist doch lächerlich.«

Ohne ein Wort zu sagen, holte er sein Handy heraus, rief im Gefängnis an und gab Anweisung, die Werkstatt abzusperren.

»Es geht um die Beweissicherung, oder? Du glaubst doch nicht im Ernst, ich wäre jetzt hingefahren und hätte das Gleiche gemacht wie Stacy«, sagte ich.

»Ich denke überhaupt nichts«, erwiderte Gary. »Der Seminarraum ist bereits abgesperrt. Ich weite nur die Sicherung der Tatorte aus.«

Er schüttelte den Kopf und rief erneut an. Jemand sollte in der Personalakte nachschauen, wo Stacys Familie wohnte. Es wurde Zeit für den – in den meisten Fällen mitternächtlichen – Anruf bei den Angehörigen, immer schrecklich für den Anrufer, immer schmerzlich für die Angerufenen.

Den wollte ich nicht mit anhören. Ich bat Eileen, mir aufzuhelfen, und begab mich auf die Suche nach der Ärztin. Sie war während der Telefonate verschwunden, und ich fand sie im Ärztezimmer, ihren Bericht diktierend.

»Entschuldigen Sie die Unterbrechung«, sagte ich, »können Sie mir sagen, ob er wohl vor morgen früh wieder aufwacht?«

»Unwahrscheinlich«, sagte sie. »Und selbst wenn, darf er keinen Besuch empfangen.«

»Haben Sie die ganze Nacht Dienst?«, fragte ich.

»Nein, ich bin nur für die Operation hergekommen.«

»Wen kann ich bitten, mich morgen anzurufen, wenn sich sein Zustand verändert?«

»Sind Sie ein Mitglied der Familie?«

»Schwägerin.«

»Von wegen.«

»Die nächste Angehörige, die er hier hat. Seit wann gehören nur Verwandte zur Familie?«

»Stimmt auch wieder«, gab sie nach. »Sprechen Sie mit der Oberschwester. Sagen Sie ihr, ich hätte das abgesegnet.«

»Wie ist Ihr Name?«

»Dr. Docteur. Sparen Sie sich jeden Kommentar. Sagen Sie ihr einfach nur Bescheid.«

Gary saß nachdenklich auf einem Stuhl, als ich zurückkam. »Kannst du Aspasia nach Hause bringen?«, fragte er. »Susan müsste schon wieder da sein.«

»Wieso? Wo willst du hin?«

»Nirgendwohin«, sagte er. »Ich glaube, ich bleibe noch etwas hier.«

»Warum? Stacy wird so schnell nicht aufwachen. Das hat die Ärztin mir soeben bestätigt, und Besucher lassen sie sowieso nicht zu ihm.«

»Bring sie nach Hause, Michael.«

Ich ließ mich neben ihm nieder. »Machst du dir Vorwürfe?«

»Sollte ich mir keine machen?«

»Du hättest es nicht verhindern können. Woher hättest du wissen sollen, dass Stacy dahinter kommt, was als Waffe benutzt wurde, und nach Feierabend zur Druckerei geht, ohne jede Unterstützung.«

»Was heißt hier Unterstützung? Auf den Gängen und in der Werkstatt hätte eben alles gesichert sein müssen. Was hat ein Häftling zu dieser Zeit überhaupt da verloren?«

Darauf hatte ich auch keine Antwort, und ich wollte gerade ein paar aufbauende Worte zu ihm sagen, als er abwehrend die Hand hob. »Bring sie bitte nach Hause«, sagte er. »In Ordnung?«

Ich musterte ihn; seine Haut war blass, und auf seinem weißen Hemd prangte ein großer Kaffeefleck. Gary war früher beim Militär gewesen. Mag sein, dass er ein Bäuchlein angesetzt hatte und nicht mehr ganz so in Form war wie früher, aber dennoch kleidete er sich sonst immer so, als ob jeden Moment sein ehemaliger Sergeant zur Inspektion vorbeikommen würde. Noch nie hatte ich ihn mit einem dreckigen oder zerknitterten Hemd gesehen. »In Ordnung«, sagte ich resigniert.

Ich konnte es nicht wieder gutmachen. Nicht alles ließ sich heilen. Gary trug letztlich für alle im Gefängnis die Verantwortung, und das nahm er sehr ernst. Ein Häftling war tot, und ein Mitarbeiter war knapp dem Tod entronnen. Er hatte versagt, da konnte ich noch so viel reden.

An der Tür blieb Aspasia stehen und drehte sich um. Verunsichert blickte sie hinüber zu ihrem Vater, dann sah sie mich an. Ich zuckte mit den Schultern. Langsam ging sie zurück und küsste ihn auf die Wange. »Gute Nacht, Daddy«, sagte sie und wandte sich zum Gehen.

Er schaute auf, und ich erkannte ein Leuchten in seinen Augen, das vorher nicht da gewesen war. Vielleicht konnte ich nichts wieder gutmachen, aber ihr war es beinahe gelungen.

Zu dritt gingen wir in Richtung Auto. Selbst Aspasia wirkte trübsinnig; dabei kannte sie Stacy nicht einmal persönlich, soweit ich wusste. Während wir im Krankenhaus gewesen waren, hatte es draußen angefangen zu regnen, aber keiner von uns rannte zum Auto. Nichts erschien einem nach so einem Überfall belangloser als Regen. Ich war müde und gleichzeitig aufgekratzt, und Schlaf, dieser Freund nur in guten Zeiten, würde sich so bald nicht einstellen. Freunde, die einfach abhauen, wenn man sie braucht, sind mir nicht geheuer, aber der Schlaf war eine Ausnahme. Er konnte machen, was er wollte, und wenn er sich endlich einstellte, war man so froh, ihn wieder zu sehen, dass man nicht widersprach.

Ich ließ den Motor an und fuhr langsam los. Draußen herrschte stockfinstere Nacht; wir hatten Halbmond, aber

Wolken hatten sich davor geschoben, und der Regen machte alles noch schlimmer. Es war eine Nacht, in der einem leicht ein Reh vors Auto laufen konnte, dachte ich plötzlich. Schon an sonnigen Tagen musste ich in Vermont auf Rehe gefasst sein, und nachts waren sie praktisch nicht zu erkennen. Ausweichmanöver vor Rehen auf dem Highway gehörten in Vermont zu den unerlässlichen Fähigkeiten eines Fahrers – eigentlich sollten sie in die Führerscheinprüfung mit aufgenommen werden. Es war nicht vergleichbar mit einem Zusammenstoß mit einem Hasen. Die langen, spindeldürren Beine des Rehs knickten ein, und der große Rumpf wurde durch die Windschutzscheibe geschleudert, was nicht selten den Tod der vorne Sitzenden zur Folge hatte.

Ob Gary wohl Recht hatte?, fragte ich mich. Wäre ich den Umweg übers Gefängnis gefahren und hätte im Maschinenraum nachgesehen, wenn Aspasia und Eileen nicht im Wagen gesessen hätten? Nein. Ganz bestimmt nicht. Das heißt, vielleicht doch.

In diesem Moment rutschte Aspasia nach vorne und sagte: »Mein Daddy ist echt wütend, oder?«

»Ja«, antwortete ich.

»Warum? Es war doch nicht seine Schuld.«

»Stimmt. Aber er fühlt sich für alles, was im Gefängnis passiert, verantwortlich, für alles Schlimme. Und dass nichts Schlimmes passiert, dafür zu sorgen, ist seine Arbeit.«

»Aber er kann doch nicht alles kontrollieren.«

»Das sagt ihm sein Verstand auch, aber er fühlt sich trotzdem verantwortlich.«

»Zu Hause ist es genauso.«

»Was ist zu Hause genauso?«

»Zu Hause glaubt er auch, er könnte alles kontrollieren.«

»Stimmt.«

»Bestimmt hasst er mich.«

»Er hasst dich nicht, Aspasia. Er meint nur, dass er bei dir versagt hat.«

»Wieso glaubt er, dass er versagt hat? Ich bin doch diejenige, die immer alles vermasselt.«

»In erster Linie, weil du Diabetes hast.«

»Das ist doch nicht seine Schuld.«

»Das sagt ihm sein Verstand auch, aber er fühlt sich trotzdem verantwortlich.«

»Mein Gott«, sagte sie und lehnte sich wieder zurück.

Eileen hatte die ganze Zeit geschwiegen. Ihr Gesicht sah aus wie ein Strand nach einem Sturm: leer gefegt und kahl. Es schien, als würden Gedanken vor ihren Augen flimmern, wie vorbeischwimmendes Treibholz. Ich sagte ebenfalls nichts. Wir wussten beide, dass eine Aussprache anstand, wenn wir Aspasia abgesetzt hatten.

Adam schlief bereits, als Eileen und ich nach Hause kamen, aber seltsamerweise fand ich seine Anwesenheit beruhigend. Ich musste daran denken, dass ich mir früher nur vorstellen konnte, zur Ruhe zu kommen, wenn ich allein zu Hause war, aber irgendwie schien mir Adams starker schlafender Körper jetzt ... na gut, lassen wir das. Es bedeutete, dass ich einen Arm auf seine Seite legen und sein Ein- und Ausatmen spüren konnte, wenn dieser traurige Abend erst mal vorüber war. Eigentlich war es nicht das Schlechteste, ein lebendes Wesen neben sich zu spüren. Ich würde ihn am Hinterkopf anfassen, und der wäre nicht zerschmettert, und ich würde auch nirgendwo einen Tropfen Blut sehen.

Eigentlich war es ganz gut, dass er schlief, dachte ich. Ein schlafender Mensch, das war, als ob eigentlich niemand da wäre, aber gleichzeitig musste man sich doch mit einem lebendigen menschlichen Wesen auseinander setzen – es war eine Art Schwebezustand. Moment mal, überlegte ich. Vielleicht war das der wahre Grund für eine Schwangerschaft. Man erhielt die Möglichkeit, sich an einen anderen Menschen in seiner Nähe zu gewöhnen, bevor dieser tatsächlich auftauchte.

Geistesabwesend strich ich über meinen Bauch und stieg die Treppe vom Schlafzimmer zur Veranda hinunter, wo Eileen schon wartete. Der Bauch tat mir weh; die meiste Zeit hing er wie Blei an mir herab. Immer weniger hatte ich das Gefühl, dass er ein Teil von mir war. Es kam mir so vor, als wäre er eine Bowlingkugel, die mir jemand an den Unterleib gebunden hatte.

Die Regenwolken hatten sich verzogen, aber die Veranda war nass, und ich breitete Handtücher über die Gartenstühle, damit man darauf sitzen konnte. Die Nacht war heller geworden, fast leuchtend. In einem Spinnennetz in der Ecke der Veranda hingen riesige Wassertropfen, und an einer Stelle entdeckte ich einen kleinen Fleck. Die Spinne war zu Hause und hockte neben den Wassertropfen, die so groß waren wie sie selbst. Muss doch ganz interessant sein, dachte ich, auf einem blanken Stahlseil zu sitzen, und neben einem hing ein Wassertropfen, der so groß war wie der eigene Körper.

Und wir Menschen? Wie sahen wir wohl in ihren Augen aus? Wie große, stampfende Kreaturen, unachtsam gegenüber dem ganzen Elend, das wir verursachten? Wahrscheinlich töteten wir mit jedem Schritt, den wir taten, ein Lebewesen. Und sie, in ihrer Ecke hockend, würde alles sehen. Die Ameisen, auf die ich trat. Die kleinen Insekten, die ich achtlos wegwischte. Nie schaute ich nach, was aus ihnen geworden war. Die Spinne dagegen, sie schaute vielleicht nach. Es kam eben immer auf den Standpunkt an, wenn man es sich recht überlegte.

»Wow«, sagte Eileen verträumt, das Mondlicht betrachtend, das den Bach und den Wald dahinter miteinander verwob. »Was für ein zauberhafter Ort.«

»Nicht zauberhafter als dein Garten«, erwiderte ich.

Sie sah mich finster an, und zu spät fiel mir ein, dass sie Haus und Garten ja verkauft hatte. »Zehn Jahre habe ich dafür gebraucht, dass der Garten so wird, wie er heute aussieht«, sagte sie ohne ausdrückliches Bedauern in der Stimme.

»Das sieht man ihm an.«

»Findest du nicht, dass man manchmal auch loslassen muss?«

»Natürlich.«

»Ich habe noch nie gut loslassen können.«

»Wir sollten die Unterschiede zwischen uns besser aufteilen. Ich habe noch nie gut festhalten können.«

»Wie kommt es dann, dass du ein Kind kriegst und ich nicht?«

Ich schluckte. Darauf hatte ich keine Antwort. »Hast du dir eins gewünscht?«

»Ich weiß nicht. Vielleicht. Aber ich konnte mir nicht vorstellen, allein damit zurechtzukommen.«

»Ich weiß gar nicht, ob das unbedingt schwieriger ist.«

Sie sah mich fragend an.

»Ich war noch nie gut in diesen Beziehungsdingen.« Eileen lachte, und dieser Klang beschwor den anderen Menschen in ihr, die Frau, deren Stimme Eileen jedes Mal vernommen hatte, wenn sie sang. Wahrscheinlich würde ich ab jetzt immer an diese andere Frau denken, wenn ich Eileen lachen hörte.

Wie mochte sich dieses ganze Gerede wohl anhören, wenn man die Größe einer Spinne hatte?, überlegte ich. Polternd? Wie Donner? Vielleicht hatten Spinnen bereits vor hunderten von Jahren den Code der menschlichen Stimme geknackt, und die Spinne auf meiner Veranda hatte sich längst eine Meinung gebildet.

»Eileen«, sagte ich. »Ist dir schon mal aufgefallen, dass Baumwurzeln eine auffallende Ähnlichkeit mit Synapsen haben?« Ich war müde, und meine Gedanken waren sprunghaft, wie immer, wenn ich erschöpft war.

»Synapsen?«

»Ja, Synapsen. So wie Nervenimpulse von einer Synapse zur anderen springen. Sie überspringen die Distanz zwischen den Nervenenden, und diese Enden sehen genauso aus wie Baumwurzeln. Die Wurzeln der Bäume da drüben sind garantiert alle miteinander verknüpft, so wie Synapsen.«

Eileen sah hinüber zu den Bäumen. »Die Eiche zum Beispiel«, fuhr ich fort, »dieser Riese. Selbst hunderte Meter davon entfernt, stünde man immer noch auf ihren Füßen. So weit reichen die Wurzeln.«

Sie zwinkerte mehrmals. »Was willst du damit sagen?«

»Es kann mir keiner erzählen, dass da keine Informationen von einem zum anderen weitergereicht werden.«

»Michael?«

»Ja?«

»Geht dir das durch den Kopf, wenn du so was siehst?«

»Manchmal.«

»Machst du gerade eine Therapie?«

Wieso werde ich ständig gefragt, ob ich eine Therapie mache?

Ich überhörte ihre Frage. »Also, was war in der Gruppe los?«

»Das weiß ich nicht«, sagte sie. »Im Kopf lasse ich immer wieder den Film ablaufen, und allmählich verändert sich etwas. Ich dachte, ich wüsste, was in der Gruppe vor sich ging, aber jetzt bin ich mir nicht mehr so sicher.«

»Was hast du denn gedacht, würde in der Gruppe vor sich gehen?«

»Ich dachte, Jim braucht mich. Ich dachte, er ist unschuldig und gehört nicht ins Gefängnis.«

Ich sah Eileen an.

»Ich erzähle dir hier nicht das gleiche Zeug wie vorher. Ich will dir nicht von Jim erzählen, ich will dir von der Gruppe erzählen. Ich will dir erzählen, was ich gemacht habe. Oder vielleicht auch, was ich nicht gemacht habe.«

»Und das wäre?«

»Ich habe gar keine richtige Gruppenarbeit gemacht.«

So viel hatte ich auch schon mitbekommen. »Was meinst du damit genau?« Ich war zu müde, um sie die Geschichte in ihrem eigenen Tempo erzählen zu lassen, obwohl ich wusste, dass es so besser gewesen wäre.

»Weißt du eigentlich, wie ungeduldig du immer bist, Michael?«, stellte sie trocken fest. »Immer habe ich das Gefühl, dass du es furchtbar eilig hast und ich dich nur aufhalte. Es kann einen verrückt machen, wenn man mit dir spricht.«

Ich seufzte. Wie oft hatte ich schon die Ermahnung »Hetz nicht so« gehört? Ich hätte Bankräuber werden sollen. Das war ein Beruf, in dem man Geschwindigkeit zu schätzen weiß.

»Ich verspreche dir, wenn du mir einfach nur berichtest, was passiert ist, verschließe ich so lange meine Lippen«, sagte ich mit fester Stimme und schwieg.

»Ich versuche gerade, dir zu erklären, dass ich während der Gruppe meistens mit Jim gesprochen habe.«

Ich überlegte, was ich sagen sollte. Was meinte sie bloß? Schließlich formulierte ich es so neutral wie möglich.

»Erzähl mehr.«

»Er kam in den Raum und fragte mich, ob er mich sprechen könne, privat. Das machte er manchmal. Eigentlich sogar häufig«, fügte sie nachdenklich hinzu, als ließe sie den Film noch mal vor ihrem inneren Auge ablaufen. »Er war deprimiert und musste mit jemandem reden. Manchmal ging ich mit ihm nach draußen auf den Gang. Es war oft sehr persönlich, was er mir sagte, da erschien es mir nicht angebracht, dass der Rest der Gruppe mithörte. Manchmal verzogen wir uns auch nur in eine Ecke des Raums, um miteinander zu reden.«

»Während der Gruppensitzung?«, fragte ich ungläubig. »Was haben die anderen Teilnehmer gemacht, wenn du mit Jim geredet hast?«

Sie lief rot an. »Die bekamen eine Aufgabe gestellt, wenn es so aussah, als würde es mit Jim etwas dauern. Manchmal habe ich sie auch einfach nur sich selbst überlassen … Es fällt mir schwer, das zuzugeben. Ich glaube, ich habe es mir nicht richtig klargemacht, aber es wurde zu einer Gewohnheit. Jetzt frage ich mich natürlich …«

»Was?«

»Ob es nicht doch geplant war. Ich schwöre dir, zu dem Zeitpunkt ist mir der Gedanke nie gekommen. Ich habe mich darauf gefreut. Auch wenn ich es mir kaum eingestehen will, aber es war so. Ich war enttäuscht, wenn er nicht mit mir reden wollte. Ich glaube mittlerweile, dass ich es nötiger hatte als er.«

»Er wollte aber nicht immer mit dir reden.«

»Nein, nicht jedes Mal.«

Ich stellte die Frage, die ich stellen musste, auch wenn ich die Antwort darauf bereits kannte. »Denk genau nach, Eileen. Konntest du immer sehen, was in der Gruppe vor sich ging, wenn du dich mit Jim unterhalten hast? Hattest du immer – und ich meine wirklich immer – alle im Blick?«

Die Pause war so lang, dass ich schon dachte, Eileen würde überhaupt nicht mehr antworten, aber ich biss die Zähne zusammen und hielt die Klappe. »Nein«, sagte sie schließlich.

»Woran hast du jetzt gerade gedacht?«, fragte ich sie.

»An deine Frage jedenfalls nicht. Die Antwort darauf wusste ich sofort. Ich habe nie auch nur daran gedacht, die Gruppe im Blick zu behalten. Ich dachte nur gerade daran ... dass Jim immer ein Auge auf sie hatte.«

Ich sah sie fragend an.

»Er behielt die Gruppe ständig im Blick. Ich bin mir nicht sicher, aber ich glaube, so war es. Das ist das Bild, das ich vor mir habe: Jim mit dem Rücken zur Wand, und ich mit dem Rücken zur Gruppe. Wenn es nicht gleich so war, dann ist er herumgegangen, bis sich diese Konstellation ergab. Und wenn wir draußen auf dem Gang waren, stand er immer im Türrahmen oder zumindest neben der Tür. Nun frage ich mich, ob das Ganze nicht mit Absicht geschah. Aber ich kapiere es nicht. Was haben die anderen in der Zwischenzeit gemacht?«

»Drogen verteilt«, sagte ich.

13

Am nächsten Morgen schlug ich die Augen auf und griff gleich zum Telefonhörer. Adam war fort, und zum ersten Mal fragte ich mich, ob ein Plan dahinter steckte. Vielleicht blieb Adam wirklich nicht häufig zu Hause, oder vielleicht wollte er sich auch rar machen, bis das Kind auf die Welt kam. Wie auch immer, er machte es einem nicht gerade leicht, ihn hinauszuwerfen. Nicht, dass ich einen Vorwand suchte.

Ich rief im Krankenhaus an. Eine neue Schwester war auf

der Station, auf der Stacy lag, aber sie war unterrichtet und bereit, mit mir zu reden. Stacys lebenswichtige Funktionen waren stabil, und sein Zustand war nicht mehr kritisch. Wach war er allerdings nicht, und die Narkose hatte längst aufgehört zu wirken. Die Schwester wollte keine Prognose abgeben. Er sei bewusstlos, mehr könne sie nicht sagen, in achtundvierzig Stunden wisse man mehr.

»Was heißt das?«, fragte ich. »Dass er überhaupt nicht mehr aufwacht,« wenn er in den nächsten achtundvierzig Stunden nicht aufwacht?«

»Es heißt genau das, was ich gesagt habe: In achtundvierzig Stunden wissen wir mehr«, erwiderte sie streng. Krankenhausangestellte kennen sich aus mit Angehörigen, die versuchen, ihnen Dinge zu entlocken, die sie nicht sagen können. Ich atmete tief durch und bemühte mich, meine Stimme sanfter klingen zu lassen. Es machte keinen Sinn, diese Frau gegen mich aufzubringen.

»Könnte ich ein bisschen neben seinem Bett sitzen, wenn ich jetzt gleich komme?«, fragte ich.

»Er liegt auf der Intensivstation«, antwortete sie schneidig. »Gehören Sie zur Familie? Es sind keine Besucher außer Familienangehörigen erlaubt.«

»Selbstverständlich«, sagte ich. »Schwägerin, und sein Bruder ist außer Landes. Er würde mir nie verzeihen, wenn ich mich nicht um Stacy kümmern würde.« Woher konnte ich bloß so gut lügen? Selbst ich hätte mir geglaubt.

»Eigentlich dürfen auch Familienangehörige nicht lange bleiben«, sagte sie zögernd, »aber wenn Sie sich nur ein paar Minuten an sein Bett setzen und leise sind und ihn nicht stören, dann will ich eine Ausnahme machen.« Ihr Ton war missbilligend und alles andere als herzlich. Außerdem hatte sie mir absolut nichts Beruhigendes oder Tröstliches gesagt. Ich schluckte meine Verärgerung über ihre eisige Art hinunter. Sonst stand ich in solchen Situationen im Krankenhaus immer auf der anderen Seite und wusste, dass das Klinikpersonal nicht grundsätzlich als »abgestumpft« und »gefühllos« bezeichnet werden konnte. Andererseits – so außergewöhnlich war ein solches Verhalten nun auch wieder nicht.

»Ich bin schon unterwegs«, erwiderte ich.

Ich sah Stacy an und war erleichtert. Natürlich verliefen überall Schläuche. Schläuche waren das Markenzeichen von Intensivstationen. Außer an die zwei intravenösen Tropfinfusionen an den Armen war Stacy aber nur an ungefähr sieben oder acht weitere Schläuche angeschlossen, ein ermutigendes Zeichen. Im Vorbeigehen hatte ich ein kleines Kind gesehen, das an insgesamt sechzehn Schläuchen hing; was die Anzahl der Schläuche betraf, war Stacy folglich gar nicht mal so schlecht dran.

Ich wusste nicht genau, was man ihm einträufelte, aber ich hatte eine ungefähre Ahnung: In einem der Gummibeutel war eine Mischung aus Dextrose, Potassium und Kochsalz zur Aufrechterhaltung der Lebensfunktionen und zur Hydratisierung. Dann gab es natürlich einen Katheter, und wenn ich lange genug blieb, würde ich das Geräusch der automatischen Blutdruckmanschette hören können. Diese Dinge dienten lediglich zur Stützung und Messung. Hinzu kamen die dicken Hämmer. Medikamente, um den Blutdruck aufrechtzuerhalten, und Medikamente gegen die Verdickung. Die Leitung zu seinem Kopf besagte, dass auch der Druck innerhalb des Schädels gemessen wurde, was wiederum hieß, dass die Ärzte ihn Besorgnis erregend fanden.

Ich versuchte, so gut es ging, das *Wusch* des Atemgeräts zu ignorieren; an das werden Komapatienten fast immer angeschlossen, versuchte ich mich zu beruhigen. Selbst wenn sie selbstständig atmen konnten, war ihr Atem meist flach und unregelmäßig. Außerdem benutzten die Ärzte den Apparat zur Hyperventilation; so wurde der CO_2-Gehalt verringert, um die Verdickung zu verhindern. Dennoch, ich hatte ein ungutes Gefühl; ein Atemgerät in Aktion ist kein schöner Anblick.

Im Grunde läuft es in der modernen Medizin immer auf zwei Dinge hinaus: Entweder wird der Patient aufgeschnitten, oder er wird mit Medikamenten voll gepumpt. Und auch wenn er aufgeschnitten wird, bekommt er Medikamente verpasst, vorher und nachher. Medikamente sind nicht Bestandteil der medizinischen Behandlung, sie sind die medizinische Behandlung an sich. Die Ärzte sind heutzutage meist damit beschäftigt, die Auswahl an chemischen Keulen, die ihnen zur Verfügung stehen, fein zu dosieren.

Natürlich gibt es magnetische Resonanzscanner und Axialtomographen und alle möglichen anderen Maschinen, riesige, schicke, teure Spielzeuge, die sondieren und abtasten und analysieren und die die Augen der Ärzte zum Leuchten bringen, wie bei Kindern, die mit Bauklötzen spielen. Aber das dient alles nur als Entscheidungshilfe, ob und wo der Patient aufgeschnitten wird – oder welches Medikament verabreicht wird. Medikamente sind immer noch der Hit, und intravenöse Schläuche sind die Highways, auf denen sie angeliefert werden.

Ich setzte mich an den Bettrand. Das Laken reichte bis zu Stacys Brust und war stramm gezogen, wie beim Militär. Seine Hände lagen an den Seiten, und im Handrücken steckten die Schläuche. Alles wirkte irgendwie steif, und es machte mich nervös, weil es mir nur noch deutlicher veranschaulichte, dass Stacy sich kein bisschen rührte. Jeder, der sich bewegt hätte, hätte diese streng gespannte weiße Fläche und die sorgfältige Ausrichtung der Gliedmaßen innerhalb von zwei Minuten durcheinander gebracht, aber Stacy sah aus, als hätte er die ganze Nacht so dagelegen.

Angesichts der Szenerie um ihn herum wirkte er eher tot als lebendig, und ich konzentrierte mich auf seine Atmung, um mich daran zu erinnern, dass er nicht tot war und auch nicht im Sterben lag. Es kostete einige Mühe, das nicht zu vergessen, in diesem nackten, praktischen, zweckdienlichen Raum, wo die Toten vielleicht eher zu Hause waren als die Lebenden. Ich hob eine Hand, legte sie auf seine ruhende Hand und merkte, dass meine zitterte.

Die Schwester kam herein, dieselbe, mit der ich am Telefon gesprochen und die mich vor wenigen Minuten mit einer barschen Geste zu ihm vorgelassen hatte. Sie war über fünfzig und untersetzt, hatte kurzes braunes Haar, in einer geraden Linie unmittelbar unterhalb der Ohren abgeschnitten. Sie trug kein Make-up, und ihre Frisur war wenig elegant, als wäre sie zum billigsten Frisör gegangen, den sie finden konnte, und würde keinen Wert auf das Resultat legen. Mir fiel wieder ein, was Eileen zu mir gesagt hatte: Irgendwann sei es so weit gewesen, dass sich kein Mann mehr nach ihr umgedreht hätte, so als gehöre sie zum Inventar. Diese Frau würde auch niemandem mehr auffallen, vermutete ich, und das lag nicht allein an der mangelnden Aufmerksamkeit, die sie ihrer äußeren Erscheinung schenkte. Es war der Mangel an Lebendigkeit in ihrem Gesicht, die harten, förmlich versteinerten Züge. Ein privater Kummer, überlegte ich, oder vielleicht eine Reihe schlimmer Jahre, die sie zermürbt hatten.

Ich zuckte zusammen, als sie sich mir zuwandte, weil ich erwartete, dass sie mich hinauswerfen würde, obwohl ich gerade erst gekommen war: »Ein paar Minuten« konnte alles Mögliche bedeuten. Aber sie nickte mir nur zu, trat ans Bett und überprüfte die Infusionsflaschen. Eine hängte sie ab und inspizierte den Schlauch, der zu Stacys Hand führte. Sie hob die Hand hoch und schaute sich die Nadel an, die am Gelenk befestigt war.

»Es tut mir Leid, Mr. James«, sagte sie leise, »aber diese Vene hat sich verschlossen, und wir müssen eine andere öffnen. Ich sage dem Infusionsteam Bescheid, die sind gleich da.« Es überraschte mich, dass sie überhaupt mit ihm redete – für mich war er ohne jedes Bewusstsein. Noch mehr überraschte mich ihr äußerst sanfter Ton. Ihre ganze Art hatte sich verändert, als sie sich Stacy widmete, und ich merkte, dass ich sie völlig falsch eingeschätzt hatte. Draußen, der Welt gegenüber, mochte sie sein, wie sie wollte, aber hier, in diesem Raum, mit ihrem Patienten, war sie ganz anders.

Ich sah mir Stacys Gesicht an; anscheinend hatte er nichts registriert. »Kann er Sie verstehen?«, fragte ich die Schwester.

»Das wissen wir nicht«, erwiderte sie. Die Sanftheit in ihrer Stimme klang noch nach, wie ein Hauch Parfüm, der vorbeizieht. Das Abweisende mir gegenüber hatte sich etwas gelegt, als würde ich allein durch meine Anwesenheit in diesem Raum unter die gleiche Fürsorge fallen wie ihr Patient. »Es gibt Untersuchungen über Bewusstlose, die Gespräche wiedergegeben haben, die stattfanden, während sie unter Bewusstlosigkeit litten. Daher tun wir so, als könnten sie uns verstehen. Ich persönlich glaube, dass sie uns verstehen«, fügte sie hinzu, und mit einem letzten Blick über die Schulter auf Stacy verließ sie den Raum, um dem Infusionsteam Bescheid zu sagen.

Als sie weg war, widmete ich mich wieder Stacy. Wer weiß, ob er mich wirklich verstand, aber man konnte es ja mal probieren. »Stacy?«, sagte ich. »Ich bin's, Michael. Du liegst im Krankenhaus. Man hat dich im Gefängnis halb totgeschlagen. Es tut mir so furchtbar Leid, dass das passiert ist, aber ich glaube, du wirst wieder gesund.« Ich weiß auch nicht, warum ich das sagte. Es war keineswegs gesichert, dass er wieder gesund wurde, aber zu sagen, dass er vielleicht blind sein würde, wenn er erwachte, wäre gewiss nicht hilfreich.

»Ich glaube, wir haben jetzt herausgefunden, was los war, jedenfalls teilweise, mach dir also deswegen keine Sorgen. Wir glauben, Folgendes ist passiert ...« Der Rest blieb mir im Hals stecken. Stacy war über all das erhaben, erhaben über die Frage, was im Gefängnis geschehen war, erhaben über jede Bedeutung oder Schilderung, erhaben sogar über jede Bedrohung. Er befand sich am Ende eines langen Tunnels, lauschte auf das Klopfen seines Herzens, auf das Ein- und das Ausatmen. Das waren die bestimmenden Rhythmen, zu denen sein Leben zurückkehren würde, die gleichen, mit denen es begonnen hatte. Was sonst blieb am Ende dieses Tunnels übrig, fragte ich mich, wenn einem alles andere genommen war. Was würde für mich übrig bleiben?

Urplötzlich stieg ein Bild vor mir auf, so intensiv, dass es mich wie Gischt ins Gesicht traf. Ich schwebte im Wasser, unter mir baumelten meine Beine, beide Füße klemmten hintereinander in dem harten Gummischuh eines Slalom-Wasserskis. In der Ferne hörte ich das schwächer werdende Dröhnen des Speedboots – ein seltsam natürliches Geräusch –, das losraste, um einen Passagier an Land abzusetzen.

Ich legte meinen Kopf wieder aufs Wasser, sodass meine Haare zu allen Seiten ausfächerten, schloss die Augen, um das Plätschern des Wassers gegen Schultern und Nacken besser hören zu können. Als ich die Augen wieder aufschlug, war über mir eine unendlich weite taubenblaue Fläche. »Wenn Gott nicht von hier ist«, besagte der Ansteckbutton, »warum ist dann der Himmel in North Carolina himmelblau?« Jeder, der meint, das sei doch nur ein Werbespruch, hat noch nie von einer Bucht in Carolina aus in den Himmel geschaut.

Das Wasser auf meinen Lippen hatte einen leicht salzigen Geschmack, salzig genug für Delfine, um die Binnengewässer als Planschbecken für ihre Jungen zu benutzen, süß genug für die Wasserschlangen, die im nahe gelegenen Sumpfland lebten, unter mit Bartflechten verzierten Weiden.

Wenn das Boot zurückkam, würde ich mit einem lauten *Wusch* aus der Bucht aufsteigen, links und rechts Wasser verspritzend. Ich würde mich auf die Seite legen, würde beide Beine durchstrecken und spüren, wie der durch die Drehung ausgelöste Schock durch die Schultern und das Rückgrat hinunterfuhr. Fast würde meine Schulter die Wasseroberfläche berühren, und ich würde diese Position halten, bis ich beinahe auf gleicher Höhe mit dem Boot war. Dann würde ich mich aufrichten und mich auf die andere Seite legen. Beim Aufrichten würde ich mein Gesicht für einen Augenblick der Sonne zuwenden und den Wind durch mein Haar peitschen hören. Vor lauter Ausgelassenheit würde ich lachen, aus Freude an der Energie dieses gebräunten jugendlichen Körpers, und lachen über das herrlich glitzernde Wasser, über das ich glitt. Mein Gott! Dieses unglaublich glitzernde Wasser – Millionen schimmernder Goldtaler, die wie fremdartige Lebensformen auf der Wasseroberfläche tanzten. Kein Zweifel, wir Menschen sind mit dem Tümmler verwandt, und nicht umgekehrt. Noch nie habe ich einen Tümmler sich mit besonderer Freude an Land aufhalten sehen.

Dieses Bild, das wusste ich, würde am Ende jedes Tunnels auf mich warten, durch den ich je blicken würde. Keine

Menschen, ganz sicher keine Lebensleistungen, Errungenschaften oder Arbeitsstellen. Auf mich wartete am Ende des Tunnels Wasser, das plätschernd gegen meine Schultern schlug – und der Geschmack von Salzwasser auf den Lippen und das weite Himmelblau von Carolina.

Aber ich belog mich selbst. Es gab eine Person am Ende des Tunnels, und sie hatte nicht lange genug gelebt, um einen Wasserski auch nur zu sehen: meine kleine Jordan, die vor ihrem ersten Geburtstag den plötzlichen Kindstod starb. Ich sah mich im Raum um, um mich von den Gefühlen abzulenken, die mich wie eine Flutwelle überkamen, aber die nüchterne Atmosphäre bot dem Auge nichts an. Rasch stand ich auf, denn Bewegung war das einzige Mittel, das mich jetzt von der Erinnerung ablenken konnte.

Manche Menschen halten mich für eine tapfere Frau. Sie weisen darauf hin, dass ich nicht zurückschrecke vor Vergewaltigern und Mördern, Sadisten und Psychopathen. Sie beobachten, dass ich mit Menschen aufs Spielfeld gehe, die deutlich größer und etliche Kilo schwerer sind als ich, und es macht mir nichts aus. Ich streite nicht ab, dass ich mein Leben lang in schlangenverseuchten Gewässern geschwommen und darauf Wasserski gefahren bin und nicht aufgehört habe, wenn die Sonne untergegangen war. Und trotz der vielen Hürden, die ich umgestoßen habe – das Geländereiten würde ich niemals aufgeben. All das mag zutreffen, aber ich kenne auch meine Grenzen. Vor der Erinnerung an mein kleines sterbendes Kind möchte ich jeden Tag davonlaufen, für den Rest meines Lebens – nur ein Tunnel so groß wie der von Stacy könnte mich aufhalten.

Und Stacy? Was befand sich in seinem Tunnel? Das konnte ich nur ahnen.

Ich gab Stacy einen Kuss, drückte seine Hand und ging. Jetzt war ich auf der Flucht, versuchte, vor einer Erinnerung davonzulaufen. Ich hätte zur Arbeit fahren sollen – Arbeit war ein wirksames Schmerzmittel, und es gab gewiss viel zu tun. Aber mit einem Freund, der bewusstlos im Krankenhaus lag, da wurde an einem normalen Tag alles andere unbedeutend. Ich wollte etwas Nützliches tun, aber ins Gefängnis zu fahren, hatte keinen Zweck. Die Sicherheitsleute würden den Laden auseinander nehmen und jedes Einzelteil unters Mikroskop legen. Da wäre ich keine große Hilfe gewesen. Wahrscheinlich würden sie mich nicht mal so weit vorlassen, dass ich überhaupt Gelegenheit bekam, im Wege zu stehen.

Eine Zeit lang fuhr ich ziellos durch die Gegend, dachte an den Überfall auf Stacy und daran, was wir bereits wussten und was nicht. Mein kleines Mädchen tauchte wieder auf, und während ich rätselte, was das alles zu bedeuten hatte, spürte ich die Beklemmung in der Brust. Schließlich holte ich doch eine Straßenkarte hervor. Es gab ein Stück in dem ganzen Puzzle, das den Sicherheitsleuten nicht bekannt war. Ich fand die Straße, nach der ich suchte, und schlug den Weg nach Berlin, New Hampshire, ein, wo der Lieferant für Druckereibedarf saß, den Jim Rudolph empfohlen hatte.

Warum hatte Jim diesen Kontakt hergestellt? Vielleicht nur, um Rudolphs Gunst zu erlangen; genauso gut konnte es aber auch sein, dass er Rudolphs Gunst erlangt hatte, um ihm dann den Händler zu vermitteln. Wie herum? So einfach, dass der Papierhändler irgendwelche Drogen ins Gefängnis schmuggelte, konnte die Sache nicht sein, andernfalls hätten die Hunde etwas gerochen. Aber es war ein Teil des Puzzles. Auf jeden Fall.

Berlin war eine Stadt des Papiers, und als ich aus dem Auto stieg, um nach dem Weg zu fragen, haute mich der Geruch der Papiermühle beinahe um. Wenn Nasen auf zwei Beinen stehen könnten, wäre meine getorkelt wie ein Betrunkener. Als Geste nachbarlicher Sympathie fingen meine Augen an zu tränen.

Man fragt sich, wie Menschen dort leben können, aber ich vermute, dass die Bewohner den Geruch gar nicht mehr wahrnehmen. Etwas immerzu Präsentes – Gestank, Verkehrslärm, Gewalt – fällt nach einer gewissen Zeit gar nicht mehr auf, es gehört eben einfach zur Umgebung dazu. Aber wer weiß schon, was all die Chemikalien in den Lungen der Bewohner anrichteten? Allerdings zählte der Geruch der Papiermühle sicher zu den geringsten Sorgen der Holzfällerstadt. Schlechter Geruch bringt einen nicht um, jedenfalls nicht gleich.

Früher trieben die Baumstämme den Fluss hinunter, ein riesiger »Holzabtrieb« einmal im Jahr, Millionen Kubikmeter Holz, Stämme, die mal wild und unkontrolliert durcheinander purzelten, mal sich verkeilten und einen Stau bildeten, so weit das Auge reichte. Schwer zu sagen, was gefährlicher war. Die Flößer saßen rittlings auf den Baumstämmen, während sie den Fluss hinunterglitten, führten die Stämme durch Stromschnellen, übersprangen manchmal sogar Dämme damit und thronten die ganze Zeit gefährlich auf diesen rollenden Zylindern, die manchmal kaum breiter waren als ihre Schultern. Die Flößer waren erstklassige Turner, und man erzählte sich Geschichten von Männern, die, nur um anzugeben, einen Handstand auf den Stämmen machten. »Flussgötter« nannten die Einwohner sie, berühmt für ihr Geschick, für ihre roten Hemden, ihre Furchtlosigkeit, ihren schaukelnden Gang und für die Gabe, sich drei Wochen im Jahr höllisch zu besaufen und sich dennoch auf den Beinen halten zu können.

Den Baumstämmen war das Selbstvertrauen und die

Prahlerei der Flussmänner jedoch gleichgültig, und sie waren höchst einfallsreich bei ihren Drehungen und Verkeilungen. Auch den erfahrensten Flussmännern konnte es passieren, dass sie bei einem Zusammenstoß abgeworfen wurden. Für einen Normalsterblichen war es schon schwierig genug, auf einem schwimmenden Baumstamm die Balance zu halten – noch viel schwieriger war es, auf einem zu stehen, der inmitten von Stromschnellen von anderen gerammt wurde.

An den Stellen, wo sich Staus bildeten, waren die Flussmänner kaum besser dran, denn es war ihre Aufgabe, die Stämme voneinander zu lösen. Ob mittels Stammwender – einer langen Stange, an deren Ende sich ein Haken befand – oder Dynamit, nie ließ sich vorhersagen, wann sich ein Stau auflöste und die Männer mit der Urgewalt einer Flutwelle fortriss.

Stürze waren keine Seltenheit und meist tödlich. In dem eisigen Wasser, zwischen tausenden sich übereinander schiebenden Holzstämmen, hatte man kaum eine Chance. Die Stiefel von toten Flussmännern hängte man an Bäumen auf, und es gab viele Bäume mit Stiefeln an den Ästen. Damals hatte wohl die Hälfte der Einwohner irgendwann mal ein Mitglied der Familie bei einem solchen Unfall verloren.

Ich hielt an einem 7-11 und fragte nach Armand Brothers Suppliers, aber der Junge hinter der Ladentheke war ahnungslos. Seine Haare waren zu einem zerzausten Pferdeschwanz zusammengebunden, und in seinem malträtierten Ohrläppchen steckten drei Ringe. Sicher hätte er die Namen von Rockbands aufsagen können, von denen ich noch nie gehört hatte, komplett mit allen Mitgliedern, die gerade auf Entzug waren, aber was die Geschäfte vor Ort anging, stand auf einem anderen Blatt. Sehr langsam und rhythmisch zählte er das Wechselgeld vor mir ab – anscheinend hatte jede Münze für ihn etwas Faszinierendes –, so langsam, dass ich ihm in die Augen sah. Gut möglich, dass er auch einen kleinen Entzug hätte vertragen können.

War einer seiner Vorfahren vielleicht ein Flößer gewesen?, fragte ich mich. Wahrscheinlich. Sie hätten diesen bekifften Ausdruck in seinen Augen verstanden. Die meisten Flößer durchliefen jeden Winter, wenn sie wieder in die Wälder aufbrachen, so etwas wie einen natürlichen Entzug. In ihrer freien Zeit betranken sie sich so schwer, wie sie sonst arbeiteten. Aber was half der heutigen Generation wieder auf die Beine? Jedenfalls nicht die Kälte und Nässe und Gefahr, denen die Flößer ausgesetzt waren. Und irgendeine Internetfirma zu gründen, war nicht das Gleiche.

Als Nächstes fragte ich bei einem Frisör nach dem Weg – Frisöre wissen immer am besten über ihre Stadt Bescheid –, und wenig später fand ich mich vor einem Gebäude in einer Nebenstraße. Ungläubig starrte ich den winzigen Bau an, der wie eine Nissenhütte aussah. Er bestand aus vorgefertigten Metallplatten und war nicht viel breiter als ein großes Wohnmobil. Kaum vorstellbar, dass eine Firma von nennenswerter Größe von einem so kleinen Ort aus betrieben werden konnte. Das Kinderspielzeug neben dem Eingang trug zu meiner Skepsis bei. Wenn jemand hier arbeitete und gleichzeitig wohnte, dann musste es sich wirklich um ein sehr kleines Unternehmen handeln.

Ich öffnete die Tür, ging hinein und sah vor mir eine lange Theke und so etwas wie einen Warteraum mit kunststoffüberzogenen Metallstühlen, die willkürlich an der Wand aufgestellt waren – Stühle, die man sonst eigentlich eher in Küchen findet. Der Raum war eindeutig nicht für Laufkundschaft eingerichtet. Hinter der Theke saß niemand, und in dem Gebäude war es ruhig. Seitlich erstreckte sich ein Korridor in den hinteren Teil, und ich beugte mich über die Theke und rief: »Hallo? Ist da jemand?«

Hinten war ein Geräusch zu vernehmen, dann war es wieder still. Ich rief noch mal, und im nächsten Moment kam eine Frau, fast so dickbäuchig wie ich, langsam aus dem hinteren Raum geschlurft. Als sie näher trat, fiel mir auf, dass sie nicht gesund aussah: dunkle Ringe unter den Augen, das Gesicht blass und schweißnass. Das schwarze Haar, an den Seiten kurz, hinten lang, klebte verfilzt an den Wangen.

Ich trat einen Schritt zurück, damit sie sehen konnte, dass ich auch schwanger war, dann sagte ich: »Ist Ihnen schlecht? Sie sehen nicht gut aus.«

»Nur etwas übel«, sagte sie und stützte sich an der Theke ab. »Es geht schon.«

»Wann ist es so weit?«

»Erst im Juli«, antwortete sie.

»Oh«, sagte ich und schätzte ihren Leibesumfang ab.

»Zwillinge«, erklärte sie. »Doppelt so viel Übelkeit. Doppelt so dick. Ich kann Ihnen sagen, da macht man was mit.«

Sie hörte sich nicht gerade zufrieden an. »Ihr erstes Kind?«, fragte ich.

Es folgte eine Pause, dann sagte sie unvermittelt: »Was kann ich für Sie tun?« Ihr Ton war entschieden kühler als zuvor. Hinter jedem Menschen steckt eine Geschichte.

»Ich bin Michael Stone«, sagte ich. »Ich arbeite im Gefängnis.«

»In welchem Gefängnis?«, fragte sie nach.

»Nelson's Point. Ich bin wegen Jim Walker hier.«

Sie erwiderte zunächst nichts, aber ihre Miene verhärtete sich augenblicklich. Komisch, die vielen Falten in ihrem Gesicht waren mir vorher gar nicht aufgefallen, aber plötzlich waren sie überall: tiefe Furchen, die von der Nase zum Mund verliefen, Sorgenfalten zwischen den Augenbrauen, Altersfalten in den Augenwinkeln. Kein Wunder, dass Lincoln die Meinung vertrat, jeder Mensch über vierzig sei selbst verantwortlich für sein Gesicht. Gefühle veränderten ein Gesicht, als wäre es aus Knetmasse.

»Mit dem haben wir nichts zu schaffen«, sagte sie schließlich mit Anspannung in der Stimme. »Der hat Jeffrey schon genug Ärger gemacht. Der hat genug Elend in unser Leben gebracht. Das letzte Mal hat Jeffrey mir fest versprochen, jetzt sei endgültig Schluss. Er hat nichts mehr mit seinem Vetter zu tun. Was wollen Sie von uns? Jim wird auf jeden Fall nicht hier wohnen, falls er entlassen wird. Wenn Sie das meinen.«

Ich behielt im Hinterkopf, dass Jim und der Drucker Vettern waren, dass es eine Vorgeschichte gab, dass die beiden Streit miteinander hatten. Das wird eine böse Überraschung für die Justizvollzugsanstalt, dachte ich. »Sie haben einen Vertrag mit dem Gefängnis«, sagte ich. Sie riss die Augen auf. Erstaunt über ihre Reaktion, fügte ich hinzu: »Den hat Jim in die Wege geleitet.«

»Was?«, sagte sie und richtete sich aus ihrer gebückten Haltung vor der Theke auf. Die Ringe unter ihren Augen wirkten jetzt noch dunkler, aber sie selbst sah nicht mehr krank aus, sondern wütend.

»Was? Was sagen Sie da? Wir haben keinen Vertrag mit einem Gefängnis.«

»Doch. Sie haben einen Liefervertrag für Druckermaterial mit Nelson's Point. Wussten Sie das nicht?«

»Das ist nicht wahr«, sagte sie. »Das würde er nicht wagen. Jeffrey!«, schrie sie. »Komm her.« Als er nicht antwortete, ging sie den Korridor entlang bis zu einer Tür an der Seite, steckte den Kopf hindurch und schrie erneut: »Komm her, Jeffrey!«

Er schrie etwas zurück, das ich nicht verstand, aber es musste ein Ja gewesen sein, denn sie blieb an der Tür stehen und wartete, während sie mich die ganze Zeit anglotzte. Ich überlegte, womit ich sie zum Sprechen bringen konnte.

»Sie hatten es wohl nicht leicht mit Jim Walker«, bot ich als Einstieg in ein Gespräch an.

Sie schnaubte, sagte aber nichts.

Ich wollte gerade einen zweiten Versuch wagen, als ein kleiner Mann, der sich die Hände an einem Lappen abwischte, durch die Tür trat. Er sah drahtig und durchtrainiert aus, als würde er schwere körperliche Arbeit verrichten. Seine Miene wirkte verdutzt, und er sah zuerst seine Frau an und dann zu mir herüber. »Was gibt's?«, fragte er leise.

»Diese Frau behauptet, wir hätten einen Liefervertrag mit einem Gefängnis. Stimmt das?«, fragte sie ohne Umschweife.

»Wen interessiert das?«, sagte er. Er sah mich dabei an, aber seine Miene war misstrauischer geworden. Abrupt hörte er auf, sich die Hände abzuwischen.

»Meine Fresse«, sagte sie. »Dann stimmt es also doch. Scheiße, verdammte. Es stimmt also doch, dass wir uns wieder mit Jim Walker eingelassen haben. Ich fasse es nicht. Du hast mir versprochen, es nicht zu tun. Du hast es mir versprochen.«

Sie stand nur einen halben Meter von ihm entfernt, und sie hatte die Stimme erhoben, aber er sah sie nicht an, und er reagierte auch nicht.

»Wen interessiert das?«, wiederholte er, noch immer mich anblickend.

»Ich bin Michael Stone«, sagte ich. »Ich arbeite als Psychologin im Gefängnis, und Jim Walker ist in meiner Gruppe.« Ich wollte noch mehr sagen, aber dann hielt ich inne. Wie sollte ich meine Einmischung rechtfertigen? Ich schwieg lieber.

»Was wollen Sie?«, fragte er. »Ein Liefervertrag mit einem Gefängnis ist nichts Illegales. Warum sind Sie hier?«

»Hey«, sagte die Frau. »Hörst du mir noch zu? Wir haben uns wieder mit Jim eingelassen. Du weißt doch, was das letzte Mal passiert ist. Verdammt noch mal. Du hast mir versprochen, es nicht mehr zu tun.«

»Halt die Klappe, Joanna«, sagte er und wandte sich ihr zu. »Halt endlich deine Klappe. Wenigstens dieses eine Mal in deinem jämmerlichen Leben.« Die Gehässigkeit in seiner Stimme hätte ausgereicht, um ganz Los Angeles zu vergiften, und die rechte Hand hatte er zur Faust geballt. Auch wenn er die Hand nicht gegen sie erhob, Joanna hatte sie gesehen und trat unwillkürlich einen Schritt zurück.

Ein Adrenalinschub schoss wie ein Blitz durch meinen Körper. Große Leute, die auf kleinen herumhackten, waren mir zutiefst verhasst, schon immer, und sie werden mir immer verhasst sein. Und eine Frau, die mit Zwillingen schwanger ging, und ein erwachsener Mann, der eine Hand zur Faust geballt hatte, das war nach meinem Verständnis Groß gegen Klein. Das Adrenalin brachte eine Hitzewallung mit sich, die mir in den Kopf stieg, sodass mir für einen Moment schwindlig wurde. So viel Adrenalin war bestimmt nicht gut für mein Kind, und ich legte beide Hände auf die Theke, um mich zu beruhigen. Ich atmete tief durch, und als ich anfing zu sprechen, war ich froh, dass ich meine Stimme einigermaßen unter Kontrolle hatte.

»Es ist durchaus möglich, dass es illegal ist«, sagte ich. »Denn ich bin mir ziemlich sicher, dass die Anstalt sich erkundigt hat, ob Sie in Beziehung zu einem der Insassen stehen, und wenn Sie in der Hinsicht etwas verschwiegen haben, gilt das als arglistige Täuschung. Aber das scheint mir noch das geringste Problem zu sein, denn einer der Häftlinge ist tot – wie Sie sicher aus der Zeitung erfahren haben –, und ein Angestellter wurde halb totgeschlagen. Wenn er stirbt, hat jemand zwei Mordanklagen am Hals. Und ich gehe jede Wette ein, dass Jim Walker und dieser Liefervertrag etwas damit zu tun haben. Sagt Ihnen der Begriff ›Beihilfe zum Mord‹ etwas? Denn das wird man Ihnen vorwerfen, falls Sie in irgendeiner Weise daran beteiligt sind.«

Keiner sagte etwas. Die beiden waren wie versteinert. Nicht mal zu atmen wagten sie. Schließlich sagte Jeffrey: »Verschwinden Sie von meinem Grundstück. Ich habe Ihnen nichts zu sagen.«

Ich ging zur Tür, blieb aber noch mal stehen und drehte mich um. Die beiden standen noch exakt genauso da wie zuvor; keiner hatte sich auch nur einen Zentimeter bewegt. »Mord ist weitaus schlimmer als alles, was Sie bisher angestellt haben«, sagte ich. »Sie können Folgendes tun. Nehmen Sie sich einen Anwalt. Den werden Sie nämlich brauchen. Der soll im Gefängnis anrufen und Ihre Mitarbeit anbieten. Treffen Sie eine Absprache mit dem Staatsanwalt. Gestehen Sie ihm, was Sie getan haben, und bieten Sie ihm an, gegen Jim auszusagen. An dem Überfall auf den Mitarbeiter und an dem Mord ist der mehr interessiert als an Ihnen, und direkt beteiligt waren Sie an den Verbrechen ja wohl nicht, denn Sie waren ja nicht vor Ort. Vielleicht kriegen Sie eine Bewährungsstrafe, brauchen nicht ins Gefängnis, ich weiß nicht. Immer noch besser, als wegen der ganzen Sache angeklagt zu werden.«

»Raus hier«, sagte er, und diesmal richtete sich die geballte Faust gegen mich. Ein letzter Blick hinüber zu Joanna, und ich ging.

Draußen blieb ich erst mal eine Weile stehen, um zur Ruhe zu kommen. Ein Zittern überkam mich, was nach einem stärkeren Adrenalinschub stets der Fall war. Drinnen hörte ich Joanna Jeffrey anbrüllen, er sei ein Arschloch –

dem konnte ich nur beipflichten. Er brüllte sie ebenfalls an, noch lauter: »Halt endlich deine verfluchte Klappe«, und andere wenig hilfreiche Sprüche. Nach ein paar Minuten entfernten sich die Stimmen. Offenbar war einer von beiden, vermutlich Jeffrey, den Korridor hinuntergegangen, und der andere war gefolgt. Immer noch schrien sie sich an, aber die Stimmen klangen schwächer.

Leise machte ich die Tür auf und ging wieder hinein. Im hinteren Teil hörte ich, wie eine Tür zugeknallt wurde, dann lautes Weinen, bestimmt Joanna. Ich holte eine Visitenkarte aus meiner Tasche, schrieb ein paar Zeilen auf die Rückseite und legte sie auf die Theke.

Auf der Rückfahrt musste ich an eine alte Jerry-Springer-Show denken, bei der ich mich ernsthaft gefragt hatte, wieso es nicht als Verbrechen gilt, wenn jemand tagtäglich medialen Müll in den Wohnzimmern der Zuschauer ablädt. Die Show fing mit einem Videofilm an, zwei Frauen, die in der Mistgrube einer Farm aufeinander losgingen – eine Ehefrau und die Geliebte ihres Mannes. Ständig rutschten die Frauen in dem Matsch aus, fielen hin, und natürlich waren beide nur mit einem T-Shirt bekleidet. Die Ehefrau gewann diesen Kampf, aber nicht den Krieg. Der nächste Videofilm zeigte den Mann zusammen mit seiner neuen Geliebten in der Badewanne. Am Ende des Films bat er seine Geliebte, mal eine Schaukel auszuprobieren, die er in die Kamera hielt, ein Gebilde mit Sitz und zwei Fußschnallen, damit die Beine der Frau in der Luft schwebten; die Schaukel hing an Ketten von der Decke herab. Er hatte sie selbst gebaut – aber das Filmmaterial schien mir ziemlich professionell.

Natürlich traten die beiden in der Show auf, und das Publikum buhte sie aus. Sie setzten sich einträchtig eng nebeneinander und schrien das Publikum an. Der Ehefrau machten der Streit in der Öffentlichkeit und die Kluft zwischen ihr und ihrem Mann offenbar Angst. Mitten während der Show fiel sie vor ihrem Mann auf die Knie, überhörte die Buhrufe des Publikums und flehte ihn an, bei ihr zu bleiben. In ihrem Gesicht war die völlige kindhafte Abhängigkeit von ihm abzulesen, gemischt mit der akuten Angst, verlassen zu werden. Ihr ging es nicht um die Geliebten ihres Mannes, auch wenn sie das Gegenteil behauptete. Ihr ging es darum, nicht verlassen zu werden.

Warum blieb Joanna bei ihrem Mann? Ich war nur Zeuge eines heftigen Ausbruchs geworden, und solche waren selten Momente der Wahrheit. Die Wahrheit zeigte sich, wenn wieder Ruhe eingekehrt, der Streit wieder abgeebbt war. Wenn ich lange genug geblieben wäre – bis das Schreien, das Schlagen und das Weinen aufgehört hatten –, hätte sich über kurz oder lang ein tiefer sitzendes, grundlegenderes Gefühl in ihrem Gesicht abgezeichnet.

Fast immer war es Angst: Angst vor Armut oder Verlust oder Alleinsein, vielleicht auch vor Jeffreys Rache. »Das verstehen Sie nicht, Michael«, hatte mal eine Frau zu mir gesagt. »In dem Moment, wenn ich ihn verlasse, ist er ein Schatten vor meiner Tür.« Ich schüttelte den Kopf: Ich wünschte, es wäre anders. Die Menschen hatten die Wahl, aber in der Hälfte der Fälle wünschte ich, sie hätten sich anders entschieden.

Unterwegs rief ich in meinem Büro an, ob Nachrichten für mich eingegangen waren. Melissa ging die Auslese des Tages durch, und ich hörte teilnahmslos zu – es war schwierig, sich auf die normalen Dinge zu konzentrieren, wenn gleichzeitig Stacy im Krankenhaus lag; außerdem ging mir diese arme Frau mit den Zwillingen nicht aus dem Kopf –, bis Melissa den Anruf von Mrs. Clarence erwähnte. Nachdem Melissa aufgelegt hatte, starrte ich eine Weile das Telefon an. Ich hatte nichts gegen die Clarences, aber was konnte ich schon ausrichten? Insgeheim war ich erleichtert, dass ihr Sohn diese Welt verlassen hatte. Es bedeutete immerhin, dass er nicht eines Tages wieder auf freiem Fuß sein würde. Aber das war wohl kaum eine Entschuldigung, nicht die Frau anzurufen, deren Sohn gerade ermordet worden war. Widerstrebend nahm ich den Telefonhörer ab.

»Hallo?«, sagte ich. »Mrs. Clarence? Hier ist Michael Stone. Ich sollte Sie zurückrufen.«

»Vielen Dank, Dr. Stone. Wir wollten Sie schon viel eher anrufen, aber irgendwie rennt uns die Zeit davon. Wir haben viel nachgedacht und gebetet seit Edwards Tod.«

»Es tut mir so Leid, dass Sie Ihren Sohn verloren haben«, sagte ich. »Was immer er auch getan haben mag, ich weiß, dass Sie ihn geliebt haben.« Diese Worte kamen mir nur schwer über die Lippen. Wenn jemand den Tod verdient hatte, dann Edward Clarence, und ich kam mir vor wie ein Heuchler, dass ich etwas anderes behauptete.

»Ja, wir haben ihn geliebt«, sagte sie. »Ich weiß, viele Menschen sind froh, dass er tot ist, aber die haben ihn nicht gekannt, als er noch klein war. Er war nicht immer so. Ich weiß nicht, wie das passieren konnte«, sagte sie mit einem leicht fragenden Tonfall. »Ich wünschte, ich wüsste es.«

Ich sagte nichts. Ich wusste ja auch nicht, wie das hatte passieren können, und echten Trost gab es sowieso nicht. Sie hatten ein Ungeheuer großgezogen. Woher sollte man wissen, wie so etwas passieren konnte?

»Jedenfalls«, sagte sie, »deswegen haben wir nicht angerufen. Eigentlich wollten wir uns bei Ihnen bedanken.«

»Bei mir?«, sagte ich.

»Ja. Dank Ihnen konnten wir ihn noch einmal besuchen,

bevor er starb. Wenn Sie nicht mit ihm gesprochen hätten, wäre es dazu sicher nicht gekommen.«

»Sie haben ihn tatsächlich besucht?«

»Ja. Ich glaube, das war kurz nachdem Sie mit ihm gesprochen hatten. Er hat angerufen und gemeint, wir könnten kommen. Gleich am nächsten Tag waren wir da. Jetzt bin ich heilfroh, dass wir das gemacht haben. Später wäre es nicht mehr möglich gewesen.«

Ich wusste von alldem überhaupt nichts. »Wie war der Besuch?«, fragte ich vorsichtig.

»Gut. Es war gut«, sagte sie. »Zuerst haben wir mit unserem Pfarrer gesprochen. Wir sind noch am gleichen Abend, als Ed uns anrief, zu ihm gegangen. Wir haben ihm gesagt, wir wüssten nicht, worüber wir mit Ed reden sollten. Wir hatten Angst, es könnte schief gehen. Er meinte, wir sollten auf Gott vertrauen und dass wir nicht unbedingt etwas sagen müssten. Wir sollten ihn nur spüren lassen, dass wir ihn lieben und dass Gott ihn liebt, ganz egal was er getan hat.«

»Ein guter Ratschlag«, sagte ich.

»Wir haben ihn beherzigt«, erwiderte sie. »Wir haben ihm gesagt, wir wären nur gekommen, um ihm zu zeigen, dass wir ihn lieben, dass wir ihn immer geliebt hätten.«

»Und wie hat er es aufgenommen?«

»Er hat gesagt, es täte ihm Leid, dass er uns verletzt hat. Das hat seinem Vater und mir ungeheuer viel bedeutet.«

Nun, vielleicht bedeutete es ihr und ihrem Mann ja viel, aber das sollte mal jemand den Müttern der Kinder klarmachen, die er vergewaltigt und getötet hatte. Um die Kinder hatte es ihm kein bisschen Leid getan, das blendeten Mr. und Mrs. Clarence in ihrer Liebe einfach aus. Verurteilen konnte ich sie deswegen nicht – die Liebe zu einem Kind war die Atombombe in der Welt der Gefühle. Stattdessen war ich einfach nur erschöpft und wollte das Gespräch beenden.

»Haben Sie den Mörder gefunden?«, fragte sie.

»Nein«, antwortete ich. »Ich bin nicht bei der Sicherheitsabteilung und weiß deshalb nicht, wie weit die Ermittlungen gediehen sind. Aber es hätte sicher in der Zeitung gestanden, wenn man ihn gefunden und Anklage erhoben hätte.«

»Wir waren total geschockt«, sagte sie, »besonders nach dem, was er gesagt hat. Damit hatten wir einfach nicht gerechnet.«

»Ich glaube nicht, dass Gary damit ausdrücken wollte, es könne absolut nichts passieren«, erwiderte ich schnell. »Man kann nie garantieren –«, aber sie unterbrach mich.

»Ich meine nicht Direktor Raines. Ich meine, was Edward gesagt hat.«

»Was hat er denn gesagt?«

»Dass er einen Freund gefunden hätte. Dass es trotz allem nicht so schlimm werden würde. Er sagte, die Arbeit wäre nicht ideal, aber er würde bald einen besseren Job bekommen.«

»Wirklich? Hat er noch etwas gesagt?«

»Eigentlich nicht.«

»Was meinen Sie damit?«

»Na ja, er hat noch etwas gesagt, aber das habe ich nicht verstanden. Es war nicht weiter wichtig.«

»Was hat er gesagt?«

»Eigentlich gar nichts. Nur, dass er immer schon einen Riecher dafür gehabt habe, wenn Ärger bevorsteht, und er hat dabei gelacht, als hätte er einen Witz gemacht oder so. Wir hatten keine Ahnung, was er meinte oder warum er gelacht hat. Als Kind hat er nie viel Ärger gemacht. Er war ein stilles Kind, sogar zu still, und in sich gekehrt. Aus meinem Mund klingt es jetzt so, als hätte er sich irgendwie verrückt angehört, aber so war es gar nicht. Nur, diese Bemerkung mit dem Riecher hat überhaupt keinen Sinn ergeben. Es ging ihm gut, wirklich. Er war optimistisch. Ich glaube, er war erleichtert, dass er im Gefängnis saß, erleichtert, dass er niemandem mehr etwas antun konnte.«

Schon hatte es angefangen: Sie würden Clarence zu einem Menschen verklären, der geschnappt werden wollte, dem seine Verbrechen Leid taten und der froh darüber war, dass er eingesperrt worden war. Jetzt, wo er tot war und nicht widersprechen konnte, war das leicht möglich. Damit zu leben, war für die Eltern weiß Gott einfacher. Sollte ich sie deswegen verurteilen?

»Vermutlich.« Mehr konnte ich dazu nicht sagen.

14

Es war dunkel, als ich nach Hause kam. In Vermont liegt nichts nahe beieinander, die Orte sind alle klein, und alle sind zwei, drei Stunden Autofahrt voneinander entfernt. Der Tag war wie eine Bilderfolge vorbeigehuscht, Farmen und hügelige Weiden, kleine Berge und einige wenige trotzige Klippen, die sich gegen die Abnutzung wehrten. Genau wie die Menschen, dachte ich. Und was war ich? Ein kleiner Berg oder ein widerspenstiger Grat, der sich gegen die Abnutzung wehrte? Ich war ein kleiner Berg, entschied ich.

Ich bedauerte die Fahrt ins Krankenhaus nicht, um Stacy zu besuchen, und auch nicht die Fahrt nach Berlin und zurück. Autofahren war für mich wie Meditieren. Ich brauchte mich nicht mit den Leuten abzugeben, die nichts von Stacy wussten und die von mir erwarteten, dass ich normal tat, und auch nicht mit den Leuten, die wussten, was mit Stacy war, und die reden wollten. Ein Auto war wie eine kleine Kapsel, in der ich ganz allein sitzen und die Farmen an mir vorbeiziehen lassen konnte.

Ich gab mich nicht der Illusion hin, die Welt draußen wäre so idyllisch, wie sie aussah. »Sie sehen diese verstreut liegenden Häuser, und Sie sind beeindruckt von ihrer Schönheit«, wie Sherlock Holmes seinem Assistenten Watson gegenüber bemerkte. »Ich sehe sie, und der einzige Gedanke, der mir in den Sinn kommt, ist ihre isolierte Lage und dass sich dort ungestraft Verbrechen verüben lassen.« Nur vertraute Sherlock Holmes mehr als ich darauf, dass die Nähe der Stadt Schutz bot.

Adams Wagen stand nicht in der Einfahrt, und im ersten Moment hätte ich mir in den Hintern beißen können, dass ich ihn nicht von unterwegs angerufen hatte. Es hörte sich dumm an, wenn man berücksichtigte, dass wir momentan, also vorübergehend – ganz bestimmt vorübergehend –, zusammenwohnten, aber anscheinend musste man mit dem Mann einen Termin machen, wenn man ihn sehen wollte. Ich überlegte, ob ich zurück in die Stadt fahren sollte, um mit ihm zu Abend zu essen, aber dann merkte ich, wie albern das war, und stieg aus. Zuerst würde ich ihn anrufen. Vielleicht war er ja schon auf dem Heimweg, und wir waren unterwegs in der Dunkelheit aneinander vorbeigefahren. Außerdem war ich bei dem ganzen Trubel um Stacy noch nicht dazu gekommen, mich mit Mama auseinander zu setzen. Ich musste unbedingt den Kerl ausfindig machen, mit dem sie zusammen war, und herausfinden, was er mit ihr vorhatte.

Ich ging auf das Haus zu und dachte, dass noch ein weiterer Anruf anstand. Am besten erkundigte ich mich bei Gary wegen Jeffrey. Jeffrey und Jim Walker heckten irgendwas aus, und ich war mir sicher, dass es um Drogen ging. Nur wusste ich nicht, ob es in diesem Zusammenhang auch um Clarence und Stacy ging. Aber Gary zu Hause zu stören, das tat ich höchst ungern; der Anruf konnte bis morgen warten.

Ich hörte nur einen einzigen Schritt hinter mir, das Knirschen von Kies unter einem Fuß. Bevor ich auch nur zusammenschrecken konnte, schlang sich ein Arm um meine Kehle und schnürte mir die Luft ab. Automatisch packte ich den Arm, um ihn wegzuzerren; mich durchströmte die jähe Angst, er könnte mir die Luftröhre zerquetschen, so fest drückte er zu. Im nächsten Moment wurde ich mit einem Ruck zu Boden gestoßen. Während ich mich noch abmühte, wieder auf die Beine zu kommen, spürte ich eine Stahlklinge auf meinem Bauch. Sofort hörte ich auf, mich zu wehren.

Die Stimme an meinem Ohr war so nahe, dass es seltsam intim wirkte. Nur ein Geliebter oder ein Kind flüstert einem ins Ohr. Dieser hier war weder das eine noch das andere. »Lass die Finger von den beiden«, sagte der Mann leise, mit absolut ruhiger Stimme. »Lass die Finger von Jim und seinem Vetter, oder ich schneide dir den kleinen Bastard aus deinem Bauch. Hast du verstanden?« Er flüsterte, ein gutes Zeichen, wie ich selbst in meiner Angst erkannte. Menschen, die einen töten wollen, geben sich keine Mühe, ihre Stimme zu verstellen.

Ich versuchte, etwas zu sagen, aber sein Griff war zu fest, und ich konnte nur ein Zischen von mir geben. Auch ein Nicken wollte mir nicht recht gelingen. Er sah meine Anstrengung und lockerte den Griff ein wenig. »Ja«, sagte ich, nur das Überleben meines Kindes im Sinn. Die nackte Angst hatte mich fester im Griff als sein Arm. Sie jagte durch alle Neuronen in meinem Kopf, durch alle Zellen meines Körpers. Ich will lieber nicht darüber nachdenken, wozu ich in dem Moment fähig gewesen wäre, um mein Kind zu retten, aber wenn ich gekonnt hätte, hätte ich diesen Mann, ohne mit der Wimper zu zucken, getötet.

»Du Scheißluder«, sagte er. »Leg dich nicht mit mir an.

Ich bringe dich um, nur um dir zu beweisen, dass ich dazu fähig bin.«

Ich sagte nichts, keinen Ton.

»Wenn du jemandem davon erzählst, ich sage dir, ich krieg dich, egal wo du steckst. Du hast keine Ahnung, wie verwundbar du bist, du blöde Fotze. Auf dem Weg von der Haustür zum Auto, vom Auto zur Haustür. Nicht vergessen, ich bin ein geduldiger Mensch.«

Ich sagte nichts, und dann, weil er darauf zu warten schien, nickte ich erneut.

Jetzt wird er mich loslassen, dachte ich, aber er ließ mich nicht los. Er umklammerte mich noch fester und fing an, mit dem Messer über meinen Bauch zu streichen. Möglicherweise ein Skalpell, denn es war so scharf, dass es meine Kleidung wie Papier durchtrennte. In dem Moment, als das Messer die nackte Haut aufritzte, explodierte meine Angst, und dann war es plötzlich, als schwebte ich in die Höhe, weg von allem. Ich schaute nach unten, und ich beobachtete den Mann, der mit einem Arm meine Kehle zudrückte und mir systematisch in den Bauch schnitt. Distanziert stellte ich fest, wie weiß mein Gesicht war.

Völlig distanziert und losgelöst sah ich unter mir die Frau in Panik ein Bein heben und nach hinten treten. Ich glaube, sie zielte auf seinen Schritt, stattdessen traf sie sein Knie. Es war ein Tritt aus Verzweiflung, kräftiger als normal. Das Bein des Mannes knickte ein, und er fluchte vor Schreck. Beim Sturz schnitt das Messer tiefer in die Haut, aber sie war frei. Sie lief auf den Wald zu, und mit Genugtuung stellte ich fest, dass sie ziemlich schnell war, selbst in ihrem schwangeren Zustand. Erst lief er noch hinter ihr her, doch dann blieb er stehen.

Der Wald umschloss sie wie ein Zaubermantel, der einen unsichtbar machte, und dann rannte sie in der pechschwarzen Nacht durchs Unterholz; das schwache Mondlicht war vollständig von Bäumen verdeckt. Sie lief viel zu schnell, achtete nicht auf sich, und sie stolperte über etwas, verlor das Gleichgewicht und knallte gegen einen Baum. Schulter und Bauch traf es zuerst, und sie hielt sich den Bauch – zu spät.

Der Schlag rüttelte mich auf, und plötzlich schwebte ich nicht mehr. Ich war wieder ganz in der von panischer Angst ergriffenen Gestalt anwesend. Ich stand auf, hielt mir mit beiden Händen noch immer den Bauch, als könnte ich ihn auf diese Weise schützen, und lief los, spürte diesmal Blut zwischen den Fingern hindurchrinnen. »Es ist nicht schlimm. Es ist nicht schlimm«, sagte ich mir immer und immer wieder. Woher sollte ich wissen, dass es stimmte? Ich musste es einfach glauben, sonst hätte mich die Angst verschluckt wie Treibsand. Das Einzige, was ich vernahm, war mein angestrengter Atem.

Ich dachte nicht daran, zur nächsten Straße zu laufen. Die Straße war um diese Zeit wie ausgestorben, und wer immer mir eben aufgelauert hatte, musste über diese Straße gekommen sein. Wenn ich sie jetzt entlangging, würde er mich einfach überfahren.

Vielleicht war es Instinkt, der mich in den Wald zog. Als Teenager war ich oft genug nachts aus dem Fenster geklettert, nicht um mit Freundinnen Partys zu feiern, sondern um im Wald spazieren zu gehen und in einem der Wasserkanäle zu schwimmen. Nie war ich nachts im Wald anderen Menschen begegnet. Menschen gingen durch dunkle Gassen und Straßen, die weitaus gefährlicher waren als diese erhabenen Neuengland-Wälder, aber sie meinten, in der Stadt sicherer zu sein.

Schließlich blieb ich hinter einem Baum stehen und brach zusammen. Meine Beine wollten mich einfach nicht mehr weitertragen. Meine Atmung war so laut, dass ich gar nicht mehr hören konnte, ob noch jemand hinter mir her war. Die unzähligen kleinen Tierchen, die so eine Lebensgemeinschaft im Wald ausmachten, waren bei meinem Eindringen erstarrt, deswegen machten die Bewohner keinen Lärm.

Ich zog meinen Pullover aus und tupfte damit das Blut auf meinem Bauch ab. Alles tat mir weh, aber ich vermochte nicht zu unterscheiden, ob es die Schnittwunde war, ob es vom Laufen kam oder ob bereits die Wehen einsetzten. Warum hatte ich kein Handy dabei? Keine Pistole? Pfefferspray, wenn schon sonst nichts? Von mir aus auch Reizgas. Irgendwas. Scheiße. Wie oft musste ich noch auf die Schnauze fallen, bis ich endlich meinen Glauben verlor, die Welt sei ein sicherer Ort? Wann würde ich endlich anfangen, mich zu schützen?

Im Unterholz raschelte es, und mein Herz pochte bis zum Anschlag, aber dann hörte das Rascheln auf, und mir fiel ein, wie laut sich kleine Tiere nachts im Wald anhören. Wenn der Mann mich bis jetzt nicht eingeholt hatte, sagte ich mir, dann würde er es nicht mehr schaffen. In der Finsternis des Waldes würde er mich nie finden. Der nächtliche Wald war eher mein Territorium als seines – zumindest hoffte ich das. Ich lehnte mich gegen einen Baum und spürte, wie mir die Tränen kamen; mit den Händen hielt ich meinen Bauch, und zwischen den Fingern sickerte noch immer Blut hervor.

Schließlich schaffte ich es bis zurück zu meinem Haus, aber ich ging nicht hinein. Ich war mir nicht sicher, dass mein Verfolger weg war. Er hatte gesagt, er sei ein geduldiger Mensch, und ich nahm ihn beim Wort. Ich hielt mich versteckt am Waldrand auf, drückte den Pullover fest gegen die Schnittwunde, um die Blutung zu stoppen, dann setzte ich mich hin und wartete. Fast sofort fing ich an zu zittern, aber ob es an dem Schock oder an dem kalten Neuengland-Frühling lag, vermochte ich nicht zu sagen. Ich weiß nicht, wie viel Zeit verging, bis Adams Auto vorfuhr. Das Warten erschien mir endlos. Als er endlich auftauchte, lief eine Welle der Erleichterung durch meinen Körper, wie elektrischer Strom, und mit der neu gewonnenen Energie stellte ich mich auf die Beine und rief nach ihm. Vorübergehend hatten die Scheinwerfer seines Wagens mich geblendet, deswegen konnte ich den Ausdruck in seinem Gesicht nicht erkennen, aber die Körpersprache sagte alles. Beim Klang meiner Stimme drehte er sich rasch um, tat einen Schritt auf mich zu und blieb dann wie angewurzelt stehen.

»Adam«, sagte ich im Auto auf dem Weg zur Notaufnahme, »warum gibst du immer mir die Schuld, wenn mir etwas zustößt? Du bist schlimmer als meine Mutter. Wenn ich von einem Lastwagen angefahren würde und einen dreifachen Bruch an meinem Arm hätte, würde sie bloß sagen: ›Wieso hast du das gemacht?‹«

»Du tust so, als wärst du überhaupt nicht beteiligt«, kam es wie aus der Pistole geschossen. Es war leicht zu erkennen, wenn er wütend war. Seine Lippen verwandelten sich in schmale Linien, und sein Kinn bekam so etwas Festes.

»Meinst du nicht, jeder, der mit einem Messer auf mich losgeht, trägt auch ein bisschen Mitverantwortung?«

»Jedenfalls werde ich ihn mir deswegen gründlich vorknöpfen«, sagte Adam, und die Unerbittlichkeit, die ich aus seiner Stimme heraushörte, ließ mich verstummen. »Was macht die Blutung?«, erkundigte er sich.

»Es ist nicht so schlimm«, antwortete ich. »Ich glaube, es ist wirklich nur eine oberflächliche Wunde. Es muss eine sein«, murmelte ich, »sonst wäre längst etwas passiert.«

»Michael –«

»Halt mir jetzt bitte keine Vorträge. Ich bin nicht in der Stimmung.«

Adam fuhr fort, als hätte ich überhaupt nichts gesagt. »Begreif doch endlich.« Er sprach betont langsam. »Es gibt böse Menschen auf dieser Welt. Und es gibt welche, die sind dazu ausgebildet, mit solchen Menschen umzugehen. Wir tragen Waffen bei uns, wir sind mit Schlagstöcken, Handschellen und Funkgeräten ausgerüstet. Und dann gibt es wieder andere, Zivilisten genannt, die nicht dazu ausgebildet sind, mit solchen Menschen umzugehen. Wenn Zivilisten sich mit bösen Menschen einlassen, werden sie in der Regel verletzt. Manchmal werden sie sogar getötet. Weißt du genau, zu welcher Gruppe du gehörst?« Er drückte sich übertrieben schlicht aus, und das brachte mich zur Weißglut.

»Hör auf, so mit mir zu reden, Adam. Ich bin kein kleines Kind.«

»Ich versuche nur, mich verständlich zu machen«, erwiderte er. »Denn für mich ist die Sache eigentlich glasklar, und wahr ist sie außerdem, aber ich kann mich ausdrücken, wie ich will, und ich kann es dir noch so oft sagen, irgendwie dringt es nie bis zu dir durch. Soll ich dir aufzählen, wie oft jemand versucht hat, dich zu töten? Fangen wir mit dem Kerl an, der dich erwürgen wollte –«

»Das war in einer Turnhalle«, sagte ich empört.

»Und? Was willst du damit sagen?«

»Wer rechnet schon damit, in einer Turnhalle erwürgt zu werden. Das ist ein Sakrileg.«

»Dann hat jemand versucht, dir in die Kniescheibe zu schießen, mit dem Plan, sollte ich hinzufügen, dich zu foltern und dich anschließend zu ermorden. Ich glaube, das war in einer Kirche, ausgerechnet.«

»Das war nun wirklich nicht meine Schuld. Irgendein saublöder Richter hat ihn freigelassen.«

»Und jetzt hat jemand damit gedroht, vielleicht sogar versucht«, er hielt kurz inne, »unser Kind zu töten.«

»Beinahe hättest du gesagt –«

»Mein Kind. Wenn du so weitermachst, werde ich das Sorgerecht einklagen, bevor das Kind überhaupt zur Welt gekommen ist.«

»Jetzt ist aber Schluss.«

Wenn Adam nur Spaß machte, dann gab es jedenfalls keine Anzeichen dafür. »Ich glaube, ich würde den Prozess sogar gewinnen. Ich würde mir Carlotta als Anwältin nehmen. Das würde sie bestimmt machen.«

Ich verzichtete auf einen Kommentar. Gut möglich, dass Carlotta ihn verteidigen würde.

»Es gibt Leute, die sind dafür, schwangere Crackabhängige ins Gefängnis zu sperren. Vielleicht gibt es ein Vorrecht für ...«

Als wir zur Notaufnahme kamen, war ich total genervt. Ich stieg aus dem Auto und knallte die Tür zu. Adam kam hinter mir hergetigert, aber ich drehte mich um und hielt ihn zurück. »Ich kann schon aus eigener Kraft da rein«, sagte ich. »Dem Kind geht's gut, und ehrlich gesagt habe ich es satt, mich von dir anbrüllen zu lassen. Zieh Leine und finde heraus, was dieser Jeffrey für ein Typ ist. Wahrscheinlich war er es, der mich überfallen hat. Dazu seid ihr Typen mit den Waffen und Schlagstöcken doch da, oder?«

Adam ignorierte mich und eilte zur Notaufnahme. »Wo willst du hin?«, fragte ich aufgebracht.

»Ich haue ab«, sagte Adam, »aber erst will ich noch mit der Schwester reden.«

Ich ging mit ihm zum Schalter, und noch ehe ich etwas sagen konnte, hatte er seinen Dienstausweis gezückt. »Ich bin Adam Bowers«, sagte er. »Ich bin der Vater des Kindes. Michael wird Ihnen erzählen, was geschehen ist, aber wenn das

Baby irgendwas abgekriegt hat, dann will ich davon in Kenntnis gesetzt werden.« Er sah sie mit einem Blick an, als wollte er ihr gleich den Kehlkopf mit einem Löffel herausreißen.

Ich sah die Nervosität in ihren Augen; sie warf einen Blick auf meinen blutigen Bauch und griff zum Telefonhörer.

Den Notarzt kannte ich nicht. Das kam jetzt, wo das Jefferson University Hospital größer und größer wurde, immer häufiger vor. Zwar befanden wir uns in einem ländlichen Raum, aber da wir für weite Teile von New Hampshire und Vermont das wichtigste Krankenhaus für Spezialbehandlungen waren, wuchsen wir immer noch sprunghaft.

Der Arzt war hoch gewachsen und dünn, und er hatte einen Kopf, der etwas zu groß geraten war für die schmale Gestalt. Trotzdem sah er gut aus, mit dem schwarzen Haar, das er etwas länger trug als die meisten Männer seines Alters, und Augen, die ein Leuchten hatten, das einem mehr als jeder Intelligenztest verriet. Er stellte sich kurz vor und trat zum Waschbecken, um sich die Hände zu reinigen. Der Blick, den er auf mich geworfen hatte, wirkte beiläufig, aber das war er nicht – auch Röntgenstrahlen wird man nur kurz ausgesetzt. Ich hatte das Gefühl, dass diesen blitzenden Augen nichts entging.

Ich saß auf einem Stuhl und bedeckte den blutverschmierten Bauch noch immer mit meinem Pullover. Ein unerfahrener Arzt hätte mich gleich besorgt untersucht, aber dieser hier hatte meine Gesichtsfarbe gesehen und dass kein frisches Blut nachlief und war dann ruhig weggegangen, um sich die Hände zu waschen. Mein Verletzungsgrad konnte einen Notarzt nicht wirklich beeindrucken. Als er fertig war, studierte er kurz das Krankenblatt, auf dem mein Blutdruck und der Puls verzeichnet waren, dann schwang er sich auf die Untersuchungsliege und ließ die Beine über den Rand baumeln. »Gehören Sie zum Personal?«

»Ja«, sagte ich. »Sind Sie neu hier? Ich glaube, wir kennen uns noch nicht.«

»Ich bin nur an den Wochenenden hier.« Er ließ sich nicht weiter darüber aus, aber ich wusste, was er damit sagen wollte. Die Ärzte in den Notaufnahmen waren landesweit so knapp, dass Spezialisten für medizinische Notversorgung kreuz und quer durch die Gegend kutschiert wurden, um den Wochenenddienst sicherzustellen. Freitags kamen sie angeflogen, arbeiteten das Wochenende durch, und am Montagmorgen flogen sie wieder zurück. Den Rest der Woche hatten sie frei. Eigentlich war ich von dieser Regelung nicht begeistert. Diese Ärzte hatten keine Ahnung, welche Ressourcen es vor Ort gab und an wen sie weiterüberweisen sollten. Allerdings war es besser, als zu wenig Personal zu haben und lange Warteschlangen in der Notaufnahme in Kauf nehmen zu müssen.

»Ich wusste gar nicht, dass wir so wenig Ärzte haben.«

»Es ist überall das Gleiche.«

»Gefällt Ihnen der Dienst?«

»Ja. So habe ich Zeit für andere Dinge. Ich bin eine Art ewiger Student.«

»Haben Sie noch eine andere Spezialausbildung?«

Er schüttelte den Kopf. »Nein. Das Jahr als Assistenzarzt hat mir gereicht. Und Sie? Was ist Ihr Gebiet?«

»Psychologie.«

»Ich habe auf einem meiner akademischen Streifzüge mal ein Diplom in Psychologie gemacht. Interessantes Zeug, obwohl mir manches ziemlich seltsam vorkommt«, sagte er. »Also, Sie erwarten bald ein Kind. Ihr erstes?«

Nie wusste ich, was ich darauf antworten sollte. »Wie man's nimmt.«

»Ich verstehe«, erwiderte er. »Tut mir Leid.«

»Haben Sie Kinder?«, fragte ich spontan. Die Frage war völlig unangebracht, und ich weiß nicht, warum ich sie stellte. Vielleicht lag es an meiner Müdigkeit und daran, dass ich jetzt, nachdem die Wirkung des Adrenalins nachließ, völlig ausgelaugt war.

»Ich doch nicht«, antwortete er. »Kennen Sie die Karikatur, auf der ein Mann seinen Kopf auf die Schreibtischplatte legt und sagt: ›Wie konnte ich nur vergessen, mir Kinder anzuschaffen!‹ Dieser Mann, das bin ich. Ich habe es schlicht versäumt, Kinder auf meine persönliche Wunschliste zu setzen.« Für einen kurzen Moment brachte er mich zum Lachen.

»Also«, sagte er mit einstudierter Beiläufigkeit. »Die Schwester am Empfang meint, Ihr Mann sei sehr hitzig.« Er stellte das ganz nüchtern fest, als würde es sich um eine unumstößliche Tatsache handeln, und dennoch hing zum Schluss eine Frage in der Luft. Daher also wehte der Wind. Heute waren die Ärzte angehalten, auch bei relativ harmlosen Verletzungen gleich an häusliche Gewalt zu denken, statt sich in erster Linie um die medizinische Versorgung zu kümmern. Meine Wunde würde mich nicht umbringen. Aber jeder, der mit einem Messer über meinen Bauch fuhr, könnte das nächste Mal etwas viel Schlimmeres anrichten.

»Haben Sie nicht vielleicht doch eine weitere Spezialausbildung? Eine in Verhörtechnik?«

Diesmal musste er lachen, aber er gab die lässige, kumpelhafte Pose auf, hörte auf, mit den Beinen zu baumeln, setzte sich aufrecht hin und verschränkte die Arme. »Also gut«, sagte er, immer noch lachend. »Was ist passiert?«

»Zunächst einmal ist er nicht mein Mann, sondern mein Freund, aber das tut nichts zur Sache. Es war ein Fremder«, sagte ich, »das heißt, vielleicht kenne ich ihn doch, ich weiß nicht. Er kam von hinten, und ich habe ihn nicht gesehen. Das ist die reine Wahrheit.«

»Ein Fremder?«, fragte er scheinbar unbeteiligt.

»Hören Sie, mein Freund ist stinksauer – das Kind in meinem Bauch ist von ihm. Er ist stinksauer auf den, der das getan hat, und er ist sauer auf mich, weil er meint, ich würde mich dauernd in Situationen begeben, wo es praktisch unvermeidlich ist, dass man verletzt wird. Er macht sich zum Affen, meiner Meinung nach, aber eins kann ich Ihnen versprechen, hitzig ist er ganz sicher nicht, in dem Sinn, wie Sie das verstehen, und meinen Bauch hat er schon gar nicht aufgeschlitzt. Ich will nicht mäkelig erscheinen, aber könnten Sie wohl meinen Bauch untersuchen? Ich will nur sicher sein, dass aus medizinischer Sicht alles in Ordnung ist. Wie Sie ja unschwer erkannt haben, liege ich nicht im Sterben, aber trotzdem bin ich doch etwas besorgt um mein Kind.« Eigentlich wollte ich alles nur schnell hinter mich bringen und dann von hier verschwinden. Ich war so erschöpft, dass es mich Mühe kostete, aufrecht zu sitzen.

»Selbstverständlich«, sagte er und sprang von der Liege herunter. »Ich untersuche Sie, aber trotzdem will ich hören, wie das passiert ist. Abgemacht?«

Also erzählte ich es ihm. Die Worte sprudelten nur so aus mir heraus. Ich erzählte ihm von dem Häftling, der im Gefängnis ermordet worden war, von den Drogen, von Stacy, den man überfallen hatte, von meinem Besuch bei dem Drucker und von dem Mann mit dem Messer. So viel wollte ich ihm gar nicht erzählen, aber als ich erst mal angefangen hatte, konnte ich meinen Mund nicht mehr halten, und es kam alles heraus. Während er mir zuhörte, untersuchte er mich gründlich, holte eine Schwester dazu und nahm noch eine gynäkologische Untersuchung vor. Als alles vorbei war, ließ er sich an dem kleinen Schreibpult nieder, während ich auf der Untersuchungsliege saß. Es dauerte einige Minuten, bis er seinen Bericht auf das Krankenblatt geschrieben hatte, dann blickte er auf.

»Medizinisch gesehen sind die Verletzungen geringfügig. Die Schnittwunde könnte eventuell genäht werden, aber es ist eigentlich nicht der Mühe wert, weil die Nähte an dem gespannten Bauch nicht halten werden. Ein Verband erfüllt den gleichen Zweck. In Ordnung?« Ich nickte.

»Sie haben zwei Zentimeter an Umfang zugelegt; ich hielte es daher für besser, wenn sie nicht dauernd herumlaufen würden. Lassen Sie es ein bisschen langsamer angehen. Die Welt können Sie auch nach der Geburt noch retten. Es ist noch ungefähr einen Monat hin, und es wäre keine Katastrophe, wenn Sie jetzt gebären würden, aber das Kind wird davon profitieren, wenn es noch etwas mehr Fleisch zwischen die Rippen bekommt. Also, lassen Sie es langsam angehen.

Ach, übrigens. Das über Ihren Freund nehme ich zurück. Ihr Freund ist ein Heiliger. Er kann unmöglich ein Hitzkopf sein, sonst hätte er Sie schon längst erwürgt. Würden Sie mit meinem Kind in Ihrem Bauch so durch die Gegend laufen und Bösewichte jagen, ich hätte nicht übel Lust, Sie erst mal wegzusperren. Außerdem haben Sie Unrecht«, fügte er noch hinzu.

»In welcher Beziehung?«

»Entweder war es nicht der Drucker, der Sie angegriffen hat, oder der Drucker ist nicht, wie seine Frau behauptet, der arme Kerl, der von seinem großen Vetter immer zu schlimmen Sachen verführt wird. So hört es sich doch an – als ob die Frau glaubt, ihr Jeffrey würde von seinem Vetter immer in schlimme Sachen hineingezogen, aber sie hat Unrecht.«

»Warum sollte sie Unrecht haben?«

»Ihr Angreifer ist kein Angstbeißer.«

»Wie bitte?«

»Kennen Sie sich mit Hunden aus?«

»Nein.« Meine Mutter kannte sich mit Hunden aus. Wenn es was mit Hunden zu tun hatte, dann sollte ich es besser mit Mama besprechen.

»Ein Hobby von mir. Ich züchte Dobermänner. Schöne Hunde. Werden allgemein total falsch eingeschätzt. Wie dem auch sei, Hunde beißen Menschen nur aus zwei Gründen. Entweder sind sie Angstbeißer – das heißt, sie beißen, wenn sie sich in die Enge getrieben fühlen, und nur dann –, oder sie sind regelrecht bösartig. Hündische Psychopathen, sozusagen.«

»Woher wollen Sie wissen, dass der Mann kein Angstbeißer war?«

»Weil Angstbeißer niemals sagen würden: ›Ich bringe dich um, nur um dir zu beweisen, dass ich dazu fähig bin.‹ Das entspricht eher einem Psychopathen. Angstbeißer sagen auch nicht: ›Auf dem Weg von der Haustür zum Auto, vom Auto zur Haustür.‹ Das sind Fantasien eines Psychopathen. Damit kennen Sie sich vermutlich viel besser aus als ich. Ein Angstbeißer nimmt Sie als jemanden wahr, der ihn in die Enge treibt und ihm keine Wahl lässt. Bei ihm dreht sich alles um Selbstverteidigung. Angstbeißer sagen Sätze wie: ›Zwing mich nicht dazu ...‹, ›Du lässt mir keine andere Wahl ...‹ Solche Sachen. Selbstverteidigung hatte Ihr Angreifer nicht im Sinn. Er hatte vielmehr Freude an der Gewalt.«

Wie heißt es doch so schön bei Wallace Stevens? Da schaut man sich die ganze Nacht lang einen Schneesturm an, bis am nächsten Morgen im klaren Licht der Sonne das Offensichtliche in aller Helligkeit erstrahlt, oder so ähnlich. Ich hatte mich von Joannas Sicht auf Jeffrey leiten lassen, jedenfalls bis zu einem gewissen Grad, und sie stand Jeffrey sicher viel zu nahe, um das Offensichtliche zu erkennen. Aber jetzt fiel es mir wie Schuppen von den Augen. Der Arzt hatte Recht: Der Mann, der mir mit einem Messer den Bauch aufgeritzt hatte, war kein normaler Mensch, der von einem anderen zu dieser Tat getrieben wurde. Er war auch keiner der üblichen Schwerverbrecher. Er redete, ja, er redete wie ein Psychopath.

Jim und Jeffrey. Es wäre nicht das erste Mal, dass sich zwei Psychopathen zusammengetan hätten, und immer, wenn ich davon gehört hatte, war das, was dabei herausgekommen war, alles andere als angenehm. Es war nicht so, dass man das Unheil, das zwei Psychopathen anrichteten, einfach addieren konnte; es war schlimmer: Es vervielfachte sich.

In der Eingangshalle wartete Carlotta auf mich, was mir sehr gelegen kam, denn bis jetzt hatte ich noch gar nicht darüber nachgedacht, wie ich nach Hause kommen sollte. Adam hing wahrscheinlich in der Polizeiwache vor dem Computer und versuchte, alles über Jeffrey herauszufinden; vielleicht war er auch schon unterwegs nach Berlin. Ich hatte Carlotta nicht angerufen, also musste er es wohl getan haben.

Ich fühlte mich wegen meiner aufgeschlitzten Kleider ziemlich unwohl und hielt den blutverschmierten Pullover vor meinen Bauch. Carlotta stand auf, als ich in die Halle kam, und ihr Blick fiel auf den Pullover. Ihre für gewöhnlich gefasste Miene drohte zu entgleiten, aber fast ebenso schnell fasste sie sich wieder. »Es ist alles in Ordnung«, sagte ich. »Dem Baby geht es gut, ich bin nur etwas müde.« Sie zog ihren Mantel aus und warf ihn um mich. Dann legte sie einen Arm auf meine Schultern, und wir gingen nach draußen. Sie hatte überhaupt nicht gesprochen, und auch ich verspürte kein Bedürfnis, etwas zu sagen. Ich war bloß froh, niemandem etwas erklären, mit niemandem streiten zu müssen, und Carlotta mit ihrem seltsamen Taktgefühl hatte Verständnis dafür.

Ich lehnte den Kopf gegen die Autotür und schlief auf dem Weg zu Carlottas Haus ein. Sie hatte mich nicht gefragt, aber es war klar, dass ich heute Abend nicht mehr in meine Finnhütte auf dem Land zurückkehren konnte. Obwohl ich normalerweise das Alleinsein vorziehe: heute Abend hatten die erleuchteten Fenster in den Nachbarhäusern etwas Beruhigendes.

Während Carlotta in der Küche rumwuselte, bahnte ich mir meinen Weg ins Gästezimmer. Als ich aus der Dusche trat, hing an der Rückseite der Toilettentür ein Frotteebademantel für mich; am Bett stand eine Tasse Tee, und daneben brannte eine Kerze. Aus einem CD-Spieler, den sie ins Zimmer gestellt hatte, ertönte leise Gitarrenmusik. Carlotta hatte immer noch nichts gesagt, und offenbar sollte es dabei bleiben, denn es drang kein Licht unter ihrem Türspalt hervor. Ich hockte allein in dem abgedunkelten Gästezimmer, schlürfte meinen Tee und staunte darüber, wie hilfreich es sein kann, Worte außen vor zu lassen, wenn man etwas mitteilen will.

15

Ich wachte auf und dachte an Achilles. Ich hatte ein deutliches Bild von Achilles' Streitwagen vor Augen, der Troja umrundete, den Leichnam von Hektor durch den Staub schleifend. Soweit ich das beurteilen konnte, hatte ich eigentlich eine ganz solide Beziehung zu meinem Unterbewusstsein, aber für besonders klug hielt es mich wohl nicht.

Mein Unterbewusstsein übermittelt mir seine Botschaften ohne Verklausulierungen; meist bedient es sich sogar der Holzhammermethode. Wieso muss ich an Achilles denken, nachdem jemand mein ungeborenes Kind mit einem Messer bedroht hat? Vielleicht hatte mein Unterbewusstsein etwas gegen eine teure Therapie. Für die Deutung meiner Träume brauchte man keinen Therapeuten.

Kein Zweifel, bei mir befand sich die Achillesferse in meinem Schoß. Bei Frauen kommt so etwas öfter vor. Wir binden uns gerne. Agamemnon dagegen war ohne Umstände bereit, seine eigene Tochter zu opfern, um von den Göttern kräftige Winde für seine Schiffe zu bekommen, für seine bescheuerte Reise nach Troja. Bei einer Frau kann man sich so etwas kaum vorstellen. Es war wie die Schlacht um Alamo – keine Frau würde so etwas Blödes fertig bringen.

Ich hatte mich gerade in eine frühmorgendliche weibliche Entrüstung hineingesteigert, als mir Adam einfiel. Schuldgefühle meldeten sich wie ein vertrauter Reflex. Adam machte mir Vorhaltungen, weil ich mit diesem Kind im Bauch zu viele Risiken einging, und sollte Adam Jeffrey je zwischen die Finger kriegen, würde ich auf keinen Fall mit ihm tauschen wollen. Das war das Problem mit Klischeevorstellungen; sie beruhigten die Nerven. Sie machten einen satt wie gutes Essen. Sie gaben einem einfach ein gutes Gefühl – vorausgesetzt, es war einem egal, dass man sich in der Hälfte der Fälle irrte. Ich beendete den inneren Monolog und kroch aus dem Bett.

Einfach alles tat mir weh. Ich richtete mich auf und sah das Telefon auf dem Nachttisch. So zerschlagen ich mich auch fühlte, es gab einige Dinge, die ich anpacken musste. Ich nahm den Hörer in die Hand und rief das Krankenhaus an, um mich nach Stacy zu erkundigen, aber die Stationsleitung war besetzt. Frustriert legte ich auf und dachte an

Mama. Stacy ohne Bewusstsein, und ein Mann, der mit einem Messer auf mich losging – bei dem Trubel war für Mama keine Zeit mehr geblieben. Aber wenn Mama ihr sauer Erspartes zum Fenster hinauswarf, dann war das auch so etwas wie ein Notfall. Ich nahm den Hörer wieder in die Hand und wählte.

»Das weiß ich ganz bestimmt nicht«, sagte Brenda. »Ich glaube, sie hat von einem gewissen Richard gesprochen, aber einen Familiennamen hat sie nie genannt. Mein Gott, ich war so neugierig, den Namen hätte ich mir gemerkt, wenn sie ihn genannt hätte.«

»Dann finde ihn heraus«, sagte ich barsch.

»Wie soll ich das machen, Michael? Wenn ich deine Mutter direkt danach frage, will sie wissen, was mich das angeht. Und wenn ich ihr sage, du hättest mich darum gebeten, ist die Geschichte gegessen. Ein anderer Grund, sie zu fragen, fällt mir nicht ein. Und deine Mutter anzulügen, das bringe ich nicht übers Herz. Ich glaube, das würde sie mir ganz schön übel nehmen.«

»Brenda«, fuhr ich sie an. »Du bist die ehrlichste Haut auf dieser weiten Welt, aber denk doch mal nach. Ich muss diesen Kerl ausfindig machen, und eine andere Möglichkeit habe ich nicht. Ruf das Reisebüro an, vielleicht haben die beiden den Flug gemeinsam gebucht.«

»Das glaube ich nicht. Deine Mutter sprach davon, dass er aus Raleigh anreisen würde. Sie würde ihn erst dort treffen, in Las Vegas.«

»Dann lass dir was einfallen«, sagte ich. »Verwickle sie in ein Gespräch. Frag sie aus.«

»Nein, nein«, entgegnete Brenda. »Das könnte ich nie. Deine Mutter würde sofort spitzkriegen, dass ich was aushecke.«

»Brenda …«

»Also gut, ich überlege es mir noch mal. Versprochen.«

»Du warst doch auch mal ein Teenager. Überleg dir, was du als Teenager gemacht hättest.«

»Lieber überleg ich mir, was du gemacht hättest, Michael«, erwiderte sie trocken. »Das wäre sicher hilfreicher.«

Langsam stieg ich mit meinem schmerzenden Körper in ein Paar Umstandshosen, die so weit waren wie ein Clownskostüm; dann zog ich mir eine Bluse an, die größer war als die Fahnen vor den Burger-King-Restaurants. Die ganze Zeit über schaute ich mir dabei die hässliche grellrote Schnittwunde auf meinem Bauch an, und noch mehr Schuldgefühle überkamen mich. Adam hatte natürlich Recht. Warum musste ich mich in meinem Zustand unbedingt mit wildfremden Leuten anlegen?

Als ich in die Küche kam, saß Carlotta bereits am Tisch und las Zeitung. Sie hob die Augenbrauen, als wollte sie abschätzen, ob ich zum Reden aufgelegt war oder nicht. »Es geht mir wieder ganz gut«, sagte ich und setzte mich zu ihr. Carlotta hatte koffeinfreien Kaffee gekocht – Schwangerschaft, das hieß, dass man nichts essen oder trinken durfte, was auch nur den geringsten Geschmack hatte. Eigentlich bekamen Babys einen völlig falschen Eindruck vom menschlichen Leben auf dieser Erde. Carlotta goss mir eine Tasse ein und setzte sich wieder.

»Adam fühlt sich beschissen«, sagte sie. »Er weiß, dass er nicht gerade den besten Moment für seinen Gefühlsausbruch erwischt hat.«

»Obwohl er ja Recht hat«, sagte ich.

»Obwohl, allerdings«, wiederholte sie. »Bist du sauer auf ihn?«

»Nur ein bisschen. Aber jetzt genug davon.« Es war blöd, aber ich wollte nicht darüber reden. Es war mir peinlich, dass man mich von hinten angefallen und meinen Bauch aufgeritzt hatte. Egal, wessen Schuld: Hilflosigkeit ruft immer Scham hervor. »Was ist mit Hank?«

»Er ist weg«, sagte sie.

»Hast du ihn aus der Wohnung geworfen?«

Sie schüttelte den Kopf. »Er ist von sich aus gegangen.«

»Was ist passiert?«

»Vor ein paar Tagen saßen wir beim Frühstück. Am Abend davor hatte er mit mir schlafen wollen, aber ich wollte nicht. Ich saß bloß da und versuchte mit allen möglichen Tricks, das Thema zu vermeiden. Es war ziemlich peinlich, und was noch schlimmer war, es war ein Samstag, ich konnte also nicht einfach aufstehen und zur Arbeit gehen. In dem Moment legte er plötzlich die Zeitung beiseite und sah mich an.

Ich wollte nicht reden, deswegen las ich weiter, aber dann hielt ich es nicht mehr aus. Ich gab nach und sagte: ›Was ist los?‹ Und er meinte nur: ›Es ist aus, oder?‹

So hart hätte ich das nicht formuliert, aber es waren nun mal seine Worte, und ich wollte ihn nicht belügen. Ich wusste nicht, was ich sagen sollte, also schwieg ich.«

»Und was dann?«

»Nichts weiter. Er hat nicht angefangen zu streiten. Er hat mir keine Fragen gestellt. Er hat mir nichts vorgeworfen. Er ist einfach aufgestanden, hat die Zeitung zusammengefaltet, kam zu mir, gab mir einen Kuss auf die Stirn, und dann ist er gegangen.«

»Einfach so?«

»Einfach so.«

»Donnerwetter«, sagte ich.

»Ja, ja«, sagte sie; eine Art Sehnsucht war in ihrer Stimme zu hören.

Manchmal muss man seine Karten auf den Tisch legen,

und manchmal muss man passen. Aber wie viele Menschen kennen schon den Unterschied und handeln entsprechend? Ich bin immer zu früh ausgestiegen, egal was auf dem Tisch lag. Die meisten Menschen steigen zu spät aus. Vielleicht gehörte Hank zu denen, die den richtigen Zeitpunkt erwischten. Dennoch würde er Carlotta deswegen nicht weniger fehlen.

»Es ist schon komisch«, sagte ich, »das mit der Geheimnistuerei. Es liegt ja nicht allein an der rosa Unterwäsche, oder? Man hat gedacht, sein Freund ist soundso, und dann findet man heraus, dass er ganz anders ist.« Ich dachte dabei nicht nur an das, was Hank seiner Freundin Carlotta vorenthalten hatte. Jim hatte ein paar Geheimnisse vor Eileen, und wie lange hatte Jeffrey gebraucht, bis er anfing, seine Frau zu schlagen? Allein der Verrat machte in jedem einzelnen Fall einen großen Teil des Schadens aus. Was sich dahinter verbarg, war im Grunde zweitrangig.

»Die rosa Unterwäsche ist immer da«, sagte sie. »Ich meine im Kopf. Vielleicht hätte das nicht so sein müssen, aber ich kann es nun mal nicht ändern. Ich habe nichts gegen ihn, wirklich nicht. Ich wüsste auch nicht, was ich machen sollte. Er kann ja schlecht beim ersten Kennenlernen gleich damit herausrücken, dass er Transvestit ist, und wenn er meint, jetzt sei der richtige Zeitpunkt, es zu sagen, dann sitzt er einer Person gegenüber, die ihn für jemand ganz anderen hält.« Carlotta sah traurig aus. Es waren die Verluste, die diesen Planeten zu einem wenig angenehmen Ort machten. Ihre Welt war kleiner geworden. Die einzigen Menschen, die für Liebe nicht mit ihrem Blut bezahlten, waren Psychopathen, soweit ich das beurteilen konnte; sie kannten dieses Problem nicht, denn sie banden sich an keinen Menschen.

So sollte es nicht sein. Wie jeder andere Mensch glaubte auch ich an eine gerechte Welt. Menschen, die Böses taten, sollten leiden. Menschen, die nett waren, freundlich, die brav ihr Müsli aßen und andere Menschen lieb hatten, sollten vorankommen im Leben. Was Psychopathen antrieb, war eher Freude als Angst. Es bereitete ihnen Vergnügen, mehr als alles sonst, andere Menschen hereinzulegen und zu manipulieren. Macht über sie zu haben. Wir anderen lavieren uns so durch – lieben und verlieren, beichten unsere Geheimnisse oder behalten sie für uns –, während sie das Rudel umkreisen, wie ein Löwe, der Jagd auf ein Zebra macht. Und galt es abzustimmen, wer wohl mehr Spaß im Leben hatte, dann lagen die Psychopathen eindeutig vorn. Was war das bloß für ein Witzbold, der die Welt so eingerichtet hatte?

Wir redeten noch eine ganze Weile, doch dann stand ich auf, legte meine Arme um Carlotta und küsste sie auf den Kopf. Ich würde zurückkommen, aber erst musste ich etwas erledigen. Es wurde Zeit, sich auszusprechen, Zeit, die Karten auf den Tisch zu legen und zumindest aus einem Spiel auszusteigen. Nicht so wie Hank. Eigentlich musste ich gar nicht passen: Ich hatte sehr gute Karten. Nur musste ich sie jemand anderem geben, damit der weiterspielen konnte. Ich ging ins Wohnzimmer, nahm den Telefonhörer in die Hand und rief Gary an.

Nicht, dass ich mich auf das Treffen freute; ich fuhr eher lustlos hin und wünschte mir, ich hätte ein anderes Ziel. Gary würde es bestimmt genauso wenig gefallen wie Adam, dass ich mich auf die Suche nach dem Lieferanten für Druckereibedarf gemacht hatte. Und er wäre entsetzt, wenn er erfahren würde, dass mir jemand aufgelauert hatte. Es gab wohl niemanden, der mich wegen der ursprünglich so harmlos erscheinenden Erkundigung nicht für einen kompletten Idioten hielt. Irgendwie fühlte ich mich von einer männlichen Weltsicht umzingelt – »Überlass das nur uns, kleine

Lady. Geh nach Hause, und kümmere dich um dein Kind. Zerbrich dir nicht dein hübsches Köpfchen über die große böse Welt.« Aber vielleicht gab es ja doch eine Ausnahme. Diese Person war auch schwanger, und sie ging ein viel größeres Risiko ein als ich. Spontan griff ich zu meinem Autotelefon und wählte ihre Nummer.

»Was wollen Sie?«, fragte sie.

»Jeffrey war gestern Abend nicht zu Hause, stimmt's? Sie brauchen nicht zu antworten. Ich verlange nichts von Ihnen. Ich will Ihnen nur sagen, wo er war.«

»Ich weiß, was Sie sagen werden«, entgegnete sie rasch. »Die Polizei war schon hier. Ich habe es denen bereits gesagt, und Ihnen werde ich es auch noch mal sagen: Jeffrey war gestern Abend hier, die ganze Zeit.« Ihre Stimme klang schleppend und wenig überzeugend.

»Tatsächlich?«, sagte ich, und die Wut, die die ganze Nacht über in mir gebrodelt hatte, kochte jetzt über. »Dann will ich Ihnen mal erzählen, was passiert ist, Joanna. Denn ich möchte meinen Hintern darauf verwetten, dass die Polizei Ihnen nicht alles gesagt hat, und Jeffrey schon gar nicht.

Hat man Ihnen erzählt, dass er sich von hinten an mich herangeschlichen und mir die Kehle zugeschnürt hat, sodass ich keine Luft mehr bekam? Dass er mich zu Boden geworfen und mich durch den Dreck gezogen hat? Dass er mir gesagt hat, er würde mich töten, nur um zu beweisen, dass er dazu fähig wäre? Hat man Ihnen erzählt, dass er mir gesagt hat, er sei ein geduldiger Mensch, und wenn ich mich nicht zurückziehen würde, wäre er immer da, auf meinem Weg von der Haustür zum Auto, vom Auto zur Haustür. Hat er Ihnen das gesagt?

Hat man Ihnen auch erzählt, dass er meinen Bauch aufgeritzt hat, den Bauch, in dem mein Kind ist? Ich weiß nicht, was er vorhatte. Ich hatte panische Angst und habe ihn getreten und konnte fliehen. Selbst wenn er nicht vorgehabt hat, mich aufzuschlitzen – einmal das Messer ausgerutscht, ein paar Zentimeter tiefer, und es wäre aus gewesen. Das Fruchtwasser wäre abgegangen. Glauben Sie, er hätte bei einem ungeplanten Kaiserschnitt geholfen, Joanna, oder glauben Sie, das Kind wäre mittlerweile längst tot und ich vielleicht auch?«

»So etwas würde er niemals tun«, sagte sie rasch. »Er gerät manchmal in Wut, das ist alles, aber er hat auch seine guten Seiten. Wirklich. Er ist nicht so, wie Sie denken. Er hatte nur etwas Pech im Leben.«

»So etwas würde er niemals tun!?«, schrie ich. »Wo leben Sie denn? Wir können ja einen Versuch machen. Hat er je damit gedroht, Sie aufzuschlitzen, Joanna? Damit gedroht, den, in Anführungszeichen, ›kleinen Bastard aus Ihrem Bauch herauszuschneiden‹? Ich gehe jede Wette ein, dass ein Mann, der so was zu einer Fremden sagt, es vorher bereits zu einer ihm viel näher stehenden Person gesagt hat. Also, Joanna, hat er so was schon mal gesagt oder nicht?«

Wieder herrschte Schweigen.

»Wenn ja, dann wissen Sie, dass jedes meiner Worte die reine Wahrheit ist. Wo war Ihr Mann gestern Abend? Was hat er Ihnen gesagt? Er hat Ihnen gesagt, dass er woanders war. Hab ich Recht?«

»Sie haben nicht Recht. Sie schätzen ihn ganz falsch ein«, sagte sie. Ihre Stimme klang so gedämpft, dass ich mich anstrengen musste, sie zu verstehen. Sprach sie mit mir oder mit sich selbst? »Männer reden viel. Wenn sie wütend sind, sagen sie alle möglichen schlimmen Dinge. Jeder Mensch sagt schlimme Dinge, wenn er wütend ist. Es hat überhaupt nichts zu bedeuten.«

»Unsinn. Sein Gerede hat mich in die Notaufnahme gebracht. Eigentlich sollte ich Ihnen zur Abschreckung ein

Foto von der Verletzung schicken, die er mir zugefügt hat. Wenn Sie mir schon nicht weiterhelfen wollen, beherzigen Sie wenigstens meinen Rat. Wenn Jeffrey jemanden umbringt, wandert er für den Rest seines Lebens ins Gefängnis. Unser Polizeichef gehört nicht zu denen, die so etwas auf die leichte Schulter nehmen. Ein Mann, der schwangeren Frauen auflauert, das nimmt der Polizeichef persönlich. Und wenn Jeffrey mich oder mein Kind tötet, dann wird er dafür sorgen, dass er nie wieder ein Gitterfenster von draußen sieht. Wenn Sie also schon nicht mir einen Gefallen tun wollen, dann tun Sie wenigstens Jeffrey einen.«

»Das kann ich nicht«, flüsterte sie. »Er würde mich umbringen.« Ich schloss für eine Sekunde die Augen und schüttelte den Kopf. Dass er ein netter Mensch war, mich unmöglich angegriffen haben konnte, davon war sie fest überzeugt, und dennoch würde er sie umbringen, wenn sie ihn verpfiff. Wie passte das zusammen?

»Dann tun Sie Folgendes«, sagte ich. »Notieren Sie sich diese Nummer. Wenn er das nächste Mal das Haus verlässt und Sie nicht wissen, wohin er geht, dann geben Sie telefonisch Bescheid. Sie brauchen später nicht als Zeugin aufzutreten. Sie brauchen auch sein Alibi nicht zu widerlegen. Sie brauchen gar keine Aussage zu machen. Geben Sie mir eine Chance, vor ihm wegzulaufen. Es ist auch in seinem Interesse, wenn er mich oder das Kind nicht umbringt. Das wissen Sie.«

Sie sagte nichts. »Hier ist die Nummer, Joanna. Schreiben Sie sich die Nummer auf.« Ich nannte ihr die Nummer, hörte aber nichts. Keine Ahnung, ob sie sie aufgeschrieben hatte oder nicht.

Ich setzte mich Gary gegenüber. Er sah müde und niedergeschlagen aus, dabei hatte ich ihm meine Geschichte noch gar nicht erzählt. Auf dem Tisch zwischen uns lagen drei metallische Gegenstände und eine Plastiktüte – neben der Zeichnung, die Stacy von den drei Gegenständen angefertigt hatte. »Meine Güte«, entfuhr es mir, zwischen der Zeichnung und den Gegenständen hin und her blickend. »Stacy ist ein guter Zeichner. Wozu gehören die Sachen?«

»Zu einer Maschine in der Druckereiwerkstatt. Es ist die Maschine, die andauernd kaputtging«, sagte Gary. »Kein Wunder, dass sie nicht funktioniert, wenn die Hälfte der Teile fehlt. Ziemlich klug ausgedacht, das muss ich zugeben. Man nimmt ein Teil der Maschine als Mordwaffe, baut das Teil anschließend wieder ein, und keiner kommt auf die Idee, dort danach zu suchen.«

»Und was ist das?« Ich zeigte auf die Plastiktüte.

»Das«, sagte er, »haben wir in der Ölwanne entdeckt. Da war ein Overall drin, blutverschmiert. Da muss jemand gewusst haben, dass es eine ziemliche Schweinerei gibt, wenn man einen Menschen totschlägt. Deswegen hat er sich einfach einen Overall übergezogen, ihn anschließend wieder ausgezogen und in der Ölwanne versteckt. Wir lassen gerade das Blut untersuchen, aber dass es von Clarence oder Stacy stammt oder von beiden, davon kann man wohl ausgehen.«

»Welche Rolle spielt eigentlich Rudolph bei der ganzen Geschichte?«, fragte ich.

»Ach, der«, sagte Gary. »Das untersuchen wir gerade. Er steht ziemlich dumm da, und er hat sich auf jeden Fall mitschuldig gemacht, indem er einigen Häftlingen so sehr vertraut hat, dass er meinte, er könne sie unbeaufsichtigt lassen – das heißt, er hat sehr viele Regeln gebrochen. Ich dachte, er kriegt einen Herzinfarkt, als er erfuhr, wozu die Teile benutzt wurden. Ich glaube, er hatte keine Ahnung, was los war. Nur damit du Bescheid weißt: Ich habe sämtliche Gruppen abgesagt – deine, Alkohol und Drogen, häusliche Gewalt und alle anderen –, bis wir der Sache auf den Grund gegangen sind. Ich will nicht, dass sich so was wie mit Stacy wiederholt.«

Ich nickte. Ich hatte damit gerechnet, und es störte mich nicht sonderlich. Ich leitete solche Gruppen seit Jahren, und bei dieser hatte ich zum ersten Mal das Gefühl, dass sie keinem einzigen Teilnehmer etwas brachte. Irgendwas war in dieser Gruppe von Anfang an schief gelaufen, und nach dem Gespräch mit Eileen war mir auch klar, was schief gelaufen war. Wenn meine Gruppe nur als Vorwand für die Verteilung von Drogen diente, dann brauchte man sich nicht zu wundern, dass niemand die Therapie ernst nahm.

»Also«, sagte er zerstreut und fuhr sich mit der Hand durchs Haar. »Was gibt's?«

Ich stand plötzlich selbst irgendwie dumm da, zögernd begann ich zu erzählen, sah Gary dabei aber nicht an. Ich berichtete von der Fahrt nach New Hampshire, von der Verbindung zwischen dem Druckereibetrieb und Jim Walker. »Ich wollte dir den Namen des Lieferanten nennen, als ich ihn herausgefunden hatte«, fügte ich hinzu, »aber am selben Tag fand der Angriff auf Stacy statt, und dann ist mir die ganze Sache einfach entfallen.« Gary sagte nichts – auch wenn deutlich zu sehen war, dass er wenig begeistert war –, aber ich erzählte weiter. Den Überfall erwähnte ich nur beiläufig, aber Garys Miene verfinsterte sich, wie nicht anders zu erwarten. »Es geht mir wieder ganz gut«, beendete ich meinen Bericht. »Ich glaube, er wollte mir nur Angst einjagen.« Ich erzählte ihm noch kurz von meinem Verdacht, dass die Gruppe dazu missbraucht worden war, die Drogen unter die Leute zu bringen. Gary sah mich fragend an, und ich musste ihm sagen, dass Eileen häufig abgelenkt worden war und die Gruppenmitglieder nicht immer im Auge behalten hatte; weiter äußerte ich mich dazu nicht. Trotzdem verdrehte er gleich die Augen. Diejenige zu sein, die Eileen noch tiefer in den Schlamassel reinritt als ohnehin schon, war ein mieses Gefühl, aber was sollte ich machen? Ganz außen vor lassen konnte ich sie auch nicht.

Als ich geendet hatte, saßen wir beide einen Moment lang schweigend da, dann klingelte das Telefon. Ungeheure Erleichterung überkam mich; es war mir völlig egal, ob der dritte Weltkrieg ausgebrochen war, so froh war ich über diese Unterbrechung. Gary riss den Hörer herunter und sagte so schroff, dass ich zusammenzuckte: »Was ist los?« Er hörte zu, dann reichte er den Hörer an mich weiter.

»Michael«, sagte Judy, Garys Sekretärin, vorsichtig – Garys Reaktion hatte ihre Wirkung nicht verfehlt –, »entschuldigen Sie die Störung, aber hier ist jemand, der Sie gerne sprechen möchte.«

»Wer?«, fragte ich erstaunt.

»Im Büro heißt es, es sei eine gewisse Mrs. Terrance. Sie sagt, Sie seien der psychologische Betreuer ihres Sohnes.«

»Ach ja?«, sagte ich. Das konnte nur die Mutter von Joey Terrance sein, der Einzige in der Gruppe, bei dem noch nicht alle Hoffnung verloren war, der Junge, dem Captain Watkins vermutlich ziemlich zugesetzt hatte. »Gut, ich komme sofort runter.« Wahrscheinlich hätte Mrs. Terrance schon noch ein paar Minuten auf mich warten können, aber das würde ich Gary nicht mitteilen.

»Ich muss gehen«, sagte ich und erhob mich mit einem Elan, wie ich ihn seit Monaten nicht mehr zustande gebracht hatte. »Mehr habe ich im Moment sowieso nicht für dich.« Ich wandte mich zum Gehen, blieb dann aber stehen und drehte mich noch mal um. »Nimm es dir nicht so zu Herzen, Gary«, sagte ich leise. »Deine Ermittlungen machen Fortschritte. Das meiste hast du bereits herausgefunden.«

Gary schnaubte. »Nachdem man einen Häftling getötet und einen Mitarbeiter fast totgeschlagen hat? Schöner Fortschritt.«

Ich zuckte mit den Achseln. »Die Eisenstange wurde erst zu einer Mordwaffe, nachdem jemand sie dazu gemacht hat«, sagte ich. »Vorher war sie nur ein gewöhnliches Maschinenteil.«

Erneut wandte ich mich zum Gehen.

Ich war bereits an der Tür, als er sagte: »Michael.« Diesmal klang seine Stimme weicher als erwartet. Ich blieb stehen, drehte mich aber nicht um.

»Mach das nicht noch mal.«

»Was?«

»Informationen zurückhalten. Auf eigene Faust Ermittlungen anstellen. Vertrau uns. Auch wenn es nicht so scheint, aber wir wissen, was wir tun – meistens jedenfalls.«

»Gut«, erwiderte ich bloß und machte die Tür auf.

»Michael«, sagte er erneut.

Ich blieb stehen, wartete, aber er sagte nichts, und jetzt drehte ich mich um.

»Wird er wiederkommen?«

Ich hätte es ihm nicht gesagt. Adam oder Carlotta hatte ich es auch nicht gesagt, keinem hatte ich es gesagt. Aber jetzt fragte er mich danach. Und die Antwort war klar, seit ich mit dem Arzt in der Notaufnahme gesprochen hatte. Ich durfte ihn nicht belügen.

»Ich glaube ja«, sagte ich. »Adam ist ihm schon auf die Pelle gerückt, und er weiß, dass ich es der Polizei erzählt habe. Das nimmt er persönlich. Höchstwahrscheinlich wird er wieder zuschlagen.«

»Hast du einen Plan?«

Ich zog die Schultern hoch. »Bislang noch nicht. Ich dachte, ein paar Tage bleiben mir noch.«

»Ein Plan ist sicher keine schlechte Idee«, sagte Gary. Ich nickte und verließ den Raum.

Ich ging zum Warteraum. Ich kann nicht behaupten, dass ich mich auf das Treffen mit Joey Terrance' Mutter freute. Schuldgefühle waren ohnehin meine täglichen Begleiter, aber ich konnte es nicht ausstehen, wenn man sie hinter sich herschleifte, wie Blechdosen hinter einer Hochzeitskutsche. Zweifellos hatte Mrs. Terrance davon erfahren, dass die Vollzugsbeamten ihm drohten – ich wäre deswegen auch stinkig, wenn ich seine Mutter wäre. Aber woher wusste sie, dass ich ihnen den Tipp gegeben hatte? Dass Arnie Joey erzählt hatte, woher die Information stammte, hielt ich für höchst unwahrscheinlich. Er stünde schließlich als der Allwissende da, wenn er es ihm nicht erzählte. Ziemlich vertrackt: Gary machte mich an, weil ich Informationen zurückhielt, und Mrs. Terrance würde mich anmachen, weil ich welche weitergegeben hatte.

Sie saß kerzengerade auf einem der Stühle im Warteraum und umklammerte die Handtasche auf ihrem Schoß. Eine große Frau, sehr dunkle Hautfarbe und stark geglättete dunkle Haare, adrett gekleidet, in einer Mode, die an die Fünfzigerjahre erinnerte. Sie schien sich äußerst unwohl zu fühlen, wie ein Fremder an einem ihm vollkommen unbekannten Ort.

»Hallo«, sagte ich leise, unsicher, warum sie so besorgt aussah. Ich hatte eher damit gerechnet, dass sie wütend war, aber da war keine Wut. »Ich bin Michael Stone.«

»Sie müssen Joeys Betreuer sein«, sagte sie.

»Ich leite seine Gruppe«, verbesserte ich sie. »Ich betreue ihn nicht persönlich.« Verständnislos sah sie mich an, und ich merkte, dass die Unterscheidung zwischen Gruppen- und Einzelbetreuung für einen normalen Menschen nicht viel Sinn machte. »Ja«, sagte ich. »Ich bin seine Betreuerin.«

»Ich muss Sie unbedingt sprechen.«

»Natürlich«, sagte ich leidenschaftslos. »Wir können uns nebenan in der Kantine unterhalten.«

Sie kam mir nach und hielt sich weiter an ihrer Handtasche fest, als wir uns an einem der hinteren Ecktische niederließen.

»Was kann ich für Sie tun?«, fragte ich behutsam.

»Es geht um meinen Joey«, sagte sie. »Er ist ein guter Junge, im Gegensatz zu seinem Bruder.«

»Welcher Bruder?«

»Daryl. Er macht nur Ärger, seit er auf der Welt ist, genau wie sein Vater. Aber Joey, der war anders. Ein richtig süßer kleiner Junge, konnte keiner Fliege etwas zu Leide tun, ließ bei Tisch immer Essensreste mitgehen, Futter für streunende Hunde. Aus dem würde mal was werden, das sah man gleich. Wenn sein Nichtsnutz von Bruder nicht wäre, säße er heute nicht im Gefängnis. Er sollte mal Prediger werden wie sein Großvater. Er kann immer noch Prediger werden wie sein Großvater. Gott verzeiht uns unsere Fehler, solange wir auf dem Weg bleiben, der zu Jesus führt.«

»Joey soll seinen Bruder und zwei Freunde belästigt haben«, hielt ich ihr entgegen. »Ist das derselbe Bruder oder ein anderer?« Auf das religiöse Zeug wollte ich nicht eingehen, aber ich fragte mich, ob sie dem Opfer die Schuld für die Belästigung gab.

»Das war doch gar nichts«, sagte sie. »Er hat einfach nur an seinem kleinen Bruder Rodney rumgefummelt. Nichts, wofür man jemanden ins Gefängnis sperren muss. Lieber Gott, würde man jedes Mal, wenn zwei Kinder aneinander rumfummeln, eins von beiden ins Gefängnis sperren, bliebe ja keins mehr übrig für die Schule. Sowieso, es war Joeys älterer Bruder, Daryl, der hat ihm das beigebracht. Von allein wäre mein Baby nicht auf solche Ideen gekommen. Daryl hat Joey immer nur Scherereien gemacht, als er noch klein war. Ich habe zu Gott gebetet und ihn gefragt, warum er mir Daryl aufgebürdet hat, aber jetzt weiß ich, dass er mich damit nur auf die Probe stellen will. Die Wege des Herrn sind unergründlich.«

Mann, oh, Mann. Wieso taten Familien so etwas? Bei einem, der immer alles richtig machte, und einem, der immer alles falsch machte, ließ sich schwer sagen, wer am meisten Schaden davongetragen hatte.

»Ich habe nicht auf die Rute verzichtet, wenn Sie das meinen«, fuhr sie fort, da ich nichts sagte. »Joey habe ich regelmäßig verprügelt, so wie die anderen auch. Steht ja schon in der Bibel: Wer auf die Rute verzichtet, der verzieht sein Kind. Soll mir keiner nachsagen, ich hätte meine Kinder nicht richtig erzogen.« Sie nickte energisch, als wollte sie sich gegen eingebildete Vorwürfe wehren. »Ich hatte zwei Jobs, habe sechzehn Stunden am Tag gearbeitet, damit das Essen auf dem Tisch steht. Ich habe in der Fabrik geschuftet, bis meine Finger dick und steif waren.« Sie streckte mir die Hände entgegen; sie sahen arthritisch aus, schwielig und geschwollen.

»Ich bin ihnen gerecht geworden. Ich habe dafür gesorgt, dass sie alles hatten, was sie brauchten. Denen hat's an nichts gefehlt. Denen nicht.«

»Gut«, sagte ich. »Weswegen wollten Sie mich sprechen?« Ihre Vorstellung von Disziplin wollte ich lieber nicht kommentieren. Sie würde mich nicht davon überzeugen, dass es gut war, sein Kind zu schlagen – und die Tatsache, dass Joey im Gefängnis saß, sprach in meinen Augen eher gegen sie –, aber ich wusste, dass ich sie auch nicht überzeugen würde. Mal ganz abgesehen davon, dass Menschen, die sechzehn Stunden täglich arbeiteten, um ihre Kinder zu ernähren, auf jeden Fall wenigstens versuchten, ihnen gerecht zu werden, ob nun mit Erfolg oder nicht. Trotzdem war das Leben für Joey sicher kein Zuckerschlecken gewesen – Mom den ganzen Tag außer Haus, und wenn sie mal da war, verprügelte sie ihn aus christlichem Pflichtgefühl.

»Er führt irgendwas im Schilde«, sagte sie. »Ich habe ihn gefragt, wie es ihm geht, und er hat mich nur angestarrt.«

»Augenkontakt?«, sagte ich verwirrt. »Er hat Sie direkt angesehen?« Ich durfte nicht vergessen, dass das in ihrer Umgebung nicht das Gleiche bedeutete wie für mich.

»Er hat mich angestarrt und das Kinn vorgestreckt. Ich weiß, dass er wieder mit Daryl geredet hat. Er hat immer nur was angestellt, wenn er auf seinen Bruder gehört hat. Du kannst doch nicht dein Leben einfach so wegwerfen, habe ich mit ihm geschimpft. Wir haben die Schnauze voll von dem ständigen Theater. Ich schäme mich, wenn ich daran denke, dass mein Junge hier ist. Was soll ich dem Gemeindepfarrer sagen? Dafür habe ich nicht so hart gearbeitet, dass mein Junge sein Leben wegwirft. Er wird es Ihnen also sagen.«

»Was meinen Sie damit?«

»Ich will es gar nicht hören, habe ich zu ihm gesagt. Ich will gar nicht hören, in was für einem Schlamassel er jetzt schon wieder steckt. Irgendjemandem muss er erzählen, was er vorhat, und mir hat er gesagt, er würde es seiner Betreuerin erzählen. Sie sind doch seine Betreuerin?«

»Das nehme ich wenigstens an. Ich wüsste nicht, dass er eine andere hat.«

»Dann reden Sie mit Joey. Und sagen Sie mir Bescheid, wenn er das Maul nicht aufkriegt. Dann komme ich mit unserem Gemeindepfarrer Carter vorbei und lese dem Jungen die Leviten.«

»Joey will mit mir reden?«

Sie sah mich an, als wäre ich begriffsstutzig. »Joey wird mit Ihnen reden. Ob er will oder nicht.«

Ich ging zurück in mein Büro und bat darum, dass man Joey Terrance hereinführte. Die Bauchwunde tat weh, und ich war schon wieder hundemüde. Vielleicht hatte Joey ja tatsächlich etwas zu erzählen, vielleicht aber auch nicht. Jedenfalls konnte ich Mrs. Terrance ihr Anliegen nicht abschlagen. Ich schloss die Augen und wäre beinahe auf der Stelle eingeschlafen. Dieses Herumirren im Wald hatte meinen Kräftehaushalt für die nächsten vier Wochen aufgezehrt.

»Joey«, sagte ich und rieb mir die Augen, als er hereingeführt wurde. »Ihre Mutter hat mir gesagt, Sie wollten mich sprechen.« Er fing gleich an zu reden, aber ich hob abwehrend die Hand. »Einen Moment«, sagte ich. »Über eins müssen Sie sich im Klaren sein. Wenn Sie draußen mit einem Betreuer reden, ist das vertraulich. Hier drinnen ist es nicht vertraulich. Haben Sie mich verstanden, Joey? Nichts, was Sie einem Betreuer mitteilen, ist vertraulich – gar nichts. Wenn Sie also etwas Illegales planen, dann können Sie mir das natürlich sagen, aber Sie sollten wissen, dass das an die Gefängnisleitung weitergemeldet wird. Selbstverständlich können Sie sich auch zuerst mit Ihrem Anwalt besprechen.«

»Ich wollte sowieso mit Ihnen reden«, murmelte Joey. »Ich habe nichts vor. Das heißt, nicht wirklich. Ich weiß nur über ein paar Dinge Bescheid, mehr nicht.«

»Also gut«, sagte ich. »Schießen Sie los.«

»Müssen die anderen erfahren, dass ich Ihnen das erzählt habe? Nicht, dass ich Schiss hätte vor denen oder so.«

»Welche anderen? Meinen Sie andere Gefängnisinsassen?«

Er nickte.

»Denen werde ich nichts sagen, darauf können Sie sich verlassen. Aber Gefängnisse sind nun mal, wie sie sind. Sobald das, was Sie mir sagen, an die Sicherheitsbeauftragten weitergeleitet wird, habe ich keine Kontrolle mehr darüber, und wie jeder weiß, landet in einem Gefängnis vieles in der Gerüchteküche, wo es nicht hingehört. Oder die anderen kommen von selbst drauf, wenn sie schlau sind.«

»Das ist mir egal«, erwiderte er trotzig. »Kommen die mir blöd, kriegen sie es mit Daryl zu tun.« Er machte eine ernste Miene und schüttelte den Kopf. »Mit Daryl will sich keiner gerne anlegen. Aber was ich sagen wollte: Jim, dieser weiße Anwalt, der will, dass ich ihn mit Daryl zusammenbringe. Und meine Mama reißt mir den Kopf ab, wenn ich mich wieder mit Daryl einlasse.«

»Warum interessiert sich Jim für Daryl?«, fragte ich nach.

»Daryl hat Verbindungen. Nach Hartford und New Haven. Er hat ganz gute Kumpels da unten.«

»Gangs?«

Er nickte.

»Jim will also mit einer Gang Kontakt aufnehmen. Warum?«

»Er meint, sie könnten zusammen ins Geschäft kommen. Ich weiß nicht, warum er sich Daryl dazu ausgesucht hat. Er hat doch schon Avery. Avery kennt auch alle möglichen Leute.«

»In New Haven.«

»Nein, ich glaube, Avery ist aus Boston. Jedenfalls faselt er von nichts anderem. Wenn man ihn so reden hört, könnte man meinen, er ist ein hohes Tier in Boston.«

Ich überlegte. Was für Geschäfte konnten das sein? Mir fielen nur Drogen ein. Planten Jim und Jeffrey, ihr Unternehmen auszudehnen?

»Ich habe da so was mitgekriegt. Vielleicht hat es nichts

zu bedeuten, aber es geht mir nicht mehr aus dem Kopf. Vielleicht war es auch nur der Ton, in dem es geäußert wurde. Als hätte es was zu bedeuten.« Er schwieg einen Moment. »Ich kam gerade aus der Dusche, Avery und Jim standen an den Pissbecken. Ich habe nicht gehört, was Jim gesagt hat, aber Avery, der sagte: ›Ich halte mich an meinen Teil der Abmachung, solange du dich an deinen hältst.‹

Dann sagte Jim, er sähe keine Möglichkeit. Die Sicherheitsauflagen wären zu streng. Es wäre nicht seine Schuld. Seit Clarence' Tod lägen bei allen die Nerven blank.«

»Was hat Avery dazu gesagt?«

»Nichts. Es war ja alles gesagt. Ein Mann wie Avery sagt es nicht zweimal. Er sagt, was er zu sagen hat, und das nur einmal. Dass Jim anfing rumzujammern, hat ihn nicht beeindruckt.«

»Haben die beiden Sie gesehen?«

»Klar, aber ich habe mich dumm gestellt, als hätte ich nichts gehört.«

»Haben die Ihnen das abgekauft?«

»Natürlich«, sagte Joey. »Sie haben es mir abgekauft, weil sie es mir abkaufen wollten. Wie gesagt, ich habe Daryl im Rücken. Sie wollen gerne glauben, ich hätte nichts gehört. Wenn nicht, kriegen sie es am Ende mit Daryl zu tun.«

»Noch eine Frage, Joey. Ihr Bruder Daryl – ist der wirklich so schlimm, wie Ihre Mutter behauptet?«

Joey nickte. »Schlimmer noch.«

Ich fuhr nicht zu meinem Büro im Krankenhaus. Die Schnittwunde, der Adrenalinschub, die Schwangerschaft, alles schien sich auf einmal an mir zu rächen. Ich begab mich auf direktem Weg nach Hause, und als ich ankam, war ich so kaputt, dass ich kaum noch das Steuerrad halten konnte. Ich ging ins Haus, nahm das Handy, holte meine 357er Magnum und legte beides auf den Couchtisch. Dann ließ ich mich aufs Sofa fallen und verbrachte den Rest des Tages schlafend, wachte zwischendurch kurz auf und schlummerte wieder ein. Mehrmals klingelte das Telefon; daraufhin stellte ich den Anrufbeantworter leiser und überhörte die Nachrichten geflissentlich.

Ich war bereits wieder aufgestanden, hatte die Füße in heißes Wasser getaucht und wünschte, auch mein übriger Körper säße in der Wanne, als Adam nach Hause kam. »Das Baby ist längst voll ausgebildet«, sagte er. »Wahrscheinlich kannst du dich ruhig ganz in die Wanne setzen.«

»Wer weiß?«, sagte ich. »Hast du mir nicht gesagt, ich soll kein Risiko eingehen?«

»Das bezog sich auf Messer schwingende Männer«, erwiderte Adam. »Das ist etwas anderes.« Ich überging das unkommentiert, und Adam ließ sich auf dem Rand der Badewanne nieder, schob aber erst meine 357er Magnum zur Seite. Ich hatte sie mit ins Badezimmer geschleppt, nur für den Fall. Adam zog Schuhe und Strümpfe aus, krempelte die Hosenbeine hoch und hielt die gespreizten Zehen erst in die frische Nachtluft, bevor er die Füße in die Wanne tauchte. »Du musst noch aufs Revier und eine Aussage machen«, sagte er. »Ich habe versucht, dich anzurufen.«

»Ich war hier«, sagte ich. »Ich bin eingeschlafen. Ich hole es morgen nach. Hattest du Erfolg bei Jeffrey?«

»Seine Freundin behauptet, er sei den ganzen Abend daheim gewesen«, sagte Adam, aber das wusste ich ja bereits.

»Sie lügt.«

»Sehr wahrscheinlich, aber das müssen wir ihr nachweisen. Er hat nicht viele Spuren hinterlassen. Jedenfalls weiß er jetzt, dass wir ihn auf dem Kieker haben. Er ist ein heimtückischer kleiner Kerl. Nicht sonderlich sympathisch.«

»Hast du was anderes erwartet?«

»Das wollte ich damit nicht sagen. Er hat irgendwas Hinterhältiges an sich, das über das übliche Maß bei solchen Typen hinausgeht.« Ich wusste genau, wovon er redete. Es gab gewisse Abstufungen der Bösartigkeit bei solchen Typen. Die ganz schweren Jungs waren dabei noch die Verträglichsten. Man wusste, woran man war und wie sie agierten. Jeder, der sich mit Avery einließ, kannte die Spielregeln. Aber die Jeffreys dieser Welt, die hatten etwas an sich, vor dem man nie sicher sein konnte. Nie wusste man, wozu sie fähig waren.

»Bist du sauer auf mich?«, fragte er.

»Nein«, sagte ich ehrlich, »eigentlich nicht. Es ist nur ...«

»Was?«, kam es prompt aus seinem Mund, als ich nicht weiterredete.

»Manchmal mache ich Sachen«, fing ich an zu erklären, »die erscheinen mir erst ganz harmlos. Manchmal sind sie das ja auch, aber manchmal eben nicht, und dann geschehen höchst sonderbare Dinge. Das Problem ist, dass ich die harmlosen Sachen von den weniger harmlosen Sachen nicht immer unterscheiden kann. Ich hatte keine Ahnung, dass mein Besuch bei dem Lieferanten so ein Nachspiel haben würde. Ich legte es nicht darauf an. Ich meine, ich führe mich nicht freiwillig wie eine Blöde auf. Vielleicht ist die Welt einfach komisch eingerichtet, vielleicht habe ich auch nur ein untrügliches Gespür für solche Situationen.«

»Vielleicht trifft beides zu«, sagte Adam nüchtern.

»Und die Lösung?«, fragte ich. »Soll ich weitermachen wie bisher, damit du mich weiter als Idioten beschimpfen kannst?«

»Ich habe nie gesagt, dass du ein Idiot bist«, erwiderte er. Wir beide saßen auf dem Rand der Wanne; ich hatte kein Licht angemacht, und dadurch wurde es erträglicher. »Wie findest du das eigentlich, dass ich hier bei dir wohne?«, fragte er unvermittelt. Obwohl seine Miene unverändert blieb, lud sich die Atmosphäre zwischen uns sofort mit einer leichten Spannung auf.

»So richtig wohnst du ja gar nicht hier«, erwiderte ich rasch. »Du hältst dich nur eine Zeit lang bei mir auf.« Adam sagte nichts. »Also gut, vielleicht wohnst du ja doch richtig hier – vorübergehend, bis das Kind auf die Welt gekommen ist und sich alles etwas eingespielt hat.« Ich warf ihm einen Blick zu, aber Adam sagte noch immer nichts. »Mist, ich weiß es nicht, Adam. Manchmal kann ich es kaum glauben. Ich komme nach Hause, und du bist da, oder du spazierst herein, und ich stehe da und denke nur, meine Güte, wie konnte es so weit kommen? Und dann meine ich immer, ich müsste mit dir reden oder dich unterhalten oder so. Alles wird so klein ... ich weiß nicht, wie ich mich ausdrücken soll ... um mich herum ... alles wird klein und eng, und dann denke ich, wenn ich hier nicht rauskomme, platze ich. Und manchmal ...« Ich stöhnte. Warum war das schwieriger zuzugeben? »Manchmal ist es gar nicht so schlimm. Überhaupt nicht schlimm, wirklich. Manchmal.« Ich sah in Adams Gesicht, aber ich konnte nicht erkennen, was er dachte.

»Michael«, sagte er langsam. »Ich werde kein Teilzeitvater sein. Das auf keinen Fall. Ich spreche es nicht gerne an, aber du hast mir nicht Bescheid gesagt, als du mit der Verhütung aufgehört hast.«

»Ich bin über vierzig«, sagte ich mürrisch. »Ich hätte nicht gedacht, dass ich noch mal schwanger würde.«

»Na gut«, sagte er, aber es klang wenig überzeugt. »Ich will damit nur sagen, dass du eine gewisse Verantwortung hast, damit wir das durchstehen. Also musst du dich gefälligst an mich gewöhnen«, sagte er unverhohlen. »Ich bin da, und ich habe vor zu bleiben.«

»Mann, oh, Mann«, sagte ich. »Hättest du mich nicht wenigstens ein bisschen belügen können? Mir etwas Zeit geben können, mich daran zu gewöhnen?«

Adam lachte.

Ich ließ seine Worte so stehen, denn ich hatte ihnen nichts entgegenzusetzen. Adams Worte hatten Biss, wie meine Großmutter früher immer sagte. Aber wo blieb ich bei dem Ganzen?

»Adam«, sagte ich. »Ich bin nicht mehr ich selbst.«

»Was meinst du damit?«, fragte er sanft.

»Manchmal komme ich mir vor, als hätte ich mit dreizehn aufgehört zu wachsen, oder mit zwölf. Wenn ich die Augen schließe und versuche, mich selbst zu sehen, stellt sich mir immer das gleiche Bild dar: Ich trage blaue Shorts und ein weißes T-Shirt, weiße Söckchen und Turnschuhe. Meine Brust ist flach, meine Hüften sind schmal, und meine Beine sind endlos lang und dünn, wie das bei Kindern manchmal so ist. Meine Reflexe sind so ausgeprägt, dass ich eine Tasse auffangen kann, wenn sie vom Tisch fällt. Die Leute werfen mir ein Ei zu, wenn ich nicht damit rechne, nur um mich zu testen, und manchmal fange ich es mit der linken Hand auf.

Und jetzt ... na ja, sieh mich doch an. Wer ist diese Person? Ich kenne sie nicht einmal. Meine Knöchel sehen aus wie aus einem medizinischen Lehrbuch über Deformierungen. Ich kann keinen Raum durchqueren, ohne nicht zwischendurch stehen zu bleiben und Luft zu holen. Und du und alle anderen streichen mir über den Kopf und sagen, ich soll hübsch brav nach Hause gehen und die anderen nur machen lassen. Ich bin nicht mehr ich selbst.

Und dann erst dieses Kind. Was hat das für Folgen? Soll ich mir jetzt Sorgen machen, dass alles, was ich tue, einen anderen Menschen für den Rest seines Lebens beeinflusst? Muss ich jetzt Angst davor haben, mich jedem zu widersetzen, der möglicherweise in fernster Zukunft vielleicht einmal bedingt gefährlich werden könnte, weil er es dann auf mein Kind abgesehen hat? Das sind die Leute, mit denen ich zu tun habe. Warum drum herumreden: Kriminelle sind gefährlich. Deswegen steckt man sie ins Gefängnis. Ich weiß nicht mehr, wer ich bin.«

Adam legte seinen Arm um mich und sagte nichts. Er küsste mich auf den Kopf und lehnte dann seine Wange daran. Seltsam, ein unbestimmtes Gefühl der Ruhe breitete sich in mir aus, hielt kurz inne und richtete sich dann in meinem Körper ein. Ich weiß auch nicht, wie das kam. Adam hatte nichts gesagt. Nichts Aufmunterndes oder Beruhigendes, nicht diesen üblichen Mist, von wegen das wird schon wieder, nichts Rührseliges, von wegen nur positiv denken und so. Er hatte auch nicht gesagt, ich würde das falsch sehen oder ich sei immer noch ich selbst oder am Ende eines jeden Tunnels sähe man auch wieder Licht. Er saß einfach nur da, sagte nichts und hielt mich im Arm.

Ich legte meinen Kopf an seine Brust und schloss die Augen, atmete den Geruch seines Rasierwassers ein und spürte die Wärme seines Körpers. Die Feder in mir, die immerzu gespannt ist, gab nach.

»Hinter dieser Grenze gibt es nur noch Drachen«, ist auf alten Karten manchmal zu lesen. Ich hatte das immer geglaubt. Betritt man fremdes, nicht kartographiertes Gelände, werden einem ganz sicher hier und da Drachen über den Weg laufen. Forscher und Entdecker zog es jedoch nicht wegen der Drachen hinaus in die Welt, sie hofften darauf, die Gewürzinseln zu finden. Und vielleicht stimmte es ja tatsächlich: Vielleicht gab es da draußen nicht nur Drachen, sondern hier und da auch eine Gewürzinsel.

Wenn ja, dann waren sie auf meinen Karten jedenfalls nicht eingezeichnet. Ich kannte ihre Namen nicht, ich hatte keine Beschreibung und schon gar keine Längen- und Breitengrade. Für mich gab es nur den Geruch von Adams Rasierwasser und die Wärme seiner Brust, die sich bis in meine Handflächen ausbreitete. Im Nebel, steuerbord voraus, tauchte schemenhaft eine Gestalt auf. Irgendetwas war da draußen, und es war gar nicht mal so schlimm.

16

»Michael!«, triumphierte die Stimme am Telefon. »Hier ist Brenda.«

»Brenda«, sagte ich, rieb mir den Schlaf aus den Augen und schaute auf die Uhr. Für meine Kusine war es völlig normal, um diese Zeit anzurufen; ich war diejenige, die mal wieder ein bisschen spät dran war. »Hast du etwas herausgefunden?«

»Ja. Der Mann heißt Richard Thompson, und ich kenne jetzt seine Telefonnummer in Raleigh.«

»Gut gemacht«, sagte ich. »Wie bist du an die Nummer gekommen?«

Brenda räusperte sich. »Also: Deine Mutter ist wieder da, deswegen musste ich warten, bis sie mal einkaufen ging. Dann habe ich mich in ihr Haus geschlichen und ihre Telefonrechnung gestohlen. Stell dir das vor! Sie schließt immer ab, wenn sie aus dem Haus geht, aber ich habe einen Nachschlüssel, und ich bin gleich rein und schnurstracks ins Schlafzimmer. Ich weiß, dass sie ihre Rechnungen in dem kleinen Schreibtisch in der Ecke aufbewahrt. Ich kann selbst kaum glauben, dass ich das gemacht habe, aber ich habe die Telefonrechnung genommen und die Vermittlung angerufen und mir den Namen besorgt. Man bekommt jetzt den Namen des Teilnehmers genannt, wenn man nur die Nummer hat.«

»Wie lautet die Nummer?«, fragte ich.

Brenda nannte sie mir, dann fuhr sie fort: »Es ist nur ...«

»Was nur? Jetzt komm schon, Brenda. Spuck's aus.«

»Ich wollte dir noch etwas anderes sagen. Ich hätte dich ohnehin deswegen angerufen. Ich meine, eigentlich geht es mich nichts an, und ich habe ein schlechtes Gefühl, wenn ich ständig hinter ihrem Rücken über sie rede.«

»Ich kann dieses Herumgedruckse nicht ab, Brenda. Nun sag schon.«

»Na gut. Ich mache mir nur Sorgen, weil deine Mutter unheimlich viel Zeit vor ihrem Computer verbringt.«

»Seit wann hat meine Mutter einen Computer?«

»Ich weiß auch nicht, wann sie ihn sich zugelegt hat. Letzte Woche habe ich versucht, sie anzurufen, tagelang, x-mal, aber die Leitung war ununterbrochen besetzt, deswegen bin ich bei ihr vorbeigegangen. Sie sei im Internet, daher sei die Leitung immer belegt, erklärte sie mir. Michael, ich bitte dich, das kann doch nicht gesund sein, so lange vorm Computer zu sitzen! Sie lässt sogar ihre Lieblingsserien im Fernsehen dafür sausen.«

»Sie hat einen Internetanschluss? Wofür braucht sie den denn?«

»Woher soll ich das wissen, Michael? Ich verstehe nichts von Computern. Ich mache mir nur Sorgen um deine Mutter. Erst immer dieses Hin-und-Her-Pendeln zwischen hier und Las Vegas, und jetzt der Computer.«

»Hast du sie gefragt, was sie im Internet macht?«

»Das habe ich hübsch bleiben lassen. Du kennst doch deine Mutter. Was, glaubst du wohl, hätte sie mir geantwortet?«

Ein schlagendes Argument. Aber im Ernst, was hatte meine Mutter im Internet verloren? Trieb sie sich in Chat-Rooms herum? Spielte sie? Es soll Glücksspiele im Internet geben. Hatte Mama entdeckt, dass sie gar nicht mehr nach Las Vegas zu fahren brauchte, um zu spielen? Und wenn es kein Glücksspiel war? Was war es dann? Surfen? Sich mit Fremden unterhalten? Sicher wollte sie nicht nur die neuesten weltpolitischen Nachrichten erfahren. Und wieso musste ich mir als Frau über vierzig überhaupt Sorgen um meine sechsundsiebzigjährige Mutter machen, nur weil sie im Internet surfte?

»Brenda«, sagte ich. »Weißt du noch, dass mich damals die Reisegruppe aus Griechenland anrief, weil Mama ständig auf eigene Faust losgezogen ist?«

»Ja, das weiß ich noch gut, aber –«

»Kein aber, Brenda. Schon vergessen, dass sie auf der Akropolis verhaftet wurde, weil sie auf dem abgesperrten Areal herumspazierte?«

»Nein, nein, aber –«

»Habe ich damals eine Lösung gefunden?«

»Hast du sie nicht dazu überredet, nach Hause zurückzukehren?«

»Ganz und gar nicht, Brenda. Im Gegenteil. Sie ist nicht freiwillig zurückgekommen. Die Gruppe hat sie nach Hause geschickt. Das war nicht mein Verdienst.« Ich holte tief Luft. »Ich will damit nur sagen, dass ich genauso wenig weiß wie du, was ich mit Mama noch machen soll. Wenn du irgendeine Idee hast, bitte, dann sag es mir, denn ich habe keine Ahnung, was sie vorhat und was ich dagegen unternehmen soll.«

»Michael. Du hast mich gebeten, dir die Telefonnummer von dem Mann zu besorgen. Das wolltest du doch, oder?«

Für einen Moment herrschte Schweigen. »Was soll's, Brenda, ich rufe jetzt gleich Richard Thompson an. Nutzen wird es sowieso nichts.«

Ich legte auf.

Es nutzte tatsächlich nichts. Gleich nachdem ich aufgelegt hatte, rief ich die Nummer an, die Brenda mir genannt hatte. Ich wusste nicht einmal, ob es eine Dienst- oder eine Privatnummer war. Wie auch immer, Richard Thompson ging jedenfalls gleich beim ersten Klingeln ran.

»Mr. Thompson«, sagte ich. »Ich bin Michael Stone, die Tochter von Mrs. Stone.«

»Ah«, sagte er. »Angenehm. Ihre Mutter ist eine außergewöhnliche Frau, Mrs. Stone. Ich glaube nicht, dass ich jemals einen solchen Menschen kennen gelernt habe. Was kann ich für Sie tun?«

»Um Ihnen die Wahrheit zu sagen, Mr. Thompson, ich bin ein wenig in Sorge wegen meiner Mutter«, platzte ich heraus. »Das heißt, wegen ihr und ihrer Beziehung zu Ihnen und wegen ihrer vielen ominösen Fahrten nach Las Vegas.«

»Nun ja«, sagte er. »Ihre Mutter ist eine erstaunliche Frau, und es überrascht mich nicht, dass Sie anrufen. Ich habe mich noch nie mit einem Menschen ihres Alters eingelassen, aber ich glaube, dass es sehr gut funktionieren wird. Wissen Sie, bei dieser Sache spielt das Alter eigentlich keine Rolle.«

»Und wie alt sind Sie, Mr. Thompson?«

Es folgte eine Pause. »Warum fragen Sie?«, sagte er. »Ich wüsste nicht, dass Sie das etwas angeht.«

»Das ist doch wohl nur zu verständlich, warum ich frage«, erwiderte ich.

»Dann sollten Sie mich aufklären«, sagte er.

»Was genau haben Sie mit meiner Mutter vor, Mr. Thompson?«

»Gar nichts habe ich mit Ihrer Mutter vor«, sagte er steif. »Es dürfte Ihnen doch bekannt sein, dass Ihre Mutter tut, was sie will. Ich habe ihr ein paar Informationen gegeben, mehr nicht. Ich glaube, es sind gute Informationen, aber Ihre

Mutter befolgt nicht immer meinen Rat, und sie ist diejenige, die die Entscheidungen trifft. Lassen Sie mich hinzufügen, dass nicht ich mich an sie gewandt habe, Mrs. Stone, sie hat sich an mich gewandt.«

»Sagt Ihnen der Begriff unzulässige Beeinflussung etwas?«

»Wie bitte?«

»Sollten Sie schuld sein, dass meine Mutter ihr sauer Erspartes bei irgendwelchen Schummeleien verliert, dann werde ich dafür sorgen, dass Sie jeden Cent, den Sie dabei gewinnen, für Ihre Verteidigung vor Gericht aufbringen müssen. Mal ganz abgesehen davon, dass Menschen, die so was einmal machen, meistens Wiederholungstäter sind. Es wäre interessant zu erfahren, mit wie vielen älteren Witwen Sie sich vorher bereits eingelassen haben.«

Es folgte eine noch längere Pause, dann sagte er steif: »Ich glaube, Sie haben eine völlig falsche Vorstellung, aber ich werde Ihre Bedenken an Ihre Mutter weiterleiten.« Mit diesen Worten legte er auf.

Während ich mich anzog, musste ich die ganze Zeit an Thompson denken, daran, was er wohl gemeint haben könnte. Mich beschlich das ungute Gefühl, dass ich vielleicht doch auf dem falschen Dampfer war. Nie habe ich mir erklären können und werde es mir wohl auch nie erklären können, warum ich mich so gut in Kriminelle hineinversetzen konnte, meine Mutter dagegen einfach nicht verstand. Immerhin war ich im selben Haus wie sie aufgewachsen. Ich war mit keinem einzigen Psychopathen oder Sadisten oder gar Pädophilen in meiner familiären Umgebung aufgewachsen, Gott sei Dank. Wieso durchschaute ich diese Leute trotzdem auf Anhieb, wurde aber aus meiner eigenen Mutter nicht schlau?

Mit ihr und in ihrer Nähe war mir nie ganz wohl. Vielleicht hatte das alles mit dem Begriff »Berechenbarkeit« zu tun. Psychopathen, Sadisten und Pädophile waren unglaublich berechenbar. Sie folgten einem Verhaltensmuster, koste es, was es wolle. Hatte man ihre Masche einmal durchschaut, wusste man in etwa, was einem bevorstand. Mama dagegen war eine Gehetzte, die auf der Stelle Haken schlagen konnte. Nie wusste man, welche Richtung sie einschlagen würde. Aber warum versuchte ich dann, sie zu fassen zu kriegen? Manchmal dachte ich, ich sollte aus der Beziehung zu meiner Mutter irgendwas lernen. Aber was?

Ich fuhr zur Polizeiwache und verbrachte den ganzen Morgen dort, um meine Aussage zu dem Überfall auf Band zu sprechen. Es dauerte lange und war mir peinlich, und Adam saß die ganze Zeit schweigend daneben. Es war peinlich, weil man sich immer wie ein Trottel vorkommt, wenn man überrumpelt wird. Außenstehende denken häufig, die Tatsache, dass man selbst der Unschuldige ist und niemanden belästigt hat, wenn plötzlich jemand mit beiden Füßen auf einem herumtrampelt, mache die Sache leichter erträglich für einen. Aber Begriffe wie Recht und Unrecht waren hier nur die halbe Miete. Den Kopf im Dreck zu haben, unter dem Stiefel eines anderen, das war kein berauschender Moment, für niemanden, und da half der Begriff »unschuldig« kein bisschen weiter.

Nach meiner Aussage fuhr ich ins Büro und empfing den Nachmittag über ununterbrochen Klienten. Keiner von ihnen hatte wirklich ernsthaft Probleme, und nach ein paar Stunden wurde ich ungehalten, was natürlich absolut nicht gerecht war. Aber ob gerecht oder nicht, manchmal wäre ich am liebsten aufgestanden und hätte geschrien: »Und Sie meinen, Sie hätten Probleme? Ihr Leben sei zu eintönig? Ich habe einen Freund, dessen Tochter gerade versucht, sich mit ihrer Diabetes umzubringen. Und ein anderer Freund versucht gerade, aus seinem Koma zu erwachen. Das verstehe ich unter Problemen!«

Natürlich sagte ich das nicht. Ich nickte nur und stellte Fragen, die hoffentlich rücksichtsvoll klangen. Es ist ein seltsames Phänomen, aber jeder Mensch scheint einen gewissen Angstvorrat mit sich herumzuschleppen. Mit irgendwas ist dieser »Angst-Sack« immer gefüllt, und wenn es noch so belanglos ist. Wenn es den Menschen gut geht, merken sie es nicht; sie merken es erst, wenn es ihnen nicht mehr gut geht. Plötzlich erinnern sie sich daran, dass es ihnen eigentlich gut ging, aber meistens ist es dann schon zu spät: Wenn der Krebs erst wuchert, ärgert man sich nicht mehr so schnell über die Tochter, die ihre Schularbeiten nicht macht, aber die Zeit zurückdrehen kann man auch nicht. Daher stimmte mich der Tag heute insgesamt eher traurig. Es erschien mir als reine Zeitverschwendung, mich mit Leuten befassen zu müssen, die wegen ihres Pferdetrainers weinten, der gekündigt hatte, wegen ihres Ehegatten, der in eine andere Stadt umziehen wollte, oder wegen ihrer Mutter, die immer noch jeden Tag bei ihnen anrief. Besorgt euch einen Anrufbeantworter! Werdet endlich erwachsen!, wollte ich ihnen zurufen. Dabei war ich selbst auch nicht besser. Hatte ich nicht gerade gestöhnt und gejammert, ich sei zu dick und zu schwerfällig, als bedeutete das das Ende der Welt?

Es gab auch eine gute Nachricht, immerhin. Am frühen Abend klingelte das Telefon. Die Schwester, mit der ich mich in Stacys Zimmer unterhalten hatte, hatte mich tatsächlich nicht vergessen und rief an, um mir zu sagen, Stacy sei wieder bei Bewusstsein. Das Beatmungsgerät war abgeschaltet, aber anders als im Film war unser Patient nicht fröhlich und geläutert aufgewacht, mit Geschichten über helle Lichter, die ihm Frieden und Heiterkeit vermittelt hatten. Er war erschöpft und durcheinander, und er wusste nicht, wo er war. »Akuter verwirrter Zustand«, so die Sprache der Ärzte, und besuchen durfte ich ihn auch noch nicht. Ob er bleibende Schäden davontragen würde, konnte man zu diesem Zeitpunkt noch nicht sagen. Wenn jemand dermaßen abgedriftet war, ließ sich das schwer abschätzen. Man wusste nur, dass er sehen und hören konnte, der Anfang war also gemacht, und das war nicht wenig – im Vergleich zu der Mumie, die er vorher gewesen war.

Auf dem Heimweg, als ich daran denken musste, dass Jeffrey irgendwann wieder aufkreuzen würde, verblasste die Freude über die gute Nachricht. Es war erst halb sechs Uhr, aber es wurde schon dunkel, und die Dunkelheit hatte etwas an sich, was einen darüber nachdenken ließ, ob man wirklich nach Hause fahren wollte, nur um dort möglicherweise einem unwillkommenen Gast gegenüberzustehen. Schon beim Spurt in Richtung Haustür hätte ich wieder das Messer am Bauch gespürt und die lüsterne Stimme an meinem Ohr vernommen. Vielleicht sollte ich erst mit Adam Rücksprache halten und fragen, was er vorhatte. Wir hatten heute Morgen nicht über unsere weiteren Termine gesprochen, aber ich wusste, dass er sich mit mir abstimmen wollte, sodass wir gemeinsam nach Hause kamen. Vielleicht wollte ich das ja auch, aber wahrscheinlich war ihm der Tag zwischen den Fingern zerronnen – mir war es jedenfalls so ergangen –, und so hatte keiner den anderen angerufen.

Adams Dienstnummer war besetzt, woraufhin ich geistesabwesend meine eigene Nummer in der Arbeit anrief, um zu prüfen, ob er nach meinem Aufbruch eine Nachricht hinterlassen hatte. Die erste Nachricht ließ mich erstarren. Die Stimme klang nuschelig und leise, aber ein Irrtum war ausgeschlossen, obwohl ich die Stimme bisher erst ein paar Mal gehört hatte.

»Er ist weg«, sagte sie, und es klang, als würde sie weinen. »Er hat seine Waffen mitgenommen ... und ich weiß nicht genau ... bitte, rufen Sie zurück, wenn Sie meine Nachricht bekommen.« Zuerst dachte ich, sie hätte aufgelegt, aber dann rasselte sie eine Nummer herunter, und erst danach war die Leitung tot.

Hektisch kramte ich nach einem Stift und versuchte dabei, die Nummer nicht zu vergessen. Ich verlangsamte das Tempo und fuhr an der ersten Ausweichstelle an den Straßenrand, stülpte meine Handtasche um und zog schließlich einen Stift aus dem Haufen. Ich fischte das erstbeste Stück Papier heraus, das ich fand, und schrieb die Nummer auf die Rückseite. Dann schnappte ich mir das Handy und wählte die Nummer; dabei fiel mir die blinkende Akkuanzeige auf. Die ganze Zeit hatte ich das blöde Ding mit mir herumgeschleppt, ohne daran zu denken, es aufzuladen. Bitte, bitte, halte durch, dachte ich, und wehe, wehe, Joanna ging nicht ans Telefon.

Ich ließ es viermal klingeln, und ich wollte gerade aufgeben, als sie ranging. »Jeffrey?«, sagte sie, und ich schloss kurz die Augen, um die Verzweiflung zu ertragen, die aus diesem einen Wort herauszuhören war.

»Tut mir Leid«, sagte ich. »Ich bin's nur, Michael Stone.«

»Ach, Scheiße«, sagte sie. »Ich hätte Sie nicht anrufen sollen.«

»Warum nicht?«, fragte ich. »Wollen Sie, dass er für immer ins Gefängnis kommt?«

»Irgendwann mal«, sagte sie.

»Je früher, desto besser«, murmelte ich. »Was ist passiert?«

»Er hat heute Morgen einen Brief bekommen.«

Das Handy piepste dreimal: So was hatte ich vorher noch nie gehört, aber es war wohl kein gutes Zeichen.

»Und?« Als sie nichts sagte, ergänzte ich: »Was stand drin?«

»Ich weiß es nicht. Er hat ihn mir nicht gezeigt. Jetzt ist er weg. Den Brief hat er verbrannt.«

»Bitte, Joanna, Sie müssen mir helfen. Was ist los?«

»Er hat sich eine Adresse notiert. River Road war das Einzige, was ich entziffern konnte. Dann hat er seine Waffen ins Auto geladen. Wir haben ... ich habe versucht, ihn davon abzuhalten.«

»Was für Waffen hat er dabei?«

»Sie haben doch nicht vor, ihn zu töten, oder?«

»Es ist wohl eher umgekehrt. Sagen Sie mir, womit ich rechnen muss.«

»Ein Gewehr und eine 45er. Ich an Ihrer Stelle würde mich nicht mit ihm anlegen. Er würde ... es würde schief gehen. Er war mal Ranger. Er hat einen Schießstand hinterm Haus. Er schießt ... ziemlich oft, wenn er wütend ist.« Und das kam häufig vor, wie ich bereits erfahren hatte. »Am besten verdrücken Sie sich.« Es folgte eine Pause. »Wenn Sie ihm sagen, dass ich ...«

»Ich sage es ihm schon nicht. Ist sonst alles in Ordnung mit Ihnen?«

»Ich glaube ja. Es ist nicht so schlimm. Nur die Rippen tun ein bisschen weh.«

»Hat er Sie etwa geschlagen?« Ich war außer mir, und sogleich bereute ich, dass ich es sie hatte spüren lassen.

Wieder piepste das Telefon dreimal.

»Er ... er weiß nicht, was er tut, wenn er in diesem Zustand ist. Ich hätte ihn nicht nerven sollen. Das bringt ihn immer in Rage. Wirklich, sonst ist alles in Ordnung mit mir. Wohnen Sie in der River Road?«

»Nein.«

»Sie wohnen nicht in der River Road?«

»Nein«, sagte ich. »Aber ich weiß, wer da wohnt.«

»Die dürfen ihm nichts antun. Lassen Sie nicht zu, dass er verletzt wird«, sagte sie. »Er ist kein schlechter Mensch. Ich weiß nicht, was ich ohne ihn anfangen soll.«

Vielleicht endlich mal aufwachen, hätte ich beinahe gesagt.

»Joanna, wann ist er –« Das Telefon piepste zum letzten Mal und gab endgültig seinen Geist auf.

Das ist das Problem mit ländlichen Gegenden: alles wunderschön, solange man Bäume bewundern oder Kühe anglotzen will – wenn man aber ein Telefon sucht, ist die Schönheit dahin. Es gab keine Tankstelle in der Nähe, keine Shopping-Mall, nur hier und da ein Farmhaus, etwas zurückgesetzt von der Straße. Ich kam an einigen vorbei, und jedes Mal fuhr ich langsamer, aber in keinem brannte Licht, und nirgendwo stand ein Auto davor, sodass ich schließlich aufgab. Entweder suchte ich den ganzen Abend weiter nach einem Haus, in dem sich jemand aufhielt, oder ich fuhr los und warnte Gary selbst. An dieser Idee gefiel mir nur eines nicht, aber das verdrängte ich.

Würde ich Garys Haus nach all den Jahren wieder finden? Vielleicht. Wenn ich die Abkürzung über den alten Highway von Clarion nach Newport nahm, dann würde die Fahrt nur etwa zwanzig Minuten dauern. Allerdings würde ich unterwegs dann auch mit Sicherheit keinen Ort finden, von dem aus man telefonieren konnte. Trotzdem, wenn ich jetzt einfach weiterfuhr, zu mir nach Hause, brauchte ich länger als bis zu Gary. Und umkehren und nach Jefferson fahren, das brauchte noch mehr Zeit. Scheiß-Handy, fluchte ich. Alles wäre so einfach, wenn das Ding funktionieren würde.

Ich trat das Gaspedal bis zum Anschlag durch und raste zu dem alten Highway, der mich direkt zur River Road bringen würde. Vielleicht lauerte ja irgendwo im Schatten verborgen ein Verkehrspolizist und winkte mich heraus, und an seinem Armaturenbrett klemmte ein Handy. Hübscher Gedanke, aber das konnte ich mir abschminken.

Die Straße war in weiten Teilen trocken, wofür ich unendlich dankbar war. Als Mädchen war ich häufig wie eine Wahnsinnige mit dem Auto gerast und hatte ein einigermaßen sicheres Gespür dafür entwickelt, wie schnell man fahren durfte, ohne aus der Kurve geschleudert zu werden. Das war jedoch auf Straßen im Süden gewesen. Mit Eis kannte ich mich nicht so gut aus, hatte keinen Bezug dazu. Das blöde Zeug entstand wie aus dem Nichts, und woher sollte man wissen, ob es so dünn war, dass es kein Problem darstellte, oder so dick, dass man vollständig die Bodenhaftung verlor? Auf den Nebenstraßen in Vermont lag immer noch jede Menge Eis, obwohl kalendermäßig der Frühling längst angefangen hatte, aber das bedeutete in Neuengland nicht viel.

Ich hielt den Atem an, als ich in einer Kurve leicht ins Schleudern geriet, aber zum Glück war es nur eine kleine Eisfläche. Vor mir lag eine überdachte Brücke, und ich nahm den Fuß vom Gas. Mit Brücken kannte ich mich aus: Auf Brücken war es immer kälter als auf der Straße, weil darunter nur Luft war. Wenn es irgendwo Eis gab, dann auf den Brücken.

Die Brücke war tatsächlich rutschig, und ich merkte, wie die Haftung der Reifen nachließ. Auf einmal hatte ich das Gefühl, als würde ich ein Schiff steuern: Auf diesen Gefährten besteht zwischen Steuerrad und eingeschlagener Richtung häufig auch nur eine vage Beziehung. Ich glitt förmlich über die Brücke, klammerte mich ans Steuer und konnte nur beten, dass ich nicht seitlich wegrutschte. Zum Glück war die Brücke schnurgerade; bei allen Brücken, die ich bisher in Vermont überquert hatte, war noch keiner auf die blöde

Idee gekommen, mittendrin eine Kurve einzubauen, und so brachte mich der Vorwärtsschwung sicher auf den trockenen Straßenbelag auf der anderen Seite.

Ich trat aufs Gaspedal, und mein altes »grundsolides Auto« machte einen erfreulichen Hüpfer nach vorne. Wie groß war mein Vorsprung vor Jeffrey? Das war die Frage. Für die Fahrt von Berlin zu Gary würde er mindestens zwei Stunden brauchen, aber wie lange hatte Joanna gewartet, bevor sie mich anrief? Wie lange war Jeffrey bereits fort?

Ich war schon eine Ewigkeit nicht mehr zu Hause bei Gary gewesen und verpasste prompt die Abfahrt und musste zurücksetzen. Meine Güte, sein Haus lag ja noch einsamer als meins. Wir, die wir das Schlimmste zu sehen bekamen, was die Menschheit zu bieten hatte, versteckten uns gerne im Wald. Es war von Vorteil, wenn man nicht gefunden werden wollte. Von Nachteil, wenn es doch geschah.

Garys Haus war noch einige hundert Meter entfernt, aber ich trat auf die Bremse. Sollte ich mir nicht lieber einen Plan überlegen? Was sollte ich machen, wenn Jeffreys Wagen in der Zufahrt stand? Am Straßenrand hatte ich kein Auto parken sehen; wenn es also auch nicht hinterm Haus stand, war er wohl noch nicht da. Andererseits kam Jeffrey ja aus Berlin, also aus einer ganz anderen Richtung als ich. Ohne einen Blick auf die Karte konnte ich nicht feststellen, ob er aus meiner Richtung kommend auf die River Road traf oder aus der entgegengesetzten. Ich konnte an Garys Haus vorbeifahren und die Straße weiter oben absuchen, ob dort irgendwo ein Auto stand. Wenn ja, konnte ich die Sache aufgeben und Hilfe holen – wo auch immer. Oder ich konnte zu Garys Haus rasen, die Familie warnen und die Polizei rufen.

Auf einmal stieg die Zufahrt zu Garys Haus vor mir an, und ich musste mich entscheiden. Wenn ich die River Road weiter absuchte und Jeffreys Wagen irgendwo fand, konnte es ja sein, dass Jeffrey noch drinsaß, und das wäre überhaupt nicht gut. Ich lenkte den Wagen in die Zufahrt und nahm die Magnum aus dem Berg von Sachen aus der umgestülpten Handtasche. Kurz kam mir in den Sinn, dass mein Vorhaben vermutlich genau zu der Art von Verhalten gehörte, über die sich Adam so bitter beschwert hatte. Aber das hier würde sicher einfach werden, hoffte ich jedenfalls. Mit Jeffrey war vermutlich erst in einer Stunde zu rechnen. Ich würde die Familie warnen, wir würden die Polizei anrufen, die würde so lange warten und ihn abfangen, wenn er kam. Was sollte da schief gehen? Es konnte zu spät sein – das konnte schief gehen.

Nur ein Auto stand in der Zufahrt, mit einem Nummernschild aus Vermont; sehr wahrscheinlich Garys oder Susans Wagen, da Jeffrey in New Hampshire wohnte. Im Haus brannte Licht, und von außen betrachtet war nichts Ungewöhnliches festzustellen. Erleichtert parkte ich meinen Wagen hinter dem anderen und war auch schon ausgestiegen, kaum dass er zum Stehen gekommen war. Ich duckte mich und rannte unbeholfen los, in der Hand die Magnum. Ich glaubte nicht, dass er da war, aber ich wollte kein Risiko eingehen. Ich hielt mich dicht bei den Karosserien, was klug war, sollte Jeffrey auf der anderen Seite des Autos knien, sinnlos, wenn er auf meiner Seite war, aber woher sollte man das wissen? Ich gelangte ans Ende des zweiten Autos und sprintete zur Tür.

Die Tür war abgeschlossen, wie erwartet. Ich kauerte mich hin, verborgen im Schatten, und fing an, gegen die Tür zu hämmern und nach Susan zu rufen.

Es dauerte eine Ewigkeit, dann endlich machte Susan auf. Sie sah erst geradeaus, dann zu mir hinunter, überrascht, als ich an ihr vorbei ins Haus huschte. Ich knallte die Tür zu, richtete mich auf und schloss die Tür ab. »Wo ist Gary?«, fragte ich.

»Auf dem Heimweg«, sagte sie nervös. »Was ist los?«

»Wo ist das Telefon?«, fragte ich.

»Es funktioniert nicht«, sagte sie.

»Seit wann?«

»Seit zwanzig Minuten. Was ist los? Was ist passiert?«

»Scheiße, Scheiße, Scheiße«, sagte ich. »Zieh die Vorhänge zu. Ich habe einen Anruf erhalten. Jemand ist unterwegs hierher. Könnte sein, dass er schon da ist. Er hat es auf Gary abgesehen. Vielleicht auch auf dich und Aspasia. Wer weiß.«

Susan erbleichte und trat einen Schritt zurück. Sie warf einen Blick in die Küche und sah Aspasia dort sitzen, wie erstarrt, der Löffel auf halbem Weg zum Mund. »Duck dich«, rief ich ihr zu. Sie rührte sich jedoch nicht, blieb einfach so sitzen, bis Susan zu ihr ging und sie vom Stuhl zog.

Ich eilte zu den Vorhängen und hörte Susan hinter mir herlaufen. Ich packte sie am Arm und sagte: »Duck dich.« Ihre Miene war so ausdruckslos, dass ich erst dachte, sie hätte mich nicht verstanden, aber dann nickte sie und ging neben mir in die Hocke. Zusammen krochen wir durchs Haus, zogen Vorhänge zu und schalteten alle Lichter aus.

»Könnte es sein, dass er sich bereits im Haus befindet?«, flüsterte ich.

»Kaum«, sagte sie. »Wir waren den ganzen Nachmittag über hier, und wir haben nichts gehört. Bist du dir sicher, was deinen Verdacht angeht?«

»Nein, aber die Tatsache, dass euer Telefon tot ist, beruhigt mich nicht gerade. Habt ihr ein Handy?«

Sie schüttelte den Kopf. »Gary hat eins. Eine große Hilfe«, murmelte sie.

»Ist das Haus an eine Alarmanlage angeschlossen?«

»Natürlich«, sagte sie.

»Funktioniert die unabhängig vom Telefon?«

»Ich glaube ja.«

»Schaltet die eine Verbindung zur Polizei?« Sie nickte. »Über eine extra Telefonleitung?«

»Ich glaube. Jedenfalls zu einer Überwachungsanlage, und die benachrichtigen die Polizei. Ist lange her, dass wir sie installiert haben, ich erinnere mich nicht mehr an die Details.«

»Schalte sie ein.«

Susan überlegte kurz, kroch dann zum Windfang am Hauseingang. Sie richtete sich auf, um an den Schalter für die Anlage zu kommen, und kroch dann zu einem Fenster. Behutsam öffnete sie es, aber nichts passierte. Verunsichert drehte sie sich zu mir um. »Sie funktioniert nicht. Eigentlich müsste sie eine Sirene aktivieren und dann selbsttätig die Polizei anwählen.«

»Über die gesonderte Leitung?«, wiederholte ich meine Frage.

»Ich meine ja.«

»Dann muss er schon hier sein. Andernfalls wären nicht beide Leitungen gleichzeitig außer Betrieb. Das kann kein Zufall sein.«

Susan sackte in sich zusammen. »Lieber Gott, lieber Gott«, murmelte sie. »Seit Jahren habe ich Angst, dass so etwas passiert. Nachts träume ich davon. Ich kann nicht fassen, dass es jetzt so weit sein soll.«

»Wann können wir mit Gary rechnen?«

»Er hat angerufen«, sagte sie und sah auf ihre Uhr. »Vor einer halben Stunde. Da wollte er gerade losfahren. Gleich danach fiel das Telefon aus.«

»Wie lange braucht er hierher?«

Sie zuckte mit den Achseln. »Eine halbe Stunde, vielleicht

weniger. Warum hat er es auf Gary abgesehen?«, fragte sie.
»Ach was, ist ja auch egal. Aber wieso hat er dich ins Haus reingehen lassen, wenn er schon hier ist?«

»Hinter mir ist er nicht her. Jedenfalls nicht diesmal. Vielleicht war er auch noch nicht auf seinem Posten. Oder vielleicht«, fügte ich hinzu, »hat er sich gedacht, ein Toter im Vorgarten wäre ein schlechtes Zeichen. Ich weiß es nicht.« Ich drehte mich um und schaute wieder aus dem Fenster, als Aspasia angekrochen kam. Sie hatte sichtlich Angst, und sie kuschelte sich an ihre Mutter. Susan legte die Arme um sie. »Meint der es wirklich ernst?«, fragte Aspasia mit gepresster Stimme.

»Vielleicht«, sagte ich. »Ich weiß es nicht, aber es könnte gut sein. Wir müssen davon ausgehen. Ich weiß nicht, wie ernst er es wirklich meint, aber im Gefängnis hat es einen Toten gegeben, und ein Mitarbeiter wurde schwer misshandelt. Das darf man nicht ignorieren. Hinter euch beiden ist er jedenfalls nicht her«, fügte ich schnell hinzu. »Er hat es auf Gary abgesehen, sonst wäre er längst reingekommen.« Es sei denn, dachte ich, sprach es aber nicht aus, er plante, die beiden vor Garys Augen hinzurichten. Allerdings ging es hier nicht um eine persönliche Rache von Jeffrey, hier rächte sich jemand anders, also würde er das wahrscheinlich nicht tun. Obwohl – Avery könnte auf die absurde Idee gekommen sein, er müsste Gary auch zu einem Familienbegräbnis schicken – schließlich hatte Gary ihm nicht erlaubt, an einem solchen teilzunehmen. Ich beschloss, diese Variante den beiden gegenüber lieber nicht zu erwähnen.

»Was hat er vor?«, fragte Susan.

»Ich glaube, er hat es mir indirekt mitgeteilt«, sagte ich. »Ich bin bereits mit ihm aneinander geraten. Er hat mich angegriffen, als ich gerade aus dem Wagen stieg, und dann faselte er irgendwas, dass die Menschen verwundbar seien, auf dem Weg von der Haustür zum Auto und vom Auto zur Haustür. Ich tippe mal darauf, dass er auf Gary schießen wird, wenn der aus dem Auto steigt. Niemand sieht ihn, er sammelt die Patronen ein und haut ab. Wenn er klug ist, trägt er Schuhe, die eine Nummer zu groß sind, oder er lässt sich was Ähnliches einfallen.« Ich hörte Aspasia jäh nach Luft schnappen und wandte mich ihr zu. Ihre Pupillen hatten sich enorm geweitet und verkleinerten sich dann rasch wieder. Ich hätte mich dafür ohrfeigen können, dass ich so unsensibel war. »Wir überlegen uns einen Plan«, beruhigte ich die beiden, obgleich es für einen Plan vielleicht längst zu spät war.

Hintereinander krochen wir zur Treppe, richteten uns auf und liefen schnell die Stufen hoch. In Aspasias Zimmer, von dem aus man den Vorgarten überblicken konnte, kamen wir wieder zusammen. Mittlerweile herrschte nächtliche Dunkelheit, aber helles Mondlicht beleuchtete die Szenerie unter uns. Ich konnte deutlich erkennen, was vor sich ging, und alles wirkte ganz normal, kein Zeichen, das Gary hätte vorwarnen können, dass etwas nicht stimmte – außer dass kein einziges Licht im Haus brannte.

»Na großartig«, sagte ich entnervt. Es gab keine Möglichkeit, von hier aus einen Heckenschützen im Wald ausfindig zu machen. Absolut keine. Die Entfernung zwischen Zufahrt und Wald betrug etwa zwölf Meter, vielleicht sogar weniger. Höchst unwahrscheinlich, dass man auf diese Entfernung mit einem Gewehr danebenschoss, selbst bei Nacht, auf keinen Fall bei so einem Mondlicht wie heute. Wahrscheinlich benötigte Jeffrey nicht mal ein Zielfernrohr.

»Gibt es sonst noch was?«, fragte ich. »Ich meine, hat Gary noch irgendwelche anderen Vorkehrungen zum Schutz auf Lager?«

»Was zum Beispiel?«

»Waffen. Egal, was.«

»Natürlich. Neben dem Bett liegt eine Handfeuerwaffe, und unterm Dach ist noch eine Schrotflinte.«

»Irgendwas, um Fremde fern zu halten?«

Sie überlegte eine Weile. »Sperrriegel.«

»Wo? An den Hauseingängen?«

»Da auch. Die Riegel sind in allen Türen. Man kann sich in jedem Zimmer verbarrikadieren. Jede Tür hat einen Sperrriegel.«

»Sind das Hohlraumtüren?«

»Nein. Massiv. Nützt das was?«

»Hoffentlich nicht.« Mehr sagte ich nicht, aber Susan ahnte, was ich meinte. Wenn wir uns in einem Raum verbarrikadieren mussten, hieße das, dass Jeffrey sich im Haus befand – wahrlich keine schöne Vorstellung.

Aspasia kroch bis zu einem der Fenster und schaute hinaus. »Irgendwas müsst ihr doch tun«, sagte sie mit zitternder Stimme. »Der darf doch meinen Daddy nicht erschießen!«

»Gut«, sagte ich. »Überlegen wir weiter. Kein Telefon, kein Handy. Wie sollen wir Kontakt mit der Außenwelt aufnehmen?«

»Der darf doch meinen –« Aspasias Stimme hörte sich schrill an.

»Ist ja gut, Aspasia. Wir müssen Gary dazu bringen, dass er sofort zurücksetzt, noch ehe er aus dem Wagen gestiegen ist. Am besten, er biegt erst gar nicht in die Zufahrt ein. Aber um das zu bewerkstelligen, müsste einer von uns durch den Wald zur Straße vorlaufen. Das ist zu riskant. Ich weiß nicht, ob der Kerl ein guter Schütze ist, aber man hat mir gesagt, er sei früher mal Ranger gewesen, das heißt, im Wald findet er sich gut zurecht. Abgesehen davon wissen wir nicht, wo genau er steckt. Ich selbst kann nicht gehen, ich bin praktisch behindert. Aspasia kann auch nicht gehen, sie ist ein Kind.«

»Ich gehe«, sagte Susan.

»Warum kann ich nicht gehen?«, fragte Aspasia. »Ich bin kleiner, und ich kann mich besser verstecken als du, und ich kenne mich im Wald auch besser aus. Früher habe ich immer im Wald gespielt, weißt du noch, Mom? Ich finde mich bei Dunkelheit gut zurecht.«

»Das glaube ich dir gern«, sagte ich, »aber es wäre Wahnsinn, in den Wald zu laufen, egal wer von euch beiden geht. Wahrscheinlich hat der Kerl ein Nachtfernglas. Und wie gesagt, wir wissen nicht, wo er ist. Wenn er einen von euch beiden schnappt, dreht Gary durch.«

»Also bleibt nur noch, Gary zu warnen, hier, vom Haus aus, wenn er kommt und bevor er aus dem Auto steigt.«

»Wir könnten schreien«, sagte Aspasia.

»Das wäre zu spät«, sagte ich. »Er könnte uns erst hören, wenn er ausgestiegen ist, und dann würde er stehen bleiben, um zu verstehen, was wir ihm zurufen.«

»Wir könnten das Haus anzünden«, sagte Aspasia.

Ihre Mutter verdrehte die Augen. »Damit hätten wir seine Aufmerksamkeit bestimmt gewonnen«, sagte ich, »aber wir drei würden dabei vielleicht verbrennen, oder wir müssten aus dem Haus rennen. Beides gefällt mir nicht sonderlich.«

»Wir könnten das Radio extrem laut stellen«, schlug Aspasia vor.

»In die Luft schießen«, sagte Susan.

»Dann würde Gary vermutlich ins Haus laufen«, sagte ich zu Susan, »weil er glaubt, ihr seid in Gefahr. Bei der Musik hätten wir das gleiche Problem. Er käme nicht auf die Idee, dass er sich fern halten soll. Außerdem: Wenn die Schüsse aus dem Haus kämen, würde er nicht auf den Wald achten, und dann könnte Jeffrey ihn aus dem Hinterhalt treffen.«

»Wir könnten doch auch jetzt in den Wald hineinschießen«, sagte Aspasia. »Vielleicht erwidert der Kerl ja das Feuer. Dann wüssten wir, wo er steckt, und ich könnte aus der anderen Tür entwischen.«

»Das ist die Frage, ob er das Feuer erwidert«, sagte ich. »Vermutlich wird er nicht zurückschießen, und wir würden nur unsere Munition vergeuden, weil wir ja nicht wissen, wohin wir zielen sollen. Falls er doch zurückschießt ... es ist riskant, einfach so auf jemanden zu schießen, vor allem auf jemanden, der ein guter Schütze ist. Kugeln gehen durch Fenster hindurch, manche Kugeln sogar durch Wände. So eine Gefahr geht man nur ein, wenn es absolut nicht zu vermeiden ist.«

Wir verfielen in Schweigen. »Kann man von hier aus aufs Dach klettern?«, fragte ich schließlich.

»Nein«, antwortete Susan.

»Das stimmt nicht, Mom«, sagte Aspasia. »Ich bin schon mal von hier aus aufs Dach geklettert.«

»Was?«

»Von der Dachkammer aus. Durch das Fenster in der Dachkammer.«

»Das darf doch nicht wahr sein«, sagte Susan. »Wie konntest du nur? Du hättest dich umbringen können. Ich kann es nicht fassen. Das Fenster in der Kammer ist an der Stirnseite des Hauses; darunter ist nur die Einfahrt.«

Aspasia nickte. »Julian und ich wollten aufs Dach klettern, um von da aus die Sterne zu sehen. Mehr nicht. Es war gar nicht so schwierig. Vor dem Fenster ist kein Fliegengitter. Ich habe das Fenster geöffnet, mich auf die Fensterbank gestellt und ein Bein aufs Dach geschwungen. Die Dachrinne hat sich etwas durchgebogen; ich hatte schon Angst, es würde dir auffallen. Julian hat mich festgehalten für den Fall, dass ich abrutschen würde. Es war gar nicht so schwierig.«

»Das war wirklich sehr leichtsinnig, Aspasia. Du hättest dich –«

»Später«, sagte ich. »Schaffst du das?«, fragte ich Susan.

»Vielleicht«, erwiderte sie.

»Sie schafft es nicht«, sagte Aspasia. »Sie ist nicht schwindelfrei. Sie hat Höhenangst.«

»Ich kann es zumindest versuchen«, sagte Susan achselzuckend.

»Okay«, sagte ich. »Uns läuft die Zeit davon. Wir brauchen ein Bettlaken. Wir malen ein Schild.«

»Wird er das auch sehen?«, fragte Susan zweifelnd.

»Hast du ein Verlängerungskabel und vielleicht auch einen tragbaren Strahler?«

»Mal sehen, ob ich ihn finde. Wahrscheinlich liegt er in der Garage. Wir haben so einen Klemmscheinwerfer, mit dem wir in der Weihnachtszeit immer die Dekoration draußen anstrahlen.«

»Wie geschaffen«, sagte ich. Vielleicht war unserem verrückten Plan ja doch Erfolg beschieden.

»Lieber Himmel, da fällt mir gerade was ein«, sagte Susan. »Es ist doch Vollmond. Es könnte sein, dass dieser Kerl das Laken ebenfalls sieht, selbst wenn der Strahler nicht eingeschaltet ist.«

»Jeffrey«, sagte ich. »Der Kerl heißt Jeffrey. Er ist zu nahe dran. Vom Vorgarten aus kann man nicht auf das Dach sehen. Und er befindet sich ziemlich sicher am Waldrand. Allzu tief im Wald kann er nicht sein, und wenn doch, versperren ihm die Bäume die Sicht aufs Dach. Aber er ist eher vorne, am Rand, weil er kein freies Schussfeld auf Gary hat, wenn Bäume im Weg sind.«

»Mom kann das nicht«, sagte Aspasia erneut. »Sie wird runterfallen. Sie kann ja nicht mal eine Trittleiter hochsteigen. Warum lasst ihr mich nicht aufs Dach?«

Ich sah Susan an.

»Kommt gar nicht in Frage«, sagte sie. »Er schießt auf dich, wenn er dich sieht.«

»Stimmt«, sagte ich. »Das hatte ich ganz vergessen. Sie hat Recht, Aspasia. Das Problem ist nicht die Kletterei, das Problem ist, dass er auf dich schießen könnte.«

»Und wenn er auf meine Mutter schießt? Das soll kein Problem sein?«, fragte Aspasia.

»Ich habe jetzt keine Zeit, mit dir zu streiten«, sagte Susan. »Du gehst nicht aufs Dach, Aspasia. Das ist mein letztes Wort.«

»Es ist wegen der Diabetes, stimmt's?«

»Was?«

»Wenn ich nicht zuckerkrank wäre, hättest du es mir erlaubt. Früher hast du mir vertraut.«

»Aspasia. Draußen läuft ein Irrer mit einer Knarre herum. Das hat absolut nichts mit Diabetes zu tun.«

»Doch«, sagte Aspasia. »Früher hast du immer geglaubt, ich würde alles schaffen. Und jetzt behandelst du mich wie eine Behinderte. Ich darf dies nicht, ich darf das nicht. Ich darf keinen Sport treiben. Ich darf nirgendwo hingehen.«

»Schluss jetzt, Aspasia«, sagte Susan verärgert.

»Hört zu«, unterbrach ich. »Wir müssen diese Fahne aufs Dach schaffen, andernfalls hat unsere ganze Unterhaltung hier keinen Sinn, weil Gary dann nämlich längst hier sein wird, bevor es überhaupt eine Möglichkeit gibt, ihn zu warnen. Also, wo sind die Laken? Gibt es Farbe im Haus? Wir brauchen Farbe und einen Pinsel.«

Susan ging in den Keller und kam mit einer Dose blauer Farbe zurück. Wir hoben den Deckel ab, aber als ich den Inhalt sah, war ich alles andere als begeistert. Es war ein helles Blau. »Habt ihr nichts Dunkleres?«, fragte ich.

Susan schüttelte den Kopf. Wer hatte auch schon schwarze Farbe im Haus? Entmutigt sahen wir uns an. »Was ist mit der roten Farbe?«, sagte Aspasia. »Die für meine Fenster. Erinnerst du dich?«

»Die reicht nicht«, sagte Susan. »Das war nur ganz wenig.«

»Wir könnten sie mischen«, schlug ich vor. »Komm, wir holen sie.«

Langsam spürte ich den Zeitdruck. Wir hatten ja bis jetzt schon eine Ewigkeit gebraucht. Keine Frage, Gary würde in Kürze eintreffen.

»Ich möchte ganz sichergehen, dass wir auch nichts ausgelassen haben, bevor wir uns an diese Sache hier machen«, sagte ich. »Ihr habt kein Funkgerät?«

»Nein.«

»E-Mail?«

»Das geht nur über eine Wählverbindung«, sagte Susan. »Man braucht eine Telefonleitung.«

Mehr fiel mir nicht ein, sosehr ich mich auch anstrengte. Die ganze Sache war zugegebenermaßen eine verrückte Idee, aber immerhin etwas. Manchmal war »etwas« schon ganz schön viel, wenn die Alternative »nichts« lautete.

Kinder mögen leuchtende Farben, Gott sei Dank. Das Rot war ein knalliges Feuerwehrrot, und es verwandelte das Hellblau in ein mitteldunkles Lila, sodass die realistische Chance bestand, dass man die Fahne auch sah.

Auf dem Wohnzimmerboden breiteten wir ein Doppellaken aus und malten in aller Eile riesige Buchstaben auf: FALLE, LAUF WEG. Es war der prägnanteste Text, der uns einfiel.

»Eins ist wichtig«, sagte ich zu Susan. »Darauf musst du unbedingt achten. Du bist oben auf dem Dach. Du bist also auch die Erste, die Gary in die Zufahrt einbiegen sieht. Du musst genau den richtigen Zeitpunkt erwischen und es sofort Aspasia mitteilen, damit sie den Scheinwerfer anschließt. Wird der Stecker zu früh reingesteckt, bevor Gary das Laken lesen kann, wird Jeffrey das Licht sehen und sich an eine Stelle begeben, von der aus er auf den Scheinwerfer schießen oder das Laken mit Kugeln zerfetzen kann. Zu spät, und Gary steigt aus. Steht er nämlich schon zu weit in der Zufahrt, hat er keinen freien Blick auf das Dach. Du musst also genau den Moment abpassen, in dem Gary das Laken zum ersten Mal sehen kann. Dann wäre da noch das Licht. Wenn das Laken von dem Scheinwerfer nicht richtig angestrahlt wird, sieht Gary es nicht. Wo können wir den Scheinwerfer anbringen?«

»Vielleicht am Schornstein«, sagte Susan unschlüssig. »Wenn der nicht zu hoch ist.«

»Der ist nicht zu hoch«, sagte Aspasia. »Ich kann vom Dach aus an den oberen Rand fassen.«

Wir beide sahen sie an, sagten aber nichts. Dies war nicht der Zeitpunkt, ihr Vorwürfe zu machen. Fast jedes Kind hat in seinem kurzen Leben mehr angestellt, als die Eltern wahrhaben wollen. In der Kinderabteilung des Krankenhauses hatte ich einmal eine inoffizielle Befragung durchgeführt, und jeder Jugendliche, mit dem ich gesprochen hatte, war irgendwann mal bei einer Dummheit nur knapp entkommen, von der die Eltern absolut nichts wussten.

Aspasia holte einen Föhn und versuchte, die feuchte Farbe damit zu trocknen, aber es dauerte zu lange, sodass wir zum Schluss das Laken schüttelten. Zwar würden die Buchstaben etwas zerlaufen, aber lesbar wären sie immer noch – hofften wir zumindest. Danach packten wir das Laken und den Scheinwerfer in einen Tagesrucksack. Susan und ich stiegen auf den Dachboden, während Aspasia losrannte, um Hammer und Nägel zu holen, womit wir das Laken befestigen wollten, sowie Klebeband für den Klemmstrahler.

Susan war schweigsamer geworden, je näher das Ende der Vorbereitungen rückte. Auf der Treppe fragte ich sie: »Alles in Ordnung mit dir, Susan?«

»Nein«, sagte sie.

»Meinst du, du schaffst das?«

»Ich weiß es nicht«, sagte sie.

Anscheinend wollte sie sich nicht weiter darüber auslassen, deswegen hielt ich den Mund. Was hätte ich auch sagen sollen? Sie war in einer Zwickmühle; es war ein Kampf zwischen sich selbst und dem Schwindelgefühl. Da konnte ein Außenstehender nicht weiterhelfen.

Wir kamen in die Dachkammer und gingen zum Fenster im Giebel. Ich schaute hinunter. Tatsächlich, die asphaltierte Einfahrt lag ziemlich weit unten, und das Dach war ziemlich hoch. Gar nicht so einfach, sich aus dem Fenster aufs Dach zu schwingen. »Großer Gott«, entfuhr es mir. »Und das hat Aspasia geschafft? Das wird nicht leicht.« Ich hatte mal wieder laut gedacht. Ich sah Susans Miene, und sofort bereute ich, dass ich nicht meine Klappe gehalten hatte. Susan war noch blasser als vorher. »Bin gleich wieder da«, sagte sie plötzlich und verschwand in Richtung Treppe.

Ich ging ihr nach und wartete draußen, während sie sich auf der Toilette übergab. »Susan«, sagte ich, »habt ihr keine Medikamente für so was? Zum Beispiel gegen Übelkeit beim Fliegen?«

»Doch, ja«, sagte Susan. »So was haben wir. Daran habe ich gar nicht gedacht. Aber ich glaube, die helfen jetzt auch nicht mehr. Eigentlich soll man die eine halbe Stunde vor Reiseantritt einnehmen.«

»Wir versuchen es trotzdem. Schaden kann es nicht. Vielleicht schlagen sie ja an.« Der Placeboeffekt würde vermutlich schon reichen.

Susan fand die Medikamente und nahm sie ein. Ihre Hände zitterten, und frustriert musste ich einsehen, dass es mit ihr nicht klappen würde: Entweder würde sie gar nicht erst aufs Dach raufkommen, oder sie würde stürzen oder oben auf dem Dach plötzlich in Panik geraten. Vor Jahren hatte ich mal eine Bergwanderung mit einem Bekannten unternommen, den oben auf einem Hang plötzlich die Angst gepackt hatte. Es war eine höllische Aktion, den armen Kerl wieder heil nach unten zu kriegen. Es hatte keinen Zweck, ihn nur zu sichern, ich musste rauf zu ihm, ihn mit Worten beruhigen und dabei langsam absteigen. Wir hätten dabei leicht beide draufgehen können. Sehr leicht. Wenn Susan oben auf dem Dach schlappmachte, würde sie da wie eine lahme Ente hocken, und sie würde Lärm machen, sehr wahrscheinlich.

Großartig: Wir hatten eine verrückte Lösung gefunden, die schlimmer war als das eigentliche Problem. »Susan«, sagte ich. »Das haut nicht hin. Mach dir nichts vor. Was nicht geht, das geht nicht. Du schaffst es so wenig wie ich, nur aus einem anderen Grund.«

»Versuchen will ich es trotzdem«, sagte sie und eilte zur Treppe.

Es war zu spät. Als wir in die Dachkammer kamen, stand das Fenster offen, und der Rucksack und Aspasia waren verschwunden.

»Oh, mein Gott«, sagte Susan, rannte zum Fenster und steckte den Kopf hinaus. Sie wollte gerade nach Aspasia rufen, aber ich packte sie und riss sie zurück.

»Nicht schreien«, sagte ich. »Dann weiß er, dass sie da oben ist. Du bringst sie in Lebensgefahr.«

»Mein Gott«, sagte sie erneut, hielt sich an der Fensterbank fest und sank auf die Knie. »Wenn ihr was passiert ...«
Im selben Moment flog das eine Ende des Verlängerungskabels durchs Fenster und schlug mir ins Gesicht, aber ich be-

kam es zu fassen. Dann hörten wir, wie sich etwas auf dem Dach bewegte.

»Kluges Kind«, sagte ich.

»Was?«

»Sie stellt zuerst den Scheinwerfer auf.« Ich schaute hinüber zu Susan, die offenbar grässliche Qualen litt. »Das ist eine gute Idee«, sagte ich matt. Warum, wollte ich lieber nicht sagen. Aspasia stellte den Scheinwerfer deswegen auf, so meine Vermutung, weil sie nicht genau wusste, ob sie das Dach noch mal hochklettern konnte, wenn sie zuerst unten das Laken befestigte. Das Dach war wahrscheinlich genauso vereist wie die Brücke, über die ich gefahren war. Wieder hörten wir schnelle Bewegungen über uns, dann ein behutsames Klopfen.

»Sie hat es gepackt«, sagte ich. »Jetzt legt sie das Laken aus.«

Susan hielt sich die Hände vor den Mund. »Wenn er sie hört ...«

»Musik!«, sagte ich. Ich stieg die Treppe hinunter, kehrte aber gleich wieder um. »Ich weiß nicht, wo eure Stereoanlage ist.« Susan erhob sich und kam direkt auf die Treppe zu. Das Klopfen hatte geendet, und jetzt hörte ich, wie Aspasia quer über das Dach lief. Von innen klang es unglaublich laut; schwer zu sagen, wie weit es draußen zu vernehmen war.

Der Lärm war nur das halbe Problem. Auf einem vereisten Hausdach hinabzuklettern und dabei nicht auszurutschen wäre wirklich eine große Leistung. Oben konnte Aspasia sich an den Dachfirst klammern, aber weiter unten gab es nichts, woran man sich festhalten konnte. Und würde es ihr nicht gelingen, wieder hochzuklettern, würde sie dort hocken, wenn das Licht eingeschaltet war und die Ballerei losging.

Mit einem Mal setzte die Stimme von Britney Spears ein. Susan war in Aspasias Zimmer und hatte die kleine Anlage ihrer Tochter angestellt, statt bis ganz runter ins Erdgeschoss zu gehen. Wohl überlegt, dachte ich. Wenn das so weiterging, konnten wir »Oops, I Did It Again« rauf und runter spielen und Jeffrey damit nach wenigen Minuten in den Wahnsinn treiben. Er würde umkehren und nach Hause fahren, nur um die Musik loszuwerden. Ich schüttelte den Kopf. Ich musste mich zusammenreißen. Viel sagende Geräusche waren auf dem Dach zu hören, jemand rutschte ab, und mir drehte sich der Magen um.

Susan war nach oben in die Dachkammer zurückgekommen, und ich wandte mich ihr zu. »Sind eure Dachrinnen stabil?«, fragte ich. Sie gab keine Antwort. Blöde Frage, dachte ich. Woher soll man wissen, wie stabil seine Dachrinnen sind? Schließlich tanzt man nicht jeden Tag darauf herum, um es herauszufinden. Das Rutschen hörte auf, und wir hielten beide den Atem an und warteten auf den Aufprall, aber er kam nicht. Momente lang wagten wir nicht, uns zu rühren.

»Was tun wir hier?«, sagte ich verdutzt. »Wir sind noch nicht bereit. Mach dich darauf gefasst, den Stecker in die Dose zu stecken. Ich sammle alle Waffen ein und gehe am Fenster in Aspasias Zimmer in Stellung, um Gary Deckung zu geben. Ich schreie, wenn er kommt. Du schließt den Scheinwerfer an und wartest, für den Fall, dass Aspasia versucht, durchs Fenster hereinzuklettern. Ich glaube nicht, dass sie zurückkommt, bevor es anfängt. Es würde zu viel Lärm machen.«

»Michael«, sagte Susan. »Du erwartest ein Kind. Soll ich die Waffen übernehmen, und du schließt den Scheinwerfer an?«

»Kannst du schießen?«, fragte ich.

»Nein«, sagte sie. »Ich hasse Waffen.«

»Dann lass es«, sagte ich. »Es würde nichts nützen.«

Ich holte mir die Waffen und sämtliche Munition, die ich auftreiben konnte, ließ mich vor dem Fenster nieder und sah angestrengt hinüber zum Wald. Rechts und links von mir lagen die Schrotflinte und eine 45er, meine 357er Magnum hatte ich in der Hand, neben mir zwei Schnelllader für die Magnum, eine Schachtel Patronen für die 45er und eine für die Schrotflinte. Behutsam hatte ich das Fenster hochgeschoben, sodass es kein Hindernis mehr zwischen mir und dem Wald gab, nur die Finsternis. Sehnsüchtig blickte ich auf die Schrotflinte, aber so weit würde sie nicht reichen, es hätte keinen Sinn. Trotzdem war es eine teuflische Waffe, wenn man kein punktgenaues Ziel hatte.

Die Geräusche auf dem Dach hatten aufgehört, und ich stellte die Musikanlage ab. Die Stille war eine Wohltat.

Ob Jeffrey wohl auch Feuerwaffen dabeihatte, die Hauswände durchdringen konnten?, fragte ich mich. Wenn er seine erste Chance, Gary zu treffen, verpatzte, würde er sie auf jeden Fall einsetzen. Ich musste das Aufleuchten des Scheinwerfers abwarten, das war die Krux an der Sache. Ich konnte erst schießen, wenn Jeffrey das Feuer eröffnet hatte: Wenn ich als Erste schoss, konnte Gary auf die Idee kommen, jemand im Haus würde auf ihn anlegen. Ich konnte also nicht verhindern, dass Jeffrey einen Schuss auf Gary abfeuerte, aber ich musste es ihm so schwer wie möglich machen, noch mehr auf ihn abzugeben, so lange, bis Gary außer Reichweite war. Dann würde ich zur Rückseite des Hauses eilen, weg von dem Fenster, dem ohrenbetäubenden Lärm und den tödlichen Stahlsplittern, die mir um die Ohren fliegen würden.

Es konnte sich nur noch um Minuten handeln. Gary musste jeden Moment hier sein, es sei denn, er war irgendeinen Umweg gefahren. Von Susan hatte ich nichts mehr gehört, und vom Dach kamen auch keine Geräusche mehr; ich durfte also davon ausgehen, dass Aspasia nicht in die Kammer zurückgekehrt war. Es war kein schöner Gedanke, aber die Chance, dass sie einen Schuss auf das erleuchtete Dach überleben würde, war mehr als gering, und wenn der Scheinwerfer anging, konnte genau das passieren – es sei denn, es gelang ihr, herunterzuklettern, bevor Jeffrey sich ihr widmen konnte. Aber wie ich Kinder kannte, würde sie zunächst oben bleiben, um zu sehen, was mit ihrem Daddy geschah. Dagegen konnte ich nichts ausrichten.

Ich legte die Magnum aus der Hand und rieb mir die Augen. Allmählich wurde es Zeit, sich zu sammeln, sich auf die Sache zu konzentrieren. Wieder schaute ich aus dem Fenster. Von unten aus dem Wald drang ein schwaches Heulen herauf. Finsternis nistete sich ein, drang wie eine Art Verpackungsmaterial zwischen die Bäume, schirmte sie ab vor dem unablässigen Mondlicht.

Dennoch, irgendwo dort draußen in dem schweigenden Wald tötete ein Wesen ein anderes Wesen. Da draußen hörte das Töten niemals auf. Auch wenn ich ständig über meine Mitmenschen lästere – wir sind die einzige Spezies, die wenigstens in Frage stellt, ob Gewalt vor Recht geht. Da draußen galt, was gefangen wird, darf gefressen werden, und das Fangen und Fressen würden niemals aufhören.

Mein Verstand beruhigte sich spürbar, und ich konzentrierte mich voll und ganz auf meine Aufgabe. Später erst würde mich das alles hier einholen, und ich würde mich fragen, wie ich da hatte hineingeraten können. Ich glaube, Adam hatte Recht: Tief im Innern würde ich mich schuldig fühlen, dass ich ein ungeborenes Kind in eine Auseinandersetzung mit Schusswaffen hineingezogen hatte. Doch augenblicklich gab es für mich nur den Wald da draußen und das glänzende Stück Metall, das locker in meiner Hand ruhte.

An Schusswaffen hatte ich schon immer Gefallen gefunden, auch wenn mir das Gegenteil lieber gewesen wäre. Eigentlich konnte ich Waffen nicht gutheißen, und ich fand, die Europäer taten recht daran, den freien Zugang zu den verdammten Dingern zu beschränken. Für meine positive Einstellung zu Waffen hatte ich keine Erklärung. Ich spürte sie gern in der Hand, schoss gern mit ihnen. Ich fühlte mich wohl mit ihnen. Ich musste zugeben, dass ich mich sicherer fühlte, wenn ich eine in der Hand hielt. Das muss man sich mal vorstellen!

Schon komisch, dass ich so gelassen war – wenn man in meinem veränderten Zustand von Gelassenheit reden kann. Ich sah die Blätter an den Bäumen im Mondlicht schimmern, vernahm fernes Rascheln und Kratzen im Wald. Vor der Herfahrt hatte ich Angst gehabt, war nervös geworden, als uns kein Plan einfiel, hatte befürchtet, wir würden nicht rechtzeitig mit dem Laken fertig werden, und war entsetzt, als Aspasia plötzlich weg war. Selbst jetzt würde ich noch sagen, dass wir, rational betrachtet, nicht die allerwinzigste Chance hatten. Aber irgendwann war der Zeitpunkt erreicht, da hatten alles Planen und alle Vorausschau ein Ende, und man stand da, in Erwartung des Augenblicks.

Ich wusste, wo ich war. Es war die Sekunde vor dem Absprung, in der Passagiertür eines Flugzeugs. Die wenigen Minuten auf der Freiwurflinie, wenn es galt, keine Zeit zu verlieren, mit einem Punkt im Rückstand und der Ausgleich in deiner Hand. Die letzten drei Schritte vor dem Sprung. Stets war ich in solchen Momenten in eine andere Sphäre getreten, in der die Vergangenheit aufhörte, als wäre eine Eisentür ins Schloss gefallen und als gäbe es keine Zukunft. Über den Ball in deiner schweißnassen Hand lässt sich nicht hinausblicken.

Diesen Zustand hatte Jeffrey nicht ausgelöst, als er mir von hinten an die Kehle gegangen war. Das schafft Hilflosigkeit nie, nur der Ausgleichswurf von der Freiwurflinie. Man erzielt einen Treffer, oder man erzielt keinen Treffer, je nachdem, ob der auf dem Ring kreisende Ball in den Korb geht oder nicht.

Fast schäme ich mich, es zu sagen, aber ich finde solche Momente herrlich. Die Zeit dehnt sich aus, und die Gegenwart wird so weit wie der Himmel über Montana. Alles verlangsamt sich. Während die Heiligen und Propheten, die auf unserer Erde wandeln, diesen Moment beim Streicheln eines jungen Tieres erleben, öffnet sich für mich die Tür zur Gegenwart hier, in solchen Augenblicken, wenn man an eine Weggabelung kommt, und einer der beiden Wege führt zu einer Klippe. Es sind Orte, die einem entweder gefallen oder nicht gefallen und die manchen Menschen Albträume bereiten.

In wenigen Sekunden würde es sich entscheiden, ob ich das Auto rechtzeitig hören würde oder nicht, ob ich das Mündungsfeuer des ersten Schusses sehen würde oder nicht und ob meine Reaktionszeit eine Zehntelsekunde zu langsam oder eine Zehntelsekunde zu schnell sein würde oder nicht.

Deswegen saß ich hier und lächelte in der Dunkelheit, obwohl es nichts zu lächeln gab. Ich war hier, weil es zu spät war, sich für einen anderen Ort zu entscheiden, deswegen. Nur dieser Moment existierte, mit dem Mondlicht, im Widerstreit mit den Wolken, die plötzlich aus dem Nichts aufgetaucht waren. Aus Gründen, die mir immer unerfindlich blieben, war dies ein Moment, in dem ich voll und ganz lebte.

Erneut starrte ich angestrengt auf den Wald. »Komm, Jeffrey, mach einen Fehler«, dachte ich. »Nur eine Zigarette, du wartest schon so lange. Es würde bestimmt keiner sehen. Denk nicht daran, dass dich jemand sehen könnte. Zünd dir einfach eine Zigarette an.« Mit einem einzigen gelungenen Schuss hätte ich dem Ganzen ein Ende bereitet können, und ob moralisch vertretbar oder nicht, ich hätte es versucht, wenn sich die Gelegenheit geboten hätte. Doch im Wald blieb alles ruhig.

Wo würde ich mich hinstellen?, überlegte ich, ich an seiner Stelle: so dicht ans Haus wie möglich, um andere daran zu hindern, herauszukommen. Also rechts von mir, wurde mir plötzlich klar. Es war die einzige Stelle, von der aus man direkt auf Gary zielen konnte, wenn er auf der linken Seite ausstieg. Und ich würde mich so dicht ans Auto wie möglich stellen, weil dort die Deckung gut war. Ich grenzte die Stellen auf einige wenige Ausgangspositionen ein. Warum war ich nicht eher darauf gekommen? Natürlich, er würde nicht auf der anderen Seite stehen. Zwischen ihm und Gary wäre das Auto. Er konnte nicht davon ausgehen, dass Gary den ganzen Weg zur Haustür zurücklegen würde, vor allem dann nicht, wenn andere ihn durch Schreien verschreckten. Und wenn Jeffrey mich ins Haus hatte gehen sehen – und anschließend das Erlöschen der Lichter –, konnte er sich denken, dass die Personen im Haus vorgewarnt waren. Das Einzige, womit er rechnen durfte, war, dass Gary aus dem Wagen stieg.

In der Ferne hörte ich einen Automotor, erst schwach, dann schwoll das Geräusch allmählich an. Ich wartete, jeder Moment kristallklarer als der vorherige.

17

Ich beugte mich vor und versuchte angestrengt, die Stelle abzupassen, von der aus Gary das Laken sehen konnte. Das Haus stand etwas abseits von der Straße, und die Zufahrt war so lang, dass sie offiziell als Privatstraße galt. Sie bog rechtwinklig von der Hauptstraße ab, beschrieb dann eine Kurve und endete vor dem Haus. Wenn dort weniger Tannenbäume gestanden hätten, hätte Gary das Dach schon vor der Kurve sehen können, aber die Bäume standen so dicht, dass man nichts durch sie hindurch erkennen konnte. Ach was, alles reine Spekulation. Es war Nacht, mal schien das Mondlicht hell, mal schien es weniger hell, mal schien es gar nicht, je nachdem, was für eine Wolke sich davorschob. Zu spät fiel mir ein, dass ich mich mit Susan darüber hätte verständigen sollen, was man von welchem Punkt der Zufahrt aus erkennen konnte. Das hatte ich einfach nicht bedacht.

Die Vermutung lag nahe, dass Gary das Dach erst dann sah, wenn er aus der Kurve der Zufahrt heraus war. Die Stelle aber war nicht mehr allzu weit von der Haustür entfernt und lag innerhalb von Jeffreys Reichweite. Selbst wenn Gary das Laken sah, wäre Jeffrey nah genug an ihm dran. Ich richtete die Pistole aus und visierte entlang des Laufs.

Wenig später sah ich, wie sich auf einem Stück Chrom, das hinter der Kurve auftauchte, das Mondlicht spiegelte, und ich brüllte aus vollem Hals: »Licht an!« Umgehend flutete über mir das Scheinwerferlicht, und plötzlich war ich wie geblendet. Ich hatte nicht bedacht, dass sich das Licht bis nach unten ergießen und in der Finsternis den Effekt einer Taschenlampe hervorrufen würde: Alles, was nicht unmittelbar angestrahlt wurde, blieb für mich unsichtbar, und das Licht beleuchtete nur einen meterbreiten Streifen jenseits des Hauses.

Ich hielt hilflos inne. Es gab niemanden, auf den ich hätte anlegen können. Jeffrey hätte im Vorgarten stehen können, und ich hätte ihn nicht gesehen. Für einen Moment war noch das Motorengebrumm zu hören, dann quietschende Bremsen, der Rückwärtsgang wurde eingelegt, und die Reifen drehten im Kies durch. Erleichterung machte sich in mir breit, als hätte mein Herz statt des Blutes das Gefühl im ganzen Körper verteilt. Wenigstens war Gary jetzt gewarnt.

Ich blinzelte mit den Augen und erkannte schemenhaft das Auto. Dann folgten auch schon die ersten Schüsse. Sie hörten sich dumpf an, wie Hagelkörner auf Autoblech. Jeffrey hatte bedacht, dass Nachbarn möglicherweise stören könnten, und einen Schalldämpfer mitgebracht. Verfluchter Kerl. »Licht aus! Ich kann nichts sehen!«, schrie ich, und sofort erlosch der Scheinwerfer.

Ich wartete erst gar nicht ab, bis sich meine Augen angepasst hatten. Ich feuerte nach rechts in den Wald, von wo aus die Schüsse kamen, und konnte nur hoffen, dass kein irrsinniger Zufall Gary dorthin verschlagen hatte. Eigentlich müsste er noch im Wagen sitzen. Die Schüsse aus meiner Magnum machten mich ganz taub, und als sich meine Augen von der Blendung erholt hatten, sah ich, dass der Wagen bockte. Gary hatte es nicht geschafft, auszusteigen; der Reifen auf der Fahrerseite hatte Schlagseite. Vielleicht war auch der Motor abgesoffen, wer weiß, jedenfalls bewegte sich das Auto nicht mehr, und Jeffreys Kugeln prallten vom Blech ab.

Mein Revolver war leer, und ich nahm mir nicht die Zeit, ihn neu zu laden. Ich griff nach Garys 45er und schoss erneut Richtung Wald. Es war eine Halbautomatik, und als ich die erste Salve abgab, sah ich Gary die Autotür aufdrücken und sich auf den Boden werfen. Erst kroch er, dann rannte er in den Wald, und ich verlor ihn in der Dunkelheit aus den Augen. Jeffrey hoffentlich auch. Das Fensterglas neben mir zersprang: Jeffrey widmete sich jetzt mir. Ich duckte mich, robbte mich weg vom Fenster zur nächsten Ecke, rollte mich zusammen, um den Glasscherben auszuweichen, die um mich herum durch die Gegend flogen. Ich hatte damit gerechnet, dass es so käme, aber das half mir jetzt auch nicht. Der Raum war plötzlich erfüllt von Kugeln und zersplitterndem Glas. Ich lag wie betäubt in der Ecke, schimpfte mit mir selbst und betete gleichzeitig.

Das Schießen hörte auf; nach einer kurzen Zeit schleppte ich mich zu einem anderen Fenster und spähte hinaus. Im Wald schien alles ruhig: keine Bewegung, kein Mündungsfeuer. Minuten verstrichen, und nichts geschah. Dann, in der Ferne, durch das Klingeln in meinen Ohren hindurch, hörte ich Aspasia schreien: »Daddy! Er ist hinter dir!« In meinen gequälten, traumatisierten Ohren hörte es sich unendlich weit entfernt an, und ich konnte es kaum verstehen. Gary jedoch musste es gehört haben, denn im Licht des Mondes, der gerade lange genug hinter einer Wolke erschien, sah ich eine dunkle Gestalt aufspringen; es folgten mehrere Schüsse. Auch auf das Haus wurden wieder Schüsse abgegeben, jedoch zielten sie diesmal höher, auf das Dach.

Ich erwiderte das Feuer, und von dem unaufhörlichen Lärm schmerzten mir die Ohren. Gary schoss von einer anderen Stelle aus, nicht von der, wo sein Auto stehen geblieben war. Ich konnte nur hoffen, dass es wirklich Gary war. Für einen Moment hatte ich Zweifel. Nachts im Wald kann man Menschen schon mal leicht verwechseln. Aber für eine Variante muss man sich entscheiden, und ich hatte mich entschieden: Jeffrey war ins Kreuzfeuer geraten, Gary und ich hatten ihn getroffen. Mein Magazin war leer, und ich nahm wieder meine Magnum, schob den Schnelllader rein und feuerte erneut. Der Schmerz in meinen Ohren wurde immer schlimmer, und bald drang auch das Geräusch der Schüsse nicht mehr durch. Ich hörte überhaupt nichts mehr, spürte nur bei jedem Schuss den Rückstoß.

Allerdings, ich habe es gesehen. Ich müsste lügen, wenn ich sagen würde, ich hätte es nicht gesehen: Ich sah, wie jemand auf die Straße zulief, ein Gewehr in der Hand, und ich hörte auf zu schießen und rief: »Er ist auf der Zufahrt!« Meine Stimme hörte sich fremder an als sonst, weit entfernt, als gehörte sie jemand anderem. Ich sah, wie Gary auf die

Straße trat, die Pistole mit beiden Händen haltend. Er musste Jeffrey etwas zugerufen haben, aber hören konnte ich es nicht: Gary stand abgewandt, und mein Gehör war weg. Aber ich weiß hundertprozentig, dass er etwas gesagt hat, denn Jeffrey blieb stehen, drehte sich um und ließ das Gewehr fallen. Dann schoss Gary zweimal auf ihn.

Ich legte die Pistole beiseite, konnte nicht glauben, was ich soeben gesehen hatte. Vielleicht irrte ich mich. Joanna hatte gesagt, Jeffrey hätte noch eine 45er dabei; vielleicht hatte er sie in dem Moment gezogen. Scheiße, ich hoffte bloß, dass es sich so verhielt. Ich sammelte meine fünf Sinne zusammen und lief zur Treppe. Der Dachboden war leer, und im ersten Moment fiel mir nicht ein, wo Susan stecken könnte, bis mir der Gedanke kam, dass sie bei Aspasia auf dem Dach sein musste. Ich steckte den Kopf durchs Fenster. »Alles in Ordnung da oben?«, rief ich. »Es ist vorbei.«

»Nein«, rief Susan. »Sie ist getroffen.«

Wie es danach weiterging, weiß ich nicht mehr so genau. Eigentlich seltsam, denn an alles, was davor geschah, kann ich mich gut erinnern. Ich weiß noch, wie das Mondlicht die Baumwipfel streifte, während ich am Fenster hockte und auf Garys Auto wartete, wie die Finsternis sich scheinbar um die Baumstämme klammerte und gegen den Waldboden drückte. In meinen Träumen sehe ich immer noch Garys dunkle Gestalt vom Auto aus losstürzen, und noch immer höre ich den Lärm der Waffen, der meine Ohren angriff, und diesen hohen Klingelton, der danach einsetzte. Und, deutlicher als alles andere: noch immer sehe ich Jeffrey, der die Hände hochhält, und ich sehe Gary in Schießposition, ihm gegenüber.

Danach erinnere ich mich nur noch verschwommen an eine Leiter, die ans Haus gelehnt wurde, wahrscheinlich hatte Gary sie besorgt. Ich weiß nicht, wie er Susan vom Dach geholt hat oder ob sie aus eigenem Antrieb heruntergeklettert ist. Ich habe nur noch das Bild von Aspasia auf Garys Schultern vor Augen, und ich erinnere mich an die Erleichterung, die ich ein zweites Mal empfand, als er sagte, sie sei nur leicht an der Schulter verletzt.

Ich ließ mich auf den Eingangsstufen nieder; ich hatte keine Kraft mehr, auf den Beinen zu stehen. Gary wählte eine Nummer auf seinem Handy, und er muss vorher mit mir gesprochen haben, denn ich erinnere mich daran, dass sein Gesicht für einen Moment ganz dicht an meinem war. Wahrscheinlich habe ich ihm meine Wagenschlüssel gegeben. So muss es wohl gewesen sein, denn er und Susan setzten Aspasia in mein Auto und fuhren rückwärts aus der Einfahrt heraus, um seinen eigenen von Einschüssen durchlöcherten Wagen herum. Für eine Sekunde dachte ich, er würde Jeffrey überfahren – es ließ sich kaum vermeiden –, aber im letzten Moment riss er das Lenkrad herum. Ich blieb allein zurück, saß im Mondlicht und wartete auf die Polizei, während Gary dem Krankenwagen entgegenfuhr.

Jetzt waren nur noch ich und Jeffrey übrig, im Mondlicht wartend. Langsam erhob ich mich und ging zu der Stelle, wo er lag. Ich wollte sicher sein, dass er tot war, wenn schon nur wir beide hier waren. Und noch etwas anderes wollte ich überprüfen.

Er lag auf dem Rücken, beide Arme von sich gestreckt; alles Leben war aus seinem Körper gewichen. Das Mondlicht ließ sein Gesicht wächsern erscheinen, wie bei einer männlichen Schaufensterpuppe, die nie lebendig gewesen war. »Armseliger Vertreter der menschlichen Rasse«, sagte ich laut. Ich konnte mich zu keinem Mitleid für diesen Menschen aufschwingen. Er hatte seine Frau geschlagen, meinen Bauch mit einem Messer aufgeritzt und versucht, uns alle umzubringen, einschließlich eines elfjährigen Mädchens. Und das waren nur die Verbrechen, die mir bekannt waren. Ja, ja, Virginia, die Welt ist voller Bösewichte.

Ich empfand keine Furcht, hier im Mondlicht, mit einem Toten zu meinen Füßen – ich habe mich immer mehr vor den Lebenden gehütet als vor den Toten. Vorsichtig kniete ich mich neben ihn. Die Einschüsse konzentrierten sich in der Herzgegend und waren so dicht nebeneinander, dass man durch die Kleidung hindurch nicht erkennen konnte, dass er mehr als einmal getroffen worden war: Gary war ein erstklassiger Schütze, und er hatte nicht geschossen, um den anderen zu verwunden. Neben einem der ausgestreckten Arme lag die 45er. Wessen Fingerabdrücke da wohl drauf waren?, fragte ich mich. Jeffreys oder Garys?

Wenn es Garys Abdrücke waren, dann war er gerissen. Er hatte so lange gewartet, bis Jeffrey sich umgedreht hatte. Eine Kugel im Rücken – das war immer schwierig als reine Notwehr darzustellen. Aber was, fragte ich mich weiter, hatte Aspasia wohl gesehen?

Der junge Polizist mochte kaum glauben, was er sah. In der Provinz gab es nur wenig nennenswerte Kriminalität, gelegentlich mal ein Einbruch oder Alkohol am Steuer. Aber ein kaltblütiger, vorsätzlicher Mordversuch an einem Gefängnisdirektor? So etwas geschah in Boston oder Milwaukee oder Los Angeles. Und dennoch war es so; wir standen in einem Vorgarten, es war mitten in der Nacht, ein Toter lag in der Einfahrt, ein Auto und ein Haus waren von Einschusslöchern übersät. Er wollte seinen Augen kaum trauen und stierte die ganze Zeit auf Jeffrey herab, als würde der verschwinden, wenn er mal wegsah.

Sie waren zu zweit, hatten sich mir als Officer Rogers und Officer Kline vorgestellt. Officer Kline schien das Erstaunen seines jüngeren Kollegen nicht zu teilen. Er war Ende vierzig, Anfang fünfzig und eindeutig als ehemaliger Militärangehöriger zu erkennen. Diese Leute können die Uniform ablegen und sich die Haare wachsen lassen, aber ihre Art, zu stehen oder sich zu bewegen, ändert sich nicht, und auch nicht ihre Reaktion auf den Anblick einer Leiche im Vorgarten.

Ruhig fasste er Jeffrey an, um zu überprüfen, ob er wirklich tot war, dann bat er den jüngeren Rogers, bei der Leiche zu bleiben, während er mit einer Taschenlampe die Umgebung ableuchtete, Fußabdrücke untersuchte und Ausschau nach Jeffreys Auto hielt. Auch wenn er es nicht sagte, aber ich hatte das Gefühl, er wollte sichergehen, dass Jeffrey allein war.

Er kam zurück, zog schweigend eine Kaugummipackung hervor, bot mir einen an und fragte mich, was geschehen war. Ich war ziemlich müde und hatte mich wieder auf die Treppenstufen gesetzt. Ich seufzte und gab eine kurze Zusammenfassung der Ereignisse. Irgendwann musste ich sowieso alles noch mal auf Band sprechen.

Beide Polizisten blieben stehen. Rogers blickte zwischendurch immer wieder hinüber zum Wald, eine Hand ständig am Halfter; offenbar traute er seinem Kollegen nicht zu, das Gelände gründlich genug abgesucht zu haben. Hätte sich ein Eichhörnchen in der Nähe bewegt, es wäre erledigt gewesen. Hätte ich mich zu schnell bewegt – was höchst unwahrscheinlich war –, hätte es problematisch werden können. Kline blickte nicht einmal Richtung Wald oder hinüber zu Rogers. Er wusste, dass sich im Wald niemand mehr versteckte, und er wusste auch, dass Rogers zu jung und unerfahren war, um ihm zu glauben.

»So viel konnte ich gar nicht erkennen«, erklärte ich. »Zuerst blendete mich der Scheinwerfer auf dem Dach, und als ich etwas hätte erkennen können, waren beide Männer zwischen den Bäumen verschwunden. Immer wieder war der Mond wolkenverhangen, und dann war es jedes Mal stockfinster. Wenn doch etwas zu sehen war, schoss ich, aber ich traf nicht. Allerdings sah ich, wie Jeffrey auf den Wald zurannte, nachdem er ins Schussfeld zwischen Gary und mich geraten war. Ich rief Gary, dann sah ich, wie er die Verfolgung aufnahm. Den Rest soll er Ihnen selbst erzählen.«

Kline brummte etwas und sah hinauf zum Dach. »Ein Laken?«, fragte er.

»Ja, kam mir zuerst auch albern vor, aber uns fiel nichts anderes ein.«

»Hat funktioniert.«

»Man kann es kaum glauben.«

»Ein tolles Mädchen«, fügte er hinzu.

»Das auch«, erwiderte ich, war jedoch längst dabei, die Geschichte mit Jeffrey und dem Laken abzuhaken; am liebsten hätte ich gar nicht mehr darüber geredet. Ich hatte eine krisenhafte Stimmung durchlitten, trat aus der Stille hervor, der Einzigartigkeit jener Augenblicke, in denen sich das Leben auf wenige Dinge reduziert. Der Eindruck verblasste bereits, und ich befand mich wieder in der wirklichen Welt. Schon fragte ich mich, was der ohrenbetäubende Lärm und das Adrenalin dem Kind in meinem Bauch angetan hatten, und ich machte mir Gedanken darüber, wie ich Adam gegenübertreten sollte.

18

»Scheiße, Scheiße, Scheiße«, sagte ich. »Wollen Sie mich auf den Arm nehmen, oder was?«

»Geben Sie nicht mir die Schuld«, erwiderte sie. »Ich

überbringe nur die Nachricht.« Das war leicht untertrieben. Lucy war die Anwältin, die das Büro des Staatsanwalts geschickt hatte, um den Überfall auf Gary juristisch zu bewerten und abzuklären, ob gegen die anderen, die mutmaßlich indirekt daran beteiligt waren, Anklage erhoben werden konnte. Bis jetzt sah es ganz so aus, als wäre das nicht möglich.

Wir saßen am Besprechungstisch in Garys Büro. Gary und ich sahen uns angewidert an. »Sie wissen doch genauso gut wie wir«, sagte er, »dass Jim Walker und John Avery ihre Finger dabei im Spiel hatten.«

»Beweisen Sie mir das«, erwiderte Lucy. Sie war eine zierliche Frau und trug ein limonengrünes Kostüm mit einem kurzen Rock. Ihr seidiges Haar war zu einem Dutt oben auf dem Kopf zusammengeknotet, und die weicheren Strähnen, die sich nicht bändigen ließen, standen nun nach allen Seiten ab. Es störte sie offenbar nicht, oder sie bemerkte es nicht einmal. Ich fragte mich, ob sie bei Gericht auch so rumlief. Wenn ja, dann war es wahrscheinlich ganz nützlich. Den Geschworenen erschien sie menschlicher, dem Gegner fahrlässiger. Nur würde letzterer Eindruck nicht allzu lange währen.

»Glauben Sie vielleicht«, fuhr Lucy fort, »wir könnten mit dem Argument kommen, John Avery sei sauer auf den Direktor? Stimmt ja, aber das trifft auf die Hälfte der Insassen zu. Oder mit dem Argument, er und Jim Walker hätten irgendeine Abmachung und deswegen hätte Walker seinen Vetter angestiftet, Gary umzulegen?«

»Ja«, sagte ich, »ich weiß, was Sie andeuten wollen. Aber Terrance hat dieses Gespräch mitgehört.«

»Das hält keiner gerichtlichen Prüfung stand. Zunächst einmal ist Mr. Terrance ein Krimineller, des Kindesmissbrauchs in drei Fällen überführt. Auf das Wort von Kinderschändern geben Geschworene einen Dreck. Wir können es ja mal durchspielen. Sie übernehmen die Rolle von Terrance. Also, Mr. Terrance, wussten Sie, worüber Mr. Walker und Mr. Avery sich unterhielten, als Sie deren Gespräch am Pissoir mit angehört haben? Damit keine Missverständnisse aufkommen, Mr. Terrance: Wir reden hier von dem Gespräch, in dem Mr. Avery angeblich geäußert haben soll, er werde seinen Teil der Abmachung erfüllen, wenn Mr. Walker seinen Teil erfüllt. Von dem Gespräch, in dem Mr. Walker angeblich geantwortet haben soll, das könne er nicht, da die Sicherheitsauflagen seit Clarence' Tod sehr streng seien. Mal angenommen, dieses Gespräch hat stattgefunden – haben Sie irgendeinen Anhaltspunkt, aus dem Sie schließen können, worüber die beiden sich unterhalten haben? Jetzt sind Sie dran«, sagte sie und sah mich unverwandt an.

»Nein«, sagte ich. Was hätte ich sonst sagen sollen?

»Gut, Mr. Terrance. Sie hatten also keine Ahnung, ob es irgendetwas mit dem Gefängnisdirektor Raines zu tun hatte?«

»Nein«, sagte ich erneut.

»Und haben Mr. Avery oder Mr. Walker anschließend irgendetwas gesagt oder getan, das Sie veranlasst hat zu glauben, dieses Gespräch bezöge sich auf Gefängnisdirektor Raines?«

»Nein«, sagte ich.

»Können Sie hier und heute mit Sicherheit sagen, dass dieses Gespräch in irgendeiner Weise mit dem Gefängnisdirektor zu tun hatte?«

»Nein«, sagte ich.

»Also kann es in dem Gespräch um alles Mögliche gegangen sein. Zum Beispiel um die Zurückzahlung von Schulden aus einem Pokerspiel. Zum Beispiel um einen Gefallen, den man jemandem tun wollte und der – möglicherweise, wenn überhaupt – nur einen geringen Verstoß gegen die Regeln und Bestimmungen des Gefängnisses bedeutet hätte.«

»Ja«, sagte ich widerstrebend.

»Ich könnte immer so weitermachen«, erklärte sie. »Als Verteidigerin würde ich Terrance sogar eine Liste möglicher Themen vorlegen und ihn fragen, um welche es in dem Gespräch seiner Ansicht nach bestimmt nicht gegangen sei. So eine Liste abzuarbeiten würde ziemlich lange dauern. Und es gibt noch etwas, auf das wir keine Antwort haben: Wer hat Clarence getötet?«

Gary und ich schwiegen.

»Wer hat versucht, Stacy zu Brei zu schlagen?«

»Einer von denen«, sagte ich. »Mit Sicherheit.«

»Mit Sicherheit?«, erwiderte Lucy. »Wie kommen Sie darauf? Nichts wissen wir mit Sicherheit, gar nichts.«

»Na ja«, sagte Gary grimmig. »Jeffrey jedenfalls haben wir erwischt.«

»Und mehr werden Sie auch nicht erwischen«, sagte sie.

Ich verkniff mir jede Bemerkung. Ja, Jeffrey hatten wir erwischt – das heißt, Gary hatte ihn erwischt –, und wenn ich Lucy so reden hörte, war mir wieder klar, warum Gary ihn erschossen hatte. Andererseits: Wenn Jeffrey noch am Leben wäre, hätten er und Jim sich vielleicht gegenseitig verraten. Ohne Jeffrey als potenziellen Zeugen würde Jim davonkommen, und Avery auch. Das war die Wahrheit, leider.

»Jeffrey können Sie auf der Habenseite verbuchen«, fuhr Lucy fort. »Das ist aber auch schon alles. Sonst haben Sie nichts. Sie haben zum Beispiel keinen blassen Schimmer, wie die Drogen ins Gefängnis gelangt sind.«

»Irgendwie hängt die Druckwerkstatt da mit drin«, sagte ich matt. Lucy bat mich nicht einmal mehr, das zu beweisen.

»Sie können weder Avery noch Walker in einen Zusammenhang mit dem Mord an Clarence oder dem Überfall auf Stacy James bringen. Sie haben keinerlei Beweise, dass Walker den Anschlag auf Gary eingefädelt hat.«

»Ich bitte Sie«, sagte ich. »Jeffrey hat Gary ja nicht einmal gekannt. Er hatte überhaupt nichts gegen ihn. Warum sonst würde er losrennen und versuchen, ihn umzubringen, wenn nicht wegen irgendeines Geschäfts, bei dem er für Avery dessen Wut gegen Gary abträgt und dieser ihm dafür Kontakte zu irgendwelchen Drogenleuten vermittelt? Irgend so einen Deal haben die vereinbart.«

»›Wenn nicht wegen irgendeines Geschäfts‹ – so was zählt nicht vor Gericht«, sagte sie. »Und ›irgend so einen Deal‹, diese Formulierung wäre garantiert nicht zugelassen. Der Prozess würde platzen, wenn Sie sich so ausdrücken.«

Wieder trat allgemeines Schweigen ein. »Hören Sie«, sagte Lucy schließlich. »Ich will hier nicht die Abgebrühte spielen. Ich wäre auch wütend, wenn jemand versucht hätte, mich zu töten, wenn er auf meine Tochter geschossen hätte, mein Auto zertrümmert und beinahe auch mein Haus in Schutt und Asche gelegt hätte. Stinkwütend sogar. Aber mit Stinkwut im Bauch gewinnt man keinen Prozess. Man kann nicht mal einen anstrengen, von gewinnen ganz zu schweigen.« Sie klappte ihren Aktenkoffer zu. »Geben Sie mir Bescheid, wenn sich etwas Neues ergibt. Dann könnte ich die Sache anders bewerten. Ich schwöre Ihnen, wenn Sie irgendwas anzubieten haben, so fadenscheinig es auch immer sein mag, ziehe ich in die Schlacht. Im Augenblick jedoch haben Sie rein gar nichts in der Hand. Noch Lust auf ein Bier?«

»Sehen Sie mich doch an«, sagte ich. »Ich darf ja nicht mal koffeinfreien Kaffee trinken.«

»Entschuldigung«, sagte sie. »Eine Sprite?«

»Ich bin viel zu entmutigt«, antwortete ich.

»Ich muss auch passen«, erklärte Gary.

»Na gut«, sagte sie. »Wie Sie wollen. Machen Sie's gut«, verabschiedete sie sich und ging.

»Wir müssen uns etwas einfallen lassen«, sagte ich, nachdem sie die Tür hinter sich geschlossen hatte. »Ich könnte den Gedanken, dass diese Typen ungestraft davonkommen, nicht ertragen.«

Es war das erste Mal, dass Gary und ich allein waren seit der Schießerei, die erst drei Tage zurücklag. Mir kam es vor wie drei Monate. Anscheinend fiel uns das beiden gleichzeitig auf. Einen Moment lang herrschte Schweigen, dann fing Gary an zu sprechen. »Michael«, druckste er herum, »ich habe mich noch gar nicht bei dir bedankt. Dafür, dass du an dem Abend gekommen bist. Wenn du nicht gewesen wärst, wäre ich bis vors Haus gefahren.« Er wirkte äußerst verlegen. Ich hatte mich auch schon mal in so einer Situation befunden, und sie war mehr als eigenartig. Natürlich war man froh, dass der andere einem das Leben gerettet hatte, dennoch fühlte man sich unwohl, irgendwie hilflos, zu Dank verpflichtet.

»Erzähl das mal lieber Adam«, sagte ich. »Er ist drauf und dran, sich von mir scheiden zu lassen, obwohl wir noch gar nicht verheiratet sind.«

»Er wird darüber hinwegkommen«, sagte er. »Warte, bis er das Baby sieht. Als ich Aspasia zum ersten Mal in den Armen hielt, brauchte ich keine Sekunde, um meine Meinung zu ändern. Erst war ich unsicher, ob ich überhaupt ein Kind haben wollte, dann wäre ich bereit gewesen, für Aspasia zu töten. So ein Kind, das ist das Größte überhaupt.«

Wieder schwiegen wir, und ich merkte mit Beklommenheit, dass Gary das Thema anschneiden würde, über das ich eigentlich gar nicht reden wollte. »Ich weiß nicht, was du an dem Abend vor dem Haus gesehen hast, Michael ... oder was du dir zusammenreimst.«

»Gar nichts habe ich gesehen«, sagte ich mit fester Stimme. »Und ich reime mir auch nichts zusammen. Der Polizei habe ich gesagt, es täte mir Leid, dass ich keine große Hilfe sei, aber zum Schluss hätte sich eine Wolke vor den Mond geschoben, und ich hätte nichts mehr erkennen können. Ich habe die Polizei zu dir geschickt, damit du ihnen sagst, was passiert ist, weil ich nämlich nichts gesehen habe.«

»Okay«, sagte er gedehnt.

»Und über etwas, das ich nicht gesehen habe, brauche ich nicht zu sprechen«, ergänzte ich. »Viel wichtiger ist die Frage, was Aspasia gesehen hat. Von ihrem Platz aus hatte man einen viel besseren Blick.«

Er sah mich an, und mir wurde klar, dass er daran überhaupt noch nicht gedacht hatte. Typisch für Erwachsene, immer orientierten sie sich an anderen Erwachsenen. Was ich von der Sache hielt und was ich gesehen hatte, war völlig bedeutungslos. Hätte ich ausgesagt, Gary habe ihn kaltblütig erschossen, hätte Gary es abgestritten, und ich bezweifle, dass sich ein Staatsanwalt gefunden hätte, der Anklage erhoben hätte. Es wäre ein Leichtes gewesen, mir nachzuweisen, ich sei zu weit entfernt gewesen, es sei zu dunkel gewesen, es ließe sich nicht mit letzter Sicherheit feststellen. Und ob gut oder schlecht – nur ungern kritisierten Geschworene im Nachhinein jemanden, der sich gegen einen Mörder zur Wehr gesetzt hatte. Was Aspasia jedoch gesehen hatte – das war von Bedeutung.

»Glaubst du, dass sie es gesehen hat?«, wollte Gary wissen.

»Vielleicht«, antwortete ich. »Hat sie noch nicht darüber gesprochen?«

»Bisher hat sie noch über gar nichts gesprochen, was in der Nacht passiert ist«, sagte er nachdenklich. »Wir wollten sie nicht drängen.«

»Irgendwann wird sie darüber reden müssen«, erwiderte ich. »Übrigens, gute Nachrichten«, fuhr ich fort, hauptsächlich um das Thema zu wechseln. »Stacy kann wieder sprechen, und er redet nicht mal Unsinn.«

»Ich weiß«, sagte Gary. »Er hat heute Morgen ein paar Worte am Telefon gesagt.«

»Hast du heute angerufen?«, fragte ich.

»Nicht nur heute«, antwortete er. »Ich rufe jeden Tag an.«

Ich kann nicht behaupten, dass Adam mir hundertprozentig verzieh. Aber anscheinend hatte er es aufgegeben. Eigentlich hatte er überhaupt nicht viel dazu gesagt. Vielleicht, dachte ich, hat selbst er eingesehen, dass ich mich in einer ausweglosen Situation befunden hatte. Vielleicht war er aber auch zu dem Schluss gekommen, dass ich ein hoffnungsloser Fall war. Wie dem auch sei, der Druck war weg, jetzt wo Jeffrey tot war. Niemand hatte es mehr auf mich abgesehen, soweit wir das beurteilen konnten, und so war es gekommen, dass wir uns in letzter Zeit wenig gesehen hatten. Wenn ich es nicht besser gewusst hätte, hätte man meinen können, er ginge mir aus dem Weg.

»Übrigens habe ich Richard Thompson mal überprüft«, sagte Adam beim Essen. Wir hatten uns zum Abendessen in der Stadt verabredet, um uns auszusprechen, aber irgendwie klappte es nicht so recht. Noch immer konnten wir nicht zwanglos miteinander plaudern, und wir suchten krampfhaft nach Themen, über die wir uns unterhalten konnten. Richard Thompson, Mamas neuer Freund, war ein gefundenes Fressen. »Er hat keinerlei Vorstrafen. Nur ein Knöllchen vor vier Jahren, wegen Geschwindigkeitsüberschreitung. Und das wäre auch schon das gesamte Ausmaß seiner Kontakte mit der Polizei in den vergangenen fünfzehn Jahren.«

»Ganz schön gerissen, der Mann«, sagte ich.

»Ich finde, das hat mit Gerissenheit nichts mehr zu tun«, sagte Adam. »Bist du dir bei ihm so sicher? Ich meine, dass er mit deiner Mutter irgendwas vorhat?«

»Ja, irgendwie schon«, sagte ich. »Er hat es praktisch zugegeben. Ich bin mir nur nicht mehr so sicher, dass es das ist, was ich vermutet hatte.« Hundertmal hatte ich das Gespräch mit Thompson Revue passieren lassen, und es gab da einen Missklang. Mich beschlich das Gefühl, das sich einstellt, wenn man sich in einer Sache ganz einfach geirrt hat; aber sosehr ich mich auch anstrengte, mir fiel keine harmlose Erklärung für den Umstand ein, dass Mama mit hundertzehntausend Dollar nach Las Vegas gereist war.

»Womit verdient er sein Geld?«, fragte ich. »Wenn er das überhaupt nötig hat.«

»Er ist Rentner.«

»Und vorher?«

»War er Direktor einer kleinen Firma.« Das passte nun überhaupt nicht ins Bild. »Und jetzt halt dich fest, Michael. Er ist Mitglied bei SCORE.«

»SCORE?«

»Das ist eine ehrenamtliche Organisation von pensionierten Geschäftsleuten, die jungen, neu gegründeten Unternehmen unter die Arme greifen.«

»Will Mama ein neues Unternehmen in Las Vegas gründen?«, fragte ich ungläubig. »Was denn für eins?«

»Frag sie doch selbst«, sagte er und nahm die Rechnung, die der Kellner gerade gebracht hatte. Was waren das doch für Zeiten gewesen, als wir regelmäßig die Geschäftsführung von Restaurants irritierten, weil wir lange am Tisch sitzen blieben und uns unterhielten. »Fährst du nach Hause?«, fragte er.

»Erst später«, sagte ich. »Ich habe noch eine Sitzung bei

Marion. Bitte, sag nichts weiter.« Er sagte nichts weiter, klugerweise.

Ich hatte noch etwas freie Zeit vor der Sitzung, deswegen ging ich in mein Büro, um meine Berichte zu schreiben. Gerade hatte ich mir die Krankenblätter herausgesucht, da klingelte das Telefon.

»Du warst nicht zu Hause«, sagte Mama. »Da habe ich mir gedacht, dass du in deinem Büro bist.«

»Gut kombiniert, Mama«, erwiderte ich. »Ich wollte dich sowieso anrufen.«

»Ich habe dich in den Nachrichten gesehen«, fuhr sie fort. »Du liebe Güte, Michael. Was lässt du dich als Schwangere in Schießereien hineinziehen? Allmählich glaube ich, dass Gott einer Topfpflanze mehr Grips gegeben hat als dir.«

»Es geht mir gut«, sagte ich. »Und das Baby entwickelt sich prächtig. Danke der Nachfrage.«

»Nie kommst du mal wegen einer guten Sache in die Nachrichten«, sagte sie. »Immer wird jemand erschossen, oder jemand schießt auf dich, oder irgendwas anderes Schlimmes.«

»Ich habe noch nie jemanden erschossen«, entgegnete ich. »Ich hab's versucht, aber ich hab nicht getroffen. Und auf mich wird auch nicht gerade jeden Tag geschossen.«

»Auf die meisten Menschen wird gewöhnlich nie geschossen, Michael.«

»Vielen Dank für deine Unterstützung«, sagte ich. »Ich gebe es auf, Mama. Du verspielst deine Rente anscheinend doch nicht, so viel habe ich jedenfalls mitgekriegt. Du baust irgendeine Firma in Las Vegas auf. Was ist das für ein Geschäft?«

»In Las Vegas? Warum sollte ich eine Firma in Las Vegas aufbauen? Ich lebe nicht in Las Vegas.«

»Mama.«

»Du regst dich wegen nichts und wieder nichts auf, Michael. Warum vertraust du deiner alten Mama nie? Guck dir meine Website an, dann weißt du mehr.«

»Wie bitte?«

»Du hast doch einen Computer, oder nicht?«

»Ja«, erwiderte ich.

»Na, dann«, sagte sie. »Guck sie dir an. Hast du was zu schreiben da?« Sie nannte mir die Adresse. Als sie auflegte, hatte ich meinen Computer schon eingeschaltet.

Ich betrachtete jeden Menschen entweder als Opfer oder als Täter, das war mein Problem. Na gut, Zuschauer gab es auch noch. Aber Mama war noch nie in ihrem Leben Zuschauer gewesen – na ja, vielleicht war ich in meinen Kategorien ein bisschen beschränkt.

»Sie nennt es Mamas kleine Schatztruhe«, sagte ich später zu Marion. »Meine Mutter kauft Schmuck von Pfandhäusern in Las Vegas. Sie wird von einem Juwelier begleitet, der ihr das echte und wertvolle Zeug heraussucht, und dann verkauft sie es übers Internet weiter.«

»Wie alt ist Ihre Mutter?«, fragte Marion.

»Glauben Sie mir, das ist irrelevant«, sagte ich. »Darum geht es nicht.«

»Es ist eine gute Geschäftsidee«, sagte sie.

»Darum geht es auch nicht.«

»Worum dann?«

»Die Landpiraten melden sich zurück.« Marion sagte nichts. »Das ist Familienerbe. Im Ernst. Meine Mutter ist ein Landpirat, eine Lumpensammlerin. Nach jedem Sturm geht sie am Strand entlang und sammelt die Trümmer aus den Schiffswracks ein. Okay, vielleicht sind wir in unserem Familienstammbaum mittlerweile eine Stufe weiter. Sie steht nicht an Tischen herum und animiert andere Leute zum Glücksspiel. Als unsere Familie das letzte Mal diese Phase durchlief, standen die Landpiraten an der Küste und banden ihren Pferden Laternen um den Hals, um Schiffe in die Irre zu leiten und sie auszurauben. Das ist ein bisschen schlimmer.«

Ich konnte nur hoffen, dass es nichts Derartiges war. Eine Sekunde lang hatte ich ein Bild meiner Mutter vor Augen, wie sie neben einer älteren Dame mit einem Diamantring steht, der ihr gefällt, und ihr zuraunt: »Los, mach schon, meine Kleine.« – »Nein, so was würde sie niemals tun!«, sagte ich zu dem Bild. »Ich weiß nicht«, sagte ich zu Marion, »ob sie die Schiffe plündern würde oder nicht. Da unten wimmelt es nur so von verzweifelten Menschen, die ihre Eheringe und den Familienschmuck versetzen. Und immer sagen sie: ›Ich komme gleich zurück, um ihn wieder einzulösen‹, aber sie kommen nie zurück. Und da kommt meine Mutter ins Spiel.«

»Ein Verbrechen ist das nicht«, sagte Marion.

»Nein«, erwiderte ich. »Das ist es ja gerade.«

»Sie billigen es nicht.«

»Ich weiß nicht«, sagte ich. »Ich brächte so was nicht übers Herz. Bei jedem Ring, der mir in die Finger käme, würde ich mich fragen, welche Geschichte dahinter steckt. Ich müsste an den Kummer und die verlorenen Träume all dieser Menschen denken. Ich könnte mich an dem Unglück anderer Menschen nicht bereichern. Es würde mich nur traurig machen. Meine Mutter dagegen würde einfach nur sagen, das seien eben Dummköpfe, selber schuld, dass sie so blöd sind. Wenn sie den Ring nicht kaufte, würde es eben jemand anders tun.«

»Sie hat nicht das Bedürfnis, das Sie haben, nämlich den Ring irgendwie zurückzuerstatten.«

»Das habe ich nicht gesagt.«

»Denken Sie darüber nach«, sagte sie. »Mehr verlange ich nicht von Ihnen.« Urplötzlich wechselte sie das Thema – jedenfalls empfand ich es so. »Was wird jetzt aus Ihrer Freundin Eileen?«

»Eileen? Wie kommen Sie denn auf einmal auf die?«

»Ich finde, Sie beide ähneln sich sehr – in vielerlei Hinsicht.«

»Was? Wir haben nichts gemein, absolut gar nichts.«

»Wirklich nicht?«

»Was meinen Sie bloß damit, Marion?«

»Michael. Feldmäuse fliehen, wenn sie angegriffen werden, und Waldmäuse erstarren. Sind die beiden wirklich so verschieden?«

»Ich weiß nicht. Das liegt an der Umwelt. Feldmäuse fängt man auf offenem Gelände, da liegt es nahe, dass sie weglaufen. Wenn sie stillhalten würden, bräuchte man sie nur zu packen. Waldmäuse haben eine natürliche Deckung. Es ist ganz normal, dass sie sich nicht rühren. Auf diese Weise kann man sie nicht sehen. Das ist einfach nur praktisch. Es hat sonst keinen anderen Grund.«

»Ach, habe ich gesagt, es verhielte sich so herum? Das war mein Fehler. In Wahrheit sind es die Feldmäuse, die erstarren, und die Waldmäuse rennen weg.«

Es trat Schweigen ein.

»Wollen Sie damit sagen ...«

»Das man für alles einen Grund finden kann, alles erklären kann. Aber irgendwann versagen auch die Erklärungen. Suchen Sie in Ihrer Vergangenheit nach Gründen, wenn Sie wollen, oder auch in Eileens Vergangenheit. Es ändert nichts an dem grundlegenden Wesen von Ihnen beiden. Warum auch immer – Eileen jedenfalls hatte stets das Gefühl, Sicherheit fände sich nur im Stillstand, während Sie immer das

Gefühl hatten, Sicherheit fände sich nur in der Bewegung. Eigentlich sind Sie beide sich sehr ähnlich. Sie beide treibt das Gleiche an. Nur dass Sie das Bedürfnis haben, auf andere zuzugehen, für andere zu büßen. Das hat sie nicht.«

Sie lachte über meine verdutzte Miene. »Schauen Sie mich nicht so empört an, Michael. Der Wunsch nach Sicherheit ist ein starker Trieb, er treibt jeden Menschen an, jeden, Ihre Mutter vielleicht ausgenommen. Was dem einen Sicherheit verspricht, mag für den anderen ein unnötiges Risiko sein, das ist der einzige Unterschied.«

Ich erwiderte nichts. Zu gern hätte ich geglaubt, mein Drang, immer in Bewegung zu bleiben, sei Ausdruck meiner Abenteuerlust, aber zweifellos mischte sich auch eine kleine Portion Angst darunter. Na gut, eine große Portion Angst. Intimität hatte mir schon immer mehr Angst gemacht, als nachts bei Regen unter einer fünfzig Meter aufragenden Felswand zu kampieren. Eigentlich war ich ganz gut damit gefahren.

»Nur ...«, ergänzte sie.

»Was?«, fragte ich.

Sie zuckte mit den Schultern. »Nur muss Eileen jetzt für ihr Leben büßen, indem sie sich woandershin begibt, während Sie«, sie sah auf meinen Bauch, »jetzt lernen müssen stillzuhalten. Das wird eine Kraftanstrengung für Sie beide.«

Am nächsten Morgen wachte ich auf und hatte einen Plan. Entgegen Marions Bild von mir, ich sei ein Tugendbold, der durch die Gegend läuft und versucht, die Welt zu retten, sah dieser Plan nicht vor, irgendeine Menschenseele zu retten. Im Gegenteil, ich hatte vor, Jim Walker und auch Avery für ihr Tun zur Verantwortung zu ziehen. Gut, vielleicht half es Eileen, etwas von ihrem verlorenen Stolz zurückzugewinnen. Wenn sie dadurch mit etwas Geld und dem Pfandschein in der Tasche ins Pfandhaus gehen konnte, war das in Ordnung, aber es war nur ein Nebeneffekt. Es war nicht der eigentliche Grund. Marion hin oder her.

Ich dachte an nichts anderes mehr während des Frühstücks; anschließend setzte ich mich in der frischen Morgenluft mit einer Tasse Kaffee auf die Terrasse und überlegte weiter. Die Idee ließ mich nicht los. Abgesehen davon war es besser, überhaupt etwas zu unternehmen, als zu Hause rumzusitzen und sich einzureden, wie schade es sei, dass man nichts machen könne. Ich ging zum Telefon und rief Gary an.

Die Fahrt nach Nelson's Point ging wie im Flug vorbei. Wenn man mit seinen Gedanken woanders ist, kommt einem das immer so vor. Dutzende von Szenarios spielte ich durch, wo der Plan scheitern könnte, aber ich fand keinen Grund, es nicht wenigstens zu probieren. Wenn es schief ging, gut, dann ging es eben schief. Manchmal musste man sich im Gewirr eine Rinne suchen und sich daran festhalten. Es ist wie beim Kajakrennen. Man weiß, dass dort Steine im Wasser lauern, und man weiß, wo man zusammenstoßen kann. Aber das sind nun mal die Risiken, die man eingeht, wenn man sich auf den Fluss begibt. Diese Rinne durch die Stromschnellen war nicht ungefährlich, aber es war eine Chance.

Ich erreichte das Gefängnis, überwand alle Sperren und setzte mich zu Gary ins Büro. Meine Aufregung konnte ich kaum verbergen. »Ich habe mir Folgendes überlegt«, sagte ich. »Wir haben doch keinerlei Beweise, die Jim und Avery mit der Tat in Verbindung bringen, oder?«

»Bislang nicht«, erwiderte er verbissen.

»Gib's auf«, sagte ich. »Wir werden keine finden. Wir müssen die beiden gegeneinander ausspielen.«

»Das klappt nicht«, erwiderte er.

»Wart doch erst mal ab. Wir brauchen ein Druckmittel,

das heißt, wir brauchen jemanden, der etwas weiß, damit die Dominosteine anfangen zu kippen. Also, wer weiß noch etwas?«

»Du meinst, außer den beiden?«

Ich nickte.

»Die Häftlinge, die sich umdrehten, kurz bevor die Rauferei losging«, kam es wie aus der Pistole geschossen. »Wenn man davon ausgeht, dass das damit in Verbindung steht.« Wir wussten beide, dass das der Fall war.

»Natürlich, aber gegen die haben wir kein Druckmittel in der Hand. Die haben keinen Grund, sich der Gefahr auszusetzen, von Jim, Avery oder deren Handlangern getötet zu werden. Und jetzt sag nicht, das sei in einem Gefängnis in Vermont unmöglich. Das nimmt dir jetzt keiner mehr ab. Sehr wahrscheinlich war das sogar mit ein Grund dafür, dass Clarence umgebracht wurde, nur um deutlich zu machen, dass es geht. Nein, ich denke eher an jemanden außerhalb des Gefängnisses.«

Er sah mich ausdruckslos an.

»Da gibt es zwei Personen«, sagte ich. »Joanna, Jeffreys Frau. Das wäre eine Möglichkeit, aber Joanna weiß nicht allzu viel – allerdings muss das Jim nicht unbedingt bekannt sein. Und sie könnte uns weiterhelfen. Sie hasst Jim, und ich wette, dass sie ihm die Schuld an Jeffreys Tod gibt. Die andere Person ist Eileen.«

Er richtete sich kerzengerade auf, und seine Miene wurde grimmig. »Ist Eileen in die Sache verwickelt?«

»Nein«, sagte ich, »nicht in die Mordfälle und auch nicht in den Überfall auf dich. Sie glaubt immer noch, Jim wäre zu so etwas nicht fähig. Aber sie ist ins Grübeln geraten. Und ich wüsste da etwas, das sie restlos überzeugen würde.«

»Na gut, aber selbst wenn dir das gelänge, hätte sie uns trotzdem nichts zu bieten.«

»Doch, hätte sie wohl, sie weiß es nur nicht. Sie hat etwas, aus dem wir schließen können, wie die Drogen ins Gefängnis gelangt sind. Wenn wir das herauskriegen, wäre ein Anfang gemacht.« Den Rest erzählte ich ihm nicht. Ich wollte es ihm lieber nach und nach beibringen.

»In Ordnung«, sagte er. »Willst du mit Eileen reden?«

»Noch nicht«, erwiderte ich. »Zuerst muss ich mit Calvin reden – der Typ, mit dem sie gevögelt hat. Und ich brauche die Erlaubnis, ihm ein Geschäft vorzuschlagen.«

»Warum willst du das machen?«, fragte Gary. »Überlass das den Sicherheitsbeauftragten. Sag uns, was du willst, und wir übernehmen die Sache.«

»Das kann ich nicht«, sagte ich. »Weil ich diejenige bin, die mit Eileen reden muss. Ich muss Eileen davon überzeugen, dass Calvin die Wahrheit sagt und nichts erfindet, weil ihr ihn unter Druck setzt. Er wird nämlich etwas sagen, das sie ganz bestimmt nicht gerne hören wird, und sie würde sich an jede Ausrede klammern. Wie soll ich ihr das beibringen, wenn ich es aus dritter Hand erfahre? Sie wird der festen Überzeugung sein, ihr hättet Calvin erpresst und alles wäre nur eine dicke Lüge. Du kennst sie doch, sie vertraut dir in dieser Angelegenheit nicht.«

»Und warum sollte sie dir vertrauen?«, fragte er. »Ihr habt euch in den vergangenen fünfzehn Jahren kaum gesehen.«

»Sie wird mir vertrauen«, antwortete ich. »Das hat mit einem Obstmesser in einer Brotschachtel zu tun.«

Gary sah mich verständnislos an.

»Macht nichts«, sagte ich. »Sie vertraut mir. Wenn ich's dir doch sage.«

Calvin grinste höhnisch, vom ersten Moment an, als er den Raum betrat. Vielleicht war ihm das Vergnügen mit Eileen zu Kopf gestiegen. Er musterte mich von oben bis unten, wie Schüler es gerne tun, wenn sie anzüglich erscheinen wollen. Calvin war ein ausnehmend unattraktiver Mann mit einem flachen Gesicht, ungesunder Haut, schlechten Zähnen und einer Brandwunde an einer Seite des Gesichts und am Hals. Seine Augen waren klein und kalt und blickten dumpf. Er selbst war riesig und massig, jedes Bein ungefähr so dick wie meine Taille. Kurz musste ich an seine lange und facettenreiche Biografie der Gewalt denken, die bis in seine Jugend zurückreichte. Und ich dachte an das Hausmädchen, dessen Kehle er durchtrennt hatte, nachdem er sie vergewaltigt hatte. Ein Kerl, der einem Angst machen konnte. Eileen tat mir Leid; es musste sie einige Überwindung gekostet haben, für so einen Typen die Beine breit zu machen.

»Mr. Calvin«, sagte ich. »Ich bin Dr. Stone. Ich bin hier, weil ich mit Ihnen über Dr. Steelwater reden möchte.«

Er schnaubte und lachte dämlich. »Ich habe dazu nichts mehr zu sagen«, entgegnete er.

»Mr. Calvin. Ich will gleich zur Sache kommen. Sie haben für diesen Verstoß dreihundertsechzig Tage Isolationshaft aufgebrummt bekommen. Isolationshaft ist kein Zuckerschlecken. Was würden Sie dazu sagen, wenn wir sie auf hundertachtzig verkürzen?«

Sein Blick verengte sich, er hörte auf zu grinsen und musterte mich genau. »Jetzt, wo ich Ihre Aufmerksamkeit habe, möchte ich Ihnen sagen, was wir von Ihnen wollen. Es ist ganz einfach. Sie waren nie bereit, über den Zwischenfall zu reden. Ich möchte gerne wissen, was passiert ist.«

»Ich habe denen doch erzählt, wie es war. Ich und Frau Doktor haben einen losgemacht. Was soll ich da noch groß zu sagen?«

»Ich möchte nicht, dass Sie mich belügen. Wenn Sie irgendwas erfinden, egal was – weil Sie vielleicht der Meinung sind, es ist das, was ich hören will –, dann werde ich mit allen mir zur Verfügung stehenden Mitteln dafür sorgen, dass Sie Ihre Zeit in der Isolationshaft in Gänze absitzen. Ich werde persönlich jeden Beamten bitten, dauernd zu prüfen, ob Sie einen Verstoß begangen haben, sei er noch so gering, weil ich darauf baue, dass Ihre Haftzeit dann verlängert wird. Ich wiederhole also nochmals, lügen Sie mich nicht an, Mr. Calvin. Deswegen bin ich nicht hergekommen.«

Er zuckte mit den Achseln.

»Wir schlagen Ihnen folgenden Deal vor. Uns liegen Beweise vor, dass noch ein anderer Häftling an der Sache beteiligt war. Er sagt aus, Sie hätten ihm mit dem Tod gedroht, wenn er Dr. Steelwater nicht dazu bringen würde, Sex mit Ihnen zu haben.«

Seine Augen weiteten sich ein wenig, und er runzelte die Stirn. »Ich habe niemandem gedroht. Wer behauptet das?«

»Eigentlich habe ich mir schon gedacht, dass Sie niemandem gedroht haben. Aber der Häftling besteht auf seiner Aussage. Und deswegen bin ich hier. Ich finde, er darf nicht einfach so davonkommen, und Sie sollten nicht die ganze Last tragen, falls er tatsächlich beteiligt war. Ich weiß, dass Dr. Steelwater und Sie nicht Sex miteinander hatten, weil sie beide verknallt ineinander waren. Der andere Häftling sagt, Sie hätten ihm gedroht. Das klingt plausibel. Jetzt haben Sie Gelegenheit, Ihre Version der Geschichte zu erzählen, Mr. Calvin.

Sie haben die Wahl: Sie können mir sagen, was zwischen Ihnen und dem anderen Häftling vorgefallen ist, Sie können mir die Wahrheit sagen. Wenn Sie dazu bereit sind, reduziert sich Ihre Zeit in der Isolationshaft um die Hälfte, falls Ihre Aussage einer Überprüfung standhält. Oder Sie werden wegen Erpressung belangt. Wenn Sie uns nicht sagen, was passiert ist, bleibt uns keine andere Wahl, als uns an das zu halten, was der andere behauptet. Wir werden Sie also wegen Erpressung drankriegen, zusätzlich zu den anderen Vorwürfen, was im Endeffekt darauf hinausläuft, dass Sie noch einmal dreihundertsechzig Tage Isolationshaft bekommen. Also, entscheiden Sie sich, Mr. Calvin. Mir ist es egal.«

Calvin ließ sich den Vorschlag durch den Kopf gehen. »Könnte gefährlich sein. Über die Leute hier zu reden.«

»Wir verlegen Sie in ein anderes Gefängnis«, sagte ich, »sollten Sie Bedenken haben. Das ist üblich, wenn man um die Sicherheit eines Häftlings fürchtet. Darüber hinaus sind Sie ja in Isolationshaft. Sicherer geht es nicht. Außerdem scheinen Sie mir jemand zu sein, dem nur sehr wenige Menschen Angst einjagen können. Bei Ihrem Vorstrafenregister sollte sich lieber Ihr Gegner in Acht nehmen.« Er lachte in sich hinein, und seine Augen leuchteten vor Stolz. Meine Güte, dachte ich, schon verrückt, worauf Menschen stolz sein können. Es war sowieso alles Theater. Er wollte nur Zeit gewinnen, während er sich die Sache überlegte.

»Er bleibt bei seiner Geschichte, Mr. Calvin. Wenn wir Ihre Seite nicht hören, müssen wir uns mit dem zufrieden geben, was wir haben. Sie haben nichts zu verlieren. Falls Sie ihn beschützen, kann ich nur feststellen, dass er Ihnen den Gefallen nicht erwidert. Sie wollen also für jemanden büßen, der Sie verraten und verkauft hat? So viel Dummheit muss bestraft werden.« Seine Strafe hätte er auch so verdient, aber das wollte ich jetzt lieber nicht vertiefen.

»Jim Walker ist ein Schwätzer«, sagte er schließlich. »So wie er es Ihnen erzählt hat, war es nicht.« Dann hörte ich mir seine Version an.

Ich saß mit dem Tonband in der Hand in meinem Wagen vor Eileens Haus, aber ich stieg nicht aus. Lohnte es sich, das anstehende Gespräch mit ihr zu führen?, überlegte ich. Es würde für sie alles andere als angenehm werden. Auf einen Menschen zu setzen und einen Reinfall zu erleben, das konnte jedem mal passieren, etwas ganz anderes aber war es, wenn mit gezinkten Karten gespielt wurde. Eileen hatte ihre Zweifel, was Jim betraf, aber sie hatte nicht die leiseste Ahnung, was für ein Mensch er wirklich war. »Hallo, Eileen«, sagte ich in meiner Fantasie. »Ich bin gekommen, um dir die Schmach deines Lebens zu bereiten. Mach schon mal Platz auf dem Sofa. Ich geselle mich gleich dazu.«

Ich wollte gerade aussteigen, da öffnete sich die Haustür, und Eileen trat heraus. »Michael«, sagte sie, auf den Wagen zugehend. »Was machst du denn hier draußen? Ist dir nicht gut?« Sie sah besorgt aus, und sofort fühlte ich mich noch elender.

»Es ist alles in Ordnung.« Ich seufzte. »Ich habe nur nachgedacht.«

»Hast du Wehen?«

»Nein, nein. Es geht mir gut.« Ich öffnete die Wagentür und stieg aus. Meine Magenschmerzen waren schlimmer als neulich auf dem Weg zu Garys Haus, an dem Abend, als Jeffrey ihm auflauerte. »Kann ich reinkommen? Ich muss mit dir reden.«

Sie ging voraus, immer noch besorgt, doch jetzt mischte sich eine Spur Angst in die Besorgnis. Bestimmt spürte sie, dass mein Zögern mit ihr zu tun hatte.

Ich setzte mich aufs Sofa, und Eileen ließ sich mir gegenüber nieder. Jetzt sah sie richtig erschrocken aus. Sie bot mir weder Tee noch Kaffee an, und es war, als würde sie den Atem anhalten. »Hast du von dem Überfall auf Gary gehört?«, fragte ich.

Sie nickte. »Ich habe versucht, ihn anzurufen, aber ich bin nicht durchgekommen. Ich habe eine Nachricht hinterlassen.«

»Wusstest du, dass der Mann Jim Walkers Vetter war?«
Eileen versank förmlich in dem Sofa.

»Es kam nicht in den Nachrichten, weil das Büro des Staatsanwalts diese Information nicht an die Medien weitergegeben hat. Die Polizei ermittelt noch, und es sollte ihre Arbeit nicht stören. Und deswegen«, ich holte tief Luft, »beschäftigen wir uns wieder mit Jim.«

»Michael, er –«

Ich unterbrach sie. »Und das hier ist das Ergebnis«, sagte ich und hielt das Band hoch.

Sie nahm es mir nicht ab, sie sah es nur an wie ein böses Tier. Ich hatte das seltsame Gefühl, ich wäre die Schlange und hielte Eva den Apfel hin. Danach wäre nichts mehr so wie vorher. »Es ist schlimm, oder?«, sagte sie.

»Ja«, antwortete ich leise. »Sehr schlimm.«

»Warum soll ich es mir dann anhören?«, sagte sie verzweifelt. »Vielleicht will ich es ja gar nicht wissen.«

»Weil wir auf deine Hilfe angewiesen sind«, erwiderte ich. »Andernfalls kommt er mit dem, was er Gary angetan hat, davon. Du darfst nicht vergessen, dass sein Vetter nicht nur Gary töten wollte. Auch auf seine Tochter hat er geschossen. Sie ist elf Jahre alt, und er hat versucht, sie zu töten. Und noch etwas: Du wirst am Ende vielleicht besser dastehen, als du es dir jetzt vorstellen kannst. Aber zuerst musst du da durch.«

Sie rührte sich immer noch nicht. »Ich kann dich nicht dazu zwingen, dir das Band anzuhören«, sagte ich. »Aber ich rate dir, mach es. Ich weiß vielleicht nicht viel, Eileen, aber ich weiß, was eine Illusion ist. An deinem Glauben an Jim festzuhalten, wird dich viel zu viel Energie kosten. Jim ist nicht der, für den du ihn hältst, und je stärker du leugnest, wer er wirklich ist, desto mehr verschlingt es dich. Das einzig Gute an der Realität ist, dass sie sich als wahr erweist.

Unwahrheit kostet einfach nur viel; man vergeudet dermaßen viel Zeit und Energie und seelischen Aufwand damit, die Illusion aufrechtzuerhalten, dass vom eigenen Leben kaum etwas übrig bleibt. Verstehst du, was ich meine?«

Sie reagierte erst nicht, doch dann nickte sie leicht. Sie hatte mich die ganze Zeit über nicht angeschaut; stur blickte sie auf das Band, das ich ihr immer noch entgegenhielt.

»Außerdem lässt es sich wenigstens teilweise wieder gutmachen.« Sie warf mir einen hastigen Blick zu. »Ja«, sagte ich. »Wirklich.«

Bedächtig nahm sie mir das Band aus der Hand, und wortlos ging sie zur Stereoanlage im Regal neben dem Sofa. Sie legte die Kassette ein, drückte die Play-Taste und setzte sich wieder hin. Zuerst kam meine Stimme, und ich beobachtete Eileen, die zuhörte, wie ich Calvin rumkriegte. Ich wollte, dass sie sich selbst ein Bild davon machte, ob wir ihn zu einer Lüge gezwungen hatten oder nicht. Dann kam die Stelle, vor der ich mich am meisten fürchtete.

»Einmal habe ich ihn aus ihrem Büro kommen sehen, als ich gerade die Papierkörbe auf dem Flur leerte. Er knöpfte sich das Hemd zu, und er lächelte irgendwie so komisch. Als er an mir vorbeiging, zwinkerte er mir zu, und da habe ich ihn angehalten.

Ich sag zu ihm: ›Hey, Jim, hast du was vor die Flinte gekriegt?‹ Er widersprach nicht. Er lächelte wieder so komisch und sagte: ›Wie kommst du denn darauf?‹ Er wollte weitergehen, aber ich sag zu ihm: ›Du musst noch lernen, alles mit deinen Freunden zu teilen, Jim. Ich würde auch gern was von dem Fruchtfleisch abkriegen.‹

›Warum sollte ich dir was abgeben?‹, sagte er.

›Weil man nie weiß, wann man mal einen Freund braucht‹, sagte ich. ›Wenn du hier dein eigenes Ding durchziehst und Avery dich kalt erwischt, hast du ihn gegen dich, dann wachst du eines schönen Morgens mit einem Messer zwischen den Rippen auf. Dagegen kannst du kleiner Saftarsch gar nichts machen. Du brauchst jemanden, der dir den Rücken freihält, mein Junge. Lass mich auch mal ran an die Möse, und du hast einen Freund fürs Leben. An mir vergreift sich Avery nicht so schnell, das würde er sich zweimal überlegen.‹

Er blieb noch 'ne Minute stehen, dann sagt er: ›Da könntest du Recht haben, Kumpel. Vielleicht lässt sich was arrangieren. Ich überleg's mir.‹

Eines Abends, ein paar Tage später, ich komme gerade aus dem Aufenthaltsraum, da winkt er mich zu sich und fragt: ›Noch interessiert?‹

›Klar‹, sage ich. ›Gibt ja sonst nichts hier. Ich nehme alles, was ich kriegen kann.‹

Er sagt, er würde mich einmal ranlassen, nur einmal. Mehr könnte er mir nicht versprechen. ›Reicht dir das?‹

›Ist mehr als gar nichts‹, sage ich zu ihm.

Aber nichts passiert, und ich denke schon, er hat's vergessen. Ein paar Wochen gehen ins Land, und ich höre nichts von ihm. Dann bin ich eines Abends wieder auf dem Flur, sauber machen, da steckt Jim den Kopf durch die Tür und sagt: ›Bereit?‹ Mehr nicht.

›Klar, Mann‹, sag ich. Jim kommt raus und winkt mich rein. ›Besorg's ihr, dass ihr Hören und Sehen vergeht‹, flüstert er mir zu. ›Ist deine einzige Chance.‹ Ich gehe rein, und sie wartet schon auf mich. Sie hat kein Unterzeug unter ihrem Kleid. Ich sag keinen Ton. Ich mach meine Hose auf, schieb ihr das Kleid hoch und drück ihr mein Ding rein. Sie wendet das Gesicht ab, aber das stört mich nicht. Ich ficke sie im Stehen, gegen den Schreibtisch gelehnt, und ich bürste sie gut durch.«

Es folgte eine Pause auf der Kassette, an die ich mich gut

erinnerte. Calvin hatte irgendwo in die Ferne geschaut, mit einem Lächeln auf den Lippen, bei dem sich mir der Magen umdrehte. Dann hatte er leise gesagt: »Sie war nass unten rum, als ich ihn reinschob. Ich glaube, Jim hatte sie vorher schon durchgefickt. Aber ich hab nichts gegen einen feuchten Nachschlag. Kommt aufs Gleiche raus. Fand ich sogar mal ganz nett zur Abwechslung, 'ne nasse Alte.« Calvin hielt erneut inne. Dann warf er mir einen Blick zu, lächelte immer noch und erwartete irgendeine Reaktion von mir. Ekel? Angst? Den Gefallen tat ich ihm nicht, meine Miene blieb ausdruckslos. Nach einigen Sekunden fuhr er fort.

»Danach wollte Jim, dass ich ihm alles erzählte. Aber da gab's nicht viel zu erzählen. Ich hab sie gefickt, rein, raus, mehr nicht. Ich weiß nicht, was er von mir hören wollte. Aber er bat mich immer wieder, ihm alles haarklein zu erzählen. Drüber reden, so was geilt ihn auf. Er hat mich gefragt, ob ich die behaarten Mösen schärfer finde. Immer wieder sagte er, sie wäre 'ne ziemlich behaarte Braut.

Mann, ich habe angefangen, davon zu träumen. Jim konnte immer an sie ran, jederzeit, wann er wollte. Warum nicht auch ich? Ich geh also wieder zu Jim und sag zu ihm: ›Hör mal, Jim, ich will noch mal.‹ Er ist stinkig. ›Wir hatten eine klare Abmachung‹, sagt er.

›Haben wir immer noch‹, sag ich. ›Was macht es dir schon aus, wenn ich noch mal rankann. Du lässt dir doch sowieso gern davon erzählen.‹ Er fragt mich, ob ich es jemandem weitererzählt habe, und ich sage: ›Bist du bescheuert? Natürlich nicht.‹ Zuerst wollte er nichts davon wissen, aber ich lasse nicht locker. Immer denke ich, sie ist mir zu leicht davongekommen.

Also, das gleiche Spielchen noch mal. Ohne Vorwarnung. Wieder habe ich eines Abends in dem Flur zu tun, da steckt er seinen Kopf durch die Tür und sagt: ›Bereit?‹ Ich wie ein geölter Blitz rein. Diesmal lasse ich mir Zeit mit ihr. Ich zwing sie runter auf die Knie, sie soll mir einen blasen. Dann lege ich sie über den Schreibtisch und fick sie in den Arsch. Ich hab nichts dabei, und sie wimmert die ganze Zeit, während ich sie hinten rannehme. Tat gut, zur Abwechslung mal derjenige zu sein, der das Sagen hat. Sonst tragen sie die Nase immer so hoch. Ich mache alles, was ich mir ausgemalt hatte, alles, wozu ich beim ersten Mal nicht gekommen bin, weil es so schnell gehen musste.

Dann auf einmal kommt so ein Sicherheitsfuzzi rein und verdirbt mir den Spaß. Und das war's. Jim lügt wie gedruckt, wenn er sagt, ich hätte ihm gedroht. Ich habe ihm nicht gedroht. Wenn ich ehrlich sein soll, ich hatte es vor. Aber es war gar nicht nötig.«

Eileen stand auf, stocksteif, und ging zur Stereoanlage. Ihre Hand zitterte, als sie das Gerät ausschaltete; die andere Hand legte sie auf ein Regalbrett. So blieb sie eine Zeit lang stehen und hielt sich fest, klammerte sich förmlich an das Brett. Dann drehte sie sich wortlos um und ging zur Toilette. Ich blieb sitzen, fühlte mich hilflos; ich hörte, wie sie sich übergab. Nach einer Weile ließen die Geräusche nach, die Tür wurde geöffnet, und Eileen verschwand im Schlafzimmer und schloss hinter sich die Tür. Erst war es still, dann hörte ich sie weinen.

Ich erhob mich, ging in die Küche und setzte Wasser auf. Die Wohnung war mindestens so unordentlich wie bei meinem ersten Besuch. Eher gelangweilt fing ich an aufzuräumen, während ich auf Eileen wartete. Ich musste sie eine Zeit lang allein lassen, aber ich wollte auch nicht unnütz herumstehen. Ich räumte die Spülmaschine ein, schaltete sie an und wischte die Arbeitsflächen ab. Ich hatte das gesamte Erdgeschoss geputzt und zwei Tassen Tee getrunken, als sich die Schlafzimmertür öffnete.

Eileen kam heraus; die Veränderungen schienen ihr gar nicht aufzufallen. Im Wohnzimmer setzte sie sich in einen Sessel vor den leeren Kamin. Ihr Gesicht war sehr blass. Sie hatte sich einen Schal um die Schultern geworfen, zitterte aber trotzdem. Sie wirkte verloren, als wüsste sie nicht, wo sie hingehörte. Ich fing an, etwas zu sagen, aber sie stand abrupt auf und ging ziellos in der Wohnung umher. Beim Regal nahm sie etwas in die Hand, ließ es zwischen den Fingern hin und her gleiten, stellte es wieder zurück und ging dann woanders hin. Sie brauchte einige Minuten, aber dann konzentrierte sich ihr Blick auf mich. »Du?«, sagte sie. »Warum bist du noch hier?«

»Wie geht es dir?«, fragte ich.

Sie lachte, und der Klang ihres Lachens machte mir mehr Angst als ihr Verhalten. Ich stand auf, ging zurück in die Küche und kochte uns einen Tee. Ich brachte ihr eine Tasse und stellte sie auf das Tischchen neben ihrem Sessel. »Trink einen Schluck«, sagte ich.

»Wie konnte ich bloß so blöd sein?«, sagte sie; den Tee rührte sie nicht an. »Wie konnte ich bloß so blöd sein?«

»So muss es einem vorkommen«, erklärte ich. »Aber du bist nicht die Erste, die man so hereingelegt hat. Und sicher auch nicht die Letzte. Andere haben solchen Leuten ihr Erspartes übergeben, sie als Babysitter für die eigenen Kinder engagiert, was weiß ich. Sie wirken eben echt, täuschend echt, das ist alles. Mehr steckt nicht dahinter.«

»Wie konnte ich bloß so blöd sein?«, sagte sie erneut. Sie wiederholte die Wörter wie in einer Schleife, und sie wollte nicht hören, was ich sagte. Ich glaube, sie verstand mich überhaupt nicht. Bilder und Szenen gingen ihr durch den Kopf, da war ich mir sicher. Szenen und Unterhaltungen, Briefe, der Sex. Jeder Kontakt, den sie mit Jim Walker gehabt hatte, blies ihr wie ein scharfer Wind ins Gesicht, und jeder wurde im Licht der Kassette neu interpretiert. Es würde eine Zeit lang dauern, bis Eileen auf diese Welt zurückkehrte. Sie stellte die Möbel in ihrem Kopf um, und Möbelrücken ist, wie jeder weiß, körperlich schwere Arbeit. Ich blieb einfach sitzen und wartete ab. Ich wusste, dass ich so schnell nicht von hier wegkommen würde.

Erst am nächsten Morgen kam ich dazu, mit Eileen zu reden. Sie hatte mich nicht gebeten dazubleiben; ich hatte es von mir aus getan, und wenn es nur aus der Angst heraus geschehen war, sie könnte sich etwas antun. Eileen hatte alles gegeben und nichts bekommen. Das Opfer, das sie gebracht hatte, war nur ein billiger Trick gewesen: Sie hatte sich wirklich blöd verhalten, da gab es nichts zu beschönigen. Sie hatte ihren Arbeitsplatz verloren, ihr Haus, ihre Zulassung, ihren Beruf, zwanzig Berufsjahre, ganz abgesehen von der Achtung ihrer Kollegen, Freunde und Bekannten. Sie wusste jetzt, dass sie mit ihrem »unschuldigen« Geliebten niemals ein gemeinsames Leben aufbauen würde. Es gab kein Vor und kein Zurück. Sie war benutzt worden, missbraucht und abgeschoben, und sie selbst hatte an ihrer Zerstörung mitgewirkt. Sie war zu bedürftig, zu anhänglich gewesen, um das zu durchschauen. Menschen haben sich schon aus nichtigerem Anlass das Leben genommen.

»Wie geht es dir?«, fragte ich. Sie war aus dem Schlafzimmer aufgetaucht, und diesmal nahm sie die Tasse Kaffee, die ich ihr anbot.

»Beschissen«, sagte sie. »Wie sonst?«

»Beschissen«, wiederholte ich.

»Du bist ja immer noch hier«, stellte sie plötzlich fest. Es hörte sich matt an, aber es war ein Zeichen, dass sie wieder anwesend war. Sie war gefasst, sie war zu Hause, ein entscheidender Fortschritt.

»Ich habe mir Sorgen um dich gemacht.«
»Hat sich Gary das Band angehört?«
»Ja.«
»Wer noch?«
»Sonst keiner.«
»Wer kriegt es noch zu hören?«
»Ich kann nichts versprechen. Wir haben darauf vielleicht keinen Einfluss, aber wir können versuchen, dass es niemand sonst zu hören bekommt.«
»Wie konnte ich bloß so blöd sein?«
»So etwas kommt vor. Es tut mir Leid, wirklich Leid.«
»Wie kommt es, dass du dich mit solchen Leuten auskennst?«, fragte sie unvermittelt. »Ich verstehe das nicht. Du hattest schon immer ein besonderes Gespür für Psychopathen.«
Ich zuckte mit den Achseln. »Das habe ich auch nie verstanden. Ich mache sonst vieles falsch in meinem Leben, aber mit diesen Typen kenne ich mich aus. Ich weiß, wie sie ticken, wie sie denken, und meistens durchschaue ich sie. Frag mich nicht, warum.«
»Wie geht es jetzt weiter? Deswegen bist du doch auch hergekommen, oder?«
»Ja, deswegen bin ich auch hergekommen. Es war aber nicht der Grund, warum ich über Nacht geblieben bin. Wie es jetzt weitergeht? Erst mal reden wir mit Gary. Du gestehst, dass du Sex mit Jim hattest. Ich weiß, das bringt dir, juristisch gesehen, einen weiteren Vorwurf ein, aber ich glaube, da lässt sich was aushandeln. Außerdem können wir Jim damit unter Druck setzen. Und du übergibst Gary die Briefe. Ich muss immer an diesen einen Brief denken, den mit den verschmierten Stellen darauf. Hast du den noch?«
Ich merkte plötzlich, dass ich den Atem anhielt.
Sie nickte. »Du übergibst ihm den Brief und auch die an-

deren, die Jim dir geschickt hat, und dann soll das Labor die untersuchen. Die verschmierten Stellen könnten uns vielleicht sogar Auskunft darüber geben, wie die Drogen ins Gefängnis geschmuggelt wurden. Vermutlich hat er den gleichen Trick, die Briefe rauszuschmuggeln, dazu benutzt, die Drogen hineinzuschmuggeln. Und dann«, ergänzte ich leise, »lässt du Jim hochgehen.«

Sie sah mich an. »Ich soll Jim hochgehen lassen?«

»Ja«, sagte ich. »Ist das ein Problem für dich?«

»Sag mir nur wie.«

»Das Wie lässt sich machen«, erklärte ich. »Das Wie fällt uns schon noch ein. Das Schwierigste hast du bereits hinter dir.«

»Und das wäre?«

»Dass du dazu bereit bist.«

19

Es war das erste Mal, seit die ganze Sache ins Rollen gekommen war, dass Gary seine ehemalige Angestellte Eileen aufrichtig bedauerte. Erfahren zu müssen, was Jim ihr alles versprochen hatte, und dann die Kassette zu hören, das blieb nicht ohne Wirkung. Er stand auf, als wir ins Zimmer traten, kam hinter seinem Schreibtisch hervor und nahm Eileen in die Arme. Sie brach in Tränen aus und sagte nur immer wieder: »Es tut mir so Leid, Gary. Es tut mir so Leid.«

Gary erwiderte nichts; er hielt sie nur für ein paar Minuten fest. Als er sie losließ, holte er eine Packung Papiertaschentücher und hielt sie ihr hin. »Setz dich«, sagte er. »Es gibt Arbeit. Wird Zeit, dass wir diesen Scheißkerl von seinem hohen Ross runterholen.«

Das hörte ich gern, und ich wollte etwas sagen, doch ich

hielt den Mund; was jetzt kam, musste Eileen von sich aus tun.

»Da wäre noch etwas, das du nicht weißt«, sagte sie. Sie holte die Briefe hervor und übergab sie Gary.

Er sah sie verdutzt an. »Die sind von Jim«, erklärte sie. »Ich habe sie nach meiner Entlassung erhalten. Ich weiß nicht, wie er sie herausgeschmuggelt hat.«

»Riech mal daran«, bat ich Gary. »Vor seinem Tod hat Clarence seiner Mutter noch berichtet, er bekäme einen neuen Job und dass er schon immer einen Riecher dafür gehabt hätte, wenn Ärger bevorsteht. Er hat dabei gelacht, und seine Mutter fand das so komisch, dass sie es mir erzählt hat. Ich glaube, diese Flecken haben irgendwas mit seinem neuen Job zu tun. Außerdem: Dieser Geruch würde selbst einen Hund ablenken. Ich finde, wir sollten die Briefe ins Labor schicken und feststellen lassen, woher der Geruch kommt.«

Gary roch daran. »Die brauchen wir nirgendwo hinzuschicken«, schnaubte er. »Die Briefe riechen nach Toner, der Druckerfarbe für Kopiergeräte.« Er griff zum Telefonhörer und wählte eine Nummer.

»Kann ich bitte Henry sprechen?«, sagte er. »Direktor Raines am Apparat.«

»Henry?«, formte ich stumm mit den Lippen.

Gary bedeckte mit der Hand das Mundstück. »Rudolph ist für die Zeit der Ermittlungen beurlaubt«, sagte er. »Für die Übergangszeit haben wir einen Vertreter.«

Er nahm die Hand weg und wandte sich wieder seinem Gesprächspartner am Telefon zu. »Henry?«, sagte er. »Was für einen Toner benutzen wir für unsere Maschinen?« Henrys Antwort konnten wir nicht verstehen, aber ihm musste diese Frage höchst seltsam erschienen sein.

»Ist das so ein Trockenpulver?«, fragte Gary weiter. Diesmal kam die Antwort prompt. »Könnten Sie eine in mein

Büro bringen?«, sagte er schließlich, und seine Stimme nahm einen genervten Ton an. »In mein Büro. Sofort. Danke.«

»Versiegelte Kartuschen«, sagte er. »Wie wir das jemals nachweisen wollen, ist mir ein Rätsel. Ich komme mir wie der letzte Esel vor. Jims Vetter hat die Kartuschen einfach präpariert, und die Häftlinge haben sie entfernt, wenn sie angeblich die Maschinen reparierten.«

»Während Jim«, ergänzte ich, »Rudolph mit Horrorgeschichten von seiner schlimmen Kindheit ablenkte.«

»Gary«, sagte Eileen. »Ich glaube, die Männer haben meine Gruppe dazu benutzt, die Drogen an die Häftlinge in den verschiedenen Zellenblocks zu verteilen.« Gary blickte sie an. »Während ich ihnen den Rücken zukehrte. Ich hatte keine Ahnung.« Sie holte tief Luft und sah Gary in die Augen. »Ich unterhielt mich mit Jim. Ich dachte, er wäre deprimiert und bräuchte Hilfe.«

Gary wollte etwas erwidern, aber ich schüttelte leicht den Kopf. Normalerweise hörte er nicht auf mich, aber diesmal tat er es. »Es ist ohnehin zu spät«, entfuhr es ihm. »Ich hätte die Maschinen vorher genauer inspizieren müssen. Als wir hörten, dass der Drucker mit Walker verwandt ist, haben wir den Liefervertrag sofort gekündigt. Der Drogenkonsum ist rückläufig. Es kommen keine Drogen mehr ins Gefängnis, das ist der positive Aspekt und gleichzeitig der negative, denn jetzt haben wir keine Möglichkeit mehr, unseren Verdacht zu beweisen.«

»Mist«, sagte ich. »Immer hinken wir hinterher. Es muss erst einer ermordet werden, ein anderer zusammengeschlagen werden und die Schmuggelei ein Ende finden, bevor wir ihnen auf die Schliche kommen. Einmal müssen wir die Nase vorn haben. Und hier«, ich sah hinüber zu Gary, »kommt Eileen ins Spiel. Sie lässt Jim hochgehen.«

»Ich höre«, sagte Gary.

Wir übten und übten und übten, bis wir alle schlecht gelaunt und frustriert waren. Zwei verschiedene Beamte übernahmen jeweils die Rolle von Jim, beide kannten ihn gut und wussten, wie Psychopathen gestrickt sind. Eileen wirkte manchmal überzeugend, manchmal nicht. »Eins verstehe ich nicht«, sagte sie zum Schluss. »Ich glaube einfach nicht, dass Jim darauf eingehen wird. Wie könnt ihr euch so sicher sein, dass er mir glaubt? Dass ich mich auf so etwas einlasse?«

»Eileen«, sagte ich. »Du bist viel zu gutherzig und moralisch. Du begreifst nicht, dass jeder Mensch denkt, der andere sei genauso wie man selbst. Du hast Jim geglaubt, weil du dachtest, er sei wie du. Aus dem gleichen Grund wird er umgekehrt dir glauben. Jeder Psychopath, wirklich ausnahmslos jeder, der mir bisher untergekommen ist, glaubt, die Menschen wollten ihre Mitmenschen immer nur bescheißen. Wenn die anderen besser bescheißen können als man selbst, dann gehört das eben zum Spiel. Für einen Psychopathen ist jede zwischenmenschliche Interaktion wie ein Footballspiel. Hat man den Gegner geschlagen, hat man fünf Yards hinzuerobert und damit den Angriff für sich entschieden. So einfach ist das. Und er glaubt, du würdest das gleiche Spiel spielen wie sie. Entweder gewinnt er oder du. Für Jim wird es kein Problem sein, dass du fähig bist, andere Menschen zu verraten. Das musst du dir vor Augen halten, sonst gelingt dir die Nummer nicht. Glaubst du, du schaffst es?«

»Wenn ich überzeugt bin, dass er mir das abkauft, dann schaffe ich es auch«, sagte sie und fügte hinzu: »Du kannst einem Angst machen, Michael.«

»Ja, ja, das wird nicht so leicht, das an der Himmelspforte zu erklären«, erwiderte ich. »Lieber Petrus, ich kann wie ein Psychopath denken. Das ist ganz nützlich, das kann ich dir sagen, sogar hier oben. Vielleicht sogar gerade hier oben. Glaubt ihr, so kann ich mich herausreden?« Niemand lachte, aber zumindest schmunzelten sie.

Sie trat ins Besucherzimmer, und Jim stand verdutzt auf. Nur wenige andere Besucher befanden sich im Raum, alle waren in diskretem Abstand platziert worden. »Eileen«, sagte er warmherzig. »Man hat mir ausgerichtet, ich hätte Besuch, aber wer, wollten sie mir nicht mitteilen. Lieber Himmel, dass sie dich überhaupt reingelassen haben!«

Sie legte die wenigen Schritte zurück und setzte sich vorsichtig ihm gegenüber, mit dem Rücken zu dem uniformierten Aufsichtsbeamten neben der Tür. »Das hast du meinem Anwalt zu verdanken«, sagte sie. »Er hat deswegen vor Gericht geklagt. Calvin zu besuchen, das können sie mir verbieten, aber dich zu besuchen ist kein Verbrechen. Ich habe mir in meiner Beziehung zu dir nie irgendein Fehlverhalten zu Schulden kommen lassen.«

Jim sah hinüber zu dem Beamten und dann zurück zu Eileen. Er lächelte wieder, aber seine Augen waren wachsam. Die Überraschung war verflogen, und erste Zweifel meldeten sich. Eileen wandte sich ebenfalls halb zur Seite und sah zu dem Beamten. Er beobachtete jedoch ein anderes Paar weiter hinten. Der Mann am Tisch beugte sich vor, um die Hand der Frau zu ergreifen, und der Beamte ging zu ihnen und erklärte, körperlicher Kontakt sei nicht erlaubt. Eileen wandte sich wieder Jim zu und schob ihren Blusenkragen nach hinten, um ihm das kleine Mikrofon zu zeigen, das an der Innenseite ihrer Bluse befestigt war. Sie richtete sich auf, und Jim starrte sie an. Er lehnte sich zurück und wartete ab. Eileen drehte sich erneut zu dem Beamten um, der immer noch bei dem Paar stand und ihnen den Rücken zukehrte.

Rasch fasste sie in ihre Bluse und zog den Stecker aus dem

Mikrofon. Dann beugte sie sich vor. »Die wollen, dass ich dich hochgehen lasse«, sagte sie leise. »Aber so was kann ich nicht. Ich habe mich nur dazu bereit erklärt, damit ich mit dir reden kann.« Der Beamte schlenderte zurück zu seinem Posten, der zu nahe an ihrem Tisch war, um sich vertraulich zu unterhalten. Eileen setzte sich wieder gerade hin und sagte mit normaler Stimme: »Ich finde, du solltest mal mit deinem Anwalt darüber reden, warum die Berufung so lange dauert. Vielleicht kann er ja etwas erreichen.«

Der Beamte streckte sich und fing an, im Kreis durch den Raum zu spazieren. Als er an Eileen vorbeikam, redete sie erneut über juristische Dinge. Kaum war er außer Hörweite, beugte sie sich vor und flüsterte: »Wir haben nicht viel Zeit. Die kommen bestimmt gleich und schließen das Mikrofon wieder an. Eine gewisse Joanna hat mich angerufen. Hör zu: Sie will, dass du Avery sagst, er soll sie auf seine Besucherliste setzen lassen.«

Jim reagierte erst gar nicht, dann sagte er ganz leise: »Warum? Warum will sie Avery besuchen kommen? Was hat sie vor?«

»Sie glaubt«, sagte Eileen und sah sich nach dem Beamten um, der sich am Wasserspender ein Glas zu trinken holte, »... Jeffrey hat ihr gesagt, er würde auf Gary losgehen. Im Gegenzug würde Avery ihm ein paar Kontakte vermitteln, an die er Drogen verkaufen könnte.«

»Ich habe keine Ahnung, wovon du sprichst«, sagte Jim.

»Das brauchst du auch gar nicht zu wissen«, entgegnete Eileen. »Du sollst Avery einfach nur bitten, sie auf die Liste setzen zu lassen. Sie wird dafür sorgen, dass es sich für ihn lohnt.«

»Wie kommt Joanna dazu, sich an dich zu wenden?«, sagte Jim.

»Sie hat doch sonst niemanden«, erwiderte Eileen. »Wen

hätte sie sonst anrufen sollen? Jeffrey hat ihr von dir und mir erzählt, deswegen hat sie sich gedacht, ich könnte vielleicht was bei dir erreichen. Und wenn ich nicht wüsste, was Sache ist, würde ich ihr nicht helfen.

Jedenfalls ist eine große Lieferung angekommen, und Jeffrey ist tot, und sie weiß nicht, was sie mit dem Zeug machen soll. Deswegen will sie mit Avery reden. Das ist alles. Sag ihm Bescheid.«

Wieder drehte sie sich nach dem Beamten um. Dieser hatte seinen Rundgang beendet und war vor der zweiten Tür stehen geblieben. Er war zu weit weg, als dass er sie hätte verstehen können.

»Ich glaube dir nicht«, flüsterte Jim. »Joanna wusste nichts von dem Geschäft. Jeffrey hätte ihr niemals was gesagt. Außerdem würde sie sich nicht auf so was einlassen.«

»Wirklich nicht? Wieso hat sie es mir dann erzählt, wenn sie angeblich von nichts weiß?«, konterte Eileen. »Glaubst du vielleicht, das hat sie auf einer spiritistischen Sitzung erfahren? Jeffrey hat ihr mehr erzählt, als du denkst. Und von wegen, sie würde sich nie auf so was einlassen: Die Frau ist mit Zwillingen schwanger, und Jeffrey ist tot. Wie soll sie sich ihren Lebensunterhalt verdienen? Etwa mit dem Druckereibetrieb? Jetzt, wo der Liefervertrag mit dem Gefängnis gekündigt ist?«

»Irgendwie bist du anders als sonst«, sagte er. »Das hört sich gar nicht nach dir an.«

»Ich habe meine Arbeit verloren, meinen Lebensunterhalt, und vielleicht komme ich in den Knast, das verändert einen, das kann ich dir sagen. Ich bin anders, weil mir nichts anderes übrig bleibt. Es wird sich keiner um mich kümmern, außer ich selbst.«

»Und was springt für dich bei der Sache raus?«

»Ein Drittel des Gewinns. Wach auf, Jim. Ich habe schon

fünfzehntausend Dollar Schulden bei meinem Anwalt. Und das ist erst der Anfang. Ich habe mir die Sache reiflich überlegt. Ich weiß, dass es nicht so zwischen uns steht, wie ich mir eingebildet habe. Aber das ist egal. Ich muss irgendwie an Geld kommen. Ich muss irgendwie an Geld kommen, weil ich schon mit einem Bein im Knast stehe; nur ein guter Anwalt kann noch verhindern, dass ich tatsächlich im Gefängnis lande. Im Moment habe ich keine Arbeit, und so schnell werde ich auch keine kriegen. Mich mit Joanna zusammenzutun, ist die einzige Möglichkeit.

Hör zu«, fügte sie hinzu, einen verstohlenen Blick zu dem Beamten werfend, der immer noch am anderen Ende des Raums war. »Es ist mir egal, was du denkst. Du brauchst mir nicht zu glauben, was ich dir sage. Joanna will überhaupt nichts von dir. Sag Avery nur, er soll sie auf seine Besucherliste setzen.« Sie erhob sich von ihrem Stuhl.

»Ich mache was mit Avery aus«, sagte Jim. »Setz dich. Sag ihr, sie soll mich besuchen. Ich trage sie in meine Besucherliste ein.«

»Das lässt du schön bleiben«, erwiderte sie, setzte sich aber wieder hin. »Denn du, lieber Jim, und dieser inkompetente Mann von ihr, ihr beide habt ordentlich verschissen. Du hast die gewünschte Leistung nicht erbracht, und Joanna glaubt nicht, dass du noch irgendeinen Einfluss auf Avery hast. Sie will persönlich mit ihm reden. Sie meint, sie könnte das mit Geld regeln, eine Einigung mit ihm erzielen – dazu braucht man nicht erst einen Gefängnisdirektor zu überfallen.«

In diesem Moment steckte die Sekretärin den Kopf durch die Tür und sagte: »Ein Anruf für Sie, Dr. Steelwater.«

»Ich komme gleich«, sagte Eileen und wandte sich wieder Jim zu.

»Sie wird sich nicht mit Avery einigen«, sagte Jim.

»Avery wird sich in der Sache nicht bewegen. Der hat nur eins im Sinn. Solange sie nicht zu Ende führt, was Jeffrey angefangen hat, wird es keine Abmachung geben.«

»Sie will es trotzdem versuchen, und sie will nicht erst den Umweg über dich machen«, sagte Eileen. »Sie gibt dir die Schuld an Jeffreys Tod. Sie meint, du hättest Jeffrey eben nicht auf einen ehemaligen Meisterschützen loshetzen sollen. Ein ehemaliger Meisterschütze beim Militär, ausgerechnet. Hast du das gewusst? Wenn du Gary unbedingt kriegen wolltest, hättest du dir was Besseres einfallen lassen sollen, als auf ihn zu schießen. Man versucht nicht, jemanden zu erschießen, der mit seinen Schießkünsten das gesamte amerikanische Militär aussticht.«

Wieder steckte die Sekretärin den Kopf durch die Tür. »Es ist dringend, Dr. Steelwater. Sie möchten bitte gleich kommen.«

»Nichts ist so dringend, wie sie immer behaupten«, erwiderte Eileen kühl. »Sagen Sie denen, ich brauche noch fünf Minuten.«

Jim sah sie überrascht an. »Woher sollte ich wissen, dass er ein Meisterschütze ist?«, antwortete er auf ihre Frage. »Außerdem war Jeffrey auch ein sehr guter Schütze. Es hätte klappen können. Er hatte das Überraschungsmoment auf seiner Seite. Richte Joanna aus, es sei einfach dumm gelaufen. Sag ihr, sie soll zu mir kommen. Sie muss mit mir reden, wenn sie an Avery ranwill.«

Eileen lehnte sich zurück und lächelte. Sogar auf dem Schirm der Überwachungskamera war der Ausdruck in ihren Augen gut zu erkennen. Sie öffnete den Blusenkragen, nahm vorsichtig das Mikrofon ab und sprach hinein: »Kommt rein.« Dann wandte sie sich an Jim. »Schon mal was von Funkübertragung gehört, Arschloch? Was die Technik heute alles so bietet. Großartig!«

Wie zu erwarten, griffen sich beide gegenseitig an. Avery war kein ganz so sicherer Kandidat wie Jim. Ohne Rückendeckung stand man eben ziemlich allein da, das war das Problem. Man ging auf das erstbeste Angebot ein, und Zeuge der Staatsanwaltschaft zu werden und alle Schuld auf Avery abzuwälzen war immer noch ein besseres Geschäft, als mit dieser Tonbandkassette vor Gericht zu gehen – auch wenn die Verteidigung »Falle!« brüllte.

Als Jim erst mal auf Avery losgegangen war, ließ Avery ihn natürlich fallen und zahlte mit gleicher Münze heim. Es bedeutete, dass sie sich gegenseitig belasteten. Am Ende ließ sich die Sache nicht bis ins letzte Detail aufklären. Beide beschuldigten den jeweils anderen, Stacy überfallen zu haben. Beide waren am Tatort gewesen, angeblich um die Maschinen zu reparieren, während Rudolph eine Zigarettenpause eingelegt hatte. Wahrscheinlich würde man nie mit Sicherheit wissen, wer Stacy überfallen und geschlagen hatte, aber das war im Grunde auch bedeutungslos. Beide hatten sie ihn in das Klassenzimmer getragen, vor dem Gesetz galten sie als Mitverschwörer.

Anders verhielt es sich mit dem Überfall auf Clarence. Es war so, wie Jim mir gesagt hatte – wenn ich nur meinen Verstand beisammengehabt hätte, als ich das erste Mal mit Jim darüber sprach! Ich hätte mich erinnern sollen, dass Psychopathen gerne prahlen; wenigstens hätte ich bedenken können, dass er von sich selbst sprach, als er sagte, Clarence würde getötet werden, nur so, um zu punkten. Jim wollte Avery damit zeigen, dass er zu den schweren Jungs gehörte und fähig war, einen Menschen umzubringen. Allerdings hatte ich den Verdacht, dass Jim auch mal den Thrill erleben wollte, wie es war, einen Menschen zu töten. Für unsereins ist so etwas schwer nachvollziehbar, aber ich glaube, er wollte es einfach mal ausprobieren.

Zu diesem Zweck freundete er sich mit Clarence an und führte ihn in der Druckerei ein. Clarence arbeitete sich gut ein, die Drogen blieben ihm nicht verborgen, und das bedeutete, dass er auf jeden Fall verschwinden musste. Kein Problem, es war ja bereits geplant. Jedoch hatte Jim nicht damit gerechnet, dass die Sicherheitsbestimmungen nach dem Mord strenger als je gehandhabt wurden, und es bot sich ihm an keiner Stelle die Gelegenheit, dem Direktor Gleiches anzutun – deshalb brachte er Jeffrey ins Spiel.

Am Ende gab es viele Gespräche mit den Ermittlern, viel Gerede um Abmachungen, aber nie wurde etwas daraus. Lucy, mit zwei Geständnissen in ihrem Aktenköfferchen, war ein harter Verhandlungspartner.

Natürlich würde alles davon abhängen, welchen Richter sie bekamen, und der am leichtesten zu überzeugende Richter, den sie kriegen konnten, wollte sich auf nichts einlassen. Das Problem bestand darin, dass ein versuchter Mord an einem Gefängnisdirektor einem versuchten Mord an einem Richter gleichkam, jedenfalls in den Augen der meisten Richter. Eigentlich sind ja vor dem Gesetz alle Menschen gleich, aber in Wahrheit sind manche eben doch gleicher. Die Tötung von Menschen, insbesondere von herausragenden Personen des Justizwesens, wurde vom Richterstand heftigst geahndet.

Lucy entschied, die Tonbandkassette vor Gericht nicht zu verwenden. Wir übergaben sie ihr, aber sie bat mich, Eileen auszurichten, dass sie sich das Band nicht angehört habe. Ich hatte ihr bei einem Glas Bier – das natürlich nur sie trank – kurz mitgeteilt, worum es im Wesentlichen ging. Es machte sie ganz krank, dass sie das Band nicht benutzen konnte. Am liebsten hätte sie es vor einer Richterin während der Urteilsverkündung abgespielt. Ich musste sie darauf aufmerksam machen, dass sie dem Gericht nicht zu viel des Guten zumuten sollte. Die anderen Mitglieder der Therapiegruppe waren nur zu gerne bereit, über den Drogenhandel auszusagen, wenn sie im Gegenzug dafür von der Mordanklage ausgenommen wurden. Ich glaube sowieso nicht, dass sie in den Mord verwickelt waren.

Um ganz sicherzugehen, ließ Gary Terrance verlegen. Er war der Einzige, der keine zusätzliche Strafe aufgebrummt bekam, und wir ahnten, dass es verdächtig aussehen könnte, obwohl alle Beteiligten wussten, dass er sich an der Weitergabe der Drogen nicht beteiligt hatte.

Bedenkt man, dass wir in der Halbzeit um etliche Punkte im Rückstand lagen, schien das Endergebnis alles in allem ganz anständig. Alle waren am Leben, außer Jeffrey und Clarence, und auch wenn es gefühllos erscheint – die beiden waren kein großer Verlust für die Welt. Stacy befand sich auf dem Weg der Besserung. Joanna war frei und konnte einen Neuanfang wagen, obwohl man bei ihr nicht wusste, ob sie es diesmal besser treffen würde. Eileen würde für ihre intime Beziehung mit einem Häftling nicht ins Gefängnis wandern, auch wenn es strafrechtlich möglich gewesen wäre. Es war ein Verbrechen, aber der Staat sah vorerst von einer Anklage ab, sollte sie sich in den kommenden zwei Jahren bewähren. Am Ende würde sie ihre Zulassung als Psychologin zurückerhalten; allerdings würde das ein paar Jahre dauern, und in einem Gefängnis würde sie nie wieder arbeiten dürfen. Gary hatte ihr eine Beurteilung geschrieben, die die Zulassungskommission bewog, statt einer Aberkennung lieber eine vorübergehende Aussetzung der Zulassung auszusprechen. Jetzt blieb nur noch eine Sache zu erledigen.

20

»Wie geht es unserer Wonder-Woman heute?«, sagte ich. »Meine Güte, siehst du gut aus! Stimmt es, dass man auf dich geschossen hat?«

»Allerdings«, sagte sie. »Und Schmerzen habe ich auch. Im Kino sieht es nie so aus, als täte es weh.«

»Nein, der Aspekt wird nicht gerade betont. Könnte ja sein, dass die Zuschauer das nicht so gerne sehen.«

»Schön, dass Sie mich besuchen kommen«, sagte sie. »Es ist langweilig hier, und es ist komisch, wegen etwas anderem als sonst hier zu sein.«

»Sicher könntest du was Besseres mit deiner Zeit anfangen«, sagte ich. »Nur so ein Gedanke.«

»Ich habe mir überlegt ... dieser Mann ... also, da war das mit der Diabetes auf einmal nicht mehr so wichtig.«

»Das ist der Grund, warum ich mit solchen Leuten arbeite«, sagte ich. »Plötzlich ist der verlorene Autoschlüssel eine ganz harmlose Sache. Ich habe da so eine Theorie, Aspasia. Du darfst nicht lachen, denn sie hört sich beknackt an, und jetzt sag nicht, du wüsstest nicht, was beknackt bedeutet. Eines Tages steige ich in meine Kiste, und ich schwöre dir, dann halte ich für immer den Schnabel. Aber jetzt, wo du es sagst, möchte ich noch was loswerden: Ich habe die Theorie, dass hin und wieder im Leben etwas oder jemand dich niederschlagen will. Und dieses Etwas oder dieser Jemand versteht seine Sache gut, manchmal sogar sehr gut, so gut wie Jeffrey, der mit echten Kugeln auf dich geschossen hat, als du oben auf dem Dach warst.«

Sie lachte nicht. Sie sah hinunter auf das Bettlaken, dann blickte sie zu mir auf. »Und?«, sagte sie.

»Schlag nicht auf dich selbst ein. Das sollen andere tun –

wenn sie es können. Mach es ihnen nicht zu leicht. Das ist alles. Nur, schlag nie auf dich selbst ein – das ist, als würde man den anderen freiwillig Punkte einräumen. Auch wenn sie dich ab und zu schlagen, dann verschaff ihnen wenigstens ein schlechtes Gewissen. Ende der Predigt.«

Aspasia sagte nichts, und auch ich schwieg. Dann: »Das heißt, Jeffrey ... das ist also nicht das letzte Mal?«

»Und es war sicher auch nicht das erste Mal. Ob Jeffrey oder die Diabetes – immer ist irgendwas, wie Gilda Radner sagt. Wirf keine Joker weg, die du irgendwann mal gebrauchen kannst. Mehr will ich damit nicht zum Ausdruck bringen. Also. Kommen deine Eltern dich besuchen?«

»Gleich«, sagte sie. »Als Sie kamen, dachte ich schon, sie wären es. Aber ich bin froh, dass Sie zuerst gekommen sind. Ich wollte Ihnen nämlich etwas sagen. Das heißt, ich wollte Sie etwas fragen ... was in der Nacht passiert ist. Das heißt, nein ... nicht in der einen bestimmten Nacht. Ganz allgemein: Was ist, wenn jemand sagt, nur so ...«

»Rein hypothetisch«, half ich weiter.

»Genau, das meine ich«, sagte sie. »Was ist, wenn jemand die Hände hochhält, und der andere hat eine Waffe ... muss der dann nicht aufhören ... ich meine, rein hypothetisch.«

Ich setzte mich auf die Bettkante. »Ja«, sagte ich. »Eigentlich ja. Da gibt es nichts zu deuten. Der muss aufhören.«

»Und wenn er nicht aufhört? Was ist, wenn der eine den anderen erschießt? Den, der die Hände hochhält?«

»Tja«, sagte ich, »wenn man selbst weit entfernt ist und die anderen beiden stehen sich gegenüber, ist es schwer zu sagen, was die beiden gesehen haben oder sich gedacht haben. Vielleicht hat der eine gedacht, der andere zieht gleich seine Waffe.« Sie schien nicht überzeugt. »Vielleicht auch nicht.«

»Angenommen, der eine hat das nicht gedacht.«

»In diesem Fall sollte man versuchen, die Sache richtig zu verstehen, ehe man sie bewertet. Es ist nämlich so: Wenn jemand zu deinem Haus kommt und dich und dein Kind töten will, dann riskiert er natürlich sein eigenes Leben. Das Kind ist der springende Punkt. Jeder Vater und jede Mutter würden den Eindringling töten, wenn sich die Gelegenheit böte. Das ist im Keim zwischen Eltern und Kind so angelegt, könnte man sagen. Das darfst du nicht vergessen. Auch wenn in so einer Situation die Eltern vielleicht nicht einmal wissen, ob ihr Kind tatsächlich getötet wurde oder nicht.«

»Was für ein Keim?«

»Das ist so. Diese Leute würden dich umbringen, das garantiere ich dir. Und wenn du plötzlich stehen bleibst und sagst: ›Also gut, ich gebe auf‹, würde manch einer – eigentlich gerade diejenigen, die die meiste Erfahrung mit unserem Strafrechtssystem haben, um die Wahrheit zu sagen – anfangen, sich Gedanken zu machen über all die Typen, die was Ähnliches verbrochen haben und einfach so davonkommen. Ich will damit nicht sagen, dass es richtig ist, Aspasia. Ich will nur sagen, dass ich verstehe, wie so etwas geschehen kann.«

»Aber wenn man so etwas gesehen hat und jemand kommt dahinter – was passiert dann mit demjenigen, der geschossen hat?«

»Was ich dir jetzt sagen werde, steht nicht in irgendwelchen Schulbüchern. Ich glaube, es würde nicht viel passieren. Derjenige, der geschossen hat, würde sagen, du hättest dich geirrt, und da es keine Möglichkeit gäbe, etwas zu beweisen, so oder so, und da der andere mit dem Ganzen angefangen hat und wirklich versucht hat, Menschen zu töten – da würde kein Richter die Aussage des Mannes, der sich und seine Familie verteidigt hat, in Frage stellen. Er würde nicht an seinen Worten zweifeln. Derjenige, der was gesehen hat, braucht sich also nicht schuldig zu fühlen, weil er es nicht weitersagt, denn es würde ja ohnehin nicht viel ändern.«

Ich lachte. »Das ist nun mal dieser Beschützerinstinkt, den Eltern ihren Kindern gegenüber haben. Du solltest mal sehen, was dein Vater der Diabetes antun würde, wenn er nur könnte. Wenn sie ein Mensch wäre – ich möchte nicht in ihrer Haut stecken. Deswegen hat er mit dir ein Problem. Du tust dir selbst weh, und er kann das nicht verhindern. Das macht ihn verrückt.«

Aspasia sagte nichts, keinen Ton. Sie saß einfach nur da. Seltsam, wir waren wie zwei alte Freundinnen. Man weiß immer, wer seine Freunde sind, denn es sind diejenigen, bei denen man nicht um den heißen Brei herumreden muss.

In diesem Augenblick kamen Gary und Susan ins Zimmer. Schade, denn eigentlich hätten Aspasia und ich noch viel mehr zu besprechen gehabt. »Wir können uns ja später weiterunterhalten«, sagte ich. »Wenn du willst.«

»Es geht schon«, sagte sie. »Ich glaube, ich brauche das nicht mehr.«

Gary und Susan gaben ihr beide einen Kuss, Gary setzte sich auf einen Stuhl, Susan auf die Bettkante. Ich stand auf, um zu gehen, aber Aspasia hielt mich zurück. »Nein«, sagte sie. »Ich will, dass Sie bleiben, weil ich meinem Daddy etwas sagen will, und da sollen Sie dabei sein.«

»Okay«, sagte ich, aber ganz wohl war mir dabei nicht. Ich war mir sicher, dass sie die Schießerei ansprechen würde.

»Daddy, ich will nicht mehr, dass du wegen der Diabetes so einen Aufstand machst. Ich will nicht, dass du mir sagst, ich soll mir die Spritzen setzen, und dass du mir vorschreibst, was ich essen soll. Ich will das einfach nicht mehr. Ich bin alt genug, und es ist sowieso meine Angelegenheit, und ich kann damit umgehen.«

Gary und Susan sahen sich an. Ich hielt den Mund. Ich war hier nur der Ersatzspieler.

»Gut«, sagte Gary, »wenn du damit klarkommst.«

»Kein Wenn«, sagte Aspasia streng. »Es geht dich nichts an, ob ich damit nun klarkomme oder nicht.«

Gary wollte etwas erwidern, aber Susan unterbrach. »Wir können es ja versuchen, mein Liebling«, sagte sie. »Es wird nicht leicht für uns sein, aber zumindest können wir es versuchen.«

»Ich will doch nur –«, fing Gary an.

»Du willst, dass ich wieder so bin wie früher«, sagte Aspasia verbittert, »als ich noch nicht zuckerkrank war. Als ich deine kleine Prinzessin war.«

»Was soll das heißen?«, sagte er. »Das ist nicht wahr. Die Diabetes ist mir egal.«

»Das stimmt doch gar nicht«, erwiderte sie. »Du hättest dein Gesicht sehen sollen, als der Arzt mir sagte, ich wäre zuckerkrank. Es war, als wäre ich nicht mehr perfekt. Seitdem behandelst du mich anders. Ich weiß, ich habe Mist gebaut, aber du hast auch Mist gebaut. Und ich weiß, dass du mir das nicht abnimmst, aber ich glaube, du bist ein bisschen sauer auf mich, weil ich zuckerkrank bin.« Gary und Susan sahen beide zu mir.

»Das höre ich zum ersten Mal«, sagte ich und hob unschuldig die Hände.

»Warum seht ihr sie an, als könnte ich nicht selbstständig denken? Genau das meine ich: Ihr tut so, als wäre ich blöd, und das war früher nicht so.«

»Du bist nicht blöd«, sagte Gary. »Du bist das tapferste Mädchen, das ich je in meinem Leben kennen gelernt habe. Und du hast mein Leben gerettet – weil du deiner Mutter nicht gehorcht hast und aufs Dach geklettert bist. Wir müssen dir also wohl vertrauen, denn wenn dir keiner im Nacken sitzt, kannst du ganz gut für dich allein entscheiden. Ich muss mir das durch den Kopf gehen lassen, was du gerade gesagt hast. Mir war nicht klar, dass ich mich so verhalte, wie du sagst, und es fällt mir schwer, es zu glauben. Ich weiß nur eins ganz genau: Du bist und bleibst meine kleine Prinzessin.«

»Auf dich, mein Kind«, sagte ich auf dem Heimweg laut vor mich hin und hob im Geist ein Glas auf das junge Mädchen mit dem alten Namen. »Deine Namenspatronin wäre stolz auf dich.« Irgendwo da oben stand Aspasia in ihrer Toga und rief: Ja! Geistesabwesend rieb ich mir während der Heimfahrt den geschwollenen Bauch. »Es gibt Schlimmeres, als dich mit der Kleinen herumzutreiben«, fügte ich hinzu, »das heißt, solltest du dich je entschließen zu erscheinen.«

Ich hielt vor meiner Finnhütte und war froh, als ich Licht brennen sah. »Ich gewöhne mich an ihn«, dachte ich. »Wie in irgendeiner Schnulze. Ich werde ...«, mir schauderte, »bequem.« Ein beängstigender Gedanke.

Das alles änderte sich, als ich den Koffer auf dem Bett liegen sah. »Packst du?«, fragte ich. Es war wie ein Schlag in die Magengrube.

»Ja«, sagte er.

»Warum packst du, Adam?«, fragte ich. »Was ist mit deiner Parole, du wolltest es durchstehen? Dass du kein Teilzeitvater wärst und so. Eine Schießerei, mehr braucht es nicht, und schon packst du und gehst? So abscheulich war ich doch gar nicht. Nur eine einzige Schießerei – mehr braucht es nicht?«

»Und jetzt glaubst du daran, dass wir das gemeinsam durchstehen müssen, ja?«, sagte er, aber er hörte nicht auf zu packen. »Ist es dir ernst damit?«

»Ja, irgendwie schon. Jedenfalls dachte ich, dir wäre es

ernst. Ich wollte meinen Frieden damit machen – aus Rücksicht auf dich. Aus Rücksicht auf das Kind. Ich weiß nicht, aus Rücksicht auf irgendjemanden.«

»Auf dich selbst vielleicht?«

»Ja, auch. Es war gar nicht so schlecht.« Adam packte weiter. »Wirklich, eigentlich war es sogar ganz schön«, ergänzte ich.

»Dann soll ich also bleiben?«

»Ja, ja«, sagte ich und setzte mich aufs Bett. »Ich glaube, das will ich … wenn du mir das abnimmst.«

»Gut«, sagte er. »Deine Tasche ist nämlich schon gepackt.«

»Was? Wozu? Ich kann nicht fliegen. Wo fahren wir hin?«

»Wir fliegen nicht. Wir fahren mit dem Auto. Nach Maine.«

»Wozu? Wir können nicht einfach so nach Maine fahren. Warum fahren wir nach Maine?«

»Weil«, sagte er, »es nur noch zwei Wochen sind. Und um zu verhindern, dass du weiter in Schwierigkeiten gerätst, ist mir nichts anderes eingefallen, als eine Hütte in Booth Bay in Maine zu mieten, was kein übler Ort ist, falls du dich erinnerst. Ich glaube, nicht mal du wirst in Schwierigkeiten geraten, wenn du nicht arbeitest. Und ich kann einfach nicht mehr mit ansehen, wie du mit unserem Kind umspringst. Jedenfalls nicht, solange es nicht auf der Welt ist und eine realistische Chance hat. Außerdem liegt in der Nähe von Booth Bay eine sehr gute Klinik, die bereits deine Unterlagen zugeschickt bekommen hat. Melissa hat alle deine Termine abgesagt, und ich habe deine Tasche gepackt. Also, bring das Kind mit, und los geht's.« Er sah mich an und streckte beide Arme aus.

Überlistet, ausgestochen und in der Minderheit – und nicht mal verärgert deswegen – begab ich mich in seine Arme.

Danksagung

Wie immer danke ich in erster Linie meiner Agentin Helen Rees. Würde Helen in dem israelisch-arabischen Konflikt vermitteln, wir hätten längst Frieden in der Region. Danken möchte ich auch Sandi Gelles-Cole, die zusammen mit mir meine Bücher lektoriert, bevor sie in die Herstellung gehen. Ihre Beiträge sind immer anregend, und ich schätze sie sehr.

Danken möchte ich Sunny Yando, meiner Freundin und Mentorin in Harvard, die mir das Schreiben beigebracht hat. Als Dozentin saß ich mit ihr bis zwei Uhr morgens im dreizehnten Stock der William James Hall, und gemeinsam lasen wir die Seminararbeiten von Psychologiestudenten. Wir hätten auch früher Schluss machen können, wenn Sunny nicht solchen Wert auf Stil und wissenschaftliche Genauigkeit gelegt hätte. Sie konnte es einfach nicht lassen: Strich hier überflüssige Wörter und Sätze, korrigierte dort holprige Formulierungen – und brachte dabei unbewusst einer jungen wissenschaftlichen Lehrkraft, die ihr über die Schulter schaute, das Handwerk des Schreibens bei.

Ich achte beim Schreiben, wie die meisten Autoren, immer darauf, dass auch die Details stimmen. In technischen Fragen haben mich auch bei diesem Roman zahlreiche Fachleute großzügig unterstützt. Danken möchte ich Ardis Olson, M.D., und Steve Kairys, M.D., langjährige Freunde und ehemalige Kollegen am Dartmouth-Hitchcock Medical Center, die sich die medizinischen Passagen des Romans noch mal genau angesehen haben. Lynn Copen, ehemalige Poliin und heute Anwältin von Opferzeugen, hat die Angaben bezüglich der Waffen in dem Manuskript auf ihre Richtigkeit überprüft.

Mein verbindlichster Dank für Auskünfte über Gefängnisse geht an Cindy O'Donnell, Staatssekretärin für das Strafvollzugswesen im Bundesstaat Wisconsin, Gary McCaughtry, Direktor der Strafanstalt Waupan, und seine Stellvertreterin Jodeine Deppish.

Der Gefängnisdirektor in diesem Roman macht einige zynische Bemerkungen über seine Vorgesetzten in der Ministerialverwaltung. In meinem Berufsalltag als Gerichtspsychologin mit dem Spezialgebiet sexueller Missbrauch komme ich häufig in Kontakt mit Haftanstalten, und ich möchte klarstellen, dass die Ansichten der Romanfigur meiner eigenen Erfahrung im wirklichen Leben widersprechen. Zwanzig Jahre lang arbeitete ich in New England, heute bin ich in Wisconsin tätig. Die Haftanstalten in Vermont sind seit Jahren Vorreiter bei der Entwicklung effektiver Therapien für Sexualstraftäter. Und auch die Gefängnisse in Wisconsin genießen landesweit einen guten Ruf wegen ihrer fortschrittlichen Programme auf dem Gebiet des Strafvollzugs.

Den Sadisten, Psychopathen und Pädophilen in meinem Buch liegen keine bestimmten Personen zugrunde, dennoch sind die Charaktere genau gezeichnet. Ich habe unter anderem auch deswegen mit dem Schreiben angefangen, weil mich die verzerrten Portraits von Sexualstraftätern und Psychopathen in der Romanliteratur und in den Medien allgemein immer geärgert haben. Die Motivationen, die Denkmuster und die Verhaltensweisen, wie ich sie in der Literatur vorfand, stimmten selten mit dem überein, was ich in der Wirklichkeit erlebte.

GOLDMANN

*Das Gesamtverzeichnis aller lieferbaren Titel erhalten Sie
im Buchhandel oder direkt beim Verlag.
Nähere Informationen über unser Programm erhalten Sie auch im Internet unter*
www.goldmann-verlag.de

★

Taschenbuch-Bestseller zu Taschenbuchpreisen
– Monat für Monat interessante und fesselnde Titel –

★

Literatur deutschsprachiger und internationaler Autoren

★

Unterhaltung, Kriminalromane, Thriller
und Historische Romane

★

Aktuelle Sachbücher, Ratgeber, Handbücher und
Nachschlagewerke

★

Bücher zu Politik, Gesellschaft, Naturwissenschaft und Umwelt

★

Das Neueste aus den Bereichen
Esoterik, Persönliches Wachstum und Ganzheitliches Heilen

★

Klassiker mit Anmerkungen, Anthologien und Lesebücher

★

Kalender und Popbiographien

★

Die ganze Welt des Taschenbuchs

★

Goldmann Verlag • Neumarkter Str. 28 • 81673 München

Bitte senden Sie mir das neue kostenlose Gesamtverzeichnis

Name: _____

Straße: _____

PLZ / Ort: _____